여성심리학

제 2 판

장휘숙 著

傳 英 社

서 문

여성심리학의 초판을 출판한 이래로 어언 6년의 세월이 흘렀다. 저자가 예상한 것보다는 훨씬 빠른 속도로 여성들의 의식은 변화하고 있고 사회적 지위도 현저히 개선되는 추세에 있다. 남녀 동등을 향한 우리 사회의 변화는 급물살을 타고 있다. 이러한 시점에서 여성심리학을 하나의 학문분야로 확고하게 정립하고 싶었다.

그에 따라 초판에서와 동일하게 여성의 특성과 여성의 문제를 발달적 관점에서 추적하면서도 여성을 설명할 수 있는 새로운 내용들을 많이 첨가하였다. 그 예로서 여성의 정체감 발달을 설명하는 이론들을 보강하였고 여성심리학의 연구방법에 대한 기술을 강화하였으며 여성과 남성의 특성이 잘 드러나는 의사소통을 하나의 독립된 장으로 구성하였다. 초판과 동일한 내용을 다룰 때에도 최근의 연구결과들을 중심으로 내용을 강화함으로써 여성심리학에 관심을 갖는 독자들이 쉽게 읽을 수 있도록 구성하였다.

여성심리학과 유사한 용어로 페미니스트 심리학이나 성차심리학이라는 용어가 있다. 사람들은 자주 이 세 가지 용어들을 동일한 의미로 해석하고 혼용해서 사용하기도 하지만, 엄연히 구별되는 용어들이다. 우선 페미니스트 심리학은 사회정치적 혹은 개인적 변화를 통하여 여성의 삶을 변화시키려고 하는 심리학의 한 분야인 반면, 남성과 여성의 차이를 연구하는 성차심리학은 남녀간의 성차가 개인의 생물학적 차이나 사회구성적 특성에서 초래된다고 가정하고 남성집단에 대항하는 여성집단을 가정한다. 따라서 성차심리학은 남녀간의 갈등을 조장하는 경향이 있다.

그러나 여성심리학은 남성과 여성의 차이에 관심을 갖기도 하지만, 거기서 더 나아가 남녀간의 유사성을 연구하고 여성발달의 독특한 측면을 역점 두어 다룸으로써 여성들의 삶을 이해하고 개선시키려고 한다. 그러므로 여성심리학이 곧 성차심리학이라는 생각은 잘못된 것일 뿐 아니라 여성심리학이 페미니스트 심리학처럼 남성에 대항하는 하나의 학문영역이라는 생각도 극히 위험한 생각이다. 실제로 여성심리학 분야에서 일하는 많은 연구자들이 페미니스트들이고 그들은 페미니즘적 시각에서 여성을 바라보기도 하지만, 여성심리학은 사회정치적 변화나 개인적 변화를 그들의 목표로 삼지는 않는다.

여성심리학의 이러한 특성을 논리적으로 기술한 이 책은 12개의 장으로 구성되어 있다. 구체적으로 여성심리학의 서론에 해당하는 여성심리학의 학문적 특성, 여성의 의미, 성역할 정체감 발달이론 그리고 생물학적 성과 성별관련적 차이가 제1, 2, 3, 4장에 각각 수록되어 있다. 또한 제5장, 6장 그리고 제10장에는 여성의 발달과정에 해당하는 성차의 학습: 아동기, 여성의 성적 성숙: 사춘기와 청년기, 그리고 중년기와 그 이후의 변화를 수록하였으며 여성의 성인기를 설명하는 사랑과 결혼 그리고 어머니 역할과 일은 각각 제7장과 제9장에 수록되었다. 그리고 제8장에는 의사소통, 제11장에는 결혼생활의 종결, 마지막으로 제12장에는 여성과 관련된 문제를 심도 있게 기술하였다. 여성을 설명할 수 있는 모든 내용들이 이 책에 망라되어 있다고 생각되기는 하지만, 부족한 부분이 나타나면 또다시 개정할 예정이므로 큰 걱정을 하지 않는다. 많은 독자들이 이 책을 읽고 여성에 대한 이해를 높일 수 있기만을 기대할 뿐이다.

초판에서도 이야기한 것처럼, 이 책은 여성만을 위한 책이 아니다. 남성들도 여성을 알고 이해해야만 행복한 삶을 살 수 있을 것이므로 이 책은 남성들에게도 꼭 필요한 책이다. 초판을 읽은 한 남성 독자의 편지를 받은 일이 있다. 부부싸움이 극심하고 이혼을 생각할 즈음에 이 책을 읽게 됨으로써 부부관계를 개선시킬 수 있었다는 고무적인 내용의 편지였다. 이 책이 부부문제를 포함하여 남녀문제로 갈등을 겪는 모든 사람들에게 도움이 될 수 있기를 기대한다. 물론 이 책은 여성학을 전공하는 학생들의 전공도서로서, 심리학과 사회학에 관심을 갖는 학생들의 필독서로서 그리고 일반인의 교양서로서 반드시 읽어야 할 책으로 추천하고 싶다.

끝으로 이 책의 출판을 위해 애써 주신 박영사에 감사드리며 특히 촉박한 일정에도 책의 편집에 애써 주신 마찬옥 부장님께 사의를 표하고 싶다. 또한 표지와 컷을 디자인해 준 전문디자이너 김지아 씨, 도서관과 인터넷을 뒤지면서 자료를 찾아 주고 교정을 도와준 충남대학교 발달심리학 연구실의 전우정, 최영임 양과 한건환 선생에게도 감사의 인사를 전하고 싶다.

2002년 7월

저 자

목 차

제1장 여성심리학의 학문적 특성

제2장 여성의 의미

제 3 장 성역할 정체감 발달이론

제 4 장 생물학적 성과 성별관련적 차이

제 5 장 성차의 학습: 아동기

제 6 장 여성의 성적 성숙: 사춘기와 청년기

제 7 장 사랑과 결혼

제8장 의사소통

제9장 어머니 역할과 일

제10장 중년기와 그 이후의 변화

제11장 결혼생활의 종결

제12장 여성과 관련된 문제들

[1 장]

여성심리학의 학문적 특성

[1 장] 여성심리학의 학문적 특성

여성심리학의 출현배경과 연구방법을 설명하고 여성심리학, 페미니스트 심리학 그리고 성차심리학의 관계를 고찰함으로써 하나의 학문분야로서 여성심리학에 대한 이해를 분명히 하려고 하였다. 이 장은 여성심리학에 대한 지금까지의 오해나 편견을 불식시키는 역할을 할 것이다.

여성심리학의 학문적 특성

Ⅰ. 여성심리학의 출현
　1. 역사적 배경
　　1) 여성운동과 심리학
　　2) 여성심리학 분과의 설립
　2. 페미니스트 조망
　　1) 페미니즘의 유형
　　2) 페미니즘에 대한 사회적 시각
　3. 페미니스트 심리학과 여성심리학 및 성차심리학과 여성심리학의 관계
　4. 여성심리학 이해를 위한 기초
　　1) 성별과 맥락
　　2) 사회화와 문화
　　3) 성차의 해석
Ⅱ. 여성심리학의 연구방법
　1. 비성차별주의자 연구방법
　　1) 문제의 제기
　　2) 연구설계
　　3) 자료분석과 해석
　　4) 결론의 도출
　2. 여성심리학과 질적 연구
　3. 성차의 연구
　　1) 논술식 개관법
　　2) 통합분석방법
Ⅲ. 세계 속의 여성들
　1. 여성들의 차이점
　2. 여성들의 유사점
Ⅳ. 이 책의 구성

제1장 여성심리학의 학문적 특성

어느 사회에나 남성과 여성이 존재한다. 그러나 지금까지 여성들은 남성의 특성을 바탕으로 이해되고 평가되는 경향이 있었다. 대부분의 사회에서 여성들은 남성들보다 중요성이나 가치에서 더 낮은 평가를 받고 사회적으로 낮은 지위의 직업에 종사한다. 이 장에서는 새로운 학문분야로서 여성심리학의 출현과정과 여성심리학 출현의 직접적 계기가 된 페미니즘과의 관계 및 여성심리학의 연구방법을 설명하기로 한다. 이와 함께 현 시점에서의 여성의 인구통계학적 특성도 함께 고찰한다.

Ⅰ. 여성심리학의 출현

1. 역사적 배경

심리학의 역사에서 여성들은 어디에 위치하는가? 지금까지의 심리학 연구들은 남성중심으로 이루어졌기 때문에 여성과 그들이 갖는 문제나 관심은 남성들의 것보다 중요하게 생각되지 않았고 여성들은 중요한 연구대상이 되지 못하였다. 여성들의 문제가 심리학의 연구대상이 될 때조차도 그것은 남성들에 의해, 남성들의 눈을 통하여 연구되었다. 심리학적 이론들도 남성을 규준(norm)으로 삼았기 때문에, 남성들에 의해 채택된 표준에 맞지 않는 여성들은 무시되거나 심리적 문제나 결함을 지닌 것으로 인식되었다.

사회는 성역할 고정관념(gender stereotype)에 일치하는 행동을 하는 여성들 — 예를 들면 수동적, 의존적, 감정적, 정서적 — 을 건강하고 행복하며 적응적인 사람으로 평가한 반면, 고정관념을 무시하거나 고정관념에 위배되는 행동을 하는 여성들은 부적응자나 일탈자로 간주하였다. 실제로 개인의 행동은 사회적 맥락의 영향을 크게 받는 데도 불구하고, 여성과 남성의 차이는 해부학이나 생리학에서의 차이로 귀인되었고 행동에 영향을 주는 맥락의 영향은 여성들의 경우에 무시되는 것이 보통이었다.

1) 여성운동과 심리학

여성과 성차에 대한 관심은 1960년대 후반에 일어난 여성운동(women's movement)의 출현과 함께 시작되었다. 20C 중엽 이전에도 여성의 열등성을 강조하는 학교나 성직자들에 대한 비판이 강하게 일어났으나 여성들이 투표권을 얻게 된 1920년대 이후로 여성운동의 물결은 잠시 잠잠해지는 듯하였다.

1960년대에 이르러 다시 부활된 여성운동은 미국을 비롯한 서구 여러 나라에서 하나의 강력한 사회운동으로 전개되었다. 심리학 분야에서도 여성과 성차에 대한 관심이 일어났고 여성심리학자들과 그들을 지원하는 소수의 남성들을 중심으로 여성의 지위를 개선시키기 위한 운동이 시작되었다.

1970년대에 들어오면서 미국 내의 여성심리학도들을 중심으로 지금까지의 심리학 연구가 과연 보편적인 인간에 대한 진실을 규명하려고 하였는가에 대한 비판이 일기 시작하였다. 다시 말하면 심리학이 여성과 관련된 사실을 왜곡하고 단지 고정관념적 신념을 지원하기 위해서만 존재하는 것이 아닌가에 대한 의문이 제기되었다. 심리학 연구가 주로 중류계층의 백인, 북미남성들을 중심으로 이루어지고 있기 때문에 심리학적 지식 또한 남성중심적이라는 인식도 확산되었다.

그에 따라 여성과 성차를 새로운 시각으로 바라보려는 움직임이 활발해졌다. 여성심리학자들은 가장 기본적인 심리학적 개념과 연구방법들을 재검토하고 여성을 대상으로 하는 새로운 연구를 기획하려고 노력하였다. 그들은 프로이트나 인지심리학자들을 포함하는 다양한 이론적 조망으로부터 새로운 이론과 접근방법을 개발하고 여성과 남성 사이의 사회적 관계를 분석하는 방법도 함께 모색하였다.

2) 여성심리학 분과의 설립

여성심리학자들의 노력은 1973년에 미국 심리학회(American Psychological Association) 내에 제35분과로서 여성심리학 분과를 설립할 수 있도록 하였다. 여성심리학 분과는 여성에 대한 연구를 격려하고 여성에 대한 관심과 연구방법의 다양성을 유도한다. 여성심리학 분과의 조직자들은 제35분과는 정치적 기구가 아니라 여성에 관한 과학적 지식기초에 기여할 것이라고 주장함으로써 그들의 목표는 체계적 가설검증을 통하여 행동을 기술하고 설명하고 최적화하는 심리학의 일반적 목표와 일치한다는 것을 분명히 하였다.

1977년 미국 심리학회(American Psychological Association)는 심리학 저술물에서 성차별적이 아닌 언어를 사용하기 위한 지침을 제정하였고 그것은 1983년에 미국 심리학회 편람(APA Publication Manual)으로 출판되었다. 1986년에는 심리학 연구에서 성차별주의를 철폐하기 위한 지침이 출판되기도 하였으며 캐나다와 영국 심리학자들도 여기에 동조하였다. 현재 영국 심리학회(British Psychological Society) 내에도 여성심리분과(Psychology of Women Section)가 만들어져 있다(Wilkinson, 1997a).

여성심리학 분야의 성장은 각 대학교의 심리학과에 개설되는 여성심리학의 강좌수로 확인될 수 있다. 1985년까지 여성심리학 분야는 미국대학 심리학과 4개 중 한 개에서 여성심리학(Psychology of Women) 혹은 성차심리학(Psychology of Gender)이라는 과목으로 개설되었으나 최근의 조사에서는 503개의 심리학과 중 51%의 학과가 여성심리학을 개설하고 있는 것으로 밝혀졌다. 또한 1990년까지 미국대학의 대학원 수준에서 개설된 여성심리학의 강좌수는 172개였으며(Women's Programs Office, 1991), 각 대학마다 여성연구 프로그램들이 활발히 운영되고 있다.

현재 출판되고 있는 여성심리학의 전문학술잡지에는 1975년에 출판되기 시작한 Sex Roles와 1977년 이래로 출판되고 있는 Psychology of Women Quarterly 그리고 보다 최근에 영국에서 출판되는 Feminism and Psychology가 있고 그 외에도 Signs, Women and Aging 등의 전문학술잡지가 있다. 또한 많은 여성심리학 관련 논문들은 Developmental

Psychology나 American Psychologist 혹은 Journal of Personality and Social Psychology 등의 잡지에도 실리고 있다.

한국에서는 처음에 여자대학교에 개설된 평생교육프로그램의 일환으로 여성심리학에 대한 관심이 고조되기 시작하였고 1995년에는 여성심리 연구회가 결성됨으로써 여성심리학에 대한 본격적인 연구가 시작되었다. 1997년 여성심리학이 한국심리학회 산하의 하나의 독립된 분과로 등록되고 "한국심리학회지: 여성"이라는 전문학술잡지를 출판하게 됨으로써 국내에서도 여성심리학은 하나의 독립된 학문분야로 확고하게 자리잡게 되었다.

2. 페미니스트 조망

1960년대에 여성운동을 주도한 사람들의 사상을 페미니즘(feminism)이라고 명명하고 그들을 페미니스트(feminist)라고 부른다. 라이더(Rider, 2000)의 정의에 따르면, 페미니스트들은 여성과 남성의 경제적, 정치적 그리고 사회적 동등성을 믿는 사람들로서 그들은 여성들의 동등하고 만족스러운 삶을 위하여 사회적 변화가 일어날 필요가 있다는 인식을 갖는다. 페미니즘은 여성심리학의 출현을 가져온 이념체계이기 때문에 여기서 자세히 살펴보기로 한다.

1) 페미니즘의 유형

페미니즘은 여성에 관심을 갖는 학자와 연구자들에 따라 각기 상이한 관점에서 남녀 불평등의 문제에 접근하려고 한다. 페미니스트들이 지향하는 목적에 따라 자유주의적 페미니즘(liberal feminism), 문화적 페미니즘(cultural feminism) 그리고 급진적 페미니즘(radical feminism)으로 구분될 수 있다.

① 자유주의적 페미니즘(liberal feminism): 이 유형의 페미니즘은 남녀 사이의 동등성을 강조하고 현재의 사회적 제도 내에서 법적 혹은 사회적 개혁을 일으키는 것이 가능하다고 믿는다. 그들은 여성과 남성은 완전한 법적, 사회적 동등성을 가져야 하고 동등성을 성취하기 위하여 법률, 관습 및 가치관에서의 변화가 필수적이라고 주장한다. 또한 그들은 여성과 남

성은 대단히 유사하고 동등한 환경과 기회가 주어지면 당연히 유사하게 행동할 것이라고 기대한다. 특히 직장에서 남녀동등이 실현될 수 있을 때, 사회적으로 남녀가 동등할 수 있다는 입장을 취한다.

② 문화적 페미니즘(cultural feminism): 이 유형은 남성과 여성의 차이를 강조하며 남녀간의 차이는 가치 있고 중요하다는 입장을 취한다. 지금까지 남성과는 다른, 여성의 질적 특성들이 평가절하되어 왔으나 오히려 사회에서 존중받아야만 한다고 강조한다. 그들에 의하면, 남녀간의 차이는 사회화 기법에서 오는 것이지 남녀의 생물학적 특성에서 오는 것은 아니다. 그들은 여성들의 가사일과 아동양육에 의한 사회적 기여가 중요하게 인식되어야 한다는 것에 역점을 둔다.

③ 급진적 페미니즘(radical feminism): 역사상 남성들이 여성들 위에 군림하고 여성들을 억압하였다는 것을 중요시하는 급진적 페미니즘은 사회가 성차를 기초로 남성과 여성을 구분하고 남성의 우위를 영속화시킨다고 주장한다. 따라서 여성을 차별하는 기존의 체계나 제도는 남성위주로 왜곡되어 있기 때문에, 기본적인 사회적 제도를 새롭게 구성하고 재형성하지 않으면 안 된다. 다시 말하면 그들은 가부장적 체계는 철폐되고 새로운 인류평등주의적 체계가 구성되지 않으면 안 되며 남성의 여성에 대한 폭력과 성욕에 대한 연구의 중요성을 강조한다. 현실적으로 이 유형의 페미니스트들이 가장 큰 목소리를 내고 눈에 잘 띄기 때문에, 그들의 견해는 일반적인 페미니스트들의 견해를 대표하는 것으로 잘못 비쳐지기도 한다.

이와 같이 페미니즘 내의 상이한 시각에도 불구하고, 그들의 기본적 주장은 다음과 같은 두 가지 내용으로 요약될 수 있다.

첫째, 페미니즘은 여성에 높은 가치를 둔다. 여성들은 남성들과 동등하게 중요하고 가치 있는 인간이다.

둘째, 페미니즘은 여성의 완전하고 만족스러운 삶을 위하여 사회적 변화를 요구한다.

2) 페미니즘에 대한 사회적 시각

사회가 페미니즘이나 페미니스트에 대해 갖는 생각은 반드시 긍정적인 것만은 아니다. 불행하게도 페미니스트란 용어는 지나치게 급진적이고 공격적이며 비여성적인 여성들이라는 의미로 사용될 때가 자주 있다. 많은 수의 남성들은 물론 여성들조차로 페미니스트로 불려지는 것을 싫어한다.

따라서 페미니스트라는 용어는 자주 거칠고 매력이 없으며 모질고 지독한 여성을 떠올리게 하는 부정적 의미로 받아들여진다. 대중매체들도 여성들이 진정한 여성적인 것을 포기하고 남성가치체계 속으로 침입해 들어온다고 비난한다. 문제는 여성에 대한 고정관념적 사고에 대한 도전으로 시작된 페미니즘이 이제 그 자체에 대한 부정적 고정관념으로 어려움을 겪는다는 것이다.

미국 여성들의 경우에도, 단지 소수의 여성들만이(28%) 페미니즘은 자신과 개인적으로 관련된다고 생각하고, 자신을 스스로 페미니스트라고 생각하는 여성들의 비율은 25% 정도에 지나지 않는다(Bellafante, 1998). 대학생들을 대상으로 수행된 조사(Haddock & Zanna, 1994)에서도 남학생들은 페미니스트들을 가정주부보다 더 바람직하지 않게 생각하고 여성들에 대한 다른 고정관념적 특성들보다 페미니스트들에 대한 고정관념을 더 부정적으로 평가하였다.

그렇다면 남성들은 페미니스트가 될 수 없는가? 물론 남성들도 여성을 중요시할 수 있고 성차별주의에 대항하여 사회적 변화를 일으키기 위해 노력할 수 있다. 남성들 중에서는 스스로 자신을 페미니스트로 명명하는 사람도 많이 있다. 그러나 한국문화에서는 아직도 그 수가 대단히 적은 것이 현실이다.

현실적으로 페미니스트들은 정치, 경제, 사회 등의 모든 인간사 영역에서 인간지식의 신뢰성 있고 타당한 확장에 관심을 갖는다. 여성들이 페미니즘으로부터 원하는 것은 "인간 종의 완전하고 동등한 구성원으로서의 여성에 대한 존중"이다(Pollitt, 1990). 동시대의 페미니즘은 우리가 우리 자신에 대해 그리고 우리의 삶의 과정에 대해 생각하는 방식에 변화를 가져왔음이 분명하다(Gornick, 1990).

3. 페미니스트 심리학과 여성심리학 및 성차심리학과 여성심리학의 관계

페미니스트 심리학(feminist psychology), 성차심리학(psychology of

gender) 그리고 여성심리학(psychology of women)은 그 의미에서 차이가 있다. 우선 페미니스트 심리학은 페미니스트의 목표와 일치하는 사회정치적 변화나 개인적 변화를 위한 지식의 탐색을 목표로 한다(Mednick, 1991). 그러므로 페미니스트 심리학은 사회정치적 혹은 개인적 변화를 통하여 여성의 삶을 변화시키려고 하는 심리학의 한 분야이다.

대조적으로 여성심리학은 여성의 삶에 초점을 맞추는 심리학 내의 한 분야로서 심리학의 과학적 지식기초에 기여한다. 실제로 여성심리학 분야에 기여하는 많은 연구자들이 페미니스트들이고 일부의 여성심리학자들은 페미니즘적 시각을 지니고 있다고 할지라도, 여성심리학은 사회정치적 변화나 개인적 변화를 그것의 명백한 목표로 삼지는 않는다.

또한 여성심리학은 부분적으로 차이심리학(differential psychology)의 연구에 기초한다. 차이심리학자들이 오랫동안 관심을 갖는 중요한 주제는 성차이다. 그들은 인간이 지니고 있는 흥미로운 특성에서 남성과 여성이 얼마나 다른가를 규명하기 위하여 남녀를 비교한다. 따라서 남성과 여성의 차이를 연구하는 소위 성차심리학은 남녀간의 성차가 개인의 생물학적 차이나 사회구성적 특성에서 초래된다고 가정하고 남성집단에 대항하는 여성집단을 가정함으로써 남녀간의 갈등을 조장하려고 한다.

긍정적인 측면에서 성차연구는 비교를 위한 기초를 제공하고 남성과 여성의 반응이나 행동을 검토하기 위한 조망을 제공한다. 실제로 남성들의 봉급기준과 여성들의 봉급기준을 비교하지 않고 어떻게 여성들이 봉급에서 무시당하는가를 알 수 있겠는가? 그러므로 비교연구는 변화를 필요로 하는 문제에 대한 관심을 집중시키고 특히 불리한 여건에 처해 있는 여성들의 삶을 개선시킬 수 있는 잠재력을 갖는다.

따라서 여성심리학은 남성과 여성들의 유사성에 대한 연구결과를 중요시하기는 하지만, 성차에 관한 연구도 포함함으로써 여성들의 삶에 대한 이해를 풍부하게 하려고 한다. 예를 들면, 인지능력에 대한 검사에서 여성들의 점수가 남성들의 점수와 어떤 차이가 있는가를 아는 것은 여성들의 인지능력에 대한 이해는 물론 그것을 증진시킬 수 있는 방안을 모색하는 데 도움이 된다. 여성들은 남성들과 공존하고 그들의 사회적 역할에 의해 그리고 남녀 모두의 행동에 의해 영향을 받기 때문에 여성심리학의 여러 곳에 성차연구의 결과들이 포함될 것이다.

그러나 여성심리학은 남성과 여성의 차이에 관심을 갖기도 하지만, 거기서 더 나아가 남녀간의 유사성을 연구하고 동시에 여성발달의 독특한 측면을 역점두어 다루려고 한다. 예를 들면 생리, 폐경, 임신과 같은 사건들은 여성들에게만 발생하고 강간이나 성희롱 혹은 구타와 같은 사건들의 주된 피해자는 여성들이기 때문에 이러한 주제들을 연구할 때는 남녀간의 차이보다는 여성발달의 독특한 측면을 연구하지 않을 수 없다. 따라서 여성심리학이 곧 성차심리학이라는 생각을 버릴 필요가 있다.

결론적으로 페미니스트 심리학이나 성차심리학과 분명히 구별되는 여성심리학은 남녀간의 차이나 유사성에 관심을 갖는 것을 넘어서 여성들의 삶의 모든 측면을 연구하고 그들의 삶을 이해하고 개선시키려고 한다. 여기에 덧붙여 여성에 대한 이론과 연구에서 무시되는 영역들을 포함하고 남성중심적 개념과 추론의 잘못을 지적함으로써 여성에 대한 보다 더 포괄적이고 적절한 심리학을 구성하려고 한다.

4. 여성심리학 이해를 위한 기초

여성의 심리를 이해하기 위해서는 다음의 두 가지 사실을 기억하지 않으면 안 된다.

첫째, 성별(gender)이나 성차는 고립해서 존재하는 것이 아니라 인종이나 사회적 계층, 연령과 같은 다른 변인들과 상호작용한다.

둘째, 성별에 미치는 사회화나 문화의 영향이 생물학의 영향보다 더 크다.

1) 성별과 맥락

개인이 남성이냐 여성이냐는 맥락(context)과 분리되어 생각될 수 없다. 그 예로서 개인의 성은 계층과 상호작용한다. 가난한 하류계층의 여성들의 관심사는 동일한 계층의 남성들의 관심사와 다르고 또한 중류계층이나 상류계층 여성들의 관심사와 다르다. 여성들의 다양한 특성을 이해하기 위해서는 그들이 소속한 사회적 계층을 고려하지 않을 수 없으므로 개인의 성별은 성별 자체로서보다는 다른 맥락과의 관계에서 독특한 의미를 갖는다.

성별과 연령도 상호작용한다. 우리 사회에서 늙은 여성과 젊은 여성들은 다르게 취급되고 서로 다른 가치를 갖는 존재로 인식된다. 예를 들면 젊은 여성들은 주로 얼굴이나 신체적 특성을 바탕으로 평가되는 반면, 나이든 여성들은 여성이기보다는 어머니로서 인식된다. 특히 한국 사회에서의 아줌마라는 호칭은 결혼한 여성을 명명하는 용어로서 결혼한 남성들에게는 존재하지 않는 독특한 의미를 지닌다.

문화적 특성도 개인의 성별과 상호작용하는 중요한 맥락이다. 상이한 문화의 여성들은 그들이 여성이라는 사실에 의해 각기 다른 경험을 한다. 한국 사회에서의 여성들의 경험은 미국 사회에서의 여성들의 경험과 다르고 또한 일본이나 중국 혹은 아시아의 다른 여성들의 경험과도 다르다. 각 문화가 갖는 남녀동등의 정도에 따라, 여성들이 경험하는 가족 내에서의 힘이나 의사결정 혹은 사회참여 정도가 달라지고 그 결과 그들의 사고, 감정, 정서 등 모든 것이 달라진다.

2) 사회화와 문화

개인의 심리적 특성으로서의 성별을 만들어 내기 위해 생물학(biology), 사회화(socialization) 그리고 문화(culture)가 서로 상호작용한다. 여기서 사회화란 한 아동이 그 사회에 어울려 살아갈 수 있도록 그 사회가 수용하는 행동방법을 가르치는 과정이다. 부모들은 사회화 과정을 통하여 남아들에게는 성취지향적 행동을 그리고 여아들에게는 대인관계지향적 행동을 학습시킨다.

따라서 성에 미치는 사회화나 문화의 영향과 비교하면 생물학의 영향은 지극히 미미하다. 개인의 성별은 주체변인(subject variable)으로서의 성별과 자극변인(stimulus variable)으로서의 성별로 구분될 수 있다. 전자는 개인 자신의 행동에 영향을 주는 개인 내부의 특성들에 해당하는 반면, 후자는 다른 사람들이 개인의 특성에 어떻게 반응하는가에 해당한다. 예를 들면, 신생아의 성과 관련하여 주체변인으로서 신생아들이 나타내는 행동에서는 차이가 없음에도 불구하고, 성인들은 옷을 입힐 때나 언어적 상호작용을 할 때 자극변인으로서의 남아와 여아를 아주 다르게 취급한다.

실제로 주체변인으로서의 성별은 개인의 행동에 거의 영향을 미치지 않으나 자극변인으로서의 성별은 개인의 행동에 강력한 영향을 미친다.

우리 사회는 자극변인으로서 소년과 소녀 혹은 남성과 여성들을 대단히 다르게 취급하기 때문에, 두 집단은 명백한 차이를 나타낸다.

3) 성차의 해석

성차에 대한 강조는 남녀간에 나타나는 많은 유사성을 모호하게 한다. 남성과 여성을 비교하는 연구에서 차이가 발견되면, 그 차이가 아무리 작다고 하여도 그것은 자주 과장되고, 유사하다는 결과보다 더 쉽게 기억된다. 실제로 남성과 여성들은 많은 유사한 특성을 지니고 있음에도 불구하고, 일부의 연구들은 남성과 여성은 정반대의 특성을 갖는 존재라는 인상을 우리에게 심어줌으로써 집단간 차이를 극대화한다.

그 예로서 도덕성 발달을 연구한 길리건(Gilligan, 1982)은 여성과 남성은 도덕적 문제에 대해 서로 다른 추론을 사용한다고 주장하고 여성은 돌보기조망(caring perspective)의 추론을 그리고 남성은 정의조망(justice perspective)의 추론을 한다고 제안하였다. 남성과 여성의 차이를 극대화해 가면 여성들간에 혹은 남성들간에 존재하는 집단 내 차이는 최소화된다.

실제로 많은 사람들 속에서 두 명의 여성을 추출해 보라. 그들은 남성과 여성이 다른 것처럼 서로 대단히 다르다. 여성들간의 차이가 너무 크기 때문에, 여성들을 한 덩어리로 묶어 집단으로서의 여성들이 집단으로서의 남성들과 어떻게 다른가를 연구한다는 것은 실제로 불가능한 일이다.

또한 남녀간에 타당한 성차가 존재할 때에도, 그것은 남녀간에 생물학적 차이가 존재한다는 것을 의미하는 것은 아니다. 다시 말하면 인간 행동의 대부분은 사회화 과정의 결과이기 때문에, 어떤 행동도 생물학적 영향에 의해서만 결정되지는 않는다는 것이다. 예를 들면 어느 사회에서나 지도자의 대부분은 남성이므로, 많은 사람들은 남성들이 지도자로 태어난다고 생각한다. 그러나 남성들은 사회화 과정을 통하여 지도자로 성장하는 것이지 지도적 능력에서의 생물학적 차이에 의해 남성들이 지도자가 되는 것은 아니다.

Ⅱ. 여성심리학의 연구방법

여성심리학에 대한 관심은 여성에 대한 전통적 연구에서의 많은 방법론적 결함들을 확인할 수 있도록 하였다. 과학자는 다양한 현상을 중립적 입장에서 객관적으로 연구해야 함에도 불구하고, 인간의 심리현상을 연구하는 과학자들은 여성의 행동을 이해하고 설명하려고 할 때 때로 중립적이 아닌 경향이 있었다.

그 예로서 전통적 연구에서 나타나는 가장 큰 문제점은 남성중심주의(androcentrism)이다. 벰(Bem, 1996)은 남성중심주의를 "남성, 남성경험 그리고 남성조망이 갖는 특권"으로 정의하였다. 남성중심주의에 의해 남성들의 행동이나 특성은 규범적, 보편적, 전형적, 바람직한으로 인식되는 반면, 여성들은 남성들과 다른 일탈적이고 열등한 존재로 평가된다. 남성중심적 편향은 연구의 설계에서부터 변인의 측정, 자료의 분석, 결과의 해석 등 심리학 연구의 모든 측면에서 나타난다.

예를 들면, 여성들은 흔히 남성들보다 더 정서적이라고 생각된다. 물론 사회는 심리적으로 분리되고 독립적이며 정서적이지 않은 것이 더 바람직하다고 가정하고 왜 여성들이 권위를 가질 수 없고 의사결정권자가 될 수 없는가를 설명하는 근원으로 사용한다.

일반적으로 남성들은 자주 여성들보다 더 공격적이라는 평가를 받는다. 그러나 남성중심적 조망은 보다 더 공격적인 것이 좋은 것이라는 생각을 하도록 한다. 더 높은 공격성은 타인에게 상처를 입히거나 전쟁을 초래할 수 있음에도 불구하고, 사회는 공격성을 축구경기에서 이길 수 있고 언쟁에서도 승리하게 하는 중요한 요인으로 평가한다.

이러한 전통적 연구분위기 하에서 여성심리학이 강조하는 것은 심리학 연구에서의 왜곡의 근원을 분석하고 비성차별주의적 연구 혹은 성적으로 평등한 연구를 보장하는 방안을 제안하는 것이다.

1. 비성차별주의자 연구방법

비성차별주의자 연구방법(nonsexist methods)이란 연구과정의 어느 단

〈표 1-1〉 연구과정에서 나타나는 성편향의 잠재적 근원들

1. 문제의 제기
• 성차별주의자 이론이나 관찰에 기초함 • 문제의 중요성에 대한 고정관념
2. 연구대상자의 선택
• 고정관념적 판단에 의한 특정 연구대상자의 제외 • 편의에 의해 어느 한 성의 연구대상자들을 제외함
3. 연구를 수행하기
• 성역할 고정관념에 기초한 척도의 사용 • 긍정적 혹은 부정적 의미를 은연중에 나타내는 변인의 명칭 • 실험자의 성과 연구대상자의 성간의 상호작용 • 연구자의 편견 • 연구대상자의 기대
4. 자료의 분석과 해석
• 성과 다른 변인들의 혼합 • 성간의 유사성보다는 성차에 대한 지나친 강조 • 연구에 포함되지 않은 전집에 연구결과를 부적절하게 일반화함 • 성차를 생물학적 차이로 귀인함 • 실용적인 유의성이 없는 통계적 유의성

출처: Denmark 등, 1988.

계에서도 연구대상자의 성에 기초하여 편향되지 않은 연구를 수행하는 절차를 의미한다. 미국 심리학회(American Psychological Association)는 심리학 연구에서 성차별주의를 지양하기 위한 지침(Guidelines for Avoiding Sexism in Psychological Research)을 출판한 바 있다(Denmark 등, 1988). 이 절에서는 전통적 연구과정에서 나타나는 잠재적인 성차별주의적 편향들을 정리하고(표 1-1 참조) 이를 바탕으로 연구의 각 단계에서 나타나는 성차별주의적 편향들의 특성을 정리해 보기로 한다.

1) 문제의 제기

연구문제 자체가 성역할 고정관념에 의해 편향되기도 하고 또한 편향된 이론에 의해 연구문제가 도출되기 때문에 편향될 수도 있다. 그 예로서

의존성을 연구할 때 연구자는 결혼한 여성들을 표집하고 "여성들은 어떤 방식으로 그들의 남편에게 의존하는가?"라고 질문한다고 하자. 이러한 질문은 여성이 의존적인가 아닌가를 질문하는 것이 아니며 남성이 의존적일 가능성을 허용하지도 않는다. 연구자는 이미 여성들을 의존적이라고 규정하고 어떻게 의존적인가를 밝히려는 의도를 지니고 있다.

성역할 고정관념은 변인의 정의와 명칭에도 영향을 준다. 일과 관련된 상황에서, 남성들의 특징적 행동들은 자기주장적이라고 명명되고 긍정적 의미로 해석되는 반면, 여성들의 동일한 행동은 부정적 의미에서 공격적이라고 명명된다. 여성들이 타인과 조화를 이루기 위하여 행동을 변경하면, 그들의 행동은 의존적이라는 평가를 받는다. 그러나 남편을 위해 빨래하고, 요리하고, 세탁하고, 자녀를 양육하는 아내에게 의존하는 남성들은 의존적이라고 언급되지 않으며, 이때의 의존성은 부정적으로 보이지도 않는다.

문제의 제기단계에서 나타나는 또 다른 성차별주의적 편향으로 남성들의 문제가 여성들의 문제보다 연구문제로서 더 기본적이고 중요하다고 인식된다는 것이다. 일반적으로 소년이나 남성들의 문제행동에 대한 연구는 소녀나 여성들의 월경전 증후군이나 폐경기의 심리적 영향에 대한 연구보다 더 기본적이고 가치 있는 연구로 평가된다. 두 가지 유형의 연구 모두 인구의 절반에게만 적용될 수 있음에도 불구하고, 소년이나 남성에 대한 연구가 소녀나 여성에 대한 연구보다 더 우선되고 중요시된다.

2) 연구설계

연구의 설계단계에서 하나의 중요한 측면은 연구대상이 되는 행동을 어떻게 측정하는가이다. 만약 척도가 편향된다면, 결과 또한 편향될 수밖에 없다. 편향된 척도의 극단적 예는 여성의 성욕에 관한 연구에서 찾아볼 수 있다. 연구자들은 성교시에 여성의 역할을 기술하도록 요구하고 다음의 반응 중 하나를 선택하게 하였다: "수동적" "반응적" "저항적" "공격적" "일탈된" 혹은 "그 외." 만약 여성들에게 "활동적" "주도적" "장난삼아" 그리고 "즐거운"과 같은 형용사를 선택하도록 허용했다면 이 연구의 결과는 달라졌을 것이다.

성역할 고정관념은 연구대상자의 선택에도 영향을 준다. 지금까지 많은 연구들은 남성만을 연구하였음에도 불구하고 그 결과를 바탕으로 남성과 여성 모두를 설명하려고 하였다. 과거의 연구자들은 여성들의 반응은 호르몬 변동에 의해 영향을 받기 때문에, 연구대상자로서 적절하지 않다고 생각하였다. 더 나아가 성역할 고정관념은 남성이나 여성들을 대상으로 어떤 연구가 수행되어야만 하는가에 영향을 준다. 그 예로서 피임에 대한 연구는 피임의 책임이 여성에 있다는 가정하에 여성만을 연구하였다.

설계단계에서 적절한 비교집단을 선택하는 것도 또 다른 중요한 문제이다. 어떤 집단이 비교집단으로 선택되는가에 따라 연구결과는 달라질 수 있다. 예를 들어, 노화에 관한 연구에서 한 집단의 연구대상자들은 대학교육을 받은 전문직업을 가진 남성들이었으나 비교집단으로서의 여성들은 남성 연구대상자들의 누나나 여동생들이었다. 연구대상자들은 남매간이기 때문에 그들은 생리적 특성에서 대단히 유사할 것이나 교육 정도나 직업 그리고 사회적 지위에서는 큰 차이가 있을 것이다. 만약 연구가 노화와 관련된 유전적 특성을 연구한다면 큰 문제가 없겠지만, 노화의 성차를 연구한다면 이 연구에서 나온 결과는 지극히 편향된 결과만을 보여 줄 수 있을 것이다.

또한 연구대상자의 성과 실험자의 성간의 상호작용 효과도 무시될 수 없다. 남녀 모두 여성연구자가 검사하는가 남성연구자가 검사하는가에 따라 혹은 남성이나 여성 중 누구와 상호작용하도록 요구되는가에 따라 다르게 반응한다. 그럼에도 불구하고, 아직도 여성에 관한 많은 연구들이 남성들에 의해 수행되고 있다는 것은 아이러니가 아닐 수 없다.

1970년대 이래로 남성 연구대상자만을 포함한 연구는 감소하고 있으나 미묘한 편향은 계속되고 있다. 심리학 정기간행물에 실리는 논문들의 거의 30%가 연구대상자들의 성별을 보고하지 않는다. 그러나 연구자들이 여성표본만을 사용할 때는 논문의 제목은 물론 여성만을 연구한 이유를 설명하고 그 결과를 남성들에게 일반화할 수 없음을 지적한다(Ader & Johnson, 1994). 불행하게도 많은 심리학자들은 아직도 여성표본만 연구하는 것의 한계를 지적해야 한다고 생각하고 아직도 남성만이 규준이 될 수 있다는 생각에 사로잡혀 있다.

3) 자료분석과 해석

심리학자들이 수집한 자료는 통계적 검증을 통하여 분석된다. 통계적 기법은 심리학 자료를 분석하는 유용한 도구이기는 하지만, 성이나 성차에 관한 연구결과들이 여러 가지 방식으로 부정확하게 보고될 수 있는 문제점을 지니고 있다. 우선 심리학의 통계적 모델은 유사성보다는 차이에 관심을 갖는다. 통계적 분석의 논리는 집단간의 평균차이가 통계적으로 유의미한가 아닌가를 확인하기 위하여 비교되기 때문에, 남녀간의 차이가 실제보다 더 크게 부각될 수 있다.

통계적으로 작은 성차가 있을 때에도 때로 오해나 과장을 격려하는 방식으로 보고된다. 그 예로서 "단지 24%의 여성들"이라는 표현과 "28%나 되는 남성들"이라는 표현은 많은 수의 남성들과 적은 수의 여성들이 이 특성에서 높은 점수를 얻었다는 인상을 준다.

또한 통계적으로 유의미하다(significant)는 말은 단순히 수학적 조작의 결과를 기술하기 위한 표현으로 두 집단간에 나타난 차이가 단순한 우연에 기인된 것이 아니라는 의미를 지니고 있는데도, 일반인들은 그것을 중요하다는 의미로 해석하는 문제점이 있다. 이와 같이 통계적으로 유의미한 차이는 반드시 실제적 혹은 사회적 유의미성을 갖는 것이 아니므로 우리는 통계적 유의성보다는 실제적 유의성(practical significance)을 고려하여 해석해야 할 것이다.

현실적으로 성차가 발견된 연구들이 성차를 발견하지 못한 연구들보다 출판되어 다른 사람들에게 읽힐 가능성이 더 많기 때문에, 왜곡된 견해를 증가시킨다. 더욱이 성차가 발견되었을 때조차도 그것은 때로 선천적이고 생물학적 차이를 반영하는 것으로 잘못 해석된다. 실제로 생물학적 성차가 존재한다고 할지라도, 대부분의 차이는 생물학적 요인과 사회적 요인의 상호작용 결과이다.

4) 결론의 도출

연구자가 결론을 도출할 때에도 성차별적으로 편향될 수 있다. 남성이나 여성 중 어느 하나의 성에서 연구된 결과를 연구에 포함되지 않은 성으로 일반화하는 것은 부정확한 결론을 도출하게 한다. 그럼에도 불구하고 보통 남성을 대상으로 연구된 결과를 남성과 여성 모두에게 일반화한다.

물론 여성을 대상으로 연구된 결과들을 남성들에게 일반화하는 일은 결코 일어나지 않는다. 예를 들면, 심적 회전과제(mental rotation task)에서 남성들은 여성들보다 더 높은 점수를 얻는다. 그러나 공간능력을 구성하는 모든 요인들이 평정되지 않았기 때문에, 이 결과를 공간능력 전체로 일반화하여 여성들이 남성들보다 저조한 공간능력을 갖는다고 결론을 내릴 수 없음에도 불구하고 이런 일은 자주 일어난다.

집단적 성차(group gender differences)를 나타내는 자료를 사용할 때도 주의를 요한다. 집단으로서의 남성이 집단으로서의 여성보다 표준화 수학능력검사에서 더 높은 집단점수를 얻었다고 할지라도, 우리는 모든 여성들이 수학과목이나 수학과 관련된 직업을 회피한다는 결론을 내릴 수는 없다. 그 이유는 많은 개별적 여성들이 수학능력에서 남성들보다 더 높은 점수를 얻기 때문이다.

일반적으로 소녀나 여성들에게서 발견되는 전형적인 수행양식이나 특성은 자주 부정적 의미로 해석된다. 소녀들이 모든 학과목에서 소년들보다 더 우수한 성적을 얻는다고 할지라도, 생물학적으로 여성들이 남성들보다 더 우수하다고 해석하는 사람은 아무도 없다. 소녀들의 우수한 학업성적은 소년들보다 교사에게 순종적이고 사려깊은 소녀들의 특성에 기인한다고, 평가절하될 뿐이다.

성차에 대한 편향된 결론은 남성과 여성을 완전히 다른 별개의 범주로 구분하게 한다. "화성에서 온 남성과 금성에서 온 여성"이라는 말이 존재할 수 있는 것도 이 때문이다. 실제로 남성과 여성은 다르기보다는 대단히 유사하다. 통계적으로 유의한 차이가 있을 때조차도, 두 집단은 상당한 정도로 중복되어 있는 것이 사실이다.

마지막으로, 연구의 제목을 정할 때에도 남성들에 대한 연구결과를 여성 전체나 10대 전체에 일반화할 수 있는 제목을 붙여서는 안 된다. 그 예로서 남자 청소년들만을 연구했음에도 불구하고, 10대 청소년들은 성자유화를 선호한다라는 제목을 붙이는 연구자들이 자주 있다. 여자 청소년들만을 연구대상으로 했다면 이러한 제목을 붙이는 일은 결코 없을 것이다.

결론적으로 남성중심적 연구를 지양하고 여성과 남성 그리고 그들의 관심이 동등하게 중요하다는 판단에 기초하여 연구를 수행하는 여성심리학자들은 비성차별주의적 연구방법이 사용되어야만 인간에 대한 그리고 여성에 대한 기본적인 이해가 가능하다는 입장을 취한다.

2. 여성심리학과 질적 연구

집단간의 차이를 강조하는 통계적 모델은 성별관련적 차이를 강조할 가능성이 크기 때문에, 초기의 여성심리학자들은 관찰이나 비구조화된 면접방식을 사용하는 질적 연구(qualitative research)를 추천하였다. 그 예로서 비전통적 직업을 갖는 여성들에 관한 연구를 생각해 보자. 어떤 요인들이 여성들을 전통적 남성직업에 종사하도록 하는가를 연구하기 위하여, 연구자는 남성직업에 종사하는 10명의 여성들을 대상으로 면접을 실시한다. 이 여성들의 보고에 기초하여, 연구자는 전통적인 양적 연구(quantitative research)에서는 찾아내기 어려운 비전통적 직업을 갖는 여성들의 동기나 소망에 대한 가치로운 통찰을 얻을 수 있을 것이다.

양적 연구는 연구자와 연구대상자가 엄격하게 구분되고 수적 자료를 사용한 통계적 결과를 기술하는 반면, 질적 연구는 연구자와 연구대상자간의 협력이나 상호작용을 바탕으로 자연상황에서 수행된다. 질적 연구자는 방대한 양의 현장기록을 작성한 후 독자들이 이해할 수 있도록 결과를 이야기식으로 기술한다. 이야기 형태로 결과를 제시하기 때문에 질적 연구는 맥락에 대한 상세한 정보를 제공할 수 있는 이점이 있다.

그러나 양적 연구나 질적 연구 중 어느 방법이 더 타당하다고 말할 수는 없다. 양자는 모두 유용하고 장점과 단점을 모두 갖기 때문에 구체적 연구문제에 비추어 사용하는 것이 바람직하다. 만약 여성의 폐경기 경험을 연구하려고 한다면, 연구자는 시간경과에 따라 여러 명의 여성들을 면접하고, 더 많은 수의 여성집단에 질문지를 실시하는 한편, 보건소나 병원을 방문하는 여성들의 기록을 함께 사용함으로써 질적 연구와 양적 연구를 병행하는 것이 바람직하다.

3. 성차의 연구

성별관련적 차이를 검증하려고 하는 연구들은 수행에 영향을 줄 수 있는 가외변인들을 짝짓거나 균형을 이루게 하려고 노력하면서, 특정한 과제에 대한 여성과 남성의 수행을 비교한다. 이와 같은 방법으로 도출된 성차에 관한 연구결과들은 큰 저항 없이 우리의 일상생활을 지배하는, 태도나 가치관을 형성하는 역할을 하고 있다. 앞에서도 설명한 것처럼, 우리는 다음과 같은 두 가지 이유 때문에 실제로 존재하는 것보다 더 많은 성차가 존재한다고 생각한다.

① 남녀간에 유사한 결과보다는 차이나는 결과들이 더 많이 출판된다.
② 가설을 검증하는 과학적 연구방법은 영가설을 거부하거나 반증하도록 구조화되어 있기 때문에 남녀간에 차이가 없다는 영가설을 입증할 수 없도록 한다.

그렇다면 지금까지 수행된 성차에 관한 연구들은 남녀간에 어느 정도의 차이가 있다고 보고하는가? 그러나 이 분야의 연구들이 워낙 방대하여 어떤 결론을 내릴 수 있기 위해서는 개별적 연구결과들을 종합할 수 있는 독창적인 개관방법이 요구된다. 현재까지 사용되고 있는 개관방법에는 논술식 개관법(narrative review)과 통합분석(meta-analysis) 방법이 있다.

1) 논술식 개관법

논술식 개관법을 사용하여 성별관련적 차이를 연구한 논문을 개관한 대표적인 인물에는 마코비와 재크린(Maccoby & Jackline, 1974)이 있다. 그들은 1966년부터 1977년까지 성차를 연구한 1,600개 이상의 연구논문을 개관하였다. 그들은 출판된 논문은 물론 박사학위논문이나 회의자료와 함께 출판되지 않고 연구자의 서랍 속에서 잠자고 있는 논문들도 찾아내어 그들의 개관논문 속에 포함시켰다.

마코비와 재크린은 그들이 찾아낸 모든 논문들을 읽고 연구결과에 따라, 여성점수보다 더 높은 남성점수, 남성점수보다 더 높은 여성점수 그리고 유의한 차이를 나타내지 않는 논문의 개수를 헤아렸다. 그리고 전체적으로 성별관련적 차이가 존재하는가 아닌가를 결정하였다. 예를 들면, 추론능력에서의 성별관련적 차이를 연구한 29편의 논문 중 7편은 남성점수가 그리고 5편은 여성점수가 더 높았고 나머지는 여성과 남성 사이에 유의한 차이를 나타내지 않았다. 마코비와 재크린은 이상의 개관결과를 논리적으로 종합하여 추론능력에서의 성별관련적 차이는 없다고 해석하였다.

물론 차이가 없는 것과 차이의 방향에서 일관성이 없는 것은 다른 문제이다. 마코비와 재크린의 개관에서 남녀간의 유사성을 보고한 연구들은 대부분 40명 혹은 그 이하의 표본집단을 사용하여 연구하였다. 일반적으로 표본집단의 크기가 커질수록 집단간에 더 큰 차이가 나타난다. 또한 성별관련적 차이는 연구대상자의 연령이 증가할 때 더 커지는 경향이 있다.

논술식 개관을 통하여, 마코비와 재크린은 공격행동, 수학능력, 공간능력 그리고 언어능력에서 성차를 지지하는 경험적 증거를 발견하였다. 그러나 자기존중감이나 사교성, 피암시성, 성취동기 혹은 자극에 대한 민감성과 같은 변인에서는 성차의 증거를 발견하지 못했다고 보고하였다. 후속적으로 동일한 연구들에 대한 재검토를 실시한 결과, 성차가 확인된 변인들에서조차도 성차의 크기가 크지 않다는 것을 발견함으로써 마코비와 재크린은 남녀가 서로 다르기보다는 더 큰 유사성을 갖는다는 것을 확인하였다.

성차연구에서의 마코비와 재크린의 개척자적 기여에도 불구하고, 성차에 관한 그들의 결론도 제한점을 갖지 않을 수 없다. 그 이유는 논술식 개관법에 의해 이루어지는, 개별적 논문에 대한 평가는 물론 여러 연구결과들을 논리적으로 종합하는 모든 과정이 평가자의 가치판단에 의존하고 있기 때문이다. 어떤 개관자도 편견 없이 완전한 일관성을 가지고 평가할 수는 없는 일이다. 논술식 개관법에서는 개관자가 활용가능한 자료를 어떻게 평가하는가에 따라 연구결과로 제시된 차이가 사실인가 아닌가가 결정된다.

2) 통합분석방법

통합분석은 단일한 주제에 대한 수많은 연구결과들을 통계적으로 종합할 수 있는 새로운 기법이다. 통합분석방법을 사용하면, 성별관련적 차이의 크기가 양적으로 평정될 수 있다(Hedges & Becker, 1986). 통합분석은 대략 3단계에 걸쳐 이루어진다.

제일 첫 단계는 전통적 개관방법과 동일하게, 개관자가 관심을 갖는 주제와 관련된 모든 연구들을 찾아내어 읽는 작업을 포함한다. 출판된 논문은 물론 출판되지 않은 논문들도 모두 포함될 수 있어야 한다.

두 번째 단계에서 각 논문들이 제시하는 연구결과를 공통적 단위로 변환시키는 작업이 이루어진다. 전통적 개관에서는 두 개의 연구가 통계적으로 유의한 차이를 나타내면, 유의성의 크기와는 상관 없이, 동일한 결과로 해석되었다. 그러나 통합분석은 표준화된 측정단위인 효과크기(effect size: d)를 사용하여 연구결과를 비교하기 때문에, 차이의 크기를 신뢰성 있게 확인할 수 있다. 여기서 효과크기란 집단간의 평균차이를 평균 표준편차로 나누어 줌으로써 계산된다. 그리고 세 번째 단계에서 개관된 모든 연구의 효과크기에 대한 전체적 평균 효과크기가 계산된다.

코헨(Cohen, 1977)의 지침에 의하면, d=0.20은 집단들간의 작은 차이를 의미하며 d=0.50은 보통의 차이를 그리고 d=0.80 혹은 그 이상은 큰 차이를 의미하는 것으로 해석된다. 그러나 보통의 차이나 큰 차이가 존재하는 집단에서조차 두 집단의 분포가 상당히 중복되고 있음을 주목할 필요가 있다. 실제로 많은 분포들은 서로 독립적이기보다는 훨씬 더 많이 중복하고 있는 것이 사실이다.

통합분석의 이점은 표준화된 측정단위를 사용하고 있어 편견 없이 여러 연구의 결과크기를 확인할 수 있고 연구결과들을 쉽게 해석할 수 있다는 것이다. 특히 통합분석이 성별관련적 차이에 관한 논문들의 개관에 사용될 때, 성별에 미치는 다른 변인들의 영향을 찾아낼 수 있는 이점도 있다.

그렇다고 해서 통합분석이 원래의 연구들이 갖는 편견을 제거할 수 있다는 것은 아니다. 또한 논술식 개관법과 동일하게, 연구의 적절성이나 척도의 타당성 여부를 결정하는 것은 개관자이기 때문에, 통합분석도 개관자의 편견이 개입될 수 있는 단점을 지닌다.

Ⅲ. 세계 속의 여성들

전세계에는 대략 28억명의 여성들이 살고 있다. 〈그림 1-1〉과 같이, 여성들의 대부분이 아시아와 아프리카에 살고 있다. 여성들은 지리적 위치에 따라 상이한 생활방식을 영위함에도 불구하고, 전세계의 모든 여성들은 대단히 유사한 문제에 직면한다.

2001년 현재 한국의 여성인구는 23,508천명으로 남성인구(23,835천명)보다 더 적다. 남녀의 연령별 인구구성비를 비교하면 〈표 1-2〉와 같다.

〈표 1-2〉에 의하면, 여성들은 50세 이전까지는 남성들보다 모든 연

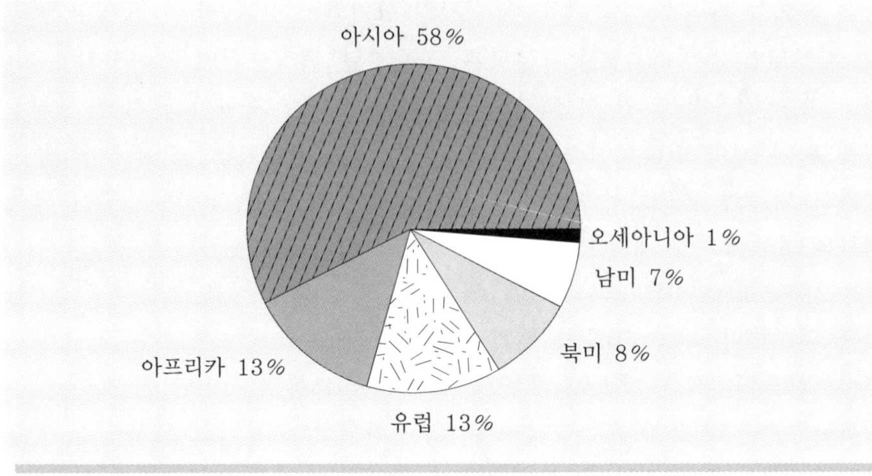

〈그림 1-1〉 전세계 여성들의 분포

출처: Neft & Levine, 1997.

령단위에서 인구구성비가 낮으나 50세를 기준으로 이후 모든 연령단계에서 남성들보다 더 높은 비율의 인구구성비를 나타낸다. 즉 남아선호사상의 결과로 남아가 여아보다 더 많이 출산되고 있기는 하지만, 중년기 이후에는 여성들의 인구가 남성들보다 유의하게 더 많다는 것을 보여 준다. 이러한 결과는 여성들의 평균수명이 더 길기 때문에 노인의 문제는 남성들보다는 여성들에게 더 심각한 문제임을 시사한다.

1. 여성들의 차이점

전세계 여성들은 어떻게 다른가? 〈그림 1-1〉에서 알 수 있는 것처럼, 여성들은 많은 다양한 지리적 장소에서 살고 있을 뿐 아니라 그들이 생활하는 방식도 아주 다르다. 한 지역의 여성들의 생각과 정서 그리고 동기상

〈표 1-2〉 한국 남녀의 연령별 인구구성비(2000)

	전체	0-4	5-9	10-14	15-19	20-24	25-29	30-34	35-39	40-44	45-49	50-54	55-59	60-64	65-69	70-74	75 이상
남	100.0	7.1	7.9	7.0	8.3	8.8	9.0	9.0	9.2	8.8	6.5	5.1	4.2	3.6	2.6	1.5	1.5
여	100.0	6.5	7.0	6.3	7.7	8.0	8.9	8.9	9.0	8.6	6.3	5.1	4.4	4.1	3.4	2.5	3.2

출처: 통계청, 2001 한국의 사회지표.

태는 다른 지역의 여성들의 생각이나 정서 혹은 동기상태와 많이 다르다. 전세계 여성들에게서 나타나는 차이점을 정리해 보면 다음과 같다:

① 기대수명

각 나라의 여성들은 기대수명에서 차이를 나타낸다. 한국을 포함한 서구의 여러 나라들에서 여성들의 기대수명은 지난 150년 동안 거의 두 배

전세계 여성들의 삶은 대단히 다양하다.

로 증가하여 80세에 육박하고 있다. 그러나 남아프리카(67.9세), 에티오피아(45.6세), 인도(59.1세), 그리고 중국(69.2세)과 같은 나라의 여성들은 아직도 낮은 기대수명을 나타낸다. 특히 일본의 여성들은 1997년 현재 83.0세의 기대수명을 기록하여 세계에서 가장 긴 기대수명을 보여 준다(Neft & Levine, 1997).

② 출 산 율

아시아나 아프리카의 저개발국가에서는 3.5 이상의 높은 출산율을 나타내며 에티오피아는 6.8의 가장 높은 출산율을 보인다. 그러나 프랑스 1.7, 영국 1.8, 이탈리아 1.3, 캐나다 1.9, 미국 2.1 그리고 한국은 2000년 현재 1.7을 기록하고 있다(통계청, 2001; Neft & Levine, 1997). 일반적으로 낮은 출산율을 갖는 나라의 여성들이 더 오래 살고 더 높은 수준의 교육을 받는다.

③ 법률체계

여성들을 지배하는 법률체계도 국가에 따라 큰 차이가 있다. 예를 들면, 말레이시아 남성들의 아내구타나 강간은 법적, 도덕적 제재의 대상이 되지 않으나 미국, 영국, 캐나다와 같은 선진국에서는 결혼관계 내에서 일어나는 거의 모든 형태의 폭력이 법으로 금지되고 있으며 한국도 최근에 성폭력 특별법, 가정폭력 처벌특례법 등을 제정하고 있다. 물론 여성의 성욕을 감소시키기 위한 할례의식으로 아직도 성기절단(genital mutilation)을 시행하는 아프리카의 나라들이 있기는 하지만(Rider, 2000; 장휘숙, 1999), 전세계의 대부분의 나라들에서는 성기절단을 법으로 금지하고 있다.

④ 산아제한

아프리카에서는 결혼한 여성들이 피임약을 사용하는 일이 거의 없으나 한국을 포함하여 서구의 여성들은 피임약을 흔하게 사용하고 있다. 피임약의 사용은 남녀동등의 가능성을 크게 증가시켰다.

⑤ 이 혼 율

여성들의 삶은 가족의 구성이나 상태에 의해 큰 영향을 받는다. 이혼율만 살펴보더라도 국가에 따라 큰 변이를 나타내기 때문에, 여성들의 삶은 차이가 있을 수밖에 없다. 〈표 1-3〉에 의하면, 유럽과 미국의 여성들은 높은 이혼율을 나타내는 반면, 중국과 한국 그리고 스페인 여성들은 낮은 이혼율을 나타낸다. 특히 미국과 남미의 여러 나라들은 높은 10대 임

〈표 1-3〉 국가별 이혼율

국 가	연 도	이혼율(%)
한 국	2000	1.9(남 1.8, 여 2.1)
중 국	1987	0.5(남 0.7, 여 0.2)
캐 나 다	1990	4.7(남 4.1, 여 5.3)
미 국	1990	10.4(남 8.9, 여 11.8)
프 랑 스	1989	4.9(남 4.4, 여 5.4)
네덜란드	1989	5.0(남 4.5, 여 5.5)
노르웨이	1990	7.0(남 6.6, 여 7.4)
스 페 인	1986	1.1(남 0.9, 여 1.4)
스 웨 덴	1988	8.2(남 7.5, 여 8.9)
영 국	1989	5.8(남 5.4, 여 6.3)
이 집 트	1986	0.9(남 0.5, 여 1.3)
호 주	1990	5.3(남 4.8, 여 5.8)

출처: UN, 「Demographic Yearbook」, 1997; 통계청, 2001 한국의 사회지표.

신율 때문에 어려움을 겪고 있다. 높은 이혼율과 높은 10대 임신율은 가난이나 편부모 문제와 같은 심각한 사회적 문제를 불러일으키며 이것들은 여성들의 삶을 심각하게 위협한다.

2. 여성들의 유사점

전세계의 여성들은 어떤 점에서 유사한가? 여성들은 서로 다른 특성을 갖기도 하지만, 대단히 유사한 문제들을 지니고 있다. 그 예로서 비록 문화에 따라 그 의미가 다르게 해석되기는 하지만, 월경, 출산, 갱년기와 같은 경험을 공유하기 때문에, 그들은 서로 긴밀한 유대감을 경험한다.

또한 전세계의 여성들은 자주 폭력의 희생자가 된다. 여성에 대한 폭력은 계층, 문화, 인종, 지역 그리고 종교와 관계없이 빈번하게 일어나며 많은 경우 보고되지도 않고 처벌되지도 않는다. 심지어 어떤 나라(예를 들면 나이지리아)에서는 법률이나 관습에 의해 여성에 대한 폭력이 정당화되기도 한다.

여성들은 어디에 살고 있든 남성들과 비교하여 더 많은 제한을 받는다. 수세기에 걸쳐 구축된 여성에 대한 이와 같은 억압은 가부장적 관습의 직접적 결과이다. 남녀동등을 이룬 스웨덴이나 미국 혹은 캐나다와 같은 나라들에서조차도 가부장적 사고는 아직도 존재한다. 그 증거로서 힘있는 지위의 여성들 수가 남성들보다 더 적고 여성들은 더 낮은 수준의 임금을 받는다. 가정 내에서도 여성들은 자녀양육과 가사일에 더 많은 시간을 보내며 남성들보다 더 적은 여가시간을 갖는다.

하나의 집단으로서 여성들이 다양하다고 할지라도, 그들은 많은 생활 경험들을 공유한다. 여성심리학을 출현하게 한 것은 바로 이 공유된 경험들이며 그것이 여성심리학이 존재해야 하는 이유이기도 하다.

Ⅳ. 이 책의 구성

이 책은 여성의 특성과 여성의 문제를 발달적 관점에서 추적하였다. 개인의 성역할 정체감은 하루 아침에 형성되는 것이 아니기 때문에, 일생 동안의 성장과정을 포함하는 발달단계적 접근은 여성들이 어떻게 성역할 정체감을 형성하고 성차별을 경험하는가를 밝혀내는 것을 용이하게 한다.

사회화(socialization) 혹은 문화화(enculturation)란 특정한 집단의 구성원들에게 그 사회나 문화에서 규정한 행동을 가르치는 과정으로 정의된다. 보통 사회과학자들은 아동기 사회화를 강조하고 아동기 동안의 문화의 획득에 그 의미를 제한하는 경향이 있으나 이 책에서는 사회화의 개념을 보다 확대하여 개인의 삶을 통하여 계속되는 과정을 언급하기 위하여 사용하였다.

이 책에 제시된 여성의 삶은 성차를 학습하는 아동기, 자아정체감 형성의 사춘기와 청년기, 사랑과 결혼으로 대표되는 청년후기, 어머니 역할과 일로 특징되는 성인초기 그리고 중년기와 그 이후의 시기로 나누어지고 각 단계에 따른 여성들의 경험패턴이 차례로 수록되었다. 이 책은 남녀의 동등성을 기초로 하기 때문에 지금까지 심리학적 연구의 이론이나 연구결과에서 나타난 성차의 허구성이 함께 지적될 수 있을 것이다. 결론적으로 독자들은 이 책을 통하여 여성의 특성은 물론 남성과의 유사점과 차이점을 심리학적 조망으로 바라볼 수 있는 기회를 가질 수 있을 것이다.

[2장]

여성의 의미

[2장] 여성의 의미

여성과 관련된 고정관념과 성적 불평등의 문제를 논의한다. 또한 우리 사회의 이상적 여성상은 무엇이며 그것이 여성들에게 어떤 영향을 주는가도 설명한다. 이 장을 통하여 여성들이 우리 사회에서 어떻게 규정되고 어떻게 평가되는가가 분명해질 것이다.

여성의 의미

제2장 여성의 의미

우리 사회에서 여성이라는 것은 어떤 의미를 갖는가? 여성들 중에는 자신이 여성인 것을 불만스러워하고 다음 생이 있다면 남성으로 태어날 수 있기를 소망하는 여성들이 있다. 아마도 그 이유는 여성의 생물학적 특성 때문이기보다는 사회가 여성에게 부과하는 역할이나 기대가 여성들에게 지나치게 가혹하기 때문일 것이다.

분명한 것은 여성과 남성들은 서로 다른 유형의 삶을 산다는 것이다. 이 장에서는 우리 사회에서 통용되는 여성과 관련된 신념과 태도 혹은 사회적 요인들을 고찰함으로써 여성인 것이 어떤 의미를 갖는가를 고찰하려고 한다.

Ⅰ. 성으로 이분되는 사회

모든 인간 사회는 개인의 성에 따라 정확하게 이분된다. 각 개인은 그들이 지니고 있는 특성과는 관계없이 오로지 여성인가 혹은 남성인가에 따라 완전히 다른 삶을 살아간다.

일반적으로 사람들은 남성과 여성의 차이는 대부분 생물학적 특성에 기초한다고 믿는다. 그 이유는 유전적 구성이나 해부학적 특성에서의 차이를 의미하는 생물학적 성(sex)과, 문화가 생물학적 성으로부터 만들어낸 성별(gender) 혹은 성역할이 혼용해서 사용되고 있기 때문이다.

모든 포유동물의 종은 암컷과 수컷의 두 가지 생물학적 형태를 지니고 있다. 인간 영아도 출생시에 그들의 외부생식기를 기초로 남성이나 여성 중 하나로 명명된다.

그러나 성별을 갖는 인간을 만들어 내는 과정은 출생 직후부터 시작되어 성인이 될 때까지 계속된다. 생물학적 성을 기초로 하여 형성된 성별은 개인의 행동, 사고, 감정에 영향을 주고 개인들 사이의 상호작용은 물론 사회기관의 구조를 결정하는 역할을 한다.

그러므로 여성과 남성의 차이는 그들의 생물학적 성에 기인된 차이가 아니라 출생 후에 형성된 성별에 그 원인이 있을 가능성이 많다. 그럼에도 불구하고 사람들은 문화에 의해 형성된 남녀차이조차도 쉽게 생물학적 차이로 귀인시킨다. 이 문제에 대한 하나의 해결책으로, 문화에 의해 규정되는 성별의 다양한 측면들을 검토해 보면 여성에 대한 성차별적 편견이 부당하다는 것을 쉽게 알 수 있을 것이다.

1. 성별의 수준

성별이란 사회가 생물학적 성을 기초로 개인을 구별하는 방식으로 단순한 성 이상의 것이다. 사회적 구성개념인 성별은 개인적, 대인관계적 그리고 사회구조적 수준에서 동시적으로 작용한다(Unger & Crawford, 1992).

1) 개인적 수준

어떤 사회에서나 개인의 행동이나 특성은 그 개인의 생물학적 성과 연합된다고 생각한다. 세상에는 단지 두 개의 성이 존재하기 때문에, 성역할도 남성성(masculinity)과 여성성(femininity)의 두 가지 범주만이 존재할 수 있다고 믿어진다. 실제로 남성과 여성들은 많은 특성들을 서로 공유하고 있음에도 불구하고, 한 성이 소유하는 특성은 다른 성에 의해 소유될 수 없다는 배타적 성역할 정체감(gender identity)이 수용되고 성역할에 대한 다양한 고정관념들이 만들어진다.

그러나 남성성과 여성성 외에 양성성(androgyny) 개념의 소개는 성역할에 대한 전통적 이분법을 무너뜨리는 역할을 하였다. 양성성이란 남성이나 여성이 이성의 특성을 공유할 수 있다는 새로운 성역할 정체감으로 남성들은 남성적 특성만을 지니는 것이 아니라 여성적 특성을 동시에 공유할 수 있고 여성들도 남성적 특성을 함께 공유할 수 있다는 것이다.

문제는 양성성 개념도 개인의 성별이나 성역할과 관련된 특성들이 사회문화적 상황의 결과가 아니라 개인의 생물학적 성으로부터 유래된 것이라는 것을 강하게 시사하고 있다는 것이다. 아직도 우리 사회는 전통적인 남성적 특성들을 여성적 특성들보다 더 높게 평가하고 여성의 정서적 특성들은 개인의 자기존중감을 낮추는 데 더 큰 기여를 한다고 생각한다.

2) 대인관계적 수준

개인의 성별은 타인과의 상호작용시에 어떻게 행동할 것인가를 지시한다. 우리는 타인의 외모와 행동을 기초로 그 사람이 남성인가 혹은 여성인가를 결정하고 그에 따라 행동한다. 대인관계상황에서 개인의 성은 행동을 위한 단서의 기능을 한다.

타인과 상호작용할 때 개인의 성과 성별 혹은 성역할은 서로 얽혀 있기 때문에, 우리는 성을 추론하기 위하여 성별단서를 사용하고 동시에 성별을 추론하기 위해 성단서를 사용한다. 남성이나 여성으로서의 성범주화(sexual categorization)는 남녀의 차이를 보는 방식이 아니라 오히려 차이를 만들어 내는 방식으로 작용한다. 남성과 여성의 행동이 객관적으로 동일할 때조차도 동일한 방식으로 평가되지 않는다. 사람들은 타인의 행동은 물론 그들 자신의 행동에 대한 하나의 설명방식으로 성범주를 사용한다.

3) 사회구조적 수준

사회는 성에 따라 역할을 규정한다. 사회에 따라 각 성에 할당하는 과제의 종류에서 큰 차이가 있을 수 있으나 일반적으로 여성의 일로 규정되는 과제들은 남성에게 부여된 과제들보다 중요성이나 바람직함에서 뒤떨어진다는 평가를 받는다. 여성과제에 대한 사회의 과소평가는 여성 자체를 평가절하하는 결과를 초래한다.

사회구조적 수준에서 보다 더 중요하고 바람직하게 평가되는 남성들은 여성들보다 훨씬 더 쉽게 힘과 자원에 접근할 수 있다. 대부분의 사회에서 남성들은 정치, 경제, 법률 등 사회의 모든 영역에서 힘을 발휘하고 통제력을 행사하는 위치에 있으며, 여성들이 준수해야만 하는 법률이나 규칙을 제정하는 역할을 담당한다.

2. 이상적 여성상

"여성"하면, 당신은 어떤 모습을 떠올리는가? 당신은 TV나 영화속에 나타나는 여성상과 남성상에 대해 생각해 본 일이 있는가? 당신은 가까운 사람인 어머니나 좋아하는 선생님과 같은, 개별적 여성들에 대해 생각해 본 일이 있는가? 분명하게 말하기는 어렵지만 우리 사회에는 이상적인 여성상이 존재한다.

일반적으로 신화나 동화, 그림 혹은 종교적 신념을 통하여 전달되는 이상적 여성상(혹은 이상적 남성상)은 특정 시점에서의 한 성의 구성원으로서의 여성(혹은 남성)들의 모델로 활용된다. 서양에서는 아직도 희랍신화의 아프로디테(Aphrodite)를 아름답고 관능적인 여성상으로서, 모든 남성들의 영원한 연인으로 간주한다. 그렇다면 오늘날 한국인의 이상적 여성상은 어떤 모습일까? 신윤복의 미인도에 그려진 여성인가? 신사임당과 같은 훌륭한 어머니상을 의미하는가? 아니면 미스코리아로 선발되는 아름다운 여성들인가?

대중매체들은 여성들을 자주 그들의 신체특징으로 묘사하고 남성들보다 더 엄격한 신체적 그리고 성적 표준을 바탕으로 평가한다. 대중매체의 표준에 도달하지 못한, 매력적이지 못하거나 살찐 여성들은 부도덕하다는 평가를 받고 사회적 처벌의 대상이 된다. 최소한도의 여성성 표준을 충족시키지 못하는 여성들(늙은 여성이나 장애를 가진 여성)은 여성적 성역할 정체감을 지니지 않은 사람들로 인식되기도 한다.

그러나 실제로 여성들은 여러 가지 특성은 물론 연령, 인종 그리고 사회적 계층에 따라 다르다. 또한 여성들은 문화에 따라서도 다르고 동일 문화 내에서도 시간에 따라서도 다르기 때문에 여성을 하나의 단일적인 범주로 생각해서는 안 된다. 그렇다고 해서 이상적 여성상이 일시적이거나 하찮은 것이라는 의미는 아니다. 이상적 여성상은 여성에게 부과된 성역할 고정관념을 내면화하게 하고 개인적 태도와 신념의 근원으로 작용하기 때문에 여성 개인의 자기지각과 자기존중감의 기초가 된다(Gilmore, 1990).

우리 사회의 이상적 여성상은 어떤 특성을 지닌 여성들일까?
아프로디테, 미인도, 신사임당, 미스코리아?

Ⅱ. 성역할 고정관념

고정관념(혹은 정형, stereotype)이란 개인이 특정한 집단의 구성원이기 때문에 공통적인 어떤 속성을 지니는 것으로 생각될 때 사용되는 개념이다. 종교적 고정관념, 인종이나 민족집단에 대한 고정관념 등이 존재하기는 하지만, 그 어느 것도 성역할 고정관념만큼 광범위하고 지속적인 영향을 주지는 못한다.

일반적으로 특정한 집단에 대한 고정관념과 그 집단구성원들의 실제적 특성간에 공통점이나 일치점이 없는 경우가 많아 고정관념화(stereotyping) 혹은 정형화는 실체의 왜곡과정으로 인식된다. 그러므로 성역할 고정관념은 인지적 편견(cognitive bias)의 한 형태이다.

다른 고정관념들과 마찬가지로 성역할 고정관념은 다음과 같은 특성을 지니고 있다.

① 고정관념의 목표가 되는 집단은 쉽게 확인될 수 있고 비교적 힘이 없는 집단을 형성한다.
② 사람들은 대체로 고정관념화된 집단의 특성에 동의한다.
③ 고정관념은 암암리에 집단간의 비교를 부추기고 고정관념화된 집단의 불이익을 증가시킨다.
④ 고정관념은 특정 집단을 정확하게 표상하지 못한다.
⑤ 특정한 고정관념이 많은 문제점을 내포하고 있다는 것이 분명할 때조차도, 한번 형성된 고정관념은 수정되기 어렵다.
⑥ 사람들은 그들이 고정관념의 대상이 된다는 것을 인식하지 못하며 그들이 소속한 집단의 고정관념적 특성이 자신에게 적용되고 있다는 것도 부정한다.

1. 남녀의 고정관념적 특성

1) 일반적 범주로서의 성역할 고정관념

성역할 고정관념의 획득은 5세 이전에 시작되고 아동초기 동안 가속화되며 청년기 동안 완성된다(Williams & Best, 1990). 일반적 범주로서의 성역할 고정관념에 대해 고전적 연구를 수행한 브로버맨과 그 동료들(Broverman 등, 1972)은 수동적/능동적, 종속적/지배적 등과 같이 사람의 특성을 기술하기 위하여 흔히 사용되는 형용사 122쌍으로 구성된 질문지를 개발하였다. 그들은 대학생들에게 정상적 남성, 정상적 여성 그리고 자신을 기술하는 형용사를 선택하도록 요구하였다.

연구자들은 특정한 성(sex)과 연합되어 있는 두 가지의 분명한 특성을 발견하였다. 즉, 전형적인 남성특성으로 평가되는 도구적 차원(instrumental dimension)과 전형적인 여성특성으로 생각되는 정서적 차원(affective dimension)이 그것이다. 도구성은 능동적, 객관적, 독립적, 공격적, 직접적, 지배적, 비정서적 그리고 유능한 등과 같이 세상을 효과적으로 조작할 수 있는 개인의 특성을 포함한다. 대조적으로 정서성은 따뜻한, 민감한, 표현적 등과 같이 타인에게 관심을 갖고 양육적이며 타인을 돌보는 데 적합한 개인의 특성들로 구성된다.

브로버맨 등의 연구결과를 통해, 전형적 여성특성보다는 전형적 남성특성들이 수도 더 많을 뿐 아니라 사회적으로 더 바람직한 특성들로 구성되어 있다는 것을 알 수 있다. 남성적 특성은 곧 바람직한 성인의 특성과 일치하는 반면, 여성적 특성은 어린애 같은 속성을 지니고 있어 여성성은 곧 미성숙과 일치한다.

그러나 브로버맨 등의 연구는 두 개의 형용사 중에서 강제선택을 해야 하므로 남성과 여성의 성격특성이 정형화될 수밖에 없다는 문제점이 있다. 더욱이 여성과 남성은 성격특성 외에도 역할이나 행동 혹은 신체외모와 같은 특성에서 차이를 나타내기 때문에, 남녀의 고정관념적 특성에 대한 연구는 보다 포괄적인 요인들을 포함해야 한다는 비판이 있다. 문제는 이러한 문제점들을 보완하여 강제선택방식을 지양하고 성격특성 이외의 여러 영역들에서 남성과 여성에게 영속하는 것으로 생각되는 모든 특성들을 기술하도록 한 연구(Deaux & Lewis, 1984)에서도 브로버맨 등의 연구와 유사한 결과가 도출되었다는 것이다. 상이한 연구방식의 사용에도 불구하고 성역할을 정형화하는 정도에서는 큰 차이가 없었다.

2) 역할이나 속성으로서의 성역할 고정관념

일반적 범주로서의 성역할 고정관념에 대한 연구의 후속으로, 역할이나 속성을 기초로 구분한, 남녀의 다양한 유형에 대한 신념을 측정하는 연구가 수행되었다(Deaux 등, 1985). 연구자들은 여성들을 가정주부, 운동선수, 사업가 및 섹시한 여성의 네 가지 하위유형으로 구분하는 한편, 남성들을 운동선수, 육체노동자, 사업가 그리고 사나이다운 남성의 네 가지 하위유형으로 세분화하였다. 〈표 2-1〉은 일반적 범주로서의 남성과 여성에

〈표 2-1〉 여성과 남성에 대한 일반적 그리고 특정한 역할과 관련한 고정관념들

여 성	남 성
매력적	강한
여성적	감정을 숨기는
맵시있는	사나이다운
민감한	섹시한
정서적	남성적
가정주부	**남성 육체노동자**
청소하는	공장
요리하는	열심히 일하는
아동을 돌보는	하류계층
어머니다운(상냥한)	교육받지 않은
바쁜	조합원 멤버
여자 운동선수	**남자 운동선수**
근육질의	근육질의
체격이 좋은	건강한
강한	강한
공격적	거친
남성적	체격이 좋은
섹시한 여성	**사나이다운 남성**
잘생긴	근육질의
긴 머리	털이 난 가슴
멋진 옷	턱수염
매니큐어를 칠한	매력적인
예쁜 얼굴	자기중심적
여류사업가	**남성사업가**
빈틈없는	양복을 입은
멋진 의상	멋진 사무실
미혼의	대학교육
열심히 일하는	빈틈없는
조직화된	멋진 외모

출처: Deaux 등, 1985.

대한 성역할 고정관념과 역할이나 속성으로서의 남녀에 대한 고정관념을 제시한다.

〈표 2-1〉에 제시된 모든 유형의 남성들은 어떤 여성적 특성도 지니고 있지 않은 반면, 여성들은 역할에 따라 남성적 특성을 지닐 수도 있었다. 그 예로서 여자 운동선수와 여류사업가는 여성적 특성을 지닐 가능성이 적었으나 가정주부는 전형적인 여성적 역할행동을 수행하고 남성적 특성을 거의 나타내지 않았다. 다시 말하면 가정주부에 대한 고정관념은 일반적인 여성에 대한 고정관념과 대단히 유사하였다.

이 연구결과로부터 다음과 같은 네 가지 결론을 도출할 수 있다.

첫째, 특정 유형의 여성과 남성에 대한 성역할 고정관념은 전체적 범주로서의 남성과 여성에 대한 고정관념만큼 강력하다.

둘째, 여성에 대한 성역할 고정관념은 남성에 대한 고정관념보다 훨씬 더 강하게 분화되어 있다. 역할이 달라질 때도 남성들에게는 대단히 유사한 성역할 고정관념이 적용되는 반면, 여성들의 경우에는 역할이 달라지면 성역할 고정관념도 달라진다.

셋째, 여성과 남성의 성역할 고정관념은 정반대의 속성을 지닌다.

넷째, 이 표에 제시되지는 않았지만, 여성에 대한 성역할 고정관념은 어머니에 대한 성역할 고정관념과 거의 일치하나 남성에 대한 성역할 고정관념은 아버지나 할아버지에 대한 성역할 고정관념과 전혀 일치하지 않는다.

결론적으로 동시대를 살아가는 여성과 남성들은 거의 무의식적으로 성역할 고정관념을 수용하게 되므로 전형적인 여성과 전형적인 남성을 지각하는 그들의 방식도 대단히 유사할 수밖에 없다. 우리 모두 성역할 고정관념을 공유하고 있으므로 그것이 우리의 타인에 대한 평가에 영향을 준다는 것도 인식하지 못한다. 그에 따라 우리는 성역할 고정관념의 부당성을 입증할 기회조차 갖지 못한다.

2. 대중매체의 영향

아동의 그림책이나 학생들이 사용하는 교과서에서부터 신문, 잡지, TV 그리고 영화까지 모든 인쇄물과 시청물들은 성역할 고정관념을 강화하는 역할을 한다. 묘사되는 남성과 여성의 수에서 여성들이 현저하게 더 적은 것은 물론 여성들은 남성들보다 더 자주 신체적 특성에 의해 평가된다. 또한 여성들이 종사하는 직업의 종류나 활동영역은 남성들과 비교하여 지극히 제한되어 있다.

TV 속에 등장하는 여성인물들은 남성인물들보다 대부분 더 젊고 가냘프고 날씬한 몸매를 지니고 있다. 병원장면은 거의 대부분 남성 의사와 여성 간호사로 구성된다. TV는 직업에 대해 이야기하는 여성보다는 그들의 사랑이나 로멘스를 이야기하는 여성들을 더 많이 보여 준다(New York Times, 1997).

드라마 속에서도 남성들은 그들의 직업과 동일시되는 반면, 여성들은 가정이나 가족과 동일시되며 직업을 갖는 여성들의 대부분은 바람직하지 않게 그려지고 있다. 그들은 가족구성원들 사이에서 갈등을 초래하며 직업업무와 가사일 사이에서 한없이 지친 모습을 보여 준다. 대중매체에서의 이와 같은 차별적 남녀 묘사는 성적 그리고 직업적 고정관념의 극단적 예에 해당한다.

TV를 많이 시청하는 사람들이 TV를 적게 시청하는 사람들보다 여성과 남성의 성역할에 대해 성차별적 반응을 더 많이 나타낸다(Signorielli, 1989). 일반적으로 성역할 고정관념화된 프로그램을 많이 시청하는 사람일수록 자신과 타인을 성역할 고정관념에 따라 기술하고 평가한다. 이와 같이 TV와 같은 대중매체들은 남녀의 성역할 고정관념을 강화하고 영속화하는 역할을 한다.

3. 성역할 고정관념과 관련된 현상들

성역할 고정관념과 같이 사회적 범주에 바탕을 둔 편향된 신념들은 개인들에게 전달되어 그들의 행동에 영향을 준다. 사람들은 성을 기초로 타인에 대한 정보를 부호화하기 때문에 모든 여성들은, 남성들도 마찬가지이긴 하지만, 서로 대단히 비슷한 것처럼 보인다. 그러므로 상이한 집단으로 범주화되는 사람들은 비교적 상이한 신념을 지니고 상이한 행동을 할 것으로 기대된다.

1) 성역할 고정관념과 개인의 수행

성역할 고정관념에 의해, 남성과 여성이 동일한 행동을 수행할 때조차도 그 행동은 다르게 지각된다. 대학생들에게 남녀의 이름이 기재되어 있거나 성별의 구분이 모호한 이름 혹은 이름이 전혀 기재되어 있지 않은 논문을 평가하도록 하였을 때, 대학생들은 평가편견(evaluation bias)을 나타내었다. 그들은 남성이 집필자라고 생각되는 논문을 여성이 집필했다고 생각되는 논문보다 더 우수하다고 평가하였다.

동시에 남성과 여성의 동일한 행동이 해석되는 방식에도 성역할 고정관념은 영향을 준다. 그 증거로서 남성의 행동인가 여성의 행동인가에 따라 이중기준(double standard)이 적용된다. 일반적으로 지위가 높은 사람들의 비규범적, 일탈적 행동들은 지위가 낮은 사람들의 동일한 행동들보다 더 자주 그리고 더 쉽게 허용된다. 여성들보다 사회적으로 더 높은 지위에 위치하는 남성들은 동일한 비행에 대해 여성들보다 더 적은 비난을 받거나 오히려 격려받기까지 한다.

2) 성역할 고정관념과 사회적 귀인

성역할 고정관념은 행동의 원인을 추론하는 귀인과정에도 영향을 미쳐 기초적 귀인오류(fundamental attribution error)를 생성한다. 기초적 귀인오류란 행동에 미치는 상황의 영향을 과소평가하고 개인적 원인을 과대평가하는 경향성으로 여성과 남성의 행동적 차이는 그들의 성격특성에 기초한다고 믿도록 유도한다. 남성의 성공은 그들의 능력이라는 개인적 특성에 기인되는 반면, 여성의 성공은, 그들의 무능력에도 불구하고, 단지 운이 좋았기 때문이라고 평가된다.

기초적 귀인오류의 하나의 형태는 희생자 비난(victim blame) 현상이다. 희생자가 당한 불행을 자신들과는 상관없다고 생각하는 많은 사람들은 불행의 책임이 희생자에게 있다고 주장하고 피해를 당한 희생자를 오히려 비난한다. 강간사건의 발생시에 강간을 당한 여성들이 비난받게 되는 것은 이러한 파괴적 편견 때문이다.

3) 성역할 고정관념과 신체적 매력

신체적 매력은 성역할 고정관념과 밀접한 관련을 갖는 요인들 중의 하나이다(Kyle & Mahler, 1996). 신체적 매력은 남녀 모두에게 중요한 자산이기는 하지만, 그것은 남성보다는 여성의 판단에서 더 중요시된다. 비록 여성들의 경우보다 그 강도가 약하긴 하지만 남성들에게도 얼굴모습이 중요시되기 때문에, 매력표준에서 많이 이탈한 얼굴을 갖는 남성들은 취업이나 대인관계 상황에서 불이익을 당한다. 여성들의 경우에는 얼굴모습도 중요하지만 몸매에 더 큰 중요성이 부여되기 때문에, 가늘고 날씬해지려는 여성들의 소망을 부추긴다.

신체적으로 매력적인 사람들은 많은 긍정적 특성을 지니고 있다고 평가된다. 따라서 신체적으로 매력적이지 못한 여성들은 보다 더 남성적이고 바람직하지 못한 특성을 지닐 것으로 기대된다. 비교문화적 연구에서도 여성의 신체적 매력은 평가의 중요한 요인이었다.

사회는 남성보다는 여성의 신체적 매력을 더 정교하게 세분화하고 긍정적 혹은 부정적으로 구분되는 극단적 평가를 하는가 하면 여성의 매력에 대해서는 보다 쉽게 합의에 도달한다. 따라서 신체적 매력을 저하시키는 비만은 남성들보다 여성들에게 더 큰 부정적 영향을 준다. 고정관념적으로, 비만한 여성들은 정상체중의 여성들보다 매력수준은 물론 지능, 직업성공, 관계형성, 행복 및 인기 정도에서 더 낮은 평가를 받는다(Hebl & Heatherton, 1998).

4. 고정관념의 유지와 변화

서구의 여러 나라에서 활발하게 전개되고 있는 여성운동의 결과로 성역할에 대한 고정관념이 쇠퇴하였을 것이라는 기대를 갖게 된다. 그러나 우리는 아직도 도처에서 성역할 고정관념적 행동이나 기대와 만나게 된다. 남성들은 여전히 활동성이나 힘과 같은 역동적 영역에서 여성들보다 더 바람직하다는 평가를 받는다. 남성과 여성의 정치적, 사회적 그리고 경제적 역할은 점차 평등주의적으로 변화되고 있는 것처럼 보이는 데도, 성역할 고정관념은 여전히 존재한다.

구체적인 증거로서 1957년에 수행된 성역할 고정관념에 관한 연구가 1978년에 그대로 반복되었다(Werner & LaRussa, 1985). 연구자들은 처음 연구가 수행된 동일한 대학에서 동일한 수의 반응자들에게 동일한 문항의 체크리스트를 사용하여 성역할 고정관념을 연구하였다.

흥미롭게도 1957년에 남성들에게 할당된 형용사들의 62%와 여성들을 기술하기 위하여 사용된 형용사들의 77%가 1978년에 조사된 남성적 그리고 여성적 고정관념을 기술하는 형용사 속에 포함되어 있었다. 20년 동안 약간의 형용사들이 탈락하고 새로운 형용사들이 첨가되었음에도 불구하고, 남녀간에 형용사 이동은 일어나지 않았다.

두 개의 연구에서 나타난 주요한 차이는 여성에 대한 부정적인 형용사들이 감소하였다는 것이다. 남녀 모두에게 대략 동일한 수의 바람직한 형용사와 바람직하지 못한 형용사가 할당되었으며 여성에 대한 긍정적 형용사의 증가는 온정, 도움, 이해와 같은 긍정적 형용사들의 첨가에 기인하였다. 문제는 여성들에게 할당된 긍정적 형용사들은 그들이 단순히 좋은 사람이라는 의미이지, 남성들과 동등한 권리와 권위를 갖고 역할을 수행하는 가치 있는 존재라는 뜻은 아니라는 것이다. 불행하게도 1974년부터 1991년까지 대학생들의 성역할 고정관념을 연구한 보다 최근의 연구에서도 성차별적 고정관념은 그대로 유지되고 있었다(Lueptow, Garovich, & Lueptow, 1995).

1) 고정관념의 유지에 기여하는 요인들

그렇다면 성역할 고정관념은 어떻게 유지될 수 있는가? 직업을 갖는 여성들이 증가하고 전통적인 남성직업에 종사하는 여성들이 많아졌음에도 불구하고 여성에 대한 고정관념은 변하지 않는가?

(1) 하위유형들의 형성

여성들은 그들의 사회적 역할을 기초로 두 가지 하위유형으로 구분된다. 하나의 유형은 아름답기는 하지만 무능한 아가씨나 가정주부이고 또 다른 유형은 호감이 가지는 않으나 유능한 직업여성, 페미니스트, 동성애자 혹은 운동선수들이다. 두 번째 유형의 여성들은 전통적인 성역할 고정관념에서 크게 어긋나고 이성애적 요구를 충족시키지 못함은 물론 남성의 전유물이었던 사회적 힘에 도전하는 사람으로 인식된다.

한 예로서 탁월한 운동선수나 학생집단의 지도자이면서 동시에 따뜻하고 민감한 여성적인 여성을 만났다고 해 보자. 우리는 이 여성을 통하여 여성에 대한 성역할 고정관념이 수정될 수 있을 것으로 기대한다. 그러나 사회는 성역할 고정관념에 일치하지 않는 여성을 만나게 되면, 여성에 대한 신념을 변화시키기보다는 이러한 사람들을 재분류하고 또 다른 하위유형을 만들어 낸다. 따라서 남성적 특성과 여성적 특성을 공유한 이 여성은 '예외'라는 하나의 하위유형을 생성할 뿐이다. 하위유형의 생성은 여성에 대한 고정관념의 변화를 방해하기 때문에, 우리가 매일의 생활에서 고정관념과 일치하지 않는 수많은 행동과 접한다고 할지라도, 여성에 대한 성역할 고정관념이 유지될 수 있도록 한다.

특히 권위주의적인 남성들은 그렇지 않은 남성들보다 여성에 대해 더 많은 하위유형들을 만들어 내고 개별적 하위유형에 대해서도 더 극단적인 태도를 취한다(Glick 등, 1997). 그들은 일반적인 다른 남성들이 갖는 여성에 대한 긍정적 평가를 수용하지 않으며 여성이라는 단어는 그들에게 오로지 페미니스트의 이미지를 떠오르게 할 뿐이었다. 권위주의적인 남성들은 페미니스트에 대해서도 더 많은 부정적 신념을 지니고 있었고 그들이 혐오하는 가치관을 지닌 사람으로 인식하고 있었다.

(2) 인지적 범주로서의 성역할 고정관념

성역할 고정관념은 복잡한 사회적 현실을 단순화하기 위해 사용되는 인지적 범주이다. 다시 말하면 사람들은 개인관련적 정보를 체제화하는 틀로서 성역할 고정관념을 사용한다. 그러므로 사람들은 성역할에 대한 그들의 생각과 일치하는 정보를 더 잘 기억하고(Furnham & Singh, 1986), 거기에 맞추어 행동한다(Hepburn, 1985).

인지적 범주로서의 개인의 성역할 고정관념은 기억과정은 물론 주의집중과 사고과정에도 영향을 미친다. 남녀 사이에 실제로 유의한 차이가 존재하지 않을 때조차도 성역할 고정관념이 유지될 수 있는 것은 바로 이 때문이다.

(3) 자기충족적 예언

자기충족적 예언(self-fulfilling prophecy)도 여성에 대한 고정관념을 영속화시키는 역할을 한다(Skrypnek & Snyder, 1982). 자기충족적 예언의 한 측면은 사람들이 타인과 상호작용할 때, 타인이 상대편에 대해 기대하는 사회적 범주와 일치하는 정보를 선택하거나 그 범주에 맞추어 행동하는 것이다.

그 예로서 만약 어떤 남성이 여성의 바람직한 파트너이면서도 여성에 대해 성역할 고정관념적 견해를 갖는다는 것이 알려지면, 여성들은 자신의 실제 태도와는 상관없이 스스로 전통적인 여성적 특성을 지닌 사람으로 행동한다. 반대로 바람직한 남성 파트너가 성역할 고정관념과는 반대의 태도를 지니고 있다고 알려지면, 여성들은 전통적인 남성적 과제로 알려진 영역에서 더 우수한 수행을 보인다(Von Baeyer, Sherk & Zanna, 1981). 사람들은 자기충족적 예언을 통하여 사회적 상황에서의 잠재적 보상을 극대화할 수 있도록 자신을 변화시키려고 노력한다.

신체적 매력에 의해 자기충족적 예언의 존재를 확인한 초기의 한 연구(Snyder, Tanke & Berscheid, 1977)는 남자 대학생들에게 임의로 할당된 매력적인 혹은 매력적이지 못한 여성과 전화로 대화를 나누도록 하였다. 그러나 여성 파트너들은 무선으로 할당된 남학생들의 사진만을 제시받았고 그들의 남성 파트너들이 그녀 자신의 매력에 대해 잘못된 정보를 갖고 있다는 것을 알지 못하였다.

그럼에도 불구하고 남성 파트너들은 여성들과의 짧은 대화 후에 매력적이라고 명명된 여성을 매력적이지 못하다고 명명된 여성들보다 더 친절하고 사교적이며 호감이 간다고 평정하였다. 또한 남성들은 그들의 파트너를 남성이라고 생각하거나 파트너의 성별을 알지 못할 때보다 파트너가 여성이라고 생각될 때 더 남성적인 과제를 선택하였다(Skrypnek & Snyder, 1982).

자기충족적 예언에 의해 생성된 행동은 내면화되기 때문에 그것은 성역할 고정관념이 유지될 수 있도록 한다. 여성들은 남성들의 기대에 부응하기 위하여 자신의 행동을 변화시키고 남성들도 여성이 원한다고 지각하는 특성을 반영하기 위하여 자신의 행동을 변화시킴으로써 우리 사회의 성역할 고정관념은 영속화한다.

2) 고정관념의 변화

그렇다고 해서 성역할 고정관념이 변화될 수 없다는 것은 아니다. 일반적으로 성역할 고정관념과 일치하지 않는 행동이 자주 나타날 때, 성역할 고정관념은 변화될 수 있다. 예를 들어 여성 전투기 비행사, 여성 암벽 등반가, 여성 건설현장근로자들은 성역할 고정관념과는 일치하지 않는 직업들이다. 이 직업들은, 여성들은 격렬하고 힘든 일을 할 수 없다는 고정관념에 위배된다. 성역할 고정관념과 불일치하는 직업이나 행동들이 서로 다른 상황에서 반복적으로 나타날 때 변화는 촉진된다.

고정관념의 변화는 개인들의 상대적 힘에 의해서도 영향을 받는다(Fiske, 1993). 나보다도 더 높은 지위에 있거나 힘을 가진 사람이 고정관념과 일치하지 않는 행동을 할 때 우리는 그 행동에 주의를 기울이고 그것을 오히려 바람직하게 생각하게 된다. 예를 들어 라켓볼치기를 좋아하는 여사장이 있다고 하자. 그 회사의 한 남자 부하직원은 라켓볼은 여성의 운동이 아니라는 생각을 가지고 있었다. 그러나 그 부하직원은 여사장에 대해 존경심을 갖는 것이 그에게 이익이 된다고 판단하기 때문에, 라켓볼을 좋아하는 여사장을 적극적이고 능동적이며 자기주장적일 것이라고 추론한다. 만약 부하직원과 여사장이 상호의존적인 상하관계를 형성하고 있지 않았다면, 그 부하직원은 여사장의 라켓볼에 관심을 기울이지도 않았을 것이고 라켓볼은 여성의 운동이 아니라는 고정관념을 변화시킬 수도 없었을 것이다.

5. 지위가 성역할 고정관념에 미치는 영향

우리 사회에서 남성들은 여성들보다 더 우월하고 중요시된다. 남성들은 그들의 높은 지위에 의해 더 많은 힘을 행사하고 여성의 종속적 지위가 유지되도록 영향력을 발휘한다. 이와 같은 남녀간의 성차별은 성(sex)이 갖는 귀속적 특성에 기인된다.

1) 귀속지위와 획득지위

지위(status)는 타인에게 영향을 주는 개인의 잠재적 능력을 언급하기 위하여 사용되는 용어이다. 사회학자들은 지위를 귀속지위(ascribed status)와 획득지위(achieved status)로 구분한다.

획득지위가 개인이 수행하는 역할(사장 대 사원, 아버지 대 아들, 교사 대 학생)에 기초한다면, 귀속지위는 개인이 태어날 때 갖는 특성들에 기초한다. 귀속지위는 획득지위와 달리 개인의 노력에 의해 수정되기 어렵거나 수정불가능하며 사회가 특정한 특성에 부여하는 가치에 의존한다.

연령이나 사회적 계층과 같이 성은 귀속지위의 대표적인 결정인자이다. 하나의 귀속적 특성으로서 성은 지위와 힘을 전달한다. 여기서의 힘이란 사회적 힘(social power)으로 개인이나 집단이 타인에게 영향을 줄 수 있는 효능성을 의미한다. 우리 사회에서 남성다움은 여성다움보다 더 큰 힘과 권위 그리고 사회적 가치와 연합된다(Unger, 1998).

여성들보다 높은 귀속지위를 갖는 남성들은 공적 집단이나 직업상황에서는 물론 낭만적 커플 사이에서도 우월한 위치를 차지한다. 남성에 대해 힘을 행사하는 여성들은 바람직하지 못한 부정적 특성을 지닌다고 평가되고 처벌받기까지 한다. 동일한 아이디어가 남성에 의해 제안될 때까지 여성의 제안은 무시되기 쉽다. 남성들과 동등한 수준의 인정을 받기 위해서는 여성들은 보다 더 지속적이고 반복적인 노력을 해야만 한다. 전문분야에서 성공한 여성들은 대부분 뻔뻔스럽고 수다스러우며 냉담하고 까다롭다고 지각된다(Unger & Crawford, 1992).

이와 같이 여성들은 우리 사회에서 평가절하된 집단이다. 집단 속의 여성들은 집단 속의 남성들보다 서로서로 더 유사하게 보이고 문화적 상징주의 속에서 쉽게 훼손된다. 여성들은 남성과 구별되는 여성이라는 범주의 일원일 뿐 그들이 소유한 다른 인간적 특성들은 무시된다. 사회는 단지 여성이라는 사실만으로 여성들에게 오명을 씌우고 그들을 일탈자로 간주한다.

2) 홍일점과 청일점

남성이나 여성이 집단 내의 유일한 구성원일 때 그들이 갖는 지위는 현저하게 다르다. 집단 내의 청일점인 유일한 남성들은 지도자로 선출되고 집단기능을 부드럽게 만들 가능성이 많은 반면, 집단 내에서 혼자인 소위 홍일점의 여성들은 집단의 지도자로 선택되지도 않을 뿐 아니라 전체적 집단만족의 정도를 낮추는 역할을 한다(Crocker & McGraw, 1984).

집단 속의 유일한 남성들은 집단 내의 타인들에 의해 보다 더 남성적으로 지각될 수 있지만, 집단 속의 유일한 여성들은 거의 여성적으로 지각되지 않는다. 그들은 집단 내에서 혐오감을 불러일으키는 존재들이다. 동시에 여성들은 남성들보다 유능성에서 뒤떨어진다고 인식되므로 집단의 지도자로 선택될 가능성은 더욱 희박하다. 어느 문화에서나 여성이 정치 지도자로 선택되기 어려운 것도 이 때문이다.

Ⅲ. 성적 불평등

마가렛 미드(M. Mead, 1968)를 포함하는 많은 문화인류학자들은 문화에 따라 남성과 여성의 의미가 서로 달라질 수 있다는 것을 제시한다. 남녀 모두 모성적, 양육적, 협동적, 그리고 비공격적 특성을 지니는 부족이 있는가 하면(Arapesh 부족), 여성들이 생계유지자이고 자기주장적, 정력적, 공격적인 특성을 지니면서 전통적 여성역할인 아동양육과 출산을 혐오하는 부족도 있다(Mundugumor 부족).

동시대의 여성들은 가사일은 물론 가정 바깥의 다양한 생산적인 일에 가담하고 있다. 전통적으로 남성의 일로 생각되었던 힘들고 거친 일터에 여성들의 모습이 보이기 시작한 것은 그렇게 오래된 일이 아니다. 이제 여성들의 활동무대는 과거와 비교될 수 없을 정도로 급속하게 확대되고 있다.

우리 경제가 일차적으로 농업에 의존하였을 때, 가정의 재정적 수입은 여성의 농사일과 가내수공업 혹은 가금의 사육으로부터 얻어졌다. 또한 동력으로 움직이는 기계가 출현하기 이전까지만 하더라도(산업혁명 이전) 여성들은 산업생산의 주된 일꾼들이었다. 브래드리(Bradley, 1989)가 지적한 것처럼, 어떤 과제와 직업이 남성의 것으로 정의되고 어떤 것이 여성의 것으로 정의되는가는 시간과 장소에 따라 다르다.

시몬느 보봐르(Simone de Beauvoir, 1961)의 "사람은 여자로 태어나는 것이 아니라 여자로 만들어지는 것이다"라는 주장에도 불구하고, 작금에도 여성들은 남성들보다 더 낮은 사회적 지위를 갖고 의사결정권을 행사하는 다양한 장소와 상황으로부터 철저하게 제외되고 있다.

Simone de Beauvoir

여성의 더 낮은 사회적 지위는 사회의 의사결정으로부터 여성을 배제시키므로 여성들에게 불리한 성차별주의를 초래한다. 성차별주의(sexism)라고 할 때, 그것은 보통 다음과 같은 세 가지 요소를 포함한다(Lott, 1994).

① 여성에 대한 일반화된 적개심이나 혐오감
② 여성들은 남성들보다 더 열등하다는 신념
③ 여성과 거리를 두고 여성을 배제하는 차별적 행동

그렇다면 이와 같은 성차별주의는 어디에서 연유되었는가? 아마도 성차별주의를 생성시킨 직접적 원인은 종교와 철학일 것이다.

1. 성적 불평등의 기원

1) 종교와 철학에서의 여성관

기독교의 성서에 나타나는 최초의 여성은 이브이다. 이브는 남성의 갈비뼈로부터 그리고 남성을 위해 만들어진 여성의 원형(prototype)이다. 이브는 그녀의 독자적인 행동과 지식의 추구에 의해 영원히 인간을 파멸시켰다고 이야기하여진다. 뱀의 유혹에 빠져 금단의 열매를 따먹은 이브에게 여호와 하나님은 "내가 네게 잉태하는 고통을 크게 더하리니 네가 수고하고 자식을 낳을 것이며 너는 남편을 사모하고 남편은 너를 다스릴 것이니라"(창세기 제3장 16절)라고 이야기한다.

이브 이전에 아담의 첫 아내로서 릴리스(Lilith)가 있었다는 전설이 있다. 릴리스는 아담과 동시에 대지로부터 창조된 여성이다. 릴리스는 아담의 명령에 복종하지 않았고 아담과의 동등함을 주장함으로써 서로 싸우게 되고 결국 화가 난 릴리스는 아담을 떠난다. 릴리스는 이후에 독립성이나 평등성의 상징으로 인식되기보다는 오히려 사회에 해악을 끼치는 마녀나 악마로 받아들여졌다.

동양의 공자는 여성의 가장 나쁜 다섯 가지의 결점을 순종하지 않음, 불만족, 욕설, 질투 그리고 어리석음이라고 기술하였다. 또한 인도의 마누법전(Manu V. 100AD)도 유사하게 아동기에 여성은 아버지에게 복종해야만 하고 성인기에는 남편에게 그리고 남편이 사망하였을 때는 아들에게 복종해야만 한다고 주장하고 여성은 일생 동안 복종으로부터 결코 자유로울 수 없다고 강조하였다.

서양철학자들도 동양철학자들과 동일하게 여성의 열등성을 당연시하고 남성을 즐겁게 할 수 있을 때만 여성의 존재가치가 인정될 수 있다고 주장하였다. 희랍의 아리스토텔레스(Aristoteles)는 여성은 동물의 단계에서 인간인 남성으로 완성되어 가는 도중에서 멈춘 존재라고 주장하였는가 하면 플라톤(Platon)은 자신이 여성으로 태어나지 않고 남성으로 태어났다는 사실을 신에게 감사한다고 이야기할 정도였다.

13세기에 아리스토텔레스의 주장을 대담하게 반복한 토마스 아퀴나스(Thomas Acquinas)는 여성은 남성보다 더 보잘것 없는 능력과 질적으로 낮은 수준의 사생아라고 언급하였다. 3세기 후 존 녹스(John Knox)는 최상의 완전한 여성은 남성에게 봉사하고 복종하는 여성이라고 강변하였다. 현대 민주주의 사상의 씨앗을 뿌렸다고 하는 루소(Rousseau)나 독일의 철학자 니체(Nietzsche)도 여성의 선천적 열등성을 주장한 점에서는 보통 사람들보다 조금도 다를 것이 없었다.

2) 한국의 전통적 여성관

역사적으로 한국은 중국의 영향권 내에 있었기 때문에, 시대에 따라 다소 차이가 있기는 하였지만, 중국의 철학사상이 우리의 생활에 큰 영향을 미쳤다. 공자의 유교사상은 조선시대 500년 동안 국가의 통치이념이었고 현재까지 우리의 생활에 영향을 미치고 있다.

현재에도 한국은 여아 낙태율이 세계에서 가장 높은 나라 중의 하나이다. 여성들의 교육수준이 높아지고 전통적인 가족주의 가치관이 변화되고 있음에도 불구하고, 남아에 대한 선호는 여전하다. 해방 이후의 경제발전과 서구문물의 유입과정에서도 남녀의 차별의식이나 부부관계에 대한 전통적 윤리의식만은 큰 변화 없이 아직도 우리 생활의 중요한 가치관으로 인식되고 있다.

동양의 유교사상에서는 남성은 하늘이요, 양(陽)이며, 여성은 땅이요, 음(陰)에 해당한다. 음과 양이 만나 하나를 이룰 때 개별적 남성과 여성은 인간으로서 완성될 수 있다. 부부의 도리란 곧 음양의 조화를 이루는 것으로 음은 양이 없으면 온전한 하나의 인간에 이르지 못하고 양도 음이 없으면 온전한 인간이 될 수 없으므로 음과 양은 모두 중요하다. 그러나 남편과 아내 사이에는 반드시 지켜야 할 도리가 있다. 인간으로서 지켜야 할 도리인 인륜(人倫)의 기본인 오륜(五倫) 속에 공자는 부부유별(夫婦有別)을 명시하였다.

공자사상의 부부유별은 남녀가 단지 다르다는 것이지 여성의 지위가 낮다는 것을 의미하는 것은 아닌 데도 소혜왕후 한씨(조선조 7대 임금인 세조의 며느리)의 내훈(內訓)에는 아내의 도리를 다음과 같이 적고 있다.

> 아내는 비록 남편과 동등하다고 하더라도 남편은 곧 아내의 하늘 같은 존재니 예의는 마땅히 공경하여 섬기되 마치 그 아버지와 같이 대할 것이다. 항상 몸가짐을 낮추고 뜻을 낮게 하여 망녕되게 존대하는 체하지 말며, 오직 순종함을 알아야지 감히 어긋나는 행동을 하지 않을 것이다……중략.

또한 여성의 지위와 행동에 대한 설명으로 조선조 영조대왕이 출판한 여사서(女四書)*(영조 10년, 1736) 중 여계(女誡)의 비약장(卑弱章)은 다음과 같이 기록하고 있다.

> 옛날에는 딸을 낳으면 사흘이 되는 날에 평상 아래 뉘어 놓고서 기와를 가지고 희롱하게 하고, 몸과 마음을 깨끗하게 한 다음 조상의 사당에 알린다.
>
> 그런데 딸을 평상 아래 뉘어 놓는 까닭은 그가 신분이 낮고 약하여 남에게 내리게 됨을 주로 함을 밝히는 것이요,
>
> 기와를 가지고 희롱하게 하는 까닭은 그가 수고로움을 익혀 부지런히 일하는 것을 주로 함을 밝히는 것이요,
>
> 몸과 마음을 깨끗하게 하고 선군에게 알리는 까닭은 마땅히 제사를 이어받드는 일을 주로 함을 밝히는 것이다.
>
> 이 세 가지는 대개 여자들의 떳떳한 도리이며, 예법의 법도다운 가르침이다.
>
> 그러므로 겸손하고 사양하며 공손하고 공경하는 몸가짐으로 남의 일을 먼저 하고 자기의 일은 뒤에 하며, 좋은 일이 있어도 이름을 드러내지 말고, 나쁜 일이 있어도 사양하지 말 것이다.
>
> 그리고 욕된 일도 잘 참고 부끄러운 일도 잘 머금어서 항상 삼가고 두

* 여사서(女四書): 청나라 때 왕상이 엮은 책으로 예부터 전성된 여성의 교양서인 여계, 내훈, 여논어, 여범의 네 가지 책을 한데 묶은 것.

려워하는 것 같이 행동해야 한다.

이러한 몸가짐이 낮고 약한 여자로 남에게 내리게 되는 도리이다.

또 밤에는 늦게 자고 아침에는 일찍 일어나서 밤잠을 꺼리지 않고 일하며, 사사로운 일을 일삼아 할 때 어렵고 쉬운 것을 사양하지 아니하되, 하는 일은 반드시 성공하여 한번 손을 댄 자취가 정연하여 다스려져야 한다.

이를 부지런히 일한다고 말할 것이다.

그리고 또 낯빛을 바르게 하고, 지조를 단정하게 갖추어 남편을 섬기고, 맑고 깨끗하게 자신의 몸을 지키며, 희롱하고 웃는 짓을 좋아하지 않고, 술과 음식을 정결하게 갖추어서 정성껏 조상을 받들어야 한다.

이를 조상의 제사를 이어받드는 일이라고 말할 것이다.

이 세 가지 몸가짐이 진실로 잘 갖추어진 사람으로서 명예나 칭찬이 알려지지 않고 쫓겨나는 욕됨이 자신에 있을까 근심하는 것을 아직 보지 못하였고, 이 세 가지 몸가짐이 진실로 잘못된 사람으로서야 어찌 명예와 칭찬이 알려지고 쫓겨나는 욕됨을 가히 면할 수 있겠는가?

이와 같이 한국문화의 일반적 여성들은 남성과 가문에 종속되는 존재였고 개체로서의 그들의 삶은 생각할 수도 없는 일이었다. 겸손, 공손, 단정함, 조용함, 부지런함, 인내 등이 여성의 중요한 덕목으로 규정되고 있다.

2. 성적 불평등과 관련된 요인들

영장류에서 인간으로의 긴 변천과정에서 영아의 생존에 책임을 지고 인간종의 진화와 발달에 지도적 역할을 한 사람은 여성이라는 증거들이 많이 있다. 신경생리학자인 칼빈(Calvin, 1991)은 오른손잡이의 발달도 여성들이 그들의 왼팔을 사용하여 아기를 흔들어 재우면 아기는 어머니의 심장박동소리를 들을 수 있고 오른손으로 자유롭게 채취와 수렵을 할 수 있게 하기 위한 것이었다고 주장한다.

인류 최초의 인간집단 내에서 모든 구성원들은 남녀 구별 없이 수렵채취에 가담하였고 지위나 일에서 남녀간에 구별이 없었으며 오히려 여성이 중심이 된 모계사회였다고 학자들은 주장한다. 그렇다면 여성들이 지위와 힘을 잃게 된 이유는 무엇일까? 학자들에 따라 서로 다른 주장들을 제시하고 있기는 하지만, 대략 다음과 같은 네 가지 가설로 요약될 수 있다.

첫째, 고대의 여신 숭배사상과 여성이 중심이 된 모계사회는 남성들의 반란에 의해 붕괴되고 남성들은 이전의 열등한 지위에 대한 보복으로 여성들을 억압하였다.

둘째, 남성들은 여성의 출산능력과 그들의 자연과의 관계 및 다산과의 유대를 부러워하고 질투하였다.

셋째, 여성보다 더 큰 몸과 힘을 갖는 남성들이 더 큰 동물을 사냥할 수 있고 다른 부족과의 전쟁을 떠맡음으로써 더 높은 지위를 획득하였다.

넷째, 여성들이 남성들보다 더 열등한 능력을 가져서가 아니라, 임신과 출산 및 양육을 해야 하는 여성들이 그들의 어린 영아를 위해 위험한 상황을 회피하게 된 결과이다.

1) 여성의 어머니 역할

성적 불평등의 원인을 설명하는 위의 네 가지 가설 중 여성의 생식능력과 자녀양육자로서의 역할이 여성의 사회적 역할을 제한하고 공적 영향력을 축소시키는 원인이었다는 주장이 가장 설득력 있게 받아들여지고 있다. 워너(Werner, 1984)는 여성의 자녀양육역할과 더 낮은 사회적 지위 사이의 관계를 다음과 같이 설명하였다.

① 아동양육은 영향력을 행사하기 위해 필요한 지식이나 기술의 획득을 방해한다.
② 아동양육은 경제적 자원을 획득하는 기회를 제한한다.
③ 아동양육은 지도성과 상관이 높은 공격성을 억제하는 역할을 한다.

워너의 주장대로, 여성들이 아동양육에 소비하는 시간이 많으면 많을수록 지역사회에 영향력을 행사할 수 있는 정도는 감소된다.

그러나 이 분야의 연구자들이 모두 어머니로서의 여성의 역할이 여성의 더 낮은 사회적 지위와 더 보잘것 없는 힘을 초래했다는 것에 동의하는 것은 아니다. 어떤 학자들은(Tiffany, 1982) 생산수단에서의 변화의 결과로 여성의 지위가 낮아졌다고 주장한다. 즉 생산이 물리적 힘에 의해 주로 이루어지기 때문에, 강한 신체적 힘을 갖는 남성들이 우세할 수밖에 없었다는 것이다. 또한 로잘도(Rosaldo, 1980) 같은 사람은 남녀의 성적 불평등은 기본적으로 사회적 구성물이기 때문에, 생식이나 수유와 같은 생물학적 사건들이 남녀간의 성적 위계나 불평등을 설명하지 못한다고 제안한다.

2) 여성과 일

여성이 주부의 역할과 함께 가정 바깥에서의 일을 갖고 생계유지자로서의 남성의 부담을 덜어 줄 수 있을 때, 성적 불평등이 완화될 수 있다는 연구 결과들이 많이 있다. 특히 콜트레인(Coltrane, 1992)은 아버지의 아동양육참여 정도와 여성의 사회적 지위 사이에 높은 상관이 있다고 주장하였다.

93개의 산업화되지 않은 사회를 연구한 콜트레인에 의하면, 아버지가 어머니와 아동양육을 공유할수록 여성들이 남성들과 동등한 대우를 받을 가능성이 더 많다. 다시 말하면 아버지-아동관계는 일관성 있게 남성의 남성다움, 여성의 남성에 대한 복종, 아내에 대한 남편의 우월 및 여성의 열등성과 상관이 있다는 것이다.

또한 콜트레인은 여성이 재산에 대한 통제권을 가질 때, 남성과 동등해질 수 있다고 밝혔다. 즉 여성의 재산에 대한 통제는 남성우월과 부적 상관을 나타내어 아버지의 아동양육참여와 함께 성별공평성을 보장할 수 있는 중요한 요인이었다.

그러나 남성과 여성이 모두 산업생산에 기여하는 문화에서조차도 여성들은 남성들보다 더 적은 임금을 받고 여성의 일은 남성의 일보다 덜 중요하게 생각되고 있다(Bradley, 1989). 그럼에도 불구하고, 여성의 경제력은 가정은 물론 사회 내에서의 여성의 힘을 증가시킬 수 있는 직접적 수단인 것만은 틀림없다.

여성의 지위와 일과의 관계는 물론 여성의 사회적 지위를 연구하는 많은 연구자들은 다음과 같은 세 가지 사실에 동의한다(Lott, 1994).

① 문화에 따라 인간의 행동이 다양할 수 있는 만큼, 여성의 행동은 다양하다.
② 문화에 따라 성역할이 엄격하게 구분되는 정도나 성적 불평등의 수준은 차이가 있다.
③ 과제가 성역할에 따라 구분될 때, 과제의 특성과 상관 없이 남성들에 의해 수행되는 과제들이 여성들의 과제보다 더 높은 평가를 받는다.

3) 여성의 자기비하

여성들의 자기비하도 성적 불평등에 기여한다. 그들에게 있어서의 자기비하는 역사적으로 대를 거듭해 오면서 여성 자신들의 사회적 지위나 힘을 스스로 통제할 수 없었고 어떠한 노력도 그들의 환경여건을 개선시킬 수 없다는 인식에 기인된다. 셀리그만(Seligman, 1975)은 이와 같은 현상을 학습된 무력감(learned helplessness)이라고 설명하였다.

셀리그만의 실험은 한 집단은 버튼을 누르면 불쾌한 소음을 중지시킬 수 있고, 다른 한 집단은 그 소음을 피할 수 없도록 설계되었다. 실험이 여러 번 반복된 후에 연구대상자 스스로 소음을 제거할 수 있는 장치가 주어졌다. 그러나 소음을 피할 수 없었던 집단은 이미 자신이 무력하다는 것을 학습하였기 때문에, 수동적으로 소음을 받아들이기만 할 뿐 제거하려는 어떠한 노력도 시도하지 않았다.

학습된 무력감에 의해 여성 자신은 보잘것 없고 남성은 언제나 여성보다 우월해야 한다는 것을 학습해 온 여성들은 자신과 같은 다른 여성들을 좋아하지도 않고 신뢰하지도 않는다. 최근에 와서 여성들의 교육 정도가 높아지고 전문직 여성을 중심으로 한 여권운동의 확산으로 여성들의 다른 여성에 대한 노골적인 혐오는 조금씩 감소되고 있기는 하다. 그러나 일반적인 여성들의 의식은 크게 변화되지도 않았고 오히려 더 미묘하고 간접적인 형태로 여성들의 자기비하는 계속되고 있다.

간접적 형태의 자기비하의 증거로서 여성들은 남성들보다 다른 여성들을 공격할 때 편안함을 느낀다(Schaef, 1992). 여성들이 다른 여성들을 공격하고 좋아하지 않는다고 이야기하는 것은 곧 자기자신을 좋아하지 않는다는 것이고 더 나아가 여성다움(femaleness)을 좋아하지 않는다는 것을 의미한다. 바꾸어 말하면 여성들이 다른 여성에 대해 갖는 혐오는 자기 자신이 선천적으로 열등하고 손상되어 있다는 것을 인정하는 것이다.

셰프(Schaef, 1992)의 주장에 의하면, 겉으로 강하고 자신만만하고 자기주장적인 여성, 유능한 여성 그리고 아름다운 여성들 모두다 그들의 깊은 내면에는 여성으로 태어난 “선천적 열등감”(innate inferiority)을 지니고 있다. 그들은 그들의 선천적 열등감을 보상하기 위하여 피나는 노력을 한 결과로 다른 여성들이 부러워하는 위치에 설 수 있었다는 것이다. 남성들도 물론 열등감이나 낮은 자기존중감으로 고통을 받기는 하지만, 그것은 어디까지나 남보다 앞서지 못한 자신의 무능력 때문일 뿐 선천적 열등감 때문은 아니다.

여성들의 자기비하현상은 우리 생활의 곳곳에서 나타난다. 지역사회의 조그만 모임이나 종교단체의 소집단 활동에서조차도 지도자는 남자여야 하고 질병으로 수술을 받아야 할 때도 여성들은 여자의사를 기피한다. 인구의 절반이 여성인데도 지역구 국회의원으로 당선되는 여성들의 수는 많지 않다.

어떤 경우라도 여성은 남성보다 조금 낮은 위치에 머물러야 한다는 것이 여성으로 태어난 것을 원죄로 받아들이는 수많은 여성들의 절대적 신념이다. 여성들은 그들의 원죄로부터 벗어나기 위하여 더할 나위 없이 선량하고 공평하게 행동하려고 노력하나 남성들이 만든 법률과 제도는 이것을 보호해 주지 않는다.

[3장]

성역할 정체감 발달이론

[3장] 성역할 정체감 발달이론

여성의 성역할 정체감 발달을 설명하는 심리학적 이론들을 설명한다. 여성의 어머니역할을 강조한 낸시 초도로우의 이론이 정신분석이론에 포함되고 이글리의 이론과 진화심리학적 모델은 생물사회적 이론에 포함된다. 이 책은 페미니즘적 입장에서 여성의 발달을 고찰하고 있으므로 이 조망의 다양한 이론들은 여성의 발달에 대한 이해를 높여 줄 것이다.

성역할 정체감 발달이론

제3장 성역할 정체감 발달이론

성역할 정체감(gender identity)이란 개인이 여성이나 남성으로서 자신에 대해 갖는 느낌으로 성유형화(gender typing)과정을 통하여 형성된다. 여기서 성유형화란 사회가 남성이나 여성에게 적절하다고 규정하는 특성이나 행동을 그들의 자아정체감(ego identity)의 일부로 통합하는 과정으로 출생 직후부터 시작된다. 성역할 정체감은 개인의 성격을 구성하는 중요한 요소이기 때문에, 개인의 사고와 태도는 물론 행동과 생활방식에 큰 영향을 준다.

성역할 정체감의 중요성에도 불구하고, 성격에 대한 전통적 이론들은 성역할 정체감의 발달에 대한 만족스러운 설명을 제시하지 못하고 있다. 대부분의 성격이론들이 남성의 발달과 삶을 중요시하고 남성을 규준으로 삼았기 때문에, 성역할이나 성차의 문제는 중요시되지 못하였다. 이 장에서는 영향력 있는 성격이론 중 여성의 발달과 관련된 부분만을 추려서 설명하고 성역할 정체감의 형성에 대한 새로운 시각을 함께 소개하려고 한다.

Ⅰ. 정신분석이론

1. 프로이트의 이론

심리성적 이론으로도 불리는 프로이트의 이론은 남녀의 생식기의 차이로부터 초래되는 사건에 의해 성역할 정체감 발달을 설명하려고 하였다. 생식기가 개인의 성인기 성격을 결정한다고 믿은 프로이트는 자신에게 음경이 없다는 소녀의 발견이 여성의 심리적 발달의 전환점을 이룬다고 가정하였다. 남근의 부재는 여성의 열등감의 근원이고 자기가치감을 저하시키는 직접적인 요인이다.

프로이트에 의하면, 리비도(libido)*의 에너지가 구강에 집중하는 구강기(0-1세) 동안 영아는 빨기를 통하여 원시적인 성적 만족을 추구하고 세상을 경험한다. 그의 심리성적 발달의 두 번째 단계인 항문기(1-3세)에 이르면 유아는 대변을 보유하고 방출하는 데 기쁨을 느낀다. 그러므로 구강기나 항문기 동안에는 성역할 정체감 발달의 뚜렷한 징후가 나타나지 않는다.

그러나 심리성적 발달의 세 번째 단계인 남근기(3-5세)에 이르게 되면 리비도의 에너지는 생식기에 모이고 개인의 성과 성차가 중요해진다. 이 단계 동안 남아의 어머니에 대한 근친상간적 애정—에디푸스 콤플렉스—은 아버지가 자신의 성기를 거세할지도 모른다는 거세불안(castration anxiety)에 의해 약화된다.

거세불안 때문에 아버지와 경쟁할 수 없는 남아들은 어머니의 애정을 얻기 위해 아버지를 동일시한다. 남아들은 아버지의 태도와 행동을 동일시한 결과로 남성 성역할을 학습할 수 있다. 프로이트는 만약 아버지가 자주 부재하거나 강한 동일시를 유도할 수 있는 정도로 충분히 우월하지 못하면, 남아들은 이후에 약한 남성성(masculinity)을 지니게 된다고 주장한다.

대조적으로 여아들은 어머니가 그들의 최초의 애정대상임에도 불구하고, 자신은 물론 어머니도 거세되어 있다는 것을 발견하고 어머니를 원망한다. 여아의 어머니에 대한 사랑은 아버지에게로 향하게 되어 엘렉트라 콤플렉스(Electra complex)로 표출된다. 남근선망(penis envy)을 갖는 여아들은 아버지로부터 사랑과 관심을 얻기 위한 노력으로 어머니를 동일시함으로써 엘렉트라 콤플렉스를 해결한다.

프로이트는 만약 여아가 어머니를 동일시하지 않거나 어머니가 역할모델로서 적합하지 않다면, 여성 성역할을 발달시킬 수 없다고 믿었다. 그러나 거세불안이라는 강력한 동기에 의해 동일시를 이루는 남아와는 다르게, 남근선망이라는 보다 약한 동기에 의해 동일시를 이루는 여아들은 엘

* 리비도: 성적 본능의 에너지

렉트라 콤플렉스의 완전한 해결을 이루지 못한다.

엘렉트라 콤플렉스의 부분적이고 불완전한 해결은 일생 동안의 열등감은 물론 더 낮은 수준의 초자아를 형성하게 한다. 또한 여아들은 엘렉트라 콤플렉스의 불충분한 해결에 의해 남아들보다 성역할의 학습이 느리고 더 불완전한 성역할 고정관념을 형성하게 된다.

여성의 성역할 정체감 발달을 설명하는 프로이트의 이론은 남성의 발달을 설명하는 과정에서 부수적으로 첨가되었을 뿐 이론의 중요한 부분이 되지 못하였다. 영국 빅토리아 시대의 상류계층 여성들에 대한 임상적 관찰을 통하여 여성을 수동적이고 허영심이 가득찬 피학적 존재로 인식한 프로이트는 여성의 발달을 남성의 규범적 발달로부터 일탈된 것에 지나지 않는다고 가정하였다.

2. 에릭슨의 심리사회적 이론

정신분석학파에 속하는 에릭슨(Erickson, 1964)은 개인의 일생동안 이루어지는 자아의 성장에 관심을 가졌다. 그는 자아의 발달이 이루어지는 8개의 단계를 제시하고 각 단계는 해결해야 하는 위기(crisis)를 갖는다고 가정하였다(표 3-1 참조). 그러나 일생을 통하여 자아발달을 이루기 위하여

Erick Erickson(1902-1994)

〈표 3-1〉 에릭슨의 심리사회적 발달단계

단 계	특 징	기 간
단계 1: 기본적 신뢰 대 불신	안락함과 위안의 제공자가 신뢰할 수 있고, 일관성 있고 그리고 예측가능하다는 것을 학습한다.	구강기
단계 2: 자율성 대 수치와 의심	자기통제와 함께 독립과 선택의 자유를 행사하는 것을 학습한다.	항문기
단계 3: 선도성 대 죄책감	능동적으로 수행하기 위하여 과제를 책임맡고, 계획을 세우고 그리고 과제를 수행한다.	남근기
단계 4: 근면성 대 열등감	근로자와 생산자로서의 역량을 발달시킨다.	잠복기
단계 5: 자아정체 대 역할혼란	자신과 타인 양자에 대해 신뢰롭고 일관성 있는 자아감을 형성한다.	청년기
단계 6: 친밀감 대 고립	타인과의 친밀한 관계에 헌신할 준비가 되어 있고 그와 같은 헌신을 감수할 윤리적 역량을 발달시킨다.	성인초기
단계 7: 생산성 대 침체	다음 세대를 지도하고 지원하는 일에 몰두한다.	성인중기
단계 8: 자아통합 대 절망	이전 단계들을 수용하고 다가올 죽음에 대한 준비를 갖춘다.	성인후기

노력하는, 에릭슨 연구의 모델은 어디까지나 남성들이었으며 여성들은 그의 연구 후반기까지 관심의 대상이 되지 못했다.

여성의 성격발달에 관한 에릭슨의 두 편의 논문들, 즉 "내부공간과 외부공간: 여성다움에 대한 생각"(The Inner and the Outer Space: Reflections on Womanhood, 1964)과 "다시 한번 내부공간에 대하여"(Once More the Inner Space, 1975)도 페미니스트들의 주장에 대한 반론으로 발표된 것들이다. 그는 심리성적 발달에 초점을 맞춘 프로이트와는 대조적으로, 각 개인이 성장하는 심리사회적 혹은 심리역사적 환경을 중요시하였으나 그것은 어디까지나 남성의 자아발달을 설명하기 위해서였다. 놀랍게도 에릭슨이 여성의 자아발달을 설명한 방식은 프로이트가 제시한 인간의 성적, 해부학적 특성을 기초로 하였다.

두 편의 논문에 수록된 여성의 발달에 관한 에릭슨의 주장은 10세부터 12세까지의 소년소녀들의 놀이행동에 대한 그의 관찰결과를 바탕으로 한다. 에릭슨은 소년소녀들에게 사람과 동물 그리고 각종 사물의 모형을 주고 재미있는 가상적인 장면을 구성하도록 하였다.

관찰결과, 소녀들의 구성물은 대문이나 현관이 있는, 낮은 담으로 둘러싸여진 집이었다. 집안에서는 사람과 동물이 정적 자세를 취하고 있고 피아노를 치는 것과 같은 평화로운 내부장면(interior scene)이 연출되었다. 침입자가 나타나면 여성들은 두려워하고 숨느라고 소동을 피웠다. 침입자는 보통 남성이나 소년 혹은 동물들이었다. 대조적으로 소년들은 빌딩과 탑을 세웠고 벽이나 외관은 원추형의 돌출물로 장식되어 있는 외부장면(exterior scene)을 연출하였다. 동시에 건물들은 큰 사고가 나서 무너지는 붕괴장면을 포함하기도 하였다.

에릭슨은 남녀 아동의 놀이구성에서의 차이가 그들의 해부학적 차이와 유사하다고 가정하였다. 즉 여성은 울타리, 보호, 수용의 내적, 양육적 기관과 일치하고 남성은 직립적, 투사적, 외부적 활동기관과 일치한다. 따라서 아동의 공간배치에 영향을 미치는 남녀의 생식기 차이는 그들의 생물학적 경험과 사회적 역할을 결정한다.

에릭슨이 제안한 여성 신체의 내부공간은 자궁과 질에 해당하는 반면, 남성신체의 외부공간은 음경을 의미한다. 동시에 여성의 성격발달에 대한 에릭슨의 논문이 출판될 무렵에 미국은 우주시대에 돌입하여 있었다. 그리하여 에릭슨 관찰에서의 외부적 장면이나 외부공간은 우주공간과 동의어로 사용되고 있다. 에릭슨에게 있어서 우주공간의 탐색과 그것을 지원하는 과학적 기술은 남성에게 소속하는 것이었다.

에릭슨에 의하면, 여성신체의 내부공간인 자궁과 질은 여성의 자아발달을 결정하는 중요한 요인이다. 여성은 인간 영아를 돌보는 데 적합한 해부학적 운명을 타고났으므로 여성의 정체감 성취는 결혼과 어머니 역할의 맥락 내에서만 가능하다는 것이다. 따라서 여성의 숙명적 신체조건은 여성의 성격발달을 제한하고 잠재가능성의 발현을 억압할 수밖에 없다.

그러나 여성의 운명론적 열등성에 대한 에릭슨의 주장에도 불구하고, 동일한 연령의 소년소녀들의 놀이활동을 관찰한 다른 연구자들은 놀이활동에서의 남녀차이를 확인하지 못하였다(Mckay, Pyke & Goranson, 1984).

3. 낸시 초도로우의 이론

낸시 초도로우(Nancy Chodorow, 1979, 1989)는 정신분석이론으로부터 도출된 개념의 일부를 활용하여 여성을 설명하려고 노력하는 심리학자들 중의 한 사람이다. 초도로우는 무의식적 동기와 인생의 초기경험이 개인의 성격형성에 중요하다는 프로이트의 주장을 수용하면서도, 개인의 성역할 정체감발달의 기초가 되는 중요한 사건들은 생후 초기 2년 동안 일어난다고 제안하였다.

Nancy Chodorow
캘리포니아(버클리)대학교 교수

초도로우에 의하면, 어린 영아는 자아(ego)를 지니고 있지 않으므로, 자신과 어머니(양육자)를 구별하지 못한다. 어머니를 통하여 자신의 모든 욕구를 충족시키는 어린 영아들은 심리적으로 어머니와 융합되어 있다. 그러나 영아는 점차적인 분화과정을 통하여 자신과 어머니가 분리되어 있는 존재라는 것을 인식하기 시작한다. 물론 영아가 어머니와의 분리를 인식할 수 있기 위해서는 생리적 성숙과 인지적 성숙이 뒷받침되어야 한다. 여기서 중요한 것은 개인의 자아가 어머니와의 관계에서 발달한다는 것이다.

초도로우에 의하면, 분리된 자아를 인식하는 과정에서 여아와 남아는 차이를 나타낸다. 여아들은 동성의 어머니에 의해 양육되기 때문에, 자신과 어머니가 닮았음을 인지하고 어머니와의 유사성을 바탕으로 자신을 정의한다. 여아들은 어머니와의 유사성을 통하여 타인과의 연결감을 가지고 성장한다.

대조적으로 남아들은, 어머니가 그들의 최초의 애정대상임에도 불구하고, 자신과 어머니가 다르다는 것을 인식하지 않을 수 없다. 더욱이 서로 유사한 아버지와의 접촉은 어머니만큼 빈번하지 못하기 때문에, 남아들은 어머니와 다르다고 정의되는 성역할 정체감을 갖는다. 그에 따라 소년들은 소녀들보다 무엇이 남성적이고 무엇이 여성적인가를 알려고 노력하고 그것들을 엄격하게 구별하는 데 관심을 갖는다.

초도로우의 주장대로, 인생초기의 성역할 정체감은 개인의 성격발달과 성인의 역할에 중요한 영향을 미친다. 남성성을 여성성의 반대로 인식하는 남아들은 타인과의 가까움이나 연결감 같은 여성적 욕구를 억압하고 분리와 독립을 중요시하며 여성을 평가절하하는 남성으로 성장한다. 그러나 타인과의 관계나 연결감에 의해 자신을 정의하는 여성들은 남편을 통해서도 그들의 관계욕구를 완전히 만족시키지 못한다. 결국 여성들은 자녀를 출산하고 어머니-영아의 유대 속에서 그들의 관계욕구를 충족시킬 수 있다.

여성들이 아동을 통하여 관계욕구를 충족시키고 아동양육의 책임을 맡는 한, 직업세계에서 활동할 기회는 감소되고 남녀의 사회적 역할에서의 차이는 불가피해진다. 다시 말하면 여성의 어머니역할은, 비록 생물학적으로 결정된 것은 아니지만, 남녀의 성격에서의 차이는 물론 사회에서의 역할분담을 초래한다는 것이 초도로우의 이론의 핵심이다.

Ⅱ. 학습이론

1. 전통적 학습이론

스키너(B. F. Skinner, 1938)로 대표되는 전통적 학습이론은 원래 개인의 성역할 정체감 발달을 설명하기 위해 만들어진 이론이 아니다. 그러나 그들의 이론적 입장은 아동의 성역할이나 성역할 정체감의 획득과정을 잘 설명할 수 있을 뿐 아니라 인간의 성격발달을 설명하기 위한 유용한 이론으로 이미 입증된 바 있다.

학습이론가들은 프로이트가 제안한 생물학적 특성이나 선천적 경향성의 존재를 인정하지 않는다. 개인이 수행하는 모든 행동은 후천적 학습의 결과라고 생각하는 학습이론가들은 환경조건의 조작에 의해 어떤 유형의 인간도 만들어 낼 수 있다고 확신한다. 그러므로 개인이 지니게 되는 성역할 정체감도 학습이론가들의 논리에 의하면 당연히 학습의 결과일 수밖에 없다.

학습이란 "강화받은 훈련의 결과로 일어나는 행동잠재력의 비교적 영속적인 변화"(Kimble, 1961)로 정의된다. 학습이론가들은 비교적 영속적인 행동변화를 일으키기 위하여 강화와 처벌 그리고 소거를 중요시한다.

강화(reinforcement)는 의도하는 행동의 반응비율을 증가시켜 줄 수 있는 외부적 환경조건으로 물질적인 것에서부터 무언의 행동까지 대단히 다양하다. 여아가 인형놀이나 소꿉놀이를 하면 어머니가 미소짓고 장난감총을 가지고 놀면 모른 척한다면, 이때의 미소는 강화의 역할을 한다. 부모들은 실제로 아들과 딸의 행동을 대단히 다르게 강화하고 있으면서도 그들을 똑같이 취급한다고 믿는 경향이 있다.

처벌은 아동이 원하는 것을 빼앗거나 원하지 않는 것을 주는 것에 해당한다. 장난감총을 가지고 놀던 여아가 그것 때문에 매를 맞거나 기다리던 어머니와의 외출을 제한당한다면, 여아는 총놀이보다는 어머니가 미소를 보내 주는 인형놀이나 소꿉놀이를 할 가능성이 더 많다. 처벌이 효과적이기 위해서는 처벌받은 행동이 지속적으로 억제될 수 있어야만 한다. 그러나 처벌자가 존재하지 않으면 억압된 행동이 다시 나타나기 쉬워 스키너는 처벌보다는 강화의 사용이 더 바람직하다고 제안하였다.

B. F. Skinner

강화받은 행동도 계속해서 강화가 뒤따르지 않으면 소거(extinction)가 일어난다. 소거란 학습장면에서 제시되던 보상이나 강화가 제거되면, 더 이상 학습된 행동이 반복되지 않는 현상을 의미한다. 그 예로서 여아에게 여성적 놀이나 행동을 강화해 주어 그 행동이 어느 정도 학습되었다고 할지라도, 계속해서 부모나 주위 성인들로부터 강화나 관심을 받지 못하면, 아동은 학습한 여성적 놀이를 포기할 수 있다.

우리 사회에서 남아에게는 남성적 행동을 그리고 여아에게는 여성적 행동을 보상하는 요인들이 도처에 산재해 있기 때문에, 아동들은 우리도 모르는 사이에 지속적으로 성차를 강화하는 요인들에 노출되고 있다. 일반적으로 소년들은 부주의함이나 지저분함 때문에 처벌받고 우수한 학업수행이나 스포츠에서의 성공에 의해 보상받는다. 대조적으로 소녀들은 그들의 깔끔한 외모와 소유물의 정리정돈 그리고 타인에 대한 배려나 감정이입적 행동에 의해 자주 보상받는다.

결론적으로 전통적 학습이론은 여성들을 선천적으로 열등한 존재로 보지도 않고 부정적 고정관념에 의해 그들을 평가하지도 않는다. 여성적 특성들은 단지 사회에 의해 학습되고 또한 사회에 의해 평가절하된다는 것을 지적한다.

2. 사회학습이론

반두라(Bandura, 1977)와 같은 사회학습이론가들은 전통적 학습이론에서의 강화나 처벌을 배제하지 않으면서도 관찰에 의한 학습을 중요시한다. 그들은 다른 행동과 동일하게 개인의 성역할 정체감도 관찰(observation)과 모방(imitation) 그리고 차별적 강화(differential reinforcement)에 의해 획득된다고 설명한다.

관찰하고 모방하기 위해서는 모델을 필요로 한다. 부모는 아동에게 가장 중요한 모델이다. 일반적으로 남아는 아버지를 그리고 여아는 어머니를 모델로 삼기 때문에, 여아들은 어머니의 화장하는 모습, 옷입는 모습, 체중에 신경쓰는 모습을 관찰하고 여성에게 외적 매력이 중요하다는 것을 일찍부터 학습한다. 물론 아동이 관찰한 행동들은 청소년이 될 때까지 그들 자신의 행동으로 표현되지는 않는다.

이와 같이 아동은 부모를 포함하여 주위의 남성과 여성들이 어떻게 행동하는가를 관찰하고 그 행동을 모방한 결과로 성역할을 학습한다. 아동

Albert Bandura

이 모방한 행동이 강화를 받으면, 아동은 미래에 그 행동을 반복할 것이나 강화나 승인을 받지 못하면, 그 행동은 더 이상 반복되지 않을 것이다. 물론 아동은 직접적으로 강화받을 필요없이 단순히 다른 사람들에게 일어나는 일을 지켜보고 그리고 학습하기도 한다. 만약 어떤 소녀가 남동생을 넘어지게 하여 꾸지람 듣는 것을 관찰한다면, 그 소녀는 형제자매를 괴롭히는 것이 나쁜 일이라는 것을 학습할 것이다.

사회학습이론에서는 남녀의 고정관념적 성역할 행동을 어떻게 설명하는가? 사회학습이론가들은 사회가 남성과 여성에게 전통적으로 성유형화된 행동을 제시하고 차별적으로 강화한다고 가정한다. 소년들은 능동적이고 큰 소리를 내도록 격려받는 반면, 소녀처럼 인형을 가지고 놀거나 화장을 하면 처벌을 받는다. 대조적으로 소녀들은 인형을 가지고 놀고 부엌일을 하면 강화를 받지만 다른 아동과 심하게 뛰어다니고 거칠게 레슬링을 하면 강화나 승인을 받지 못한다. 그 예로서 밖에서 놀다가 흙을 묻혀 들어온 남아에게 어머니는 "역시 남자애야!"라고 말하지만, 여아들에게는 "여자애가 이렇게 지저분해서야!"라고 소리지른다. 이와 같이 타인과의 직접적 그리고 간접적 상호작용을 통하여, 아동의 행동은 사회가 소년과 소녀에게 적합하다고 규정하는 방향으로 형성된다.

차별적 강화와 함께 남녀 아동들은 성역할 고정관념적 방식으로 행동하는 사람들을 관찰한 결과로 고정관념적 행동을 하기도 한다(Huston, 1983). 일상생활에서 쓰레기를 치우고 가전제품을 수리하는 아버지와 식사를 준비하고 청소를 하는 어머니를 관찰한 아동들은 남녀의 고정관념적 행동을 당연시하고 그대로 행동으로 옮기게 될 것이다.

그렇다고 해서 지극히 여성적인 어머니의 딸들이 반드시 여성적인 특성을 지니는 것은 아니며 소년들의 남성성 점수와 아버지의 남성성 점수 사이에도 서로 상관이 없었다(Maccoby, 1980). 그 이유는 자녀의 성역할 정체감 형성에서 중요한 것은 부모의 성(sex)이 아니라 부모-아동관계의 질적 특성이기 때문이다. 동성의 부모라고 할지라도, 만약 그들이 처벌적이고 거부적이면 아동은 동성의 부모를 모방하거나 동일시하지 않는다. 실험실 연구들은 따뜻하고 친절하며 아동에게 관심을 갖는 성인들이 모델이 될 가능성이 크기 때문에 여아라고 할지라도 어머니가 처벌적이면 어머니를 모방하지 않는다.

만약 아버지가 요리하고 어머니가 가전제품을 수리하는 비전형적인 성역할모델에 노출된다면 아동은 어떻게 행동할 것인가? 아동은 그 사회의 전형적인 고정관념적 행동을 하는 개인을 역할모델로 선택한다는 증거가 있다(Perry & Bussey, 1979). 그 예로서 소녀들은 남성집단 속의 유일한 여성을 만나게 될 때, 그 여성의 행동이 일반적인 여성들의 행동이라고 생각하지 않는다. 반면 특별한 행동을 하는 여성들을 집단으로 만나게 되면, 그 행동을 전형적이라고 생각하고 그 행동을 모방할 가능성이 크다. 따라서 소녀들은 한두 명의 여성이 가전제품을 수리하는 것을 본다고 할지라도, 많은 다른 여성들이 가전제품을 수리하지 않는 한 그들을 모방하지도 않고 그것을 여성의 일이라고 생각하지도 않는다.

사회학습이론에서의 논쟁거리는 부모는 아들과 딸에게 다르게 반응하는가 아닌가의 문제이다. 사회학습이론에 의하면, 부모는 성역할 정체감 발달을 위한 최초의 모델인 동시에 인생초기부터 가장 많은 피드백을 주는 역할을 한다. 많은 연구들은 부모는 아들과 딸을 대단히 유사하게 다룬다고 밝히고 있으나 아동의 놀이와 장난감 그리고 가사일에서는 아들과 딸을 분명하게 구분한다는 것이 지배적인 견해이다(Lytton & Romney, 1991).

Ⅲ. 인지이론

1. 인지발달이론

피아제(Piaget, 1930)의 인지발달이론은 아동과 성인들은 질적으로 상이한 방식으로 사고한다고 가정한다. 아동은 보다 미숙한 인지발달수준에서 고정된 일련의 단계를 거쳐 성인사고에 도달하므로 아동의 성역할에 대한 이해도 인지발달수준의 변화와 함께 발달한다는 것이다.

개인의 성역할 정체감 발달에 관한 이론은 피아제 이론을 바탕으로 콜버그(Kohlberg & Ullian, 1974)에 의해 제안되었다. 콜버그에 의하면, 아동들은 주위세계를 이해하기 위하여 능동적으로 노력하는 존재이기 때문에, 그들의 성역할 정체감 획득은 물리적 및 사회적 세계에 대한 능동적 구조화의 결과이다.

콜버그는 아동들이 2, 3세경에 이르면 그들이 소년인가, 소녀인가를 정확하게 구분할 수 있다는 것을 발견하였다. 그러나 이 연령의 아동들은 옷모양이나 머리모양에 의해 성이 달라질 수 있다고 생각하는 미숙함을 보인다. 4, 5세가 될 때까지도 모든 아동들이 성의 안정성과 항상성을 이해할 수 있는 것은 아니다.

성의 안정성이란 만약 한 아동이 소녀라면 그녀는 여성으로 자랄 것이라는 것을 아는 것에 해당한다. 또한 이성의 의복을 입거나 이성의 머리모양을 한다고 할지라도 여전히 개인의 성은 변할 수 없다는 것을 아는 것은 성의 항상성을 이해했다는 것을 의미한다. 6, 7세경에 이르면 거의 모든 아동들은 인지적 성숙의 결과로 성의 안정성과 항상성을 이해한다. 그러나 남녀의 완전한 구별을 의미하는 생식기의 차이에 의한 성의 구분은 보다 이후에 이루어진다.

6, 7세경의 아동들은 성역할을 지나치게 과장하는 경향이 있기 때문에, 여아들은 전통적 여성역할을 선호하고 남아의 물건이나 활동을 무조건 싫어하고 회피한다. 남아들도 전통적 남성역할에 강한 애착을 보이고 여아에게 속하는 것을 무조건 무시하고 경멸한다. 마코비(Maccoby, 1980)에 의하면, 남녀의 성역할에 대한 이와 같은 지나친 과장은 성역할 범주를 개념적으로 분명히 하려는 아동의 욕구에 기인된다.

Lawrence Kohlberg(1927-1987)

인지발달이론가들은 개인의 성역할 정체감 획득에서 전통적 학습이론가들처럼 외부적 보상과 처벌을 중요시하지 않는다. 인지발달이론에 따르면, 아동들은 환경을 능동적으로 탐색하는 존재이므로, 그들의 신념이나 가치 혹은 행동을 자신의 성범주에 맞추려고 스스로 노력한다는 것이다.

문제는 소녀들이 남성역할보다 사회적으로 더 열등하고 평가절하된 여성역할을 어떻게 동일시할 수 있는가이다. 원래 인지발달이론은 여성의 열등성을 가정하지도 않았고 여성에 대한 고정관념적 편견을 갖지도 않았다.

그러나 성역할 정체감 발달을 연구한 콜버그는 남성들만을 연구대상으로 하였고 남성의 행동을 규준으로 하여 그의 이론을 수립하였다. 그에 따라 인지발달이론은 여성의 성역할 정체감 발달과정을 설명하기 위한 이론적 한계점을 지닐 수밖에 없었다. 콜버그는 궁여지책으로 어린 소녀들은 아동중기를 지날 때까지 남성 성역할을 선호하나 발달의 어느 시점에서 결국 여성 성역할의 매력을 발견하고 여성성을 동일시하게 된다는 설명을 덧붙였다.

결론적으로 인지발달이론이 개인의 성역할 정체감 발달을 유용하게 설명할 수 있기 위해서는, 낮은 지위나 힘과 연합된 여성적 가치를 소녀들이 어떻게 채택할 수 있는가를 설명할 수 있어야만 할 것이다.

2. 성도식이론

성도식이론에서의 도식(scheme)은 피아제 인지발달이론의 기본 개념으로 인간 지식체계의 기본 단위에 해당한다. 출생 직후의 신생아들은 도식을 가지고 있지 않으나 그들이 지니고 있는 반사행동과 환경과의 상호작용을 통하여 도식을 형성하여 간다. 인간은 그의 지식체계 내에 형성되어 있는 도식을 바탕으로 외부자극을 지각하고 그리고 반응한다. 그러나 기존의 도식과 연결되지 못하거나 잘못된 도식과 연결된 정보들은 제대로 이해되지 못한다.

성도식이론가들은 인지적 범주로서의 성차에 관심을 갖고 유기체의 지식체계 내에 성도식(gender schemes)이 존재한다고 가정한다(Markus 등, 1982). 인생초기에 학습되기 시작하는 성도식은 개인이 성역할 정체감을 획득하고 성유형화될 수 있도록 인도하는 역할을 한다.

성도식이론가들에 의하면, 개인에 따라 성도식의 발달 정도에는 차이가 있다. 이론적으로 잘 발달된 성도식을 지니고 있는 사람들은 남성이나 여성 중 하나의 성에 지극히 유형화되고 세상을 이해하기 위해 적극적으로 성도식을 활용한다. 대조적으로 잘 발달되지 못한 성도식을 지니고 있는 사람들은 성유형화의 정도가 약하기 때문에, 세상을 이해하기 위해 성도식이 아닌 다른 도식에 의존해야 한다. 그러나 현실적으로 개인의 성도식은 대단히 풍부하고 다양하기 때문에 성도식의 활용은 단지 정도의 문제일 것으로 생각된다.

마틴과 할버슨(Martin & Halverson, 1981)은 성도식으로 일반도식(in-group-out-group scheme)과 고유도식(own-sex scheme)을 가정하였다. 일반도식은 남녀의 성별에 적절한 것이 무엇인가를 알려 주는 역할을 하고 고유도식은 자신의 성에 적절한 행동이나 정보를 알려 주어 행동계획을 세울 수 있도록 돕는 역할을 한다.

특정한 성에 강하게 유형화된 사람과 그렇지 않은 사람들은 성차를 포함하는 인지적 정보를 처리할 때 차이를 나타낼 것으로 기대된다. 한 실험(Frable & Bem, 1985)에서 연구자들은 연구대상자들을 성도식집단과 비성도식집단으로 나누고 집단토의를 하게 한 후, 누가 무슨 말을 했는가를 기억하도록 하였다.

예상한 대로, 성도식집단의 사람들이 동성의 이야기를 더 많이 혼동한 반면, 비성도식집단의 사람들은 그와 같은 경향을 나타내지 않았다. 이와 같은 결과는 성도식집단은 지극히 성유형화된 사람들이기 때문에, 그들이 지니고 있는 성도식을 바탕으로 마음속으로, 구성원들을 남성과 여성의 두 가지 범주로 이미 분류하였다는 것을 의미한다.

성도식이론가들은 성인들이 성별로써 세상을 구분하도록 아동에게 가르치고 있으므로, 아동은 성유형화된다고 제안한다. 가정에서 소녀들은 예쁘다는 말을 듣고 자라는 반면, 소년들은 씩씩하다거나 용감하다는 이야기를 듣고 자란다. 학교에서 소년과 소녀들은 다양한 상황에서 구별되고, 힘들고 어려운 일은 소년들에게 맡겨진다. 성장과정을 통하여 아동은 성별이 사람을 분류하는 유용한 방법이라는 것을 학습하며 남성들이 더 큰 힘을 갖는다는 것도 학습한다.

그러나 만약 사회가 아동이 성도식의 발달을 최소화하는 방식으로 성장할 수 있도록 돕는다면, 아동은 성유형화된 사고와 행동을 하지 않을 수 있다는 것이 이 이론의 주장이다. 성도식이론가들은 생식이나 성행동과 관련된 영역을 제외하고, 개인은 인지적으로 성 중립적 태도와 행동을 가지고 이 세상을 살아갈 수 있다고 주장한다.

Ⅳ. 생물사회적 이론

1. 머니와 엘하트의 이론

머니와 엘하트(Money & Ehrhardt, 1972)는 개인의 생물학적 성과 그것에 대한 타인들의 반응이 상호작용한 결과로 개인의 성역할이 결정된다고 주장한다. 이 이론에서는 생물학적 성이 중요한 요인이므로 개인이 XX의 성염색체를 갖는가 아니면 XY의 성염색체를 갖는가가 중요시된다.

그 이유는 만약 Y염색체가 존재한다면 태아의 분화되지 않는 조직은 고환으로 발달할 것이고 그렇지 않으면 난소로 발달할 것이기 때문이다. 또한 고환은 남성호르몬인 테스토스테론(testosterone)을 분비하여 남성 내부생식기의 발달을 자극하는 반면, 이 호르몬이 결핍되면 여아의 내부생식체계가 발달할 것이기 때문이다. 테스토스테론은 다시 대뇌와 신경계의 발달을 변화시켜, 주기적 패턴으로 호르몬을 분비하지 않도록 함으로써 사춘기 동안 월경을 경험하는 일이 없도록 할 것이다.

출산과 함께 생물학적 남성과 생물학적 여성이 태어나면 부모나 주위의 다른 사람들은 아기의 외부생식기의 모습을 바탕으로 아기를 명명하고 아기에게 반응한다. 만약 아기의 생식기가 잘못되어 이성의 외부생식기 모습을 하고 있다면 이성의 구성원으로 잘못 불리워질 것이다. 만약 비정상적인 외부생식기의 모습에 의해 생물학적 남성이 계속적으로 여성으로 불리고 여성으로 양육된다면, 그는 소녀의 성역할 정체감을 획득하게 될 것이다.

이와 같이 개인은 자신의 신체에 대한 다른 사람들의 반응과 그 반응에 대한 자신의 지각을 바탕으로 기본적 성역할 정체감을 형성한다. 사춘기에 이르러 남성호르몬이나 여성호르몬이 분비되면 성적 충동이 증가하고 신체상과 자기개념에서 변화가 일어난다. 생물사회적 이론에 의하면, 각 개인은 그들의 생물학적 성을 바탕으로 아동기 동안 획득한 기본적 성역할 지각과 사춘기 동안의 변화가 서로 조화를 이룸으로써 성인의 성역할 정체감을 획득할 수 있다.

2. 이글리의 이론

엘리스 이글리(Alice Eagly, 1987)는 여성의 출산이나 수유와 같은 남녀간의 생물학적 차이들이 남녀가 서로 다른 역할을 수행하도록 하므로 남성과 여성은 각기 다른 특성을 지니게 된다고 주장한다. 사회적 역할이론(Social-role theory)이라고도 불리는 이 이론은 성인의 역할에서 오는 차이가 아동기의 사회화 과정이나 개인의 생물학적 특성보다 사회적 행동에서의 성차와 더 밀접한 관계가 있다고 설명한다.

〈그림 3-1〉은 이글리의 사회적 역할이론을 도식화한 것이다. 남녀간의 노동의 분업이 차이나는 성역할 기대와 성유형화된 기술이나 신념을 초래하고 결국 사회적 행동에서의 성차를 생성한다는 것을 잘 보여 준다.

이 그림에 의하면, 여성은 수유나 아동양육과 같이 그들이 하는 일 때문에, 남성들보다 타인에 대해 더 많은 관심을 갖도록 기대된다. 타인에 대한 관심은 양육행동, 도움행동, 친절, 타인에 대한 민감성 그리고 정서적 표현성과 같은 특성들로 표현된다. 그에 따라 여성들은 남성들보다 더 양육적이어야만 한다고 생각되는 반면, 직업에 종사하는 남성들은 그들의 직업에 적합한 특성들인 자기주장적이고 통제적이며 강제적 그리고 독립적일 것으로 기대된다.

노동의 분업은 또한 개인의 기술과 신념에서의 차이를 가져온다. 훌륭

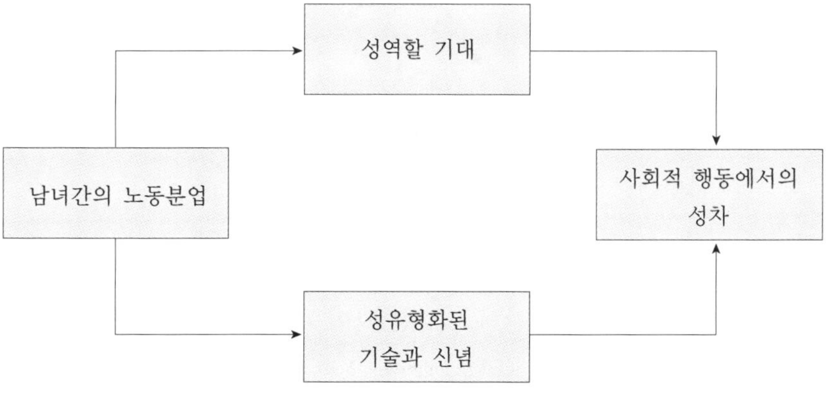

〈그림 3-1〉 성차를 설명하는 이글리의 사회적 역할이론

출처: Eagly, 1987.

한 주부는 가정상황에서 효과적인 기술을 발달시키고 훌륭한 회계원은 회계 업무분야에서 유용한 기술을 발달시킨다. 이러한 상이한 기술이나 능력의 발달은 남성과 여성의 생각이나 신념에서의 차이를 가져온다. 그 예로서 군대에서 일하는 사람들은 공격성을 정당화하는 반면, 상담자나 교사의 역할을 수행하는 사람들은 공격성을 비난한다.

요약하면, 사회적 역할이론은 여성과 남성이 상이한 사회적 역할을 수행하기 때문에 다르게 행동한다고 제안한다. 새로운 역할을 맡게 되면 그 역할에 맞추기 위하여 행동이나 신념의 변화가 일어나는 것처럼, 남성과 여성들은 그들이 수행하는 역할 때문에 상이한 특성을 지니게 된다는 것이다. 만약 여성들이 직업을 갖고 남성들이 가정주부의 역할을 수행한다면, 남성과 여성은 현재의 성역할 고정관념과는 정반대의 행동을 할 것이다.

3. 진화심리학적 모델

심리학의 새로운 영역으로 등장한 진화심리학(evolutionary psychology)은 다윈의 자연선택(natural selection)과 적자생존의 개념에 기초하여 인간행동을 설명하려고 한다. 그들은, 최적의 특성을 갖는 구성원들은 오랫동안 생존할 수 있고 그들의 유전자는 자손에게로 전달되어 다음 세대까지 영향을 준다고 강조한다. 다시 말하면 생존에 도움이 되는 특성들은 그렇지 않은 특성들보다 자손들에게 전달될 가능성이 더 크다는 것이다.

진화론의 핵심은 생존이기 때문에 진화심리학자들은 공격성, 지배성, 짝짓기 행동에서의 남녀 차이에 관심을 갖는다. 어느 문화에서나 여성들은 더 낮은 수준의 공격성을 나타내고 사회적 지위에 대해 더 적은 관심을 보인다. 또한 문란한 성관계를 혐오하고 사회적 지위와 자원을 갖는 더 나이 많은 남성에게 강한 관심을 갖는다. 대조적으로 남성들은 공격적이고 경쟁적이며 성적으로 문란한가 하면 특히 여성의 젊음과 신체적 매력에 더 많은 관심을 갖는다(Kenrick & Trost, 1993).

진화심리학자들은 남녀간의 이러한 차이 나는 행동들을 어떻게 설명하는가? 켄릭과 트로스트(Kenrick & Trost, 1993)에 의하면, 남성과 여성 모두 자녀에게 투자하기는 하지만 여성들은 9개월 동안 임신하고 출산 후 아동을 양육함으로써 직접적으로 투자하는 반면, 남성들은 돈과 집을 제공하는 간접적 투자를 한다. 그에 따라 여성들은 물질적 자원을 제공할 수 있는 부유한 남성을 선호하는 반면, 남성들은 자녀를 출산하고 양육할 수 있는 여성을 선호한다.

이와 유사한 맥락에서 부스(Buss, 1995; Buss & Schmitt, 1993)는 남성과 여성이 사용하는 성적 전략에 초점을 맞춘다. 부스에 의하면, 남성들은 그들의 유전자를 전달할 자손을 최대화하기 위해 특정한 한 여성에게 전념하기보다는 가능한 한 많은 수의 여성들에게 수정하고 싶어한다. 그러나 여성들은 그들이 낳을 수 있는 자녀의 수가 제한되어 있기 때문에 출산한 소수의 자녀들이 최적으로 생존할 수 있도록 노력한다. 자녀가 최적으로 생존할 수 있기 위해서는 장기적으로 자신과 자녀를 지원해 줄 수 있는 남성을 필요로 하므로, 여성들은 남성과의 장기적 관계를 중요시한다.

남녀간의 장단기적 관계에 관해 대학생들의 의식을 조사한 연구에서도 (Buss & Schmitt, 1993), 남성들은 여성들보다 단기적 짝짓기 전략을 선호하는 것이 분명하였다. 남성들은 짧은 기간 동안 많은 수의 여성을 원하기 때문에, 성교를 갖기 전에 파트너를 자세히 알 필요도 없고 오로지 여성의 신체적 매력만이 그들에게 중요한 요인이었다. 그러나 장기적 짝짓기 전략을 선호하는 여성들은 파트너의 직업이나 잠재력을 중요시하고 장기적 관계를 저해하는 남성들의 문란한 성행동을 혐오하였다.

이와 같이 진화심리학자들은 남녀간의 성차가 시간경과와 함께 진화되었으므로 성차는 불가피하고 변화불가능하다는 입장을 취한다. 그러나 진화심리학은 인간이 생활하는 환경이나 문화의 영향을 무시하고 생물학이나 유전자의 영향을 지나치게 강조한다는 비난을 받는다. 더욱이 진화이론에서 제시하는 많은 연구들이 비인간 영장류를 대상으로 연구한 결과들이기 때문에 인간에게 그대로 적용될 수 없을 뿐 아니라 남녀간에 다르게 진화되었다고 주장하는 공격성, 지배성 그리고 이타적 행동과 유전자간의 관계도 확인하지 못하고 있다. 그럼에도 불구하고 성차와 직접적 관련을 갖는 문화적 요인들이 진화의 영향을 받지 않을 수 없으므로 진화론적 설명 자체를 무시하거나 거부할 필요는 없다는 것이 최근의 분위기이다 (Feingold, 1992).

V. 페미니즘적 이론

개인의 성역할 정체감 발달을 페미니즘적 조망에서 바라보는 이론들은 다음과 같은 두 가지 관점에서 전통적 성격이론과 차이를 나타낸다.

첫째, 남성성과 여성성을 단일차원으로 놓고 일직선상의 반대의 개념으로 보지 않는다.

둘째, 아동 초기까지 개인의 성역할 정체감이 형성된다는 전통적 성격이론의 주장과는 대조적으로, 아동기 이후에도 계속해서 성역할 정체감 발달이 이루어질 수 있다고 가정한다.

지난 20년 동안 전통적 성격이론의 가정들은, 여성심리학의 성장과 함께, 의문시되고 비판의 대상이 되기 시작하였다. 이 절에서는 성역할 정체감 발달을 설명하는 페미니즘적 조망의 이론들을 소개하기로 한다.

1. 초기의 이론들

1) 카렌 호니의 이론

카렌 호니(Karen Horney, 1937)는 신프로이트학파(Neo-Freudian)의 정신분석학자이다. 그는 정신분석학을 통하여, 우리가 단순히 선천적이라고 생각하는 많은 것들이 오히려 우리의 성장을 방해한다는 것을 발견하게 된다고 주장한다.

Karen Horney(1885-1952)

호니에 의하면, 프로이트가 제안한 무의식과 아동초기 경험이 중요하지 않은 것은 아니지만, 인간은 프로이트 이론에서처럼 선천적, 생물학적 요인들에 의해서만 결정되는 존재가 아니다. 인간은 오히려 환경과의 상호작용을 고려해야만 이해될 수 있는 존재라는 것이 호니의 주장이다. 프로이트에 의해 중요시된 선천적 요인들은 고정되어 있지도 않고 일방적이지도 않으며 환경과의 상호작용을 통하여 형성될 수 있는 가능성들에 지나지 않는다.

그러므로 음경의 부재로써 여성의 열등성을 설명한 프로이트 이론은 그 시대의 여성에 대한 남성편견에 지나지 않는다는 것이다. 우리 문화의 모든 제도들이 남성들에 의해 지배되고 있기 때문에 '인간'은 곧 '남성'이라는 등식이 만들어졌다고 호니는 주장한다. 그녀는 여성의 발달에 대한 프로이트의 설명은 여성의 생식기관에 대한 어린 소년의 생각을 반영한 것일 뿐이라고 강조한다. 어린 소녀들 스스로 음경을 잃었다거나 어떤 것이 부족하다고 지각할 이유는 어디에서도 찾아볼 수 없다.

호니는 소녀들이 남근선망을 갖는다면 소년들은 자궁선망(womb envy)을 갖는다고 제안하였다. 그 예로서 성취에 대한 일부 남성들의 강박관념은 새로운 생명을 낳는 여성의 독특한 능력에 대한 열등감의 보상이라는 것이다. 따라서 남성과 여성의 생물학적 특성에 의해 설명될 수 있는 심리학적 차이란 존재하지 않는다는 것이 호니의 주장이다.

여성들은 약하고 정서적이어서 자유롭고 독립적인 활동에 부적합하다는 정신분석학자들의 주장은, 여성들 스스로 정신분석학자들이 규정한 종속적 역할을 수용하게 만든다. 종속적 역할을 성취나 실현과 동일시하는 여성들은 그들의 종속적 역할을 오히려 바람직하게 생각하게 된다. 호니에 의하면, 우리 사회에서 여성에 대한 정신분석학적 신념을 강화하는 역할을 하는 사람은 남성들이다. 그들은 정신분석학에서 강조하는 특성을 지니고 있는 여성들을 가장 바람직한 배우자로 생각한다. 또한 그와 같은 남성들의 배우자로 선택된 여성들은 정신분석학자들이 여성의 진정한 본성이라고 강조하는 여성적 이미지에 일치해야만 하고 그리고 일치하려고 노력한다.

결론적으로 호니는 여성의 발달에 대한 프로이트의 남성중심적 설명과 그것의 문제점을 지적한 최초의 여성으로서 진정한 여성심리학자였다. 그녀는 프로이트의 생물학적 결정론에서 벗어나서, 인간성장은 개인과 끊임없이 변화하는 환경과의 상호작용 결과라고 주장하였다. 모든 아동들은, 그들의 성별과 상관없이, 성장능력과 자아실현을 위한 잠재력을 가지고 태어나기 때문에, 오히려 건강한 환경조건을 만들어 주는 것만이 중요한 일이라고 호니는 역설하였다.

2) 크라라 톰슨의 이론

크라라 톰슨(Clala Thompson)은 신프로이트학파의 일원으로 카렌 호니와 설리반(Harry Stack Sullivan)의 영향을 받았다. 미국 인본주의 심리학의 전통 속에서 교육받은 톰슨은 타인과의 관계의 본질이 개인의 적응과 안녕에 중심적 역할을 한다는 대인관계적 정신분석학(interpersonal psychoanalysis)을 발전시켰다.

기본적인 성적 에너지인 리비도에 바탕을 둔 프로이트의 이론은 발달을 개인과 그의 야만적 본능 사이의 갈등으로 본다. 그러나 대인관계학파의 정신분석학자들은 인간의 기본적 동기는 개인의 성장욕구와 그의 환경을 숙달하려는 욕구라고 주장하였다. 인간은 리비도 충동을 포기한 결과의 산물이 아니라 주위의 유의미한 사람들과의 상호작용의 산물이라는 것이다.

따라서 인간성숙은 개인이 다른 사람과 영속적이고 친숙한 관계를 성공적으로 형성할 수 있을 때 성취될 수 있다. 다시 말하면 개인의 성격발달은 문화적 적응(acculturation)의 과정이지, 성적 에너지를 억압하고 변형하려는 욕구에 의해 지배되는 것이 아니다.

크라라 톰슨의 이론은 그의 대표적 저서인 "여성심리 속의 문화적 압력들"(Cultural Pressures in the Psychology of Women, 1942)에 잘 나타나 있다. 그녀는 이 책에서 여성의 성격을 생물학적 열등성의 불가피한 결과라고 주장한 프로이트 이론의 부당성을 하나씩 지적하였다.

톰슨에 의하면, 음경은 부계사회에서의 특권의 상징이고 여성이 남성을 부러워하는 것은 바로 이 특권이지 음경이 아니다. 톰슨은 프로이트가 생각한 것과는 다르게, 남근선망은 정상적 여성들 사이에서 발견되는 현상이 아니라고 주장하였다. 선망이나 질투는 경쟁적인 문화의 특성으로 한 집단과 상대적으로 불리한 다른 집단이 비교될 때 나타나는 현상이다. 따라서 여성들이 진정으로 부러워하는 것은 남성들이 갖는 기회와 발달이나 독립의 무한한 가능성일 뿐이다.

톰슨의 주장에 따르면, 여성의 열등감은 사회에서의 열등한 그들의 지위에 기인한 것이지 프로이트가 생각한 것처럼 생물학적 결핍을 반영하는 것은 아니다. 마찬가지로 여성의 더 약한 초자아나 내면화된 표준의 부족도 여성들에게 나타나는 고유한 특성이 아니라 문화적 인과관계의 결과일 뿐이다. 약자는 살아남기 위하여 강자의 이념을 채택하지 않을 수 없기 때문에, 여성적 특성은 개인의 안전이 더 강력한 개인이나 집단에 의존하게 될 때 나타나는 전형적인 현상이라는 것이다.

또한 톰슨은 여성들의 유일한 성취가 결혼과 어머니 역할에 한정되는 한, 프로이트의 주장대로 여성들은 미성숙한 발달과 엄격성을 지닐 수밖에 없다고 강조하였다. 프로이트는 여성들이 30세경에 이르면, 지적으로 그리고 정서적으로 그들의 성장잠재력을 잃기 때문에, 그들의 신념과 태도가 엄격해진다고 주장하였다. 그러나 문제는 30세에 이미 성장을 멈춘 남성들도 많이 있다는 것이다. 동시에 불행한 생활조건이나 훈련의 부족 혹은 편협한 조망은, 개인의 성별과 상관없이, 엄격성을 초래할 수 있다고 톰슨은 강변하였다.

결론적으로 톰슨은 여성들과 그들의 신체 및 그것의 기능을 열등시하는 사회적 이념에 반대하였다. 여성들에 대한 평가절하는 남성들이 원하는, 여성의 사회적 역할의 결과이다. 남성들에 의해 만들어진 사회적 체계 속에서 직업을 갖는 여성들은 남성들과 경쟁한다는 느낌 없이 (경쟁은 바람직하지 못하므로) 사회의 질서 내에서 그들의 위치를 발견해야 한다고 톰슨은 당부하였다.

3) 알프레드 애들러의 이론

알프레드 애들러(Alfred Adler)도 신프로이트학파에 속하는 심리학자로서 그의 이론은 특별히 개인심리학(individual psychology)이라고 불리어진다. 애들러는 인간을 성적·본능적 충동에 의해 동기유발되는 존재가 아니라 사회적 관심에 의해 동기유발되고 공동의 이익을 얻기 위해 타인과 관련을 맺는 사회적 존재라고 주장하였다. 애들러 이론에서 타인과 관련을 맺는 개인의 능력은 인간의 선천적 경향성으로 간주된다.

Alfred Adler

애들러에 의하면, 인간은 의식적 사고과정을 통하여 목표를 세우고 그 목표를 성취하기 위하여 노력하는 존재이다. 따라서 인간은 과거지향적이 아니고 미래지향적이다. 특히 개인의 신체적 결함은 물론 심리적 근원으로부터 오는 기관열등감(organ inferiority)은 그것을 극복하려는 욕구에 의해 개인을 동기유발하게 하므로, 자아의 발달과 성장을 이룰 수 있게 한다.

기관열등감과 함께 우수하려는 개인의 노력(striving for superiority)은 애들러 이론에서 인간성장을 이루는 기본적인 선천적 경향성이다. 여기서의 '우수'라는 의미는 개인의 지배성이나 지도성 혹은 사회적 지위를 의미하는 것이 아니라 자아의 완성과 목표의 실현을 의미한다. 개인을 하나의 발달단계에서 다음 단계로 이동하게 하는 것도 우수하려는 개인의 노력이다. 이와 같이 애들러는 개인이 갖는 잠재능력을 신뢰하고, 자신의 삶을 선택하고 정리하고 그리고 타인과 관련을 맺을 수 있는 개인의 능력을 중요시하였다.

여성의 성격발달에 대한 애들러의 설명은 그의 성격이론의 틀 내에서 이루어졌기 때문에, 프로이트의 관점과 다를 수밖에 없다. 애들러는 인간은 일차적으로 사회적이고 비성적이기 때문에 여성의 발달도 남성과 다를 수 없다고 주장하였다.

애들러에 의하면, 생물학적으로 유일하게 무기력한 존재는 인간 영아뿐이다. 그들은 무기력에 기인된 보편적 열등감에서 벗어나기 위하여 힘을 얻기 위한 보상적 노력을 시도한다. 영아의 보상적 노력에 사회적 관심이 동반되면, 그것은 목표지향적인 성취행동으로 전환된다.

그러므로 남녀 아동들에게 성에 기초한 우월감이나 복종심을 갖도록 사회화시키는 것은 남녀 모두에게 신경증이나 성격왜곡을 초래할 가능성이 있다고 애들러는 주장하였다. 그는 더 나아가 남성의 우월과 여성의 열등이라는 사회적 오류는 두 성 사이의 성적 관계는 물론 사회적 관계를 손상시키고 적대감과 의심만을 불러일으킬 뿐이라고 강조하였다.

애들러는 소녀들이 여성에 대한 편견을 계속적으로 경험하면 자기신뢰를 잃게 되고 모든 인간에게 공통적인 우수하고 힘을 가지려는 기본적 동기의 추구를 방해받게 된다고 주장하였다. 왜냐하면 사회에서 중요시되는 것은 남성적인 특성이고 여성적인 것은 무엇이든 열등한 것처럼 보이므로 여성과 남성 모두는 여성을 평가절하하게 되기 때문이다.

현실적으로 여성의 자기존중감은 인생 초기에 조건화되고 여성들의 정신생활은 사회에 의해 부과된 열등감에 의해 깊은 상처를 입는다. 남성들도 우월해지라는 사회적 조건화에 의해 또한 상처를 입기는 하지만, 여성들에게 부과되는 사회적 요구만큼 큰 고통을 주지는 않는다.

사회와의 상호작용을 강조하는 카렌 호니, 크라라 톰슨 그리고 알프레드 애들러는 모두 1800년대 말엽에 태어나서 1900년대 중반에 활발한 활동을 하였던 신프로이트학파의 심리학자들이다. 그들은 프로이트 심리학의 전세계적인 유행에도 불구하고, 그들 자신의 독자적인 이론을 전개하였고 특히 그들의 남녀 평등적 사고는 20세기 페미니즘의 이론적 바탕을 형성하였다.

2. 양성성이론

고대 신화에서 그 뿌리를 찾을 수 있는 양성성(androgyny) 개념은 희랍어의 남성(andro)과 여성(gyne)에서 유래된 단어이다. 즉 두 단어의 결합은 남성이 갖는 특성과 여성이 갖는 특성이 균형을 이루거나 혼합되어 있다는 것을 의미한다.

양성성 개념을 처음으로 심리학에 활용한 사람은 융(Jung, 1971)이다. 그는 남성의 자아 속에 내재되어 있는 여성적 특성을 애니마(anima)라고 하고 여성의 자아 속에 내재된 남성적 특성을 애니무스(animus)라고 명명하였다. 융에 의하면, 개인의 자아가 완전해지기 위해서는 개인 내부의 애니마와 애니무스가 통합되어 있어야 한다.

융 이후 페미니즘적 입장을 취하는 심리학자들이 양성성의 중요성을 재발견하게 되었다. 그들은 여성을 열등시하는 전통적 성격이론에서 벗어나서 여성의 성역할 정체감을 논의할 수 있는 개념을 필요로 하였기 때문에, 양성성은 그들의 욕구를 충족시켜 줄 수 있는 유용한 개념이었다. 그렇다고 해서 양성성이 여성의 사회적 역할에 대한 자유주의적 태도와 유사한 의미로 해석된다는 것은 아니다.

특히 심리적 양성성(psychological androgyny)에 대해 깊은 관심을 가진 벰과 스펜스 등(Bem, 1975; Spence & Helmreich, 1983)은 양성성에서의 개인차를 측정하기 위한 검사도구를 개발하였다. 그들은 〈그림 3-2〉와 같이 남성성과 여성성의 두 가지 차원을 상하로 나누고 남성성 점수와 여성성 점수가 모두 높은 사람을 양성적인 개인으로 분류하였다. 벰은 그

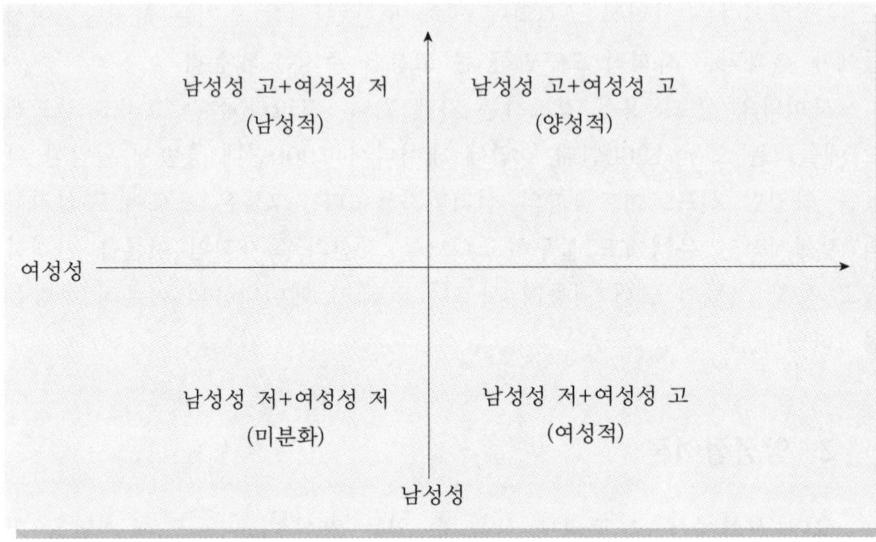

〈그림 3-2〉 남성성 상하집단과 여성성 상하집단의 네 가지 조합

녀가 연구한 대학생 표본의 $\frac{1}{3}$정도가 양성적 개인으로 분류될 수 있었다고 밝혔다.

양성적인 사람은 독립적, 공격적, 모험적 등의 전형적인 남성적 특성과 함께 감정이입적, 정서적, 수동적 등의 전형적인 여성적 특성을 공유하는 개인들이다. 두 성의 특성을 함께 지니고 있기 때문에, 논리적으로 양성적인 사람들은 남성적인 특성이나 여성적인 특성만을 지닌 개인들보다 광범위하게 다양한 상황에서 적응을 잘 할 것으로 기대된다. 양성적인 사람들은 동조나 일치를 강요하는 상황에서는 남성 동료들과 같이 행동할 것이고 타인에게 관심을 가지고 보살펴 주어야 할 상황에서는 여성 동료들과 같이 행동할 것이므로 그들의 행동은 대단히 큰 융통성을 지닐 것이다.

대조적으로 남성적 특성이나 여성적 특성만을 지닌, 강하게 성유형화된 사람들은 그들의 성역할 유형에 적합한 상황에서만 편안하고 적응적일 수 있다. 그들은 자신의 성에 적합하지 않다고 생각되는 상황에서는 불편함을 느끼고 그 상황을 회피하려고 하기 때문에, 심리적 안녕감을 경험하지 못하고 그들의 잠재적 능력도 제대로 발휘하기 어렵다.

그러나 벰이나 스펜스의 주장과는 상이하게 양성성의 바람직한 효과를 확인하지 못한 연구들도 많이 있다(Signorella & Jamison, 1986). 오히려 남성적인 사람들이 양성적이거나 여성적인 사람들보다 다양한 과제의 수행에서 높은 자기신뢰를 바탕으로 더 잘 수행하였고 더 높은 자기존중감과 더 바람직한 심리적 적응을 나타내었다(Whitley, 1983). 우리 사회는 여성적 특성이 가정과 사회의 유지와 발전에 절대적으로 필요하다는 것을 인정하면서도 남성적 특성에 더 큰 보상과 사회적 힘을 부여한다. 그러므로 양성적인 사람들이 성유형화된 사람들보다 더 잘 적응하는 것처럼 보이는 것은 그들이 지니고 있는 남성적 특성의 결과일 것이라는 것이다.

그렇다면 양성성 척도가 측정하는 양성성이란 무엇인가? 양성성 척도가 오히려 개인이 남성적 혹은 여성적으로 이분될 수 있음을 강화하고 단순히 성역할 고정관념을 측정하고 있는 것은 아닌가? 또한 우리가 양성적이라고 생각하는 사람들은 남성성과 여성성의 두 가지 특성을 통합한다는 것을 의미하는가 혹은 남성성과 여성성을 초월한다는 것을 의미하는가? 양성성이론에서 가장 시급한 과제는 양성성에 대한 분명한 정의를 내리는 것이다.

3. 성역할 초월이론

성역할 초월이론가들은 다음과 같은 세 개의 성역할 정체감 발달단계를 가정한다.

단계 1: 성차를 인식하지 못한다.
단계 2: 성역할 고정관념을 능동적으로 수용하고 적극적으로 선호한다.
단계 3: 성역할 고정관념을 초월한다.

처음 두 개의 단계는 콜버그의 성역할 발달단계와 유사하나 제3단계는 개인적이고 독특한 방식의 성역할 정체감 발달을 이루는 단계이다.

성역할 정체감 발달의 제3단계에 이른 개인들은 전통적 남성성이나 여성성에 얽매이지 않고 자신이 갖는 잠재능력의 최상을 발휘하고 자기실현을 이루기 위해 노력한다(Pleck, 1975; Block, 1973). 성역할을 초월한 개인들은 성격검사에서 여성적, 남성적, 양성적 혹은 미분화의 점수를 받을 것이나 이 점수와 그들의 실제의 정체감과는 상관이 없다. 현실적으로 성역할 초월을 이룬 부부들은 남편과 아내로서의 전통적 역할구분에 구애

됨이 없이, 가능한 범위 내에서 가사일을 나누어 맡고 개인적 성장을 위해 서로 돕는다.

그러나 모든 사람들이 성역할 초월을 이룰 수 있는 것은 아니다. 성역할 초월을 이룬 부부의 자녀들도 전통적 성역할을 고수하는 제 2 단계의 성역할 정체감 발달을 이루는 것처럼, 성역할 정체감 발달의 제 2 단계에서 제 3 단계로의 이동을 위한 사회적 압력은 존재하지 않는다.

일반적으로 성인기 이후에 이루어질 수 있는 성역할 초월은 성역할 학습의 최상의 단계로서 자아와 사회간의 관계를 재통합해야만 한다. 콜버그의 후인습적 수준의 도덕성 발달과 같이, 개인의 성역할 초월은 인간으로서의 성숙과 완성을 지향하고 개인의 자유의지를 중요시하는 소수의 사람들에게서만 발견되는 성역할 패턴이다.

Ⅵ. 중다차원적 모델

성역할 정체감 발달에 관한 이론을 광범위하게 개관한 허스톤(Huston, 1983)은 어떤 단일적인 이론적 조망도 성역할 정체감 발달을 완전하게 설명하지 못한다고 주장하고 성역할 정체감은 다음과 같은 요인들을 포함하는 중다차원적 개념이라고 강조하였다.

① 생물학적 요인
② 장난감, 놀이, 직업, 성취와 같은 다양한 활동과 흥미
③ 개인적-사회적 특성, 성격특성 그리고 공격성 혹은 의존성과 같은 사회적 행동
④ 친구, 모델, 부모나 다른 애착인물들의 성을 포함하는 성별에 기초한 사회적 관계
⑤ 제스처와 비언어적 행동, 언어패턴, 그리고 놀이양식을 포함하는 상징적 내용들

성역할 정체감의 구성요소들은 개인의 신념, 자기지각, 선호, 태도 및 행동 속에 그대로 표현된다. 실제로 성역할 정체감에 관심을 갖는 연구자들은, 개인의 성역할 정체감이 중다의 요인들을 포함하는 데도, 단지 한

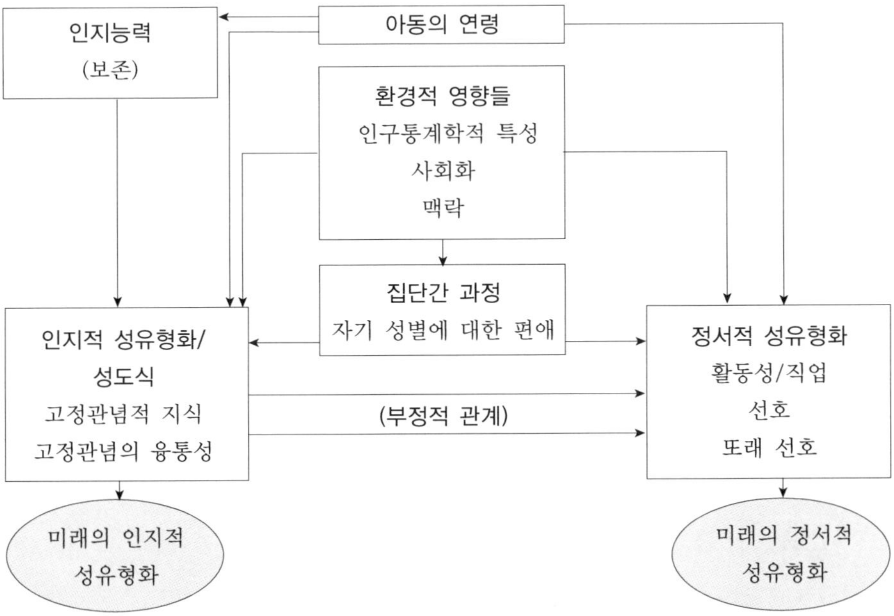

〈그림 3-3〉 성유형화의 중다차원적 모델

출처: Serbin, Powlishta, & Gulko, 1993.

두 가지의 요인들을 연구하고 그 결과를 바탕으로 해석하기 때문에 성역할 정체감에 대한 포괄적이고 종합적인 설명을 하기 어렵다. 그러므로 성역할 정체감에 대한 최상의 설명방식은 지금까지 제시된 여러 조망들을 통합하는 중다의 이론적 조망을 사용하는 것이다.

설빈과 그 동료들(Serbin, Powlishta, & Gulko, 1993)은 아동중기 동안의 성역할 정체감 발달을 설명하기 위하여 아동의 연령과 환경적 요인은 물론 인지적, 정서적 요인을 포함하는 중다차원적 모델을 제시하였다.

〈그림 3-3〉에 제시된 바와 같이, 이 모델은 성역할 고정관념에 대해 아동이 인지적으로 알고 있는 것과 특정한 성역할 유형을 선호하는 것 사이에 직접적인 관계가 존재하지 않는다고 제시한다. 성역할 고정관념과 성역할 선호는 아동의 연령, 사회화와 같은 환경적 요인 그리고 이성과의 상호작용에 의해 영향을 받는다. 결론적으로 이 모델은 성역할 정체감 발달을 설명할 수 있기 위해서는 하나 이상의 중다의 이론적 조망을 활용해야 한다는 것을 시사한다.

[4 장]

생물학적 성과 성별관련적 차이

[4 장] 생물학적 성과 성별관련적 차이

생물학적 성차와 후천적인 성별에 따른 차이를 고찰한다. 심리학자들이 논의하는 대부분의 성차는 성을 매개변인으로 하는 성별관련적 차이이기 때문에 이 장에서는 공간능력, 수학능력, 언어능력과 같은 인지능력에서의 성차는 물론 동조성, 도움행동, 공격성 및 다섯 가지 성격차원에서의 성차를 논의한다. 이 장을 통하여 남성과 여성은 다르기보다는 대단히 유사하다는 결론을 내릴 수 있을 것이다.

생물학적 성과 성별관련적 차이

제4장 생물학적 성과 성별관련적 차이

사회과학자들은 인간의 생물학적 측면에는 관심이 없이 단지 성차와 관련된 사회적 문제에 관해 이야기하기를 좋아한다. 반면 생물학자들은 성별관련적 차이를 유도하는 환경의 영향을 무시하고 생물학적 결정인자에만 관심을 갖는다. 그들은 사회적 사건들보다 생물학적 사건들이, 변화되기 어렵고 영구적이며 결정적이라고 주장한다. 그러나 생물학적 사건에 대한 그들의 지나친 강조는 두 개의 성을 엄격하게 구분하고 성을 지나치게 단순화하여 개인의 성과 상호작용하는 많은 요인들의 영향을 무시하게 한다.

이 장에서는 성의 생물학적 측면들에 관해 설명하고 성차를 지지하는 이론적 모형들을 검토한다. 동시에 분명한 성차가 있다고 생각되는 인지적 능력과 사회적 행동들을 논의한다.

Ⅰ. 생물학적 성

사회생물학자(sociobiologist)들은 생물학적 결정론을 사용하여 남성과 여성의 지위나 힘에서의 차이를 설명하려고 한다. 그들은 남녀의 행동이나 능력에서의 차이를 그들의 생물학적 성에 귀인시키고 생물학적 차이가 남녀 불평등의 근원이라고 주장한다. 그렇다면 여성의 생물학적 특성은 무엇인가? 신생여아와 남아를 구분짓는 구조적, 기능적 특성은 무엇인가? 성의 생물학적 형성과정을 이해해야만 이 질문들에 대한 해답을 찾아낼 수 있을 것이다.

1. 성의 결정

남성이나 여성 중 하나의 성을 갖기 위해서는 세 가지 수준에서의 성적 분화가 이루어져야 한다. 염색체 수준, 생식선 및 호르몬 수준 그리고 생식기 수준에서의 분화가 그것이다.

1) 염색체의 성

(1) 성염색체의 구성

개인의 성을 결정하는 제일 첫 단계는 접합된 난자가 두 개의 X조합으로 이루어지는가 아니면 한 개의 X와 한 개의 Y조합으로 이루어지는가이다. 인간은 23쌍의 염색체를 가지고 있고 제일 마지막의 23번의 염색체가 개인의 성을 결정하는 역할을 한다. 여성의 성염색체는 22쌍의 상염색체(autosomes)들과 크기와 형태가 비슷한 2개의 X염색체로 구성되나, 남성의 성염색체는 하나의 X염색체와 크기가 더 작은 하나의 Y염색체로 구성된다.

성염색체의 유전적 패턴은 생식선(gonadas)이 난소로 분화할 것인지 아니면 고환으로 분화할 것인지를 결정한다. Y염색체는 고환의 형성을 가능하게 하는 유전자를 지니고 있다.

(2) 염색체 이상

비록 그 수가 대단히 적기는 하지만, 성염색체의 이상으로 염색체의 수가 모자라거나 여분의 염색체를 갖는 사람들이 있다. 정상적 남녀가 46개(23쌍)의 염색체를 갖는 것과는 대조적으로, 성염색체의 이상은 전체 염색체 수를 감소시키거나 증가시킨다.

① 터너 증후군

터너 증후군(Turner syndrome)은 성염색체가 X염색체 하나만으로 구성되는 사람으로 XO의 성염색체를 갖는다. 전체 염색체 수가 45개이고 여성 2,000-5,000명 중 1명의 비율로 발생하는 이 증후군의 개인들은 보통 키가 작고 성적으로 성장하지 않는 특성을 지니고 있다(Collaer & Hines,

1995). 그들은 외부생식기의 모습 때문에 여성으로 분류되나 내부생식기의 발달을 이루지 못한다. 청년초기에 가슴과 체모의 발달도 이루어지지 않으며 물론 임신을 할 수도 없다. 그들은 지적으로 약간 지체되어 있으며 언어적 IQ는 비교적 정상이나 공간과 형태의 지각능력이 대단히 저조하다.

터너 증후군의 개인들은 그들의 외부생식기가 정상적 여성과 비슷한 중성에 지나지 않음에도 불구하고, 자신을 여성으로 지각한다. 그들의 중추신경계는 태내기 동안 생식선 호르몬에 노출된 일이 없음에도 불구하고, 그들은 정상적 여성들보다 더 여성적이어서 운동을 좋아하지 않고 순종적이며 장신구에도 관심이 많다. 그들은 결혼하기를 희망하고 임신하고 아기를 갖는 백일몽을 꾼다. 이러한 사실은 여성의 성역할 정체감은 태내기의 생식선 호르몬의 도움 없이도 발달할 수 있다는 것을 시사한다.

② 클라인펠터 증후군과 XYY의 남성들

클라인펠터 증후군(Klinefelter's syndrome)의 남성들은 XXY의 성염색체을 지니며 정상 남성들보다 염색체 수가 하나 더 많은 47개의 염색체를 갖는다. 이 증후군의 개인들은 평균보다 더 큰 키를 지니고 여분의 X 염색체로 인해 정상 남성보다 더 작은 음경과 고환을 가지며 여성처럼 가슴이 약간 발달하고 엉덩이가 커진다. 그들은 정자를 생산하지 못하므로 불임이다.

대조적으로 XXY보다 더 큰 키를 갖는 XYY의 남성들은 지나치게 큰 키를 제외하고는 특별한 이상을 나타내지 않는다. 그러나 그들은 여분의 Y 염색체 때문에 정상인보다 더 공격적이고 폭력적일 것이라는 의심을 받는다. 실제로 XXY남성과 XYY남성 모두 정상적인 남성들보다 유의하게 더 낮은 지능검사점수와 보잘것 없는 교육수준을 지니고 있었을 뿐 특별히 높은 공격성을 나타내지는 않았다. 그들 중 특히 폭력행동의 전과가 있는 사람들은 일관성 있게 낮은 지능점수를 나타내었다. 따라서 XYY 남성들의 폭력적 행동은 여분의 Y 염색체 때문이 아니라 그들의 손상된 정신기능에 기인한다는 것이 연구자들의 지배적인 견해이다.

③ XXX의 여성들

여분의 X 염색체도 여분의 Y 염색체와 같이 더 낮은 지능을 초래하나 XXX는 XXY나 XYY조건에서만큼 심각하지 않다. XXX의 여성들 중에 불임인 여성도 있으나 이 증후군을 갖는 여성들의 대부분은 약간 낮은 지능을 제외하고 정상적 여성과 차이가 없기 때문에, 그들은 자신들의 염색체 구성을 알지 못하고 대부분 일생을 보낸다.

결론적으로 성염색체의 이상은 개인이 획득하는 성역할 정체감에 직접적 영향을 주는 것은 아니다. 오히려 개인의 외부생식기의 모습을 바탕으로 양육자가 아동에게 성을 할당하고, 아동은 할당된 성에 따라 성역할 정체감을 확립한다.

2) 생식선과 호르몬의 성

(1) 생식선의 분화

접합된 난자는 남아나 여아 중 어느 하나의 방향으로 발달할 수 있는 분화되지 않는 생식선을 지니고 있다. 배아(embryo)는 임신의 처음 수주 동안 남녀 모두 동등하게 발달하고 난자와 고환 조직 양자의 전구체와 함께 울프관(Wolffian duct)과 뮬러관(Müllerian duct)을 지니고 있다.

만약 Y 염색체가 존재한다면, 생식선은 빠르게 자라서 고환으로 분화되기 시작한다. 고환분화에 관여하는 물질은 H-Y 항원이다. 고환이 분화된 직후에 남성호르몬을 총칭하는 안드로겐이 분비되기 시작하고 이 호르몬은 남성의 내부 및 외부 생식기관의 분화를 야기시킨다. 뮬러관은 퇴화하고 울프관은 수정관과 정액낭으로 발달한다. 남성호르몬 중 테스토스테론(testosterone)은 내부생식기관(울프관)의 남성화를 야기시키는 반면, 그것의 유도체인 디하이드로테스토스테론(dihydrotestosterone)은 남성의 외부생식기관(음경, 음낭)의 발달을 가능하게 한다.

XY염색체와는 대조적으로 XX염색체의 생식선은 난소로 발달한다. 지금까지 Y 염색체의 부재는 안드로겐의 생산을 불가능하게 하므로 XX염색체는 여성으로의 성적 발달을 이룬다고 생각되었다. 그러나 이와 같은 설명을 남성중심적이라고 비판하는 파우스토-스털링(Anne Fausto-Sterling, 1989)은 XY생식선이 테스토스테론을 생산하기 시작하는 동일한 시기에 XX생식선은 많은 양의 에스트로겐(estrogen: 대표적 여성호르몬)을 합성하기 시작한다고 제안한다. 어떤 메커니즘에 의해서든, XX배아의 울프관은 퇴화하고 뮬러관은 나팔관과 자궁으로 분화하며 뒤이어 여성의 외부생식기관들이 발달한다.

(2) 호르몬의 이상

정상적인 성염색체를 갖는 배아라고 할지라도, 생식선에서 고환이나 난소로 분화된 이후에 호르몬 분비에서의 이상이 초래되면 정상적인 생식기를 지닐 수가 없다. 소위 가짜의 자웅동체(pseudohermaphrodites) 혹은 간성(intersexuality)의 개인들은 남성 생식기관과 여성 생식기관을 혼합해서 지니고 있다. 보통 정상적 정자와 정상적 난자 모두를 생성할 수 있는 유기체를 자웅동체(hermaphrodites)라고 부르나, 자웅동체의 인간은 정자도 그리고 난자도 생성할 수 없으므로 앞에 가짜(pseudo)라는 단어를 붙여 준다. 그들은 염색체, 생식선, 호르몬 그리고 내외부 생식기관의 성이 서로 일치하지 않는다.

① 남성생식기 증후군

선천적 부신 이상증식(Congenital Adrenal Hyperplasia: CAH)이라고도 불리는 남성생식기 증후군(Androgenital syndrome)은 XX염색체의 여성이 부신(adrenal glands)의 유전적 결함에 의해 남성화한 결과이다. 즉 이 여성들은 부신의 결함으로 부신에서 생성되는 호르몬인 프로게스테론(progesterone: 임신과 관련된 여성호르몬)의 파괴를 경험하고 파괴된 프로게스테론이 남성호르몬인 테스토스테론과 동일한 효과를 발휘함으로써 남성화한다. 그러므로 유산을 막기 위해 프로게스테론을 복용한 어머니의 아기들에게서도 유사한 증상이 발견될 수 있다. 이 증후군을 갖는 여성들은 두 개의 정상적 X염색체, 정상적 난소, 자궁 그리고 나팔관을 지니고 있으나 남성과 유사한 외부생식기를 갖는다.

앞에서도 이야기한 것처럼 신생아의 성은 그들의 외부생식기를 기초로 분류되고 할당되기 때문에, 남성생식기 증후군의 개인들은 남성이나 여성 중 어느 성으로든 분류될 수 있다. 그러나 염색체나 생식선 구조에 대한 지식의 진보에 힘입어, 이 증후군의 아기들은 여아로 진단되고 간단한 수술에 의해 완전한 여성의 생식기를 회복할 수 있다.

태내기 동안 남성호르몬에 노출된 이 증후군의 아기들은 성장과정을 통하여 보다 높은 수준의 활동성을 나타내고 인형놀이나 아기돌보기를 좋아하지 않으며 부모역할보다 직업생애를 갖는 것에 더 큰 관심을 보인다. 그러나 그들은 정상적 소녀나 여성의 범주를 벗어나 있지는 않으며 대부분 여성으로서의 자신에 대해 만족감을 느낀다. 이와 같은 결과는 태내기의 안드로겐 영향이 성별관련적 행동에 결정적 영향을 주지는 못한다는 것을 시사한다.

② 고환여성화 증후군

안드로겐 무감각(Androgen insensitivity: AI)이라고도 불리는 고환여성화 증후군(Testicular-feminization syndrome)은 XY염색체의 남성이 남성호르몬인 테스토스테론에 반응하지 못하는 데 기인한다. 이 증후군의 개인들은 여성의 외부생식기와 불완전하게 발달된 질을 가지나 자궁이나 나팔관은 없다. 그들의 내부생식기는 비록 고환이 복강 속에 있기는 하지만 정상적인 남성과 대단히 유사하다. 외부생식기를 바탕으로 그들은 출생시에 여성으로 분류되어 양육된다.

고환여성화 증후군의 개인들은 정상적인 남성과 동일하게 여성호르몬인 에스트로겐을 생성하나 그것이 테스토스테론에 의해 억제되지 못하기 때문에, 가슴발육과 여성적 윤곽을 초래한다. 그들은 대단히 큰 키와 매력적인 외모를 지니고 있고 전통적인 여성역할을 선호하며 여성으로서 행복한 가정을 꾸미는 것을 소망한다. 이 증후군을 갖는 개인들의 수는 대단히 적으나 모델이나 연기자 혹은 매춘의 직업을 갖는 사람들 사이에서 드물게 발견된다. 놀랍게도 가장 매력적인 여성은 유전적 남성이라는 사실이 우리를 혼란스럽게 한다.

③ 5 알파 리닥타제 결핍(5 Alpha-Reductase 결핍)

이 증후군은 XY염색체의 남성에서 테스토스테론을 디하이드로테스토스테론으로 전환시키는 효소의 결핍으로 초래된다. 디하이드로테스토스테론은 음낭과 음경의 성장을 유도하기 때문에, 이 개인들은 정상적 고환과 음경이 결합된 내부생식기와 불완전한 음낭 혹은 음낭이 전혀 없는 상태로 출생한다. 그들의 외부생식기는 태내기에 남성호르몬에 노출된 소녀들의 구조와 대단히 유사하다. 그들은 출생 직후에 일찍 결함이 인지되기도 하지만 대부분 여아로 분류되어 양육된다.

그러나 그들이 사춘기에 이르면, 정상적 고환이 테스토스테론을 분비하기 시작하여 목소리의 저음화와 함께 불완전한 음경과 음낭의 확대가 일어난다. 또한 음경의 발기와 요도관을 통한 사정도 가능하다. 그들은 아동기를 통하여 소녀로 양육되지만 사춘기 이후에 남성 정체감을 다시 형성할 수 있다고 알려져 있다.

개인의 성역할 정체감은 개인이 지니고 있는 생물학적 요인들이 서로 모순될 때조차도, 어떤 성별로 양육되느냐에 의해 영향을 받는다. 출생 직후부터 여성의 성역할 정체감을 형성한 이 증후군의 개인들이 남성 정체감을 재확립하기 위해서는 점진적인 재적응의 시간을 필요로 하며 그 과정에서 때로 부적응의 징후를 나타낼 수도 있다(Ehrhardt & Meyer-Bahlburg, 1981).

3) 생식기의 성

남녀의 외부생식기도 내부생식기와 동일하게 처음에는 성적으로 분화되어 있지 않다. 〈그림 4-1〉은 내부생식기와 외부생식기의 분화과정을 보여 준다. 남녀 모두 동일한 전구체에서 분화하는 동종이형임이 분명하다.

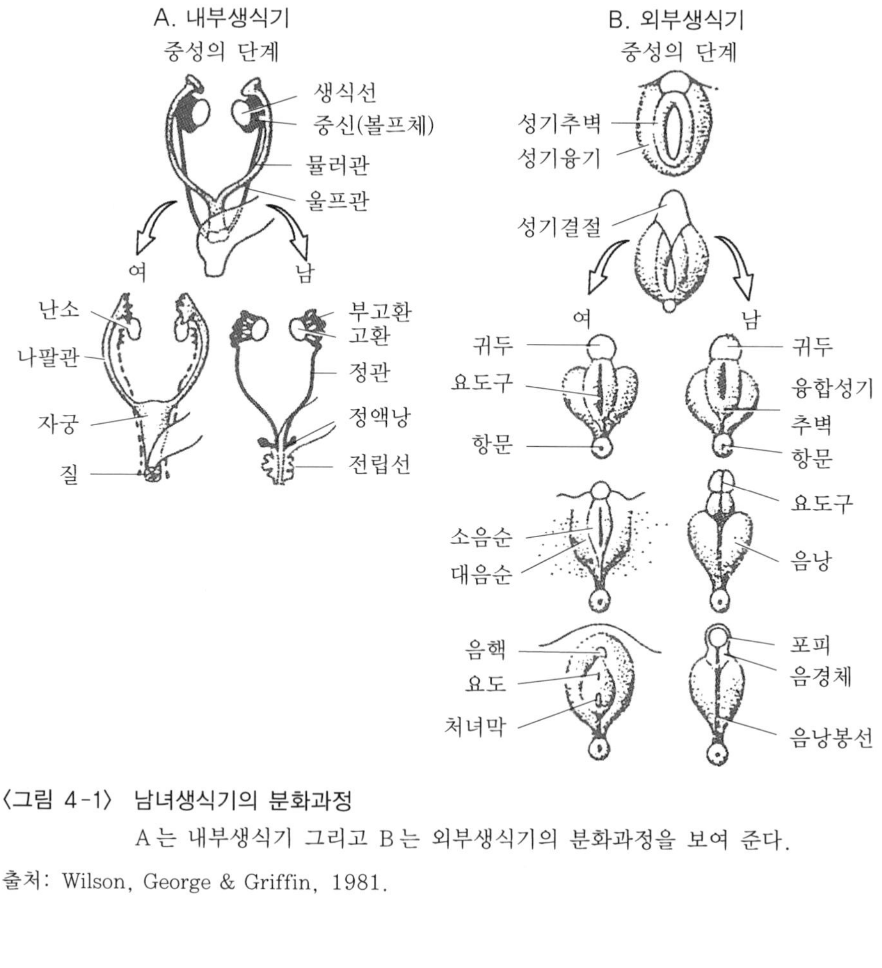

〈그림 4-1〉 남녀생식기의 분화과정

A는 내부생식기 그리고 B는 외부생식기의 분화과정을 보여 준다.

출처: Wilson, George & Griffin, 1981.

외부생식기의 분화는 내부생식기가 분화된 다음에 이루어지기 때문에, 임신 12주 말경에 이르러야 남녀의 외부생식기를 구별할 수 있다. 아동들은 외부생식기를 바탕으로 남성이나 여성 중 하나의 성으로 할당된다.

2. 성과 인간의 뇌

19C 중반 이래로 여성들이 남성들보다 인지능력에서 더 열등하다고 주장한 사람들은 '남성의 뇌'와 '여성의 뇌'가 서로 다르다고 생각하였다. 19C의 연구자들은 여성들의 뇌의 크기가 남성들의 뇌보다 더 작기 때문에 혹은 특정한 정보처리와 관련된 뇌 부위의 크기가 여성들이 더 작기 때문에 여성들이 남성들보다 더 열등하다고 주장하였다. 그러나 크기논쟁은 키와 체격에서의 남녀 차이를 고려하지 않았다는 비판에 의해 사라지게 되었다.

오늘날의 연구자들도 생물학적 성과 뇌의 특정 부위와의 관계를 규명하려고 하기는 하지만, 남녀 차이를 일관성 있게 제시하지 못하고 있다. 연구자에 따라 남녀간에 결정적인 차이가 없다고 보고하는가 하면(Devor, 1996), 하등동물에서 확인된 것과 유사한 신경계의 성차가 인간에게도 존재한다고 주장하기도 한다(Collaer & Hines, 1995).

문제는 생물학적 성차를 고정된 것으로 보고 남녀의 역할이나 지위에서 요구되는 사회적 변화의 필요성을 인정하지 않는다는 것이다. 우리는 생물학의 중요성을 부정하지도 않아야겠지만, 동시에 생물학적 특성들이 신체적 그리고 사회적 환경조건에 의해 영향받는다는 사실도 간과하지 말아야 한다.

1) 좌반구와 우반구

뇌의 중요한 특성 중의 하나는 피질의 기능이 반구에 의해 전문화된다는 것이다. 즉 뇌의 기능이 좌반구와 우반구에 의해 전문화되는 측화(lateralization)의 결과로 오른손잡이의 좌반구는 언어적, 분석적, 수학적 정보를 처리하고 우반구는 공간적, 직관적, 전체적, 정서적 정보를 처리한다. 그러나 우반구에 언어중추를 갖는 왼손잡이들은 오른손잡이들보다 뇌의 측화가 분명하게 이루어지지 않기 때문에, 더 저조한 수학능력을 지닐 것으로 생각되었다. 그러나 정상적 전집에서 왼손잡이와 오른손잡이들간에 수학능력에서 차이가 없다는 것이 확인됨으로써 뇌측화의 차이는 수학능력과 상관이 없는 것으로 밝혀졌다.

한편 인지능력에서의 성차를 가정하는 연구자들은 여성의 뇌는 남성의 뇌보다 더 적게 측화되어 있다고 주장한다. 유명한 신경학자인 게쉬윈드(Geschwind & Behan, 1982)는 여아보다는 남아들에게 더 흔하게 나타나는 말더듬기나 난독증과 같은 발달적 학습장애들은 태내기의 테스토스테론의 효과와 밀접한 관련이 있다고 주장하였다. 게쉬윈드에 의하면, 태내기의 테스토스테론이 남아들의 좌반구의 발달을 지체시키고 우반구 우세를 야기시킨다.

음운처리 과제를 수행하는 동안 뇌의 활성화 부위를 확인하기 위하여 fMRI를 사용한 연구자들(Shaywitz 등, 1995)이 있다. 두 개의 무의미 단어의 운이 일치하는가 아닌가를 질문했을 때, 그들은 남성과 여성의 뇌활동이 다르다는 것을 발견하였다. 즉 남성들의 뇌활동은 좌반구 전두엽 부위에서 증가한 반면, 58%의 여성들은 좌반구 전두엽 부위와 함께 우반구의 상응하는 부위 모두에서 증가된 뇌활동을 나타내었고 나머지 42%의 여성들은 남성들과 동일한 뇌활동 패턴을 보여 주었다.

뇌활동에서의 차이에도 불구하고 음운과제 수행에서 남녀의 수행이 유사하였기 때문에, 남녀의 뇌활동에서의 차이는 다른 과제의 수행을 생각해 보게 한다. 예를 들면 좌반구에 뇌손상을 입은 환자를 대상으로 연구한 결과(Halpern, 1992), 남성들이 여성들보다 실어증을 세 배 더 많이 경험하였으나 비언어적 과제를 수행할 때는 차이를 나타내지 않았다. 이러한 결과는 남성들은 언어과제를 수행할 때 뇌의 한편만이 활성화된다는 것을 의미할 뿐 아니라 여성들은 언어적 및 비언어적 과제를 처리할 때 좌우반구를 함께 사용할 가능성이 크다는 것을 시사한다. 다시 말하면 좌우반구의 측화는 남성들보다 여성들 사이에서 더 적게 이루어져 있을 것이라는 것이다.

2) 성적 지향과 뇌

개인의 성적 지향(sexual orientation)을 통제하는 뇌 부위가 존재하는가? 포유동물들의 성행동은 출생전의 호르몬 조건에 의해 대부분 통제되기 때문에 인간의 성행동과는 거의 관계가 없다. 그러므로 이 분야의 최근

연구자들은 동성애자들인 게이나 레즈비안을 대상으로 성적 지향과 뇌의 관계를 확인하려고 한다.

일부의 연구자들은 게이 남성들의 뇌와 성행동의 관계가 이성애를 지향하는 여성들의 그것과 닮았다는 소위 성적 전도가설(sexual inversion hypothesis)을 주장한다. 이 연구자들은 게이와 일반 남성들간의 차이를 여성과 남성들간의 차이에 비유하고 뇌부위에서의 차이를 발견하려고 노력한다.

알렌과 골스키(Allen & Gorski, 1992)를 포함하는 여러 연구자들은 시상하부(hypothalamus)와 뇌량(corpus callosum)에서 게이 남성과 일반 남성들간에 차이가 있다고 지적한다. 문제는 이 연구들이 소수의 남성들만을 표집하였을 뿐 아니라 반복연구가 불가능하고 연구대상이었던 게이들이 에이즈로 일찍 사망하였기 때문에, 일반화에 문제가 있다는 것이다.

게이나 레즈비안을 갖는 가계를 확인하고 게이 유전자(gay gene)를 찾으려고 노력하는 연구자들도 있다(Diamond, 1995). 이 연구자들에 의하면, 일란성 쌍생아 중 한편이 게이나 레즈비안이면 나머지 한편도 동성애자일 가능성이 50%에 이른다.

또한 남성들의 동성지향은 X 염색체의 특정부위에서 발견되는 유전자와 관련되어 있다는 보고도 있다(LeVay & Hamer, 1994). 그러나 모든 일란성 쌍생아들이 X 염색체에 동성애와 관련된 유전자를 갖는 것은 아니다. 또한 베이리 등(Bailey 등, 1993)의 연구에서 50% 정도의 일란성 쌍생아들은 정상적인 이성애자들이었으며 형제 중 한 사람이 게이일 때 입양형제 또한 게이일 가능성이 높아서(Brelis, 1999), 유전만이 개인의 성적 지향을 결정한다고 말하기는 어렵다. 동시에 동성선호의 유전적 결정인자는 여성과 남성에서 동일하게 작용하지 않기 때문에, 여러 명의 게이 남성을 갖는 가족이라고 할지라도 통계적으로 유의미한 정도의 레즈비안 여성을 갖지는 않는다.

3) 경험의 영향

대뇌 속의 신경섬유들의 연결이 개인적 경험에 의해 큰 영향을 받는다는 것은 주지의 사실이다. 그러므로 남녀가 경험하는 서로 다른 환경적 경험은 대뇌의 발달에 차이를 가져올 것이다.

대뇌의 구조나 기능에서의 성차를 찾아내려고 노력하는 연구자들은 여성의 뇌량이 남성의 그것보다 더 크다는 것을 문제삼는다. 9명의 남성과 5명의 여성을 부검한 보고에 의하면(De Lacoste-Utamsing & Holloway, 1982), 여성들이 체중에 비하여 남성들보다 약간 더 큰 뇌량을 지니고 있었다.

그러나 부검보고서는 부검대상자의 특성이나 그들을 부검대상자로 선정한 이유에 대해 아무런 정보도 제공하지 않을 뿐 아니라 동일한 결과를 보고하는 후속연구도 없어 신뢰성이 의문시된다. 만약 여성의 뇌량이 남성의 뇌량보다 실제로 조금 더 크다면, 그것은 아마도 남녀의 차이나는 경험에 의해 여성의 좌우반구가 빈번하게 소통한 결과일 것이다.

생물학적 관점에서 남녀 행동에서의 성차를 연구한 사람들 중에도 "천성은 양육을 필요로 한다"는 것을 강조하는 사람들이 증가하고 있다(Wallen, 1996). 실제로 생물학적 성과 관련된 남녀간의 차이는 여성들의 월경, 임신, 수유와 남성들의 수정능력에서만 나타난다. 그러나 이와 같은 차이들도 환경적 조건에 의해 항상 변화될 수 있다. 그 예로서 여성들의 월경은 긴장이나 과도한 운동에 의해 혹은 근육에 비해 체지방이 불충분할 때 중지될 수 있고 여성들은 임신과 수유의 행위를 선택하지 않을 수도 있다.

남녀간의 차이는 동일한 성 내에서 일어날 수 있는 변이의 크기보다 거의 항상 작기 때문에 뇌 구성이나 기능에서의 성차는 가정될 수 없다. 키무라(Kimura, 1992)는 인간의 뇌 구성은 사람에 따라 다를 수 있고 동일한 개인 내에서도 개인의 삶의 시기에 따라 구조와 체계에서 다를 수 있다고 주장하였다.

3. 성역할 정체감의 형성

개인의 성역할 정체감은 출생 후에 부모가 아동에게 할당하는 성별이나 성역할에 의해 결정된다. 정상적 여성과 남성들은 〈그림 4-2〉와 같이 일련의 성분화 단계를 거치나 어떤 단계들보다 개인의 성역할 정체감 형성에 중요한 것은 성별의 할당과 부모에 의해 양육되는 성이다. 앞에서도 언급한 것처럼, 간성(間性, intersex)의 개인들이 사춘기에 이르러 성별을 변화시켜야 할 때, 그들은 재적응의 긴 시간을 필요로 한다. 그것은 한번

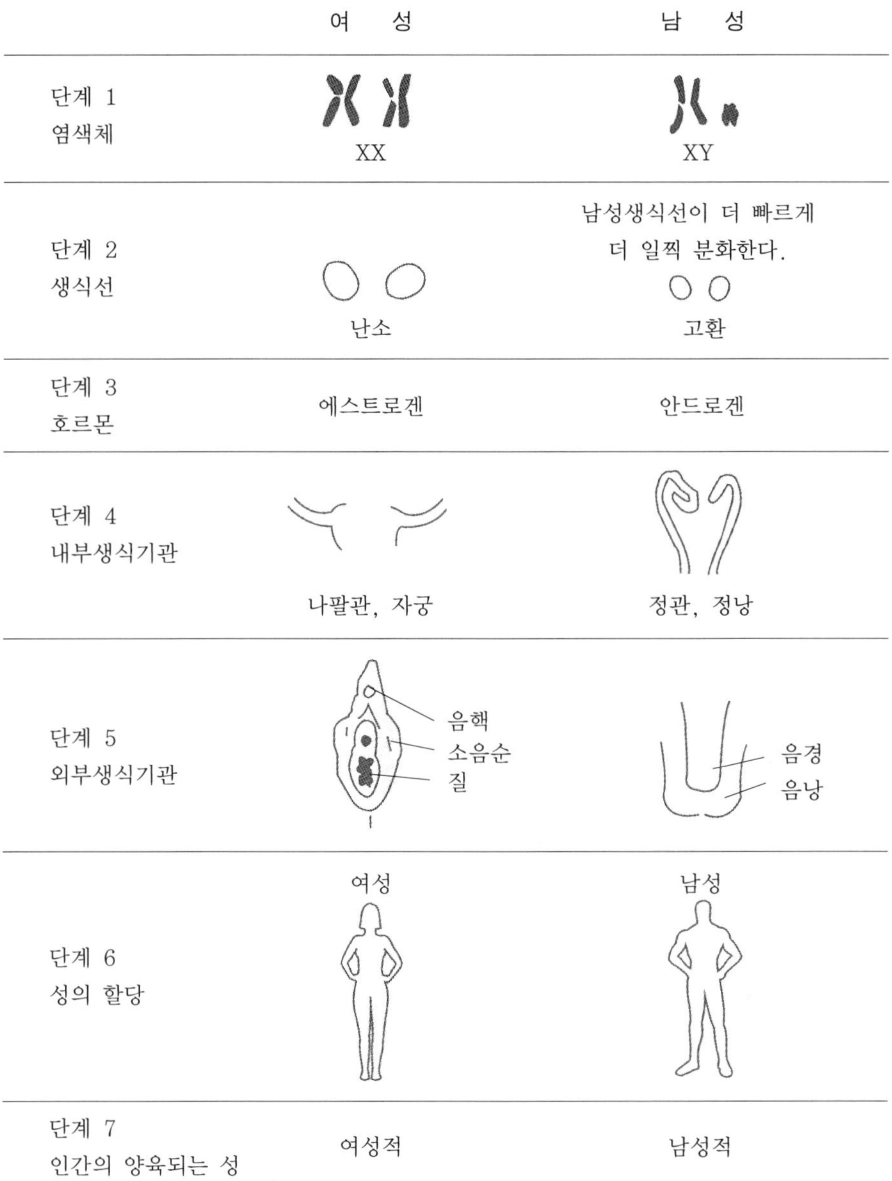

〈그림 4-2〉 정상적 여성과 남성에서 성분화 단계

출처: Crawford & Unger, 2000.

형성된 성역할 정체감을 변화시킨다는 것은 어려운 일이기 때문이다.

성전환 수술을 통하여 성을 바꾸는 사람들의 경우에도 변화된 성별에 적응하는 데는 많은 어려움이 따른다. 그들의 대부분은 아동기에서부터 자신의 성역할 정체감에 불만을 가지고 있었던 사람들인 데도, 성전환수술 후 만족을 느끼는 사람보다 불만족을 느끼는 사람들이 더 많았다. 그들은 MMPI(다면적 인성검사)의 하위척도 중 편집증과 정신분열증 척도에서 유의하게 더 높은 점수를 나타내었고 더 많은 심리적 적응문제를 지니고 있었다(Lindemalm, Korlin & Uddenberg, 1986). 미국에서는 성전환수술을 받기 전에 앞으로 변화될 성별의 구성원으로서 적어도 1년 동안 미리 생활할 것을 요구한다.

그렇다고 해서 할당된 성별이 개인의 성역할 정체감 형성에 반드시 중요하다는 증거만 있는 것은 아니다. 한 보고(Money, 1974)에 의하면, 일란성 쌍생아로 태어난 남아들이 생후 17개월이 되었을 때, 포경수술 중의 사고에 의해 한 아이의 음경조직이 완전히 절단되는 사건이 발생하였다.

음경이 없는 남성은 진정한 남성이 될 수 없다고 생각한 부모들은 사고당한 남아를 여아로 키우기로 결정하였다. 그들은 아동에게 그의 일란성 남자 쌍둥이 형제와는 다르게 여아의 의복을 입히고 여아의 머리모양을 하게 하면서 여아의 행동을 가르쳤다. 소변도 앉아서 보도록 하고 함부로 옷을 벗는 일이 없도록 하였으며 어머니를 도와서 집안일을 하도록 하였다. 아동기 동안, 비록 말괄량이와 같은 특성을 때때로 나타내기도 하였지만, 그 아동은 여아의 장난감을 더 좋아하였고 여성적 직업에 대한 관심과 선호를 나타내었다.

그러나 이 아동이 13세에 이르렀을 때, 그를 만난 정신과 의사(Diamond, 1982)는 그가 너무나 남성적이라는 사실에 당황하지 않을 수 없었다. 그는 남성적 걸음걸이와 남성적 행동을 하고 있었고 남성인물을 그리는 것이 더 쉽다고 이야기하면서 여성인물을 그리는 것을 거부하였다. 그 아동은 남성들이 여성들보다 더 나은 삶을 살 수 있다고 생각하였고 기술자와 같은 남성직업을 갖기를 소망하였다. 결국 그 소년은 음경을 재구성하는 수술을 받고 남성의 삶을 되찾게 되었다.

이와 같은 결과는 개인의 성역할 정체감이 아동초기의 사회적 학습에 일차적으로 의존한다는 지금까지의 연구결과들을 부정하나, 그 자체로서 몇 가지 문제점을 내포하고 있다. 우선 개인이 갖는 신체구조와 거기에 대한 사회적 반응은 곧 그 개인의 환경의 일부를 형성한다. 그는 음경을 갖지는 못했지만 모든 신체조건에서 남성이었기 때문에, 남성으로서의 환경을 형성하고 있었다고 볼 수 있다.

그러므로 인위적으로 붙여진 여성성별은 그에게 확고한 환경적 영향으로서의 역할을 할 수 없었을 것이다. 더욱이 그의 남성적 외모는 매력을 중요시하는 여성의 외모로 적합하지 못했다는 것이 그가 여성 정체감을 거부하게 된 중요한 이유일 수 있다.

결론적으로 개인의 성역할 정체감은 간성이나 성전환수술을 받은 개인들과 같이 변화될 수 있는 가소성(plasticity)을 지니고 있는 것이 분명하다. 개인의 성역할 학습은 출생 직후부터 시작되나 사춘기 이후에 나타나는 명백한 성적 특성에 반응하여 변화될 수 있다. 그러나 대부분의 개인들은 출생시에 할당받은 성별을 바탕으로 그들의 성역할 정체감을 형성한다.

Ⅱ. 성차를 지지하는 이론적 모형들

남녀간의 차이를 강조하고 그 차이의 원인이나 기원을 설명하는 서로 다른 이론들이 있다. 그러나 이러한 이론적 모형들의 공통적 특성은 남성과는 다른 여성의 특성들이 열등하고 무가치한 것이 아니라 존중받을 가치가 있는 특성들이라는 점을 강조한다. 이 절에서는 여성의 도덕성 발달을 연구한 캐롤 길리건(Carol Gilligan, 1979, 1982)의 이론과 여성의 종속적 지위를 강조한 진 밀러(Jean Baker Miller, 1986)의 이론을 소개하기로 한다.

1. 캐롤 길리건의 도덕성 발달이론

도덕성 발달이론은 원래 인지발달이론가인 피아제의 도덕성 발달에 관한 연구를 확대하여, 콜버그에 의해 제안되었다. 그는 인간의 도덕성 발달과정을 설명하기 위해 3수준 6단계의 도덕성 발달단계를 제안하고(표 4-1 참조) 여성들은 남성들보다 덜 성숙하고 덜 발달된 도덕성 수준을 갖는다고 제안하였다. 콜버그에 의하면, 소년이나 남성은 법과 질서를 지향하는 4단계 사고를, 그리고 소녀나 여성은 착한 소년, 소녀지향의 3단계의 사고를 할 수 있다는 것이다.

그러나 하버드대학교 교육학과 교수인 캐롤 길리건(Carol Gilligan,

Carol Gilligan(1936-)

1979, 1982)은 콜버그의 도덕성 발달이론이 다음과 같은 문제점을 갖는다고 지적하였다.

첫째, 남성 피험자만을 연구대상으로 하였다.

둘째, 콜버그가 사용한 도덕적 딜레마 상황은 가설적이기 때문에 실제 생활에서의 도덕적 행동과 차이가 있다.

셋째, 도덕적 딜레마 상황의 주인공들은 모두 남성이기 때문에 소년과 남성들에게 더 친근하다.

콜버그와는 대조적으로, 길리건은 실생활에서의 도덕적 추론 문제를 연구하기 위하여 현재 임신하고 있으면서 낙태를 생각하고 있는 여성들을 인터뷰하였다. 낙태상황은 도덕적, 윤리적 문제로서 여성들에게 갈등을 초래하는 의사결정의 한 영역이므로 선택되었다. 인터뷰 결과, 길리건은 〈표 4-1〉과 같이 콜버그 이론의 전인습적, 인습적 그리고 후인습적 수준과 일치하는 도덕적 추론단계를 발견하였다.

길리건의 추론단계에서 제 1 수준의 여성들은 자기중심적이고 실용적 관점에서 도덕적 문제를 해결하려고 한다. '내가 원하니까' '내가 필요로 하니까' 아기를 낳거나 낙태시키겠다고 응답한다. 반면 제 2 수준의 여성들은 타인에 대한 책임을 인식하고 타인을 돌보고 보호하려고 한다. 자신을 돌보는 것은 타인에게 해가 될 수 있고 비난의 대상이 될 수 있으므로 위험

〈표 4-1〉 콜버그와 길리건의 도덕성 발달의 수준과 단계

I. 전인습적 수준의 도덕성	
콜버그:	단계 1: 처벌을 회피하기 위하여 규칙에 복종한다. 단계 2: 보상을 얻기 위하여 규칙에 복종한다.
길리건:	개인적 생존지향 자신과 생존에 관심을 갖는다.
II. 인습적 수준의 도덕성	
콜버그:	단계 3: "착한 소년 · 소녀" 지향. 승인을 얻기 위하여 규칙에 복종한다. 단계 4: "법과 질서" 지향. 사회의 법률과 규칙에 대한 엄격한 동조
길리건:	자기희생으로서의 선(善) 지향 타인에 대한 책임의 인식, 자기희생과 타인을 돌본다.
III. 후인습적 수준의 도덕성	
콜버그:	단계 5: 사회적 질서의 유지를 위해 규칙에 복종하나 그 규칙들은 변화될 수 있다는 것을 이해한다. 단계 6: 자기 자신의 내면화된 정의를 충족시키기 위해 사회의 규칙이나 법률을 위반할 수도 있다.
길리건:	비폭력의 도덕성 지향 자신과 타인 양자를 위한 책임의 인식, 자신과 타인을 상호의존적 존재로 지각한다.

하다고 지각한다.

대조적으로 제 3 수준에 도달한 여성들은 자신과 타인 양자에게 최선이 될 수 있는 방안을 모색한다. 자기희생에 의해서가 아니라 자신과 타인 양자에 대한 보살핌이 균형을 이룸으로써 자신의 욕구와 타인의 욕구 사이의 갈등을 해결한다.

길리건은 그녀의 연구를 바탕으로, 콜버그가 연구한 도덕성은 정의(rights)의 윤리인 반면, 그녀가 발견한 도덕성은 책임과 돌보기(responsibility and caring)의 윤리라고 주장하였다. 그러므로 정의지향적 도덕성을 바탕으로 여성들을 평가하여 그들을 도덕적으로 결핍된 존재로 판단하는 것은 잘못된 일이다. 길리건의 저서, "다른 목소리로"(In a Different Voice, 1982)라는 제목처럼, 여성과 남성은 도덕적 문제에 대해 각기 상이하면서도 동등하게 타당한 접근을 하고 있다. 길리건은 가장 높은 수준의 도덕성

발달은 정의와 책임의 도덕성이 통합될 수 있을 때 이루어질 수 있다고 역설하였다.

물론 길리건의 연구도 비판을 받지 않는 것은 아니다. 우선 낙태상황은 콜버그의 가설적 딜레마 상황처럼 모든 여성들이 경험하는 문제가 아닐 뿐 아니라 낙태를 전적으로 여성만의 문제로 인식하고 있다는 비판을 받는다. 또한 길리건은 개인의 사회계층이나 종교도 도덕적 판단에 중요한 영향을 줄 수 있음에도 불구하고 성별 이외의 다른 변인들의 영향을 배제하지 못하고 "다른 목소리"를 성차의 문제로만 한정하였다. 동시에 도덕적 추론에서 성차로 인식되는 특성들이 여성의 종속적 지위와 힘의 부족을 반영할 수 있다는 점을 간과하였다. 왜냐하면 보살핌과 책임의 윤리는 여성의 문제해결양식이기보다는 힘이 부족한 사람들의 일반적 대처양식일 수 있기 때문이다.

이 외에도 길리건의 연구가 질적인 분석 자료에 의존하였다는 것을 비판하는 사람들도 있으나, 길리건의 연구는 남성위주의 도덕성 연구가 갖는 문제점을 지적하고 여성의 도덕적 판단에 대한 새로운 시각을 제시했다는 점에서 높은 평가를 받는다. 길리건의 "다른 목소리"는 여성과 남성이 직접적으로 비교될 수 있는 상황에서 도덕적 추론에 관한 연구를 수행할 수 있도록 후속연구를 자극하는 역할을 하였다.

2. 밀러의 이론

밀러(Miller, 1986)는 여성들이 지니고 있는 여러 가지 성격특성들은 그들이 사회에서 종속적 지위의 집단을 형성하기 때문에, 이에 적합한 성격특성이 발달한 결과라고 주장한다. 그는 성격형성에 미치는 힘의 영향을 분석하고 어떤 집단이 힘이 없고 열등하다고 정의되면, 우월한 집단은 종속집단이 결함을 지니는 것처럼 알리고 그들의 열등성을 정당화한다고 강조하였다.

어느 사회에서나 우월한 집단이 종속집단의 역할을 규정하고, 우월한 집단의 구성원들이 수행하기 꺼려하는 각종 봉사를 종속집단에 할당하고 강요한다. 종속집단은 쓰레기를 치우는 일에서부터 개인적 봉사를 제공하는 것까지 낮은 지위의 역할을 수행한다. 동시에 우월한 집단은 제도나 법률은 물론 예술, 철학, 과학 등을 통제할 수 있으므로 그들의 특성이 곧 정상인의 표준이 된다. 만약 종속적 집단의 구성원들이 독립적이고 자기주장적이며 유능하게 과업을 수행한다면, 그들은 규칙에 대한 예외이거나 비정상적인 사람으로 평가된다.

밀러에 의하면, 개인의 종속적 지위는 지배집단을 즐겁게 하고 그들에게 유용한 심리적 특성을 형성하도록 한다. 일반적으로 종속집단의 구성원들은 유순함, 수동성, 의존성, 무능력, 미성숙, 무기력과 같은 유아적 특성들을 발달시킨다. 종속집단의 구성원들은 그들의 우월자들과 조화를 이루기 위하여 눈치를 살피고 비위를 맞추며 행동의 조그만 변화도 쉽게 읽어 낸다. 밀러는 여성들의 눈치 빠른 행동이나 직관은 그들의 종속적 지위에 기원한다고 주장하였다.

여성들은 그들의 종속적 지위의 결과로 지배집단이 만들어 낸, 여성에 대한 거짓규준을 수용하게 된다. 백인들보다 열등하다고 느끼는 흑인들과 같이 여성들은 남성들보다 자신을 더 열등하고 중요하지 않다고 생각한다.

열등한 지위의 여성들이라고 할지라도, 우월한 남성들에게 불만을 갖지 않는 것은 아니다. 그러나 우월자에게 직접적으로 자기주장을 내세우는 것은 위험하기 때문에, 여성들은 간접적인 방법을 사용하여 그들의 불만을 토로한다. 일반적으로 여성들은 그들의 분노를 만성적 피로나 우울증과 같은 간접적 방법으로 표출하지만, 때론 극단적 방법으로 감정을 폭발시키기도 한다.

밀러는 여성에 대해 그리고 여성적 특성에 대해 재평가가 이루어져야만 한다고 강조한다. 전통적 성격이론들은 타인과 분리되고 독립적이며 자기신뢰적인 사람을 이상적(理想的) 성인으로 평가하고 타인과 가까운 관계를 형성하는 능력은 의존적이고 부정적인 자아발달의 원인이라고 가정하였다. 그러나 밀러는 개인의 심리적 발달과 타인과의 분리나 독립을 동일시하는 것은 우월한 사람들의 환상일 뿐, 타인을 돌보고 대인관계에 관심을 갖는 여성적 능력도 긍정적인 심리적 발달의 지표일 수 있다고 주장하였다.

Ⅲ. 성별관련적 차이

우리 대부분은, 여성과 남성은 많은 중요한 특성에서 다르다고 믿는다. 1967년부터 1985년까지 미국의 전문잡지, Psychological Abstracts에 실린 성차에 관한 논문수가 16,400여편에 이르고 1991년부터 1997년까지 성차를 다룬 심리학 출판물이 15,000여건에 달할 정도로, 성차는 심리학자들이 관심을 갖는 중요한 영역이다. 그러나 심리학자들이 논의하는 대부분의 성차는 성을 매개변인(carrier variable)으로 하는 성별관련적 차이이지 남녀의 생물학적 성에 기인한 결과는 아니다. 여기서는 심리학에서 다루는 성차가 어떤 의미를 갖는가를 설명하고 구체적으로 인지능력과 사회적 행동에서의 성차를 확인하기로 한다.

1. 성차의 의미

제1장에서 이미 지적한 것처럼, 성차를 다룬 심리학적 연구들은 문제의 정의에서부터 측정, 통계적 검증 및 결과해석에 이르는 모든 연구과정에 편견이나 오류를 내포할 가능성을 안고 있다. 성별관련적 차이에 대한 지난 100년 동안의 연구에도 불구하고, 남녀간에 〈그림 4-3a〉와 같은 분포를 나타내는 심리적 특성은 발견되지 않았다(Crawford & Unger, 2000). 즉 〈그림 4-3a〉분포는 남성범위의 점수를 갖는 여성이 단 한명도 존재하지 않는다는 것을 의미하므로 현실적으로 가능하지 않다.

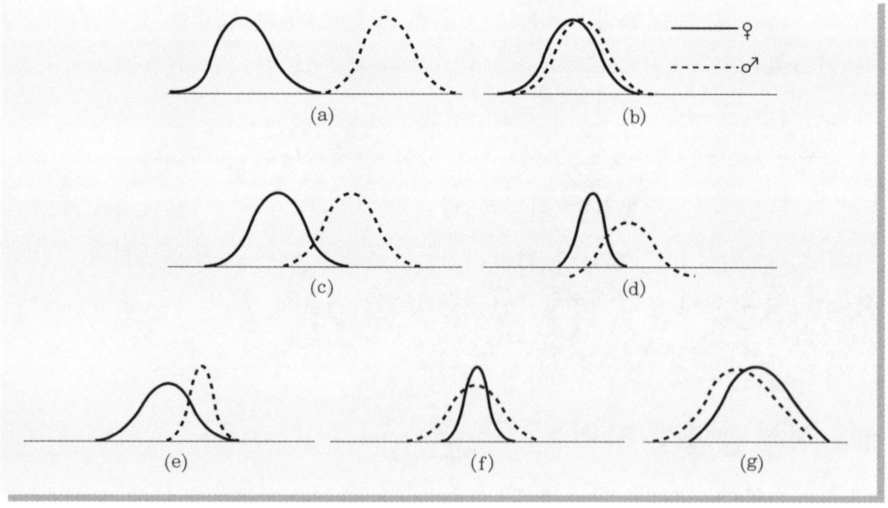

〈그림 4-3〉 남녀 성차를 나타내는 가설적 분포

오히려 많은 연구결과들은 비록 남성집단의 평균점수가 더 높기는 하지만, 〈그림 4-3b, c, d, e, f〉와 같이 중복되는 영역이 많은 분포를 제시하고 있어 남성과 여성은 서로 많은 유사점을 지니고 있는 것으로 해석될 수 있다. 〈그림 4-3d〉는 남성의 특성이 더 큰 변이를 갖는다는 것을 나타내는 반면, 〈그림 4-3e〉는 여성의 변이가 더 크다는 것을 나타낸다. 〈그림 4-3f〉는 남성과 여성의 평균점수는 같으나 남성이나 여성 중 하나의 집단이 더 큰 변이를 나타낼 수 있는 분포를 보여 준다.

그렇다고 해서 남성들이 모든 특성에서 항상 여성들보다 더 높은 평균점수를 얻을 수는 없으므로 〈그림 4-3g〉와 같이 여성들이 남성들보다 더 높은 평균점수를 갖는 가설적 정규분포곡선을 그릴 수도 있다.

2. 인지능력에서의 성차

일반적인 지능검사에서는 남녀가 지적으로 유사함을 보이는 데도 불구하고, 인지능력에서 일관성 있게 성별관련적 차이를 나타내는 영역들이 있다. 즉, 공간능력, 수학능력 그리고 언어능력이 그것이다. 또한 의사소통능력에서도 성별관련적 차이가 존재하는 것으로 밝혀져 그것을 언어능력속에 포함시켜 설명하기로 한다.

1) 공간능력

공간능력은 사물의 형태와 상을 지각하고 정신적으로 조작하는 개인의 능력이다. 조각그림 맞추기에서부터 가구의 배치, 길찾기, 건물의 설계나 건축 등 생활의 많은 영역에 활용되는 공간능력은 남성들이 여성들보다 더 우수하다고 평가받는 대표적 능력이다. 가장 많이 연구된 공간능력에는 공간지각(spatial perception) 능력, 공간적 시각화(spatial visualization) 능력, 그리고 심적 회전(mental rotation) 능력 등이 있다.

우선 공간지각 능력은 맥락 속에서 공간관계를 추리하는 능력으로 방해자극의 존재에도 불구하고 시작장에 수평물이나 수직물을 놓게 함으로써 측정될 수 있다(그림 4-4a). 공간적 시각화 능력은 숨은 도형찾기(embedded figures test)와 같이 여러 가지 형태의 도형 속에서 특정한 도형을 찾아낼 수 있는 능력으로 표상물들 사이의 관계에 대한 복잡한 분석을

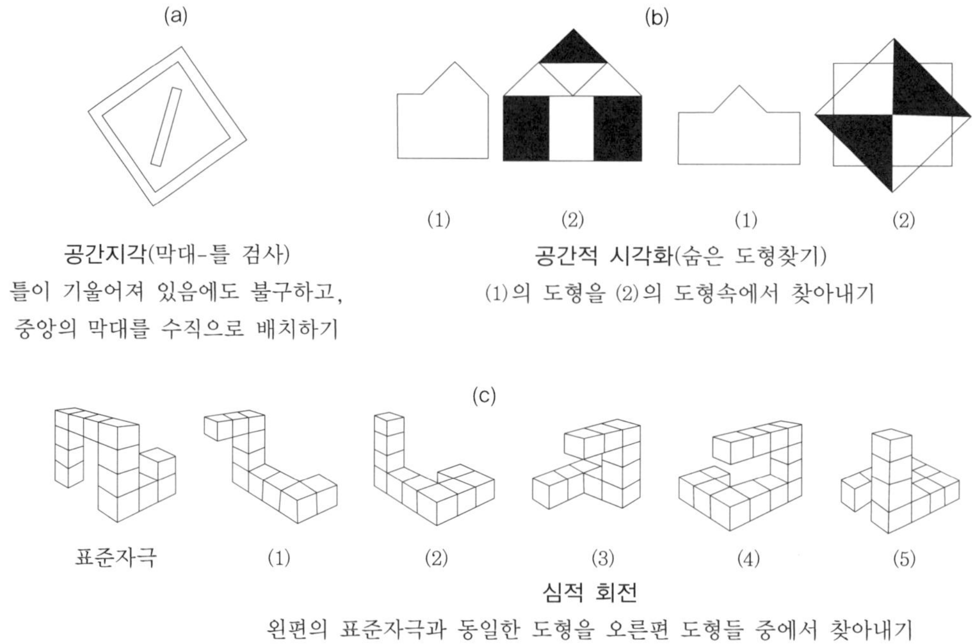

〈그림 4-4〉 공간지각 능력(a), 공간적 시각화 능력(b) 그리고 심적 회전 능력(c)을 측정하는 검사항목의 예

요구한다(그림 4-4b). 그리고 심적 회전 능력은 2차원이나 3차원의 형태가 공간에서 회전된다면 어떻게 보일 것인가를 생각해 내는 능력으로 여러 가지 형태의 도형 속에서 표준자극과 동일한 자극을 찾아 내게 함으로써 측정된다(그림 4-4c).

세 가지 공간능력에 대해 통합분석을 실시한 세 개의 연구들은 〈표 4-2〉와 같이 흥미로운 결과를 보고한다. 세 개의 연구 모두 공간적 시각화 능력에서 남녀차이가 없거나 서로 유사함을 보여 준다. 그러나 이공계 전공과 사회과학 전공을 구분하여 통합분석을 실시한 놀드빅과 암폰사(Nordvik & Amponsah, 1998)는 공간지각 능력에서 이공계 전공의 남녀 대학생들간에 특히 큰 성차가 있음을 보고하였다. 이 결과는 이공계 전공은 여성들의 공간지각 능력을 향상시키지는 않았으나 남성들의 능력을 개선시킬 수 있었음을 의미한다.

남녀간에 가장 큰 차이를 나타낸 심적 회전 능력은 전형적인 속도과제로서 정확하고 빠른 수행을 요구한다. 그러나 여성들은 정확하기는 하지

〈표 4-2〉 세 가지 공간능력에 대한 세 개의 통합분석의 효과크기(d)

	린과 페트선의 연구(1985)	보이어 등의 연구(1995)	놀드빅과 암폰사의 연구(1998)	
			이공계	사회과학
공간지각	0.44	0.44	0.82	0.33
공간적 시각화	0.13	0.19	0.39	0.33
심적 회전	0.73	0.56	0.85	1.06

출처: Nordvik & Amponsah, 1998; Voyer, Voyer, & Bryden, 1995; Linn & Peterson, 1985.
d=0.20은 남녀간의 작은 차이를, d=0.50은 보통의 차이를 그리고 d=0.80 혹은 그 이상은 큰 차이가 있음을 의미한다.
+점수는 남성우세를 그리고 -점수는 여성우세를 의미하나, 공간능력에서는 여성우세가 발견되지 않았다.

만 빠르지 않기 때문에, 남성들보다 저조한 수행능력을 보인다. 페자리스와 캐시(Pezaris & Casey, 1991)는 여성과 남성은 심적 회전과제를 해결하기 위하여 상이한 전략을 사용한다고 제안하였다. 즉 여성들은 언어적 명칭을 갖는 대상물들간의 차이를 부호화할 때 사용하는 언어적 중재전략을 활용하는 반면, 남성들은 마음속으로 대상물의 상을 회전시키는 정신적 조작을 활용한다는 것이다.

통합분석 결과들은 여성들이 남성들보다 저조한 공간능력을 지니고 있음을 제시하고 있기는 하지만, 집단으로서의 여성과 집단으로서의 남성의 공간능력점수는 크게 중복되고 있다. 그러므로 성별을 공간과제 수행의 성공적 예언자로 사용하는 것은 바람직하지 못하다(Caplan & Caplan, 1999). 공간능력에 미치는 경험과 훈련의 효과에 관해 통합분석을 실시한 배닌거와 뉴콤(Baenninger & Newcomb, 1989)은 공간과제를 빈번하게 다루어 본 경험이 있거나 전문적인 공간기술훈련을 받은 사람들이, 그들의 성별과는 상관없이, 더 우수한 수행을 나타낸다고 보고하였다.

2) 수학능력

소녀들은 소년들보다 수학과목을 좋아하지도 않고 잘 하지도 못하는가? 이 분야의 연구들은 일관성 있게 소녀들이 소년들보다 저조한 수학능력을 지니고 있다는 고정관념을 지지함에도 불구하고, 사용된 검사유형과 연구대상자의 연령 그리고 연구대상자의 선정방식에 따라 그 결과가 달라질 수 있으므로 보다 정확한 연구를 필요로 한다.

하이드와 그 동료들(Hyde, Fennema, & Lamon, 1990)은 300만명 이상의 연구대상자가 포함된 100개의 연구들에 대한 광범위한 통합분석을 실시하였다. 그들은 수학능력에서의 성차에 영향을 주는 요인들을 규명하기 위하여, 수학능력을 계산능력, 개념적 능력(수학개념에 대한 이해), 문제해결능력(지식의 적용이나 확장) 및 그것들의 혼합으로 구분하였다.

통합분석결과 259개의 효과크기 중에서 51%가 남성 우세를 보였고 43%는 여성우세를 그리고 6%는 남녀간에 차이를 나타내지 않았다. 여성들은 명백하게 계산능력과 개념검사에서 우세하였으나 모든 연령을 평균한 효과크기는 크지 않았다(각각 d=-0.14와 -0.03). 남성우세는 문제해결검사와 혼합된 검사들에서 발견되었으나 효과크기는 여성들의 경우와 동일하게 크지 않았다(각각 d=0.08과 0.19).

〈그림 4-5〉는 연령에 따른 전체 수학능력에서의 평균 효과크기를 비교한 결과이다. 처음에는 여성집단이 약간 우세하게 출발하나 연령증가와 함께 남성집단의 우세가 뚜렷해진다는 것을 보여 준다. 수학능력의 유형과 연령간의 관계를 나타내면 〈그림 4-6〉과 같다. 연령증가와 함께 문제해결능력에서 남성우세가 증가하고 여성우세를 보이는 계산능력은 10대 중반에서 사라진다는 것을 알 수 있다.

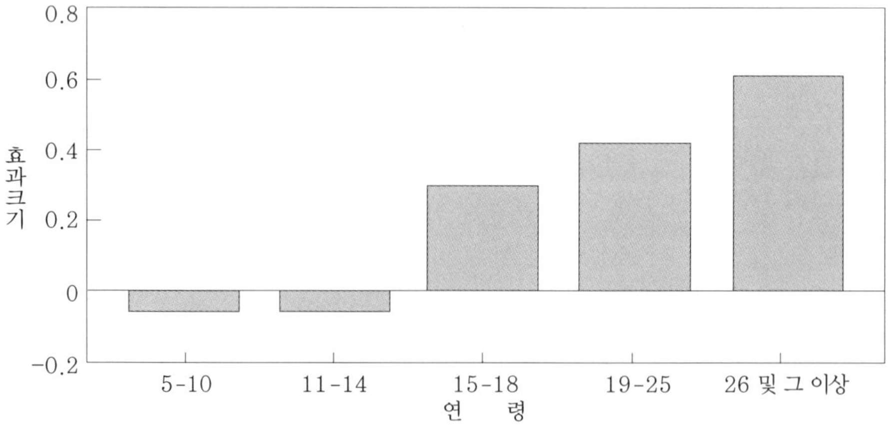

〈그림 4-5〉 연령에 따른 전체 수학능력에서의 평균 효과크기
+점수는 남성 우세를 그리고 −점수는 여성우세를 나타낸다.

출처: Hyde, Fennema, & Lamon, 1990.

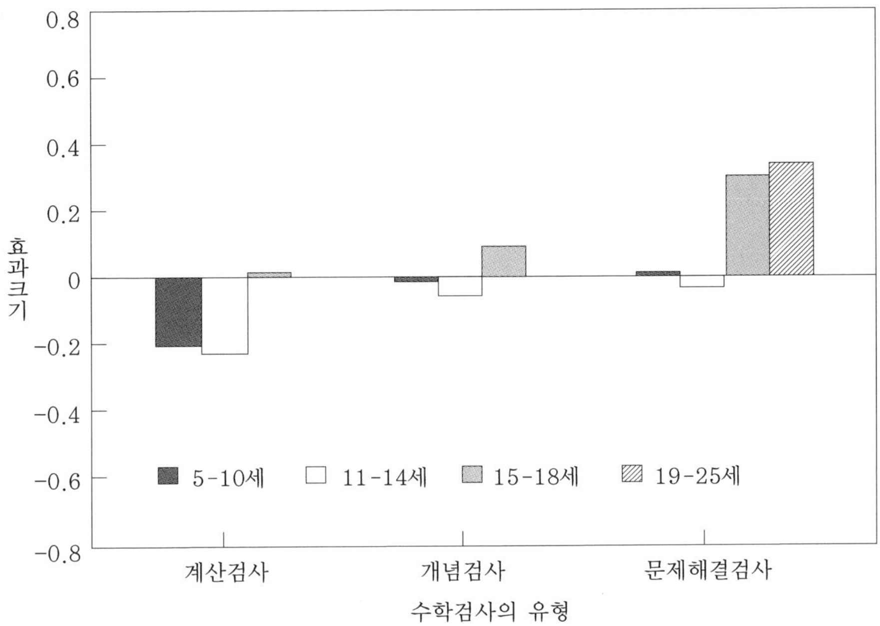

〈그림 4-6〉 세 가지 유형의 수학능력에서의 연령에 따른 평균 효과크기
+점수는 남성우세를 그리고 -점수는 여성우세를 나타낸다.

출처: Hyde, Fennema, & Lamon, 1990.

하이드 등의 연구에서 수학능력에서 성차가 있는가 없는가는 연구대상자가 누구인가에 따라 달라진다. 일반적인 남녀 학생들의 경우 실제적인 성차는 존재하지 않았으나 상위권 대학에 입학하는 우수한 학생들 사이에서는 보통 정도(d=0.54)의 성차가 있었다. 이러한 결과는 수학능력에 미치는 전체적인 성차의 효과는 그렇게 크지 않다는 것을 의미한다.

전통적으로 수학능력은 전형적인 남성의 영역으로 인식된다. 우리가 상상할 수 있는 수학자는 안경을 낀 이지적 모습의 남성들이다. 여성 수학자를 상상해 보라고 하면 대부분의 사람들은 매력이 없고 남성적이며 지나치게 차갑고 이지적인 비여성적인 여성을 떠올린다.

수학능력과 관련된 아동들의 고정관념은 주로 부모와 학교에 의해 만들어진다. 고급수학은 남성들에게 중요한 과목이라고 생각하는 부모들은 딸이 수학을 잘하면 그것은 그들의 선천적 능력 때문이 아니라 노력 때문이라고 평가한다. 학교도 마찬가지이다. 교사들은 남학생들의 수학 성취를 더 많이 격려하고 수학과목에 대한 흥미를 높일 수 있는 환경자극을 더 많이 제공한다. 남녀의 수학과목 성취에 대한 이와 같은 서로 다른 반응은 아동들이 초등학교 3학년 무렵에 이르렀을 때 이미 여성들은 남성들보다 더 열등한 수학능력을 지니고 있다는 고정관념을 형성하게 한다.

수학에 대한 성역할 고정관념에 의해 소녀들은 학년이 높아질수록 수학과목을 더 적게 선택한다. 특히 수학이 어렵다고 생각되는 고등학교 시기에 이르면, 여학생들의 수학과목 선택비율은 현저히 낮아지고 수학능력에서의 성차가 분명해진다. 과목선택을 통제했을 때 수학능력에서의 성차가 사라졌다는 연구결과(Chipman, Brush & Wilson, 1985)는 이와 같은 사실을 뒷받침한다.

결론적으로 남성들은 수학적으로 풍요로운 환경에서 성장하는 반면, 여성들은 수학적으로 빈약한 환경에서 성장할 가능성이 더 많다.

3) 언어능력

언어능력은 여성들이 남성들보다 더 우수하다고 평가받는 영역이다. 언어능력이라고 할 때, 우리는 말하는 능력만을 생각하기 쉬우나 어휘수, 철자법, 언어획득속도, 철자바꾸기, 언어적 표현성, 문장구성, 유추 등 다양한 기술들을 포함한다. 일찍이 마코비와 재크린(Maccoby & Jacklin, 1974)은 여성들이 말이 많고 수다스럽다는 고정관념과 일치되게, 여아들의 언어능력이 남아들의 그것보다 더 빠르게 발달하고 더 우수하다고 제안하였다. 또한 여아들의 우수성은 고등학교와 그 이상의 연령에서도 그대로 유지되었다. 더욱이 소녀들의 우수성은 언어유창성과 같은 낮은 수준의 능력에서는 물론 창조적 문장구성이나 유추와 같은 높은 수준의 언어기술에서도 명백하게 나타났다.

그러나 통합분석을 실시한 하이드와 린(Hyde & Linn, 1988)은 전체적인 언어능력에서 남녀간의 차이가 너무 적어, 성차를 가정하기 어렵다고 주장하였다. 이와 같은 결과에 대한 하나의 가능한 설명은 언어장애를 갖는 많은 남아들이 특수교육으로 인해 정상적 아동집단으로부터 제외되어 있기 때문에, 표본이 편포되었을 가능성이 있다는 것이다. 말더듬기나 난독증 혹은 다른 언어처리장애를 갖는 남아들의 비율이 여아들보다 훨씬 높기 때문에, 언어장애를 갖는 남아들을 표집으로부터 제외시키는 것은 소년들의 평균점수를 끌어올릴 것이고 그 결과 남녀 아동의 언어능력점수는 더 유사해질 것이다.

언어능력을 측정하는 검사들이 갖는 또 다른 문제점은 단순히 추상적 과제를 사용하여 언어능력을 측정할 뿐 개인의 의사소통기술을 측정하지 못한다는 것이다. 일상생활에서 언어의 가장 큰 중요성은 그것의 의사소통능력에 있다. 우리는 타인에게 우리의 뜻을 전달하고 그것을 이해시키기 위해, 타인을 설득하거나 영향을 주기 위해, 그리고 감정과 아이디어를 교환하기 위해 언어를 사용한다.

의사소통능력에 관한 연구들의 일관성 있는 결과는 여성들이 남성들보다 더 우수한 능력을 지니고 있다는 것이다(Hyde & Linn, 1988). 특히, 의사소통과 관련되어 있는 능력인 언어생성의 질에서 여성들이 남성들보다 더 우수하다는 것은 보다 최근의 연구(Kraft & Nickhel, 1995)에서도 확인되었다.

여성들은 더 우수한 의사소통능력을 지니고 있을 뿐 아니라 미소, 응시, 접근, 접촉 등의 비언어적 의사소통에서도 남성들보다 더 우수한 능력을 나타낸다. 여성들은 비언어적 단서를 사용하여 효과적으로 그들의 의사를 전달하는 동시에 타인들의 비언어적 단서를 정확하게 이해하고 반응할 수도 있다.

그러나 언어능력에서의 성차도 점차 감소하는 추세에 있다. 그 증거로서 하이드와 린(Hyde & Linn, 1988)은 최근 연구들에서의 효과크기(d=0.10)가 옛날 연구들에서의 효과크기(d=0.23)보다 더 적다고 제시한 바 있다. 이러한 결과는 성역할 고정관념이 변화하였음을 시사하는 동시에 아동의 성별보다는 오히려 아동의 사회적 계층과 같은 다른 요인들이 언어발달에 더 큰 영향을 준다는 것을 의미하기도 한다.

특히 여성들의 우수한 비언어적 의사소통능력은 남성보다 낮은 그들의 사회적 지위와 밀접한 관련이 있다고 생각된다. 밀러의 이론에서 이미 언급한 것처럼, 남성들보다 열등한 집단을 구성하는 여성들이, 우수한 집단 구성원들의 행동을 재빨리 파악해야 할 필요가 있으므로 비언어적 단서에 민감할 수밖에 없다.

인지능력에서의 성차에 관한 지금까지의 연구결과들은 〈그림 4-7〉과 같이 요약될 수 있다. 효과크기(d)로 제시된 통합분석으로부터의 추정치는 남성들은 수학능력과 공간능력에서 그리고 여성들은 언어능력에서 더 우수할 가능성이 있음을 나타낸다. 그러나 이러한 결과는 어디까지나 평균

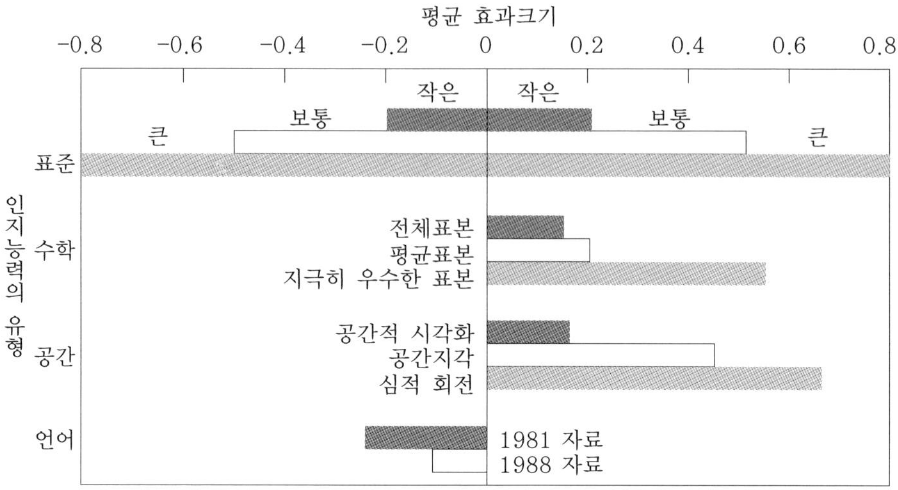

〈그림 4-7〉 공간, 수학 및 언어능력에서의 효과크기와 효과크기의 해석을 위한 코헨의 지침
+점수는 남성우세를 그리고 -점수는 여성우세를 나타낸다.

출처: Voyer, Voyer, & Bryden, 1995; Hyde, Fennema, Lamon, 1990; Hyde & Linn, 1988; Linn & Petersen, 1985; Hyde, 1981.

차이에 기초한 인지능력에서의 성차일 뿐, 실제로 개별적인 여성과 남성들은 서로 중복되는 많은 유사한 능력을 지니고 있다.

최근에 와서 인지능력에 관한 심리학적 연구들은 성별관련적 차이가 거의 없거나 전혀 없다는 증거들을 많이 제시한다. 이제 수학과 과학은 남성들의 고유영역이 아니라 여성과 남성 모두가 동등하게 접근할 수 있는 영역으로 인식되기 시작하였다. 남아와 여아가 받는 환경자극이 점차 동일해짐에 따라 인지능력에서의 성차는 감소되는 추세에 있다. 어떤 심리학자들은(Crawford & Unger, 2000) 성에 따라 엄격하게 이분되는 사회에서 현재와 같은 차이는 인지능력에서 남녀차이는 없는 것이나 마찬가지라고 주장한다.

3. 사회적 행동에서의 성차

인지능력과는 다르게, 사회적 행동에서는 더 분명한 성별관련적 차이가 나타난다. 그 이유는 성별과 지위 혹은 성별과 역할이 서로 얽혀 있으므로 권위와 힘을 갖는 남성과 종속적 지위의 여성들의 사회적 행동은 서로 다를 수밖에 없기 때문이다. 우리 사회의 성역할 고정관념은 실제로 지위와 역할에 대한 고정관념이다. 이 절에서는 동조성, 도움행동, 공격성 및 다섯 가지 성격차원에서의 성별관련적 차이를 설명한다.

1) 동 조 성

통합분석에 의하면, 여성들은 남성들보다 그 차이가 크지는 않으나 일관성 있게 더 쉽게 동조하는 경향이 있다(Eagly, 1987). 여성들은 사적 조건이나 공적 조건에서 유사한 정도의 동조경향을 나타내나, 남성들은 사적 상황에서보다 공적 상황에서 훨씬 더 독립적이고 비동조적이다. 우리 사회에서 남성의 독립성과 여성의 동조성이나 의존성은 남녀의 규범적 성 역할에 해당한다. 남성들보다 더 열등한 지위에 있는 여성들은 의존적이고 동조적이기 쉽다.

2) 도움행동

우리가 도움행동에 대해 가지고 있는 고정관념은 여성들이 남성들보다 타인을 더 많이 돕고 그리고 타인으로부터 더 많은 도움을 받는다는 것이다. 그러나 통합분석의 결과는 여성들이 남성들보다 더 많은 도움을 받기는 하지만, 남성들이 여성들보다 오히려 더 많이 타인을 돕는다는 것이다.

그러나 도움행동은 개인의 지위는 물론 요구되는 도움의 종류와 상황에 의해 영향을 받는다. 여성들이 남성들보다 더 열등한 지위에 있다고 해서 항상 남성들보다 더 많은 도움을 받는 것은 아니다. 백화점과 같은 장소에서는 여성들보다 남성들이 점원으로부터 더 많은 도움을 받고(Stead & Zinkhan, 1986), 여성의 의존적 특성이 당연시되는 상황에서는 여성들이 더 많은 도움을 받는다. 즉, 여행시에 길을 묻거나 고속도로상에서 차가 고장났을 때 혹은 자동차 타이어를 교체하려고 할 때에는 여성들이 남성들보다 더 많은 도움을 받는다.

남성들은 잠재적 위험이 존재하는 상황에서 동성의 남성들보다 여성들을 더 많이 돕는다. 남성들은 기사도정신이나 영웅적 행위와 일치되게, 위험을 무릅쓰고 어려운 상황에 처한 여성들을 돕는다. 그러나 감정이입이나 소극적인 사회적 지원이 요구되는 상황에서는 남성들은 여성들보다 도움행동을 더 적게 제공한다.

동시에 타인으로부터 도움을 구하는 것은 개인의 역할이나 지위와 관련되어 있다. 높은 수준의 자신감을 갖는 여성과 남성들은 타인으로부터 도움을 받으려고 하지 않는다(Fisher, Nadler, & Whitcher-Alagna, 1982). 그들은 자신보다 더 큰 힘이나 자원을 갖는 사람에게 도움을 받기보다는 오히려 그들이 되돌려 갚을 수 있다고 기대되는 사람의 도움을 받으려고 한다. 일반적으로 타인으로부터 도움을 받는 것은 개인의 자기존중감을 감소시키는 반면, 타인에게 도움을 주는 것은 자기존중감을 증가시킨다(Nadler & Fisher, 1986).

타인들로부터 습관적으로 도움을 받는 사람들의 자기존중감은 그에 상응하게 낮아지고 동시에 의존성이 증가하며 또다시 도움을 받을 가능성이 커진다. 여성들이 남성들로부터 받는 빈번한 도움은 여성은 도움을 필요로 하는 존재라는 신념을 강화하고 결국 성차별적 역할패턴을 만들어 낸다.

3) 공 격 성

공격성은 사회적으로 수용되는 전형적인 남성특성 중의 하나로서, 비록 공격자가 성공하지 못한다고 할지라도, 다른 사람을 해치려는 의도를 가지고 타인에게 가하는 어떤 행동으로 정의된다(White & Kowalski, 1994). 공격성에 대한 일반인들의 고정관념은 남성들은 높은 수준의 공격성을 그리고 여성들은 더 낮은 수준의 공격성을 지니고 있다는 것이다. 그 결과 연구자들은 처음부터 여성의 공격성을 연구하지 않거나 연구한다고 할지라도 남성들과는 다른 방법을 사용하여 연구하였다. 즉 여성들에게는 주로 자기보고식의 질문지가 사용된 반면, 남성들을 위해서는 공격성을 불러일으킬 수 있는 상황이 설계되었다.

공격성 질문지를 제작한 부스와 페리(Buss & Perry, 1992)는 공격성을 신체적 공격, 언어적 공격, 분노 그리고 적개심의 네 가지 요인을 포함하는 중다차원적 개념으로 정의하였다. 여기서 신체적 공격과 언어적 공격은 공격성의 행동적 측면인 반면, 분노는 정서적 구성요소로 공격행동을 준비하는 정서적 각성상태를 의미한다. 또한 적개심은 부당한 의도나 생각을 포함하는 인지적 구성요소에 해당한다.

문제는 공격성의 성차에 관한 실제적인 연구들이 일관성 있는 결과를 제시하지 못하고 있다는 것이다. 그 예로서 하이드(1984)는 공격성에서의 성차는 아동표본에서는 크지만, 성인표본에서는 작다고 보고하고 전체적 효과크기는 보통 정도(d=0.50)라고 주장하였다. 그러나 공격성에서의 성차는 연령과 함께 감소하지 않으며 비교적 항상적으로 유지된다고 주장하는 연구(Knight, Fabes, & Higgins, 1996)가 있는가 하면 효과크기는 d=0.29 정도로서 성인 남성들이 성인 여성들보다 약간 더 공격적이라는 보고도 있다(Eagly & Steffen, 1986).

그러나 부스와 페리의 연구에서는 신체적 공격, 언어적 공격 및 적개심에서 남성들이 여성들보다 더 높은 점수를 얻는 반면, 여성들은 남성들만큼 화를 내고 분노하기는 하지만 분노를 행동으로 표출하지는 않는 것으로 밝혀졌다. 이 연구에서 가장 큰 성차를 나타낸 요인은 신체적 공격이었고 언어적 공격에서는 신체적 공격이나 적개심보다는 훨씬 더 작은 성차가 나타났다.

공격성에서의 성차를 연구한 결과들을 정리하면 다음과 같다:

① 성차의 크기에 대한 일치된 결과가 없기는 하지만, 공격성의 성차는 전생애 동안 계속된다.
② 연구된 대부분의 문화들에서 남성은 여성보다 더 공격적이다.
③ 남성들은 신체적 공격에서는 여성들보다 더 공격적이나 언어적 공격과 같은 비신체적 공격수준에서는 여성들과 비슷하다.
④ 화나게 했을 때, 남성과 여성은 똑같이 공격적이나 남성들은 화나지 않았을 때도 공격적이다.
⑤ 남녀 모두 공격성에서의 성차가 실제보다 더 크다고 지각한다. 공격성에 관한 자기보고척도들은 고정관념적 방향으로 성차를 과장하는 경향이 있다.

남성들이 여성들보다 유의하게 더 많이 신체적 공격을 하기는 하지만, 비신체적 공격에서는 여성들이 남성들보다 더 앞선다. 타인의 자기존중감이나 사회적 지위를 손상시키기 위하여 언어적 거부나 부정적 얼굴표정, 몸짓 혹은 루머를 퍼뜨리거나 따돌리는 소위 관계적 공격(relational aggression)은 전형적인 비신체적 공격에 해당한다. 소녀들은 관계적 공격이 신체적 공격만큼 타인을 손상시킬 수 있다고 생각하고 실제로 소년들보다 더 많이 사용한다(Crick & Bigbee, 1998; Galen & Underwood, 1997).

흥미롭게도 신체적 공격을 사용하는 소녀들과 관계적 공격을 사용하는 소년들은 관계적 공격을 사용하는 소녀와 신체적 공격을 사용하는 소년들보다 성역할 고정관념과 일치하지 않는 행동을 하였으며 사회적으로도 부적응적이었다(Crick, 1997).

4) 다섯 가지 성격차원에서의 성차

성격을 다섯 개의 독립적 차원으로 구분한 코스타와 맥크래(Costa & McCrae, 1994)는 정서적 불안정성(neuroticism), 외향성(extraversion), 경험에 대한 개방성(openness), 호감성(agreeableness) 그리고 성실성(conscientiousness)을 포함하는 5요인 모델(Five Factor Model)을 제시하였다. 여기서 다섯 개의 차원들은 다음과 같은 특성들을 포함한다:

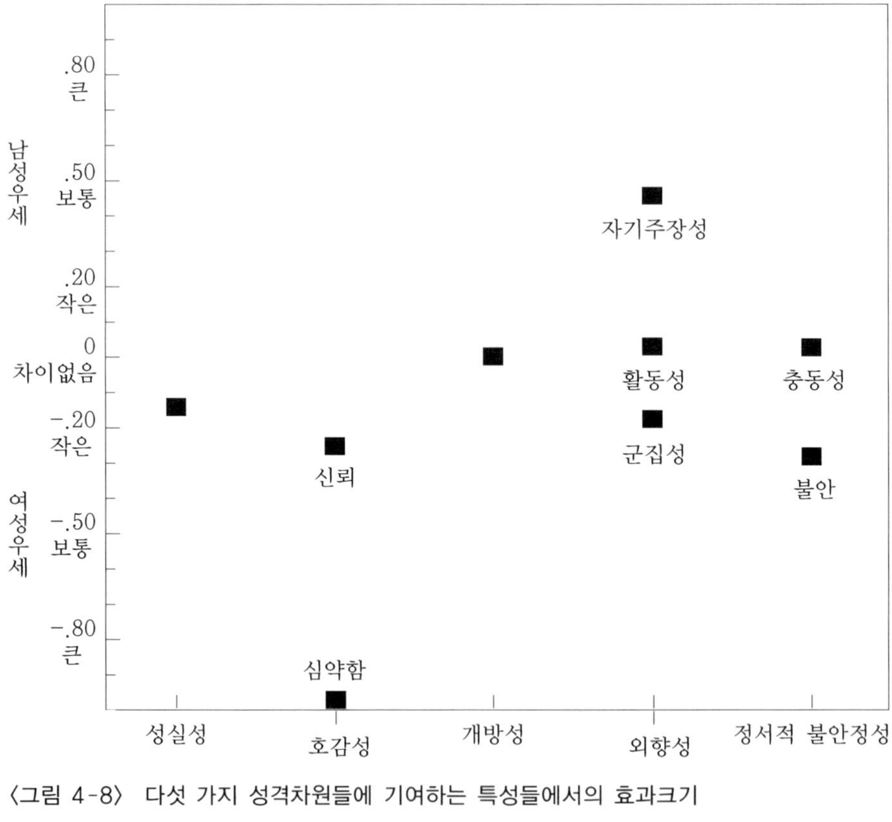

〈그림 4-8〉 다섯 가지 성격차원들에 기여하는 특성들에서의 효과크기

출처: Feingold, 1994.

① 정서적 불안정성 차원: 불안, 자의식, 우울, 취약성
② 외향성 차원: 온정, 군집성, 사교성, 자기주장성, 활동성, 흥분추구
③ 개방성 차원: 새로운 경험과 다양성 추구, 독립성
④ 호감성 차원: 온화함, 심약함, 신뢰, 솔직, 이타주의, 감정이입
⑤ 성실성 차원: 노력, 자기훈련, 신중, 야망

이 다섯 가지 성격차원들에 기여하는 특성들에 대한 통합분석 결과가 〈그림 4-8〉에 요약되어 있다. 개방성에서는 남녀간에 차이가 없었고 성실성에서는 대단히 작은 차이가 있었다(d = 0.13). 성실성은 성역할 고정관념적으로 여성들보다 남성들이 더 많이 갖는 특성으로 인식되기 때문에 예상밖의 결과였다.

또한 외향성 차원의 군집성이나 사교성과 같은 특성에서는 여성들이 약간 더 높은 점수를 얻었고(d=0.15), 자기주장성에서는 남성들이 더 높은 점수를 나타내었다(d=0.50). 또한 여성들은 정서적 불안정성 차원의 불안 요인에서 남성들보다 더 높은 점수를 얻고(d=0.28), 특히 호감성 차원의 심약함 특성에서 더 높은 점수를 나타내었다(d=0.97).

이 연구에서 나타난 성차나 성차의 부족은 검사된 연령에 걸쳐 상당히 지속적이었으며 전체적으로 남성은 도구적 특성을 그리고 여성은 표현적 특성들을 더 많이 나타냄으로써 성역할 고정관념과 일치하였다.

[5 장]

성차의 학습: 아동기

[5장] 성차의 학습: 아동기

출생부터 초등학교를 졸업할 때까지 아동은 어떻게 사회화되고 어떤 요인들이 성역할 사회화 과정에서 중요한 역할을 하는가를 설명한다. 특히 성역할 분리로부터의 건강한 일탈로 평가되는 말괄량이 소녀에 대한 설명도 포함되어 있다. 이 장에서 독자는 여아들이 어떻게 성역할 고정관념을 갖게 되며 그것으로부터 어떻게 벗어날 수 있는가에 대해서도 생각해 볼 수 있을 것이다.

성차의 학습: 아동기

Ⅰ. 여아들에게 불리한 사회
  1. 태내기에서의 성차별
  2. 성으로 구분되는 어린 영아들
  3. 아동초기의 성유형화
  4. 초등학교 아동들
Ⅱ. 장난감과 놀이
  1. 아동초기의 특성
    1) 장난감
    2) 놀이
  2. 아동중기의 특성
    1) 놀이유형
    2) 놀이친구와 놀이방식의 성차
Ⅲ. 무엇이 되고 싶니?
Ⅳ. 성역할 사회화에 영향을 주는 요인들
  1. 가족의 영향
  2. 학교의 영향
  3. 대중매체의 영향
    1) TV의 영향
    2) 동화 속의 주인공들
Ⅴ. 성역할 분리로부터의 건강한 일탈
  1. 말괄량이 소녀들
  2. 건강한 일탈을 위한 전략

제5장 성차의 학습: 아동기

신생아들은 어떻게 소년이나 소녀로 성장하는가? 모든 신생아들은 출생시에 그들의 외부생식기를 바탕으로 남성이나 여성 중 하나의 성에 할당되기는 하지만, 그들은 성에 따른 차이를 보이지 않는다. 놀랍게도 사회가 규정하는 성역할은 개인의 생물학적 성과 높은 상관을 지니고 있지도 않고, 출생시에 확립되어 있지도 않다.

개인의 성역할은 시간경과에 따라 형성되는 발달적 특성을 지니고 있다. 그러므로 아동의 연령과 그가 노출되는 사회적 환경 양자가 고려되어야만 아동이 획득하는 성역할의 특성들이 이해될 수 있다. 아동들은 사회적 메시지를 해석하고 또한 그들의 해석은 연령에 따라 달라지기 때문에 그들이 획득하는 성역할은 인지적 수준의 함수이기도 하다.

아동의 인지적 특성과 사회학습 사이의 복잡한 상호작용의 결과로 남녀 아동들은 모두 남성을 여성보다 더 가치 있는 성으로 인식하게 된다. 아동들은 성장과 함께 점점 더 많은 성편견(sex biases)을 획득하게 되며, 그에 따라 대부분의 아동들은 성차별주의자(sexist)가 된다. 물론 성차별주의자가 되어야만 성차별적 사회에 더 잘 적응할 수 있을 것이다.

이 장에서는 태내기에서부터 사춘기 이전까지 개인의 성역할이 어떻게 확립되는가를 검토하려고 한다. 또한 성역할 형성에 영향을 주는 사회적 요인들에 대한 설명도 함께 포함된다.

Ⅰ. 여아들에게 불리한 사회

1. 태내기에서의 성차별

여아들은 태내기에서부터 성차별에 시달린다. 최근에 와서 일부 부모들은 발달된 의학적 방법을 사용하여 태아의 성을 감별하려고 한다. 감별결과 태아가 여아로 확인되면, 그들은 태아를 낙태하기도 한다. 태아의 성(性)감별과 낙태는 불법이기 때문에 정확한 실상은 알 수 없으나, 남녀 아동의 성비의 불균형은 여아의 선택적 낙태를 입증하는 자료로 받아들여질 수 있다.

〈그림 5-1〉은 1990년부터 1999년까지 성별 출생아수를 비교한 결과이다. 남아들의 출생수가 여아들보다 일관성 있게 더 많아 우리 사회의 성비불균형 현상을 확인할 수 있도록 한다. 그러나 1995년까지 남아들의 출생수가 여아들의 출생수보다 대략 5만명 정도 더 많았으나 그 이후로 남녀아의 차이가 3만명 정도로 감소함으로써 성비의 불균형이 다소 완화되고 있음도 확인할 수 있다.

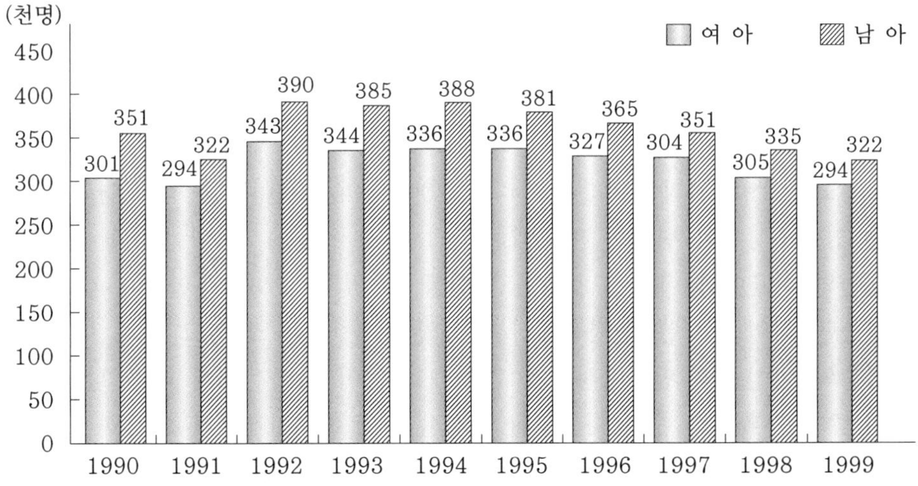

〈그림 5-1〉 성별 출생아수

출처: 통계청, 2001.

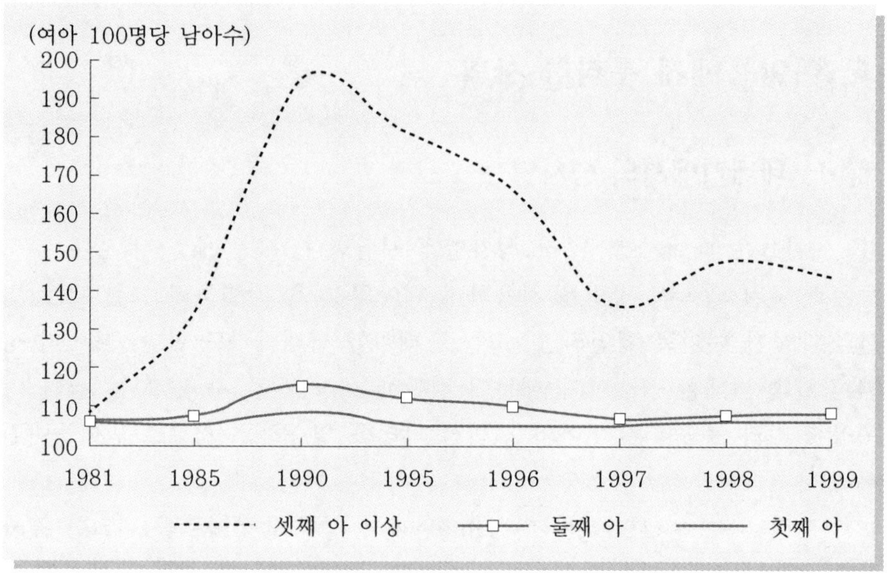

〈그림 5-2〉 출산순위별 출생성비

출처: 통계청, 2001.

성비란 여성인구를 100으로 하였을 때의 남성 인구비율을 의미한다. 〈그림 5-2〉는 출산순위별 출생성비를 제시한다. 첫 아이일 때도 남아들의 수가 일관성 있게 더 많을 뿐 아니라 둘째 아이일 때의 남아수는 첫 아이일 때보다 더 증가하여 셋째 아이에 이르면 남아의 출생수는 극적 증가를 보인다. 그러나 1990년 이후로 남아의 출생수가 점차 감소추세를 보이고 있어 우리 사회의 남아선호가 다소 완화되고 있는 것으로 해석해 볼 수 있다.

또한 1980년과 1995년 그리고 2000년의 20년 동안 성과 연령에 따른 인구구성비의 변화를 비교해 보면(그림 5-3 참조), 연령이 어릴수록 여성들의 비율이 낮아지는 경향을 확인할 수 있다. 20년 동안 30-44세 연령층을 제외한 모든 연령층에서 여성의 비율이 감소하였고 특히 어린 연령층의 여성들의 인구구성비가 감소하고 있어 남아선호에 따른 남성인구의 증가를 확인할 수 있다. 또한 출산율의 감소로 0세부터 14세까지의 인구가 현저하게 감소하고 60세 이상의 인구가 증가하였으며 45-59세에서도 남성들의 비율이 여성들의 비율보다 더 높아 남성들의 평균수명이 증가하였음을 알 수 있다.

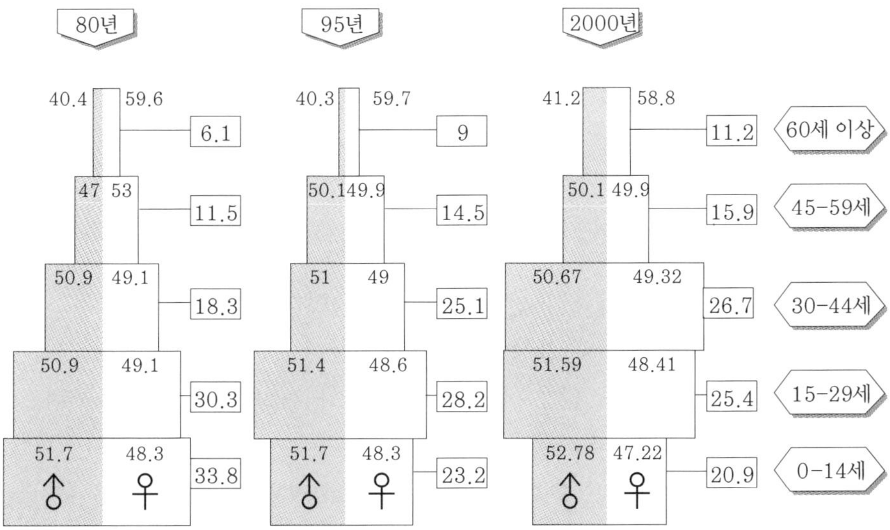

〈그림 5-3〉 성 · 연령별 인구구성비 변화

출처: 통계청, 한국의 사회지표 1996, 2001.

남아선호는 한국이나 중국 혹은 대만과 같이 전통적 가족주의 가치관을 강하게 고수하는 나라들에서 특히 심각하다. 남아를 선호하는 이유는, 연구된 모든 나라에서 유사하게, 가계계승과 경제적 이유(노년기 부모부양을 포함하여) 때문이었다(Crawford & Unger, 2000).

그렇다고 해서 미국이나 캐나다와 같은 나라에서도 남아선호사상이 존재하지 않는 것은 아니다. 미국 대학생들을 대상으로 조사한 결과에 의하면, 1960년대에는 90%의 남학생과 78%의 여학생들이 한 아이를 갖는다면 남아를 원한다고 응답하였으나 1990년도 조사에서는 이 수치가 86%와 42%로 감소하였다(Pooler, 1991). 여학생들도 첫 아이일 때 그리고 세 자녀 가족일 때 아들을 원하는 점에서는 남학생들과 동일하였으나 한 자녀만 출산할 경우에는 아들보다는 딸을 더 원하였다. 캐나다 대학생들 역시 첫 아이로 딸보다는 아들을 선호하였다(Hamilton & Mayfield, 1999).

최근에 완화되는 추세를 보이고 있기는 하지만, 남아선호는 전세계적 현상으로 아시아권과 아랍문화권에서 특히 심하게 나타난다. 남아선호의 결과로 보통 첫 아이가 아들이면 딸일 때보다 한 자녀 낳기로 끝날 가능성이 더 많다. 또한 둘째 아이를 출산할 때까지의 출산간격도 첫 아이가 아들일 때 더 길 뿐 아니라 딸의 출산은 산후의 정서적 우울증과도 높은 상관이 있다는 연구보고도 있다.

2. 성으로 구분되는 어린 영아들

아기의 출산 직후에 산부인과 의사의 "딸이다" "아들이다"라는 말은 신생아기의 환경적 경험을 결정하는 역할을 한다. 신생아기들은 키, 몸무게, 머리카락의 유무 등 많은 신체적 특징을 지니고 있음에도 불구하고, 아기의 성은 대부분의 사람들이 관심을 갖는 가장 중요한 특성이다. 한국 부모들은 물론 미국이나 영국의 부모들도 신생아의 성에 관심을 갖기는 마찬가지이다. 아기의 성에 따라 각기 상이한 환경자극이 제공되기 시작한다.

우리 사회에서는 아들을 출산한 부모들은 주위의 친척이나 친구들로부터 축하를 받고 즐거워하나 딸을 낳은 부모들은 첫 딸은 살림 밑천이라는 위로의 말을 듣는다. 요즈음과 같이 여아의 수가 현저히 부족한 상황에서는 딸을 출산하면, 신부감의 부족사태가 일어날 것을 예상하여, 돈을 번 것이나 마찬가지라는 위로를 받는다.

출생 직후에 신생아들이 입는 옷도 성에 따라 구별된다. 여아들은 주로 분홍색의 옷을 입게 되고 남아들에게는 푸른색 계통의 옷이 입혀진다. 또한 여아들의 옷은 주름장식과 레이스를 달고 있고 부풀린 소매와 같은 복잡한 디자인을 포함하는 데 반해, 남아들의 옷은 단순하게 디자인되어 있다.

남녀 아기들의 차이나는 차림새는 때로 연구자들에게도 방해가 된다. 어린 영아의 성을 관찰자에게 알리지 않고 성차에 관한 연구를 수행하려는 연구자들은 좌절하지 않을 수 없다. 그 이유는 출생 후 한 달이 채 안 되었을 때조차도, 어머니들은 남아와 구별되게 여아에게는 머리장식이나 머리띠를 하게 하고 주름장식이 달린 옷을 입혀 실험실에 데려오는 일이 빈번하기 때문이다(Hetherington & Parke, 1975).

이와 같은 여아들의 옷차림새는 그들의 능동적 활동을 제한하고 성역할 고정관념적 행동을 촉진시킨다. 여아가 입은 여성적 옷차림새는 부모는 물론 낯선 사람들도 영아에게 성역할 고정관념적 행동을 하게 하고 여아의 여성적 행동만이 보상받을 수 있는 메커니즘을 형성한다.

어린 영아들이 일관성 있는 성별 관련적 차이를 보이지 않는데도 남아와 여아는 서로 다른 행동을 할 것으로 기대된다. 일반적으로 신생 남아들은 여아들보다 성미가 급하고 더 높은 수준의 활동성을 지니고 있다고 생각된다. 또한 부모들은 아들을 딸보다 더 소중하게 다루고 딸보다는 아들의 기분에 맞추려고 더 많이 노력한다(Tronick & Cohn, 1989). 이와 같은 부모와의 상호작용은 남성들이 자신을 중요시하고 타인을 통제할 수 있다는 느낌을 발달시킬 수 있도록 돕는다.

지금은 영아들의 심폐기능을 튼튼하게 하기 위하여, 어릴 때부터 아기들을 엎어 키우는 부모들이 많이 있다. 그러나 지금부터 한 세대 전까지만 하더라도, 한국 부모들은 아기를 엎어 두는 것을 바람직하게 생각하지 않았다. 그럼에도 불구하고 아기를 엎어 놓는 어머니들은 아기가 건강하게 자라기보다는 오히려 잘못되기를 바라는 마음에서였다. 물론 그 아기들의 성은 여성이었다. 또한 남아들은 여아들보다 어머니 젖을 더 오랫동안 먹을 수 있는 혜택도 누렸다.

3. 아동초기의 성유형화

2세부터 5, 6세까지의 아동초기 동안에도 아들과 딸에 대한 부모의 행동은 일관성 있게 관심과 활동에서의 차이를 조장한다. 특히 남아들은 어머니보다 아버지를 통하여 그들의 성역할 고정관념을 형성한다는 증거들이 많이 있다(Lytton & Romney, 1991). 비록 아들에 대해서보다는 그 강도가 약하기는 하지만, 아버지들은 어머니들보다 딸에게도 성역할 고정관념적 행동을 더 많이 요구한다.

어린 유아들에게 요구되는 고정관념적 남성특성은 신체능력과 운동기술인 반면, 고정관념적 여성특성은 부드러움과 신체적 매력이다. 다시 말하면 2세 정도의 어린 연령에서조차도 남아는 운동을 잘 하고 활동적일 것으로 기대되고 여아는 예쁜 외모와 부드러움을 지녀야 한다고 생각된다.

성역할 고정관념적 신념과 일치되게, 부모들은 아들과 딸의 동일한 행동에 대해서도 다르게 반응한다. 부모들은 아동초기 남아가 화를 내고 노여워하는 것은 기꺼이 수용하나 딸의 동일한 행동에 대해서는 부적절한 정서반응이라는 것을 확고하게 심어주려고 노력한다(Fivush, 1989). 이와 같이 여아들의 공격적 행동은 즉시 억제되는 반면, 남아들의 동일한 행동은 오히려 조장되기까지 한다.

생후 9개월 된 영아들에게 뚜껑을 열면 인형이 튀어나오는 장난감을 보여 주고 영아들의 반응을 관찰한 대학생들은 아기의 할당된 성별에 따라 다르게 평가하였다(Condry & Condry, 1976). 대학생들은, 아기의 실제 성별과는 상관없이, 남아로 명명된 아기들의 행동반응을 분노 때문으로 해석하고 여아로 명명된 아기들의 동일한 행동은 공포 때문으로 해석하였다. 또 다른 증거로서 잠을 깬 아기의 녹음된 울음소리를 들은 젊은 여성들은 남아로 명명된 아기보다는 여아로 명명된 아기들의 울음소리에 더 빠르게 반응하였다(Condry, Condry & Pogatschnik, 1983).

이와 같이 부모는 물론 주위의 성인들까지도 여아는 겁이 많고 무서움을 타며 도움을 필요로 하는 존재로 인식한다. 어릴 때부터 부모나 주위 성인들로부터 더 많은 도움을 받는 여아는 자신을 의존적이고 무기력한 존재로 인식하기 쉬워 남아들보다는 더 낮은 자기존중감을 형성하기 쉽다.

출생 직후부터 남아냐 여아냐에 따라 다르게 취급된 결과로 2세경의 유아들은 남성과 여성이 서로 다르다는 것을 이해할 수 있다. 그들은 아직 성의 항상성(gender consistency)이나 성의 안정성(gender stability)을 이해하지는 못하지만, 그들이 획득한 성역할 정체를 바탕으로 동성의 부모의 행동을 수용하고 자신의 성과 일치하는 광범위한 행동목록을 학습한다.

3세까지의 유아가 나타내는 성역할 관련적 행동을 정리하면 〈표 5-1〉과 같다. 이 표는 남성과 여성 단어의 정확한 구분은 물론 자기를 남성이나 여성으로 명명하고 언어적 그리고 비언어적 단서를 기초로 남성과 여성을 구분하는 능력이 대단히 어린 연령에서 발달한다는 것을 보여 준다. 또한 남성 및 여성용 의복이나 장난감에 대한 구분이 직업이나 과제에 대한 구분보다 더 일찍 이루어진다는 것도 나타내 준다.

놀라운 사실은 엄격한 성역할 고정관념을 지니고 있는 어머니의 딸들이 성역할 고정관념에 더 적게 의존하는 어머니의 딸들보다 생후 25개월

〈표 5-1〉 성역할 관련적 행동을 나타낸 아동의 비율(정확하게 구분한 비율)

과 제	아동의 연령(개월수)			
	18개월	24개월	30개월	36개월
인지적 기술				
자기에 대한 명명		68%	88%	93%
친구에 대한 명명		43%	37%	39%
비언어적 분류(상자 속에 그림 넣기)	48%	56%	69%	84%
언어적 단서의 분류	22%	67%	90%	96%
남성과 여성 단어의 정확한 사용				
엄마/아빠		98%	97%	100%
소년/소녀		75%	88%	98%
남자/여자		53%	79%	94%
고정관념의 학습				
의복		37%	59%	74%
장남감		24%	38%	53%
과제		–	32%	39%
직업		–	27%	35%

출처: Katz, 1996.

에 더 낮은 IQ를 갖는다는 것이다(Crawford & Unger, 2000). 여아의 활동을 제한하고 능동적 탐색을 방해하며 수동성과 의존성을 조장하는 환경자극은 여아의 지적 발달을 저해하는 역할을 한다.

4. 초등학교 아동들

성장과 함께 아동들은 동성의 사회적 연결망을 형성한다. 지금까지는 부모들이 아동의 성역할 학습을 위한 사회화 대리인의 역할을 하였으나 점차 동성의 또래집단이 아동의 성역할과 관련된 행동을 선택적으로 보상하고 처벌하는 역할을 한다. 동성의 또래집단은 교사들보다 성역할 학습을 위한 더 강력한 사회화 대리인들이다(Fagot, 1985). 특히 남아의 또래집단은 이성의 놀이친구를 회피하도록 강요하는 역할을 한다. 그 증거로서 여자 어린이와 노는 남자 어린이들은 또래들로부터 놀림을 받고, 특정한 소녀를 좋아하는 소년들은 비난의 대상이 된다.

이 시기의 아동들은 다음과 같은 성적 스크립트*를 형성한다(Thorne & Luria, 1986).

① 소년과 소녀는 서로 구별되고 반대되는 혹은 때때로 대립되는 집단의 구성원들이다.
② 이성간의 접촉은 기쁨과 위험 양자를 동반하는 사건이며 그 관계는 잠정적으로 성적이고 바람직하지 못하다.
③ 소녀들은 소년들보다 더 자주 성적으로 정의되며 남아와 여아 모두 고정관념적 성역할을 획득한다.

아동중기의 초등학교 연령에서 성의 안정성과 항상성에 대한 이해와 함께 출생 직후부터 형성되기 시작한 성역할 고정관념이 분명하게 나타난다. 성역할 고정관념이란 사람들이 각 성에 대해 갖는 비교적 안정된 신념이나 이미지로서 남성들은 크고 강하다고 인식되는 반면, 여성들은 신체적으로 작고 약하다고 인식된다. 성역할 고정관념에 의하면, 남성들은 활동적, 독립적, 경쟁적, 공격적 특성을 지닌다. 성역할 고정관념은 아동이 5, 6세경에 이르렀을 때 가장 심하게 나타나고 초등학교 2학년 무렵부터 감소하기 시작한다.

성역할에 대한 고정관념은 아동중기에 이르면 다소 약화되기는 하지만, 아동들이 지니고 있는 성역할 고정관념은 지적, 물리적 세계를 탐색하는 아동들의 능력을 제한하는 역할을 한다. 특히 외출하거나 여행하는 것을 제한당하는 여아들의 탐색환경은 현저히 축소된다.

일반적으로 소녀들이 연령증가와 함께 성역할에 대해 점차 더 큰 융통성을 나타내는 것과는 대조적으로, 소년들은 오히려 더 강하게 성유형화되는 차이를 보인다. 성역할 융통성에서의 남녀간의 차이는 소녀들이 소년들보다 고정관념적 성역할에 대해 더 큰 융통성을 갖는 환경에서 생활하는 데 기인한다. 소녀들은 소년들보다 의복이나 장난감 혹은 일상적 활동에서 성역할과 관련된 제한을 더 적게 받는다. 또한 남성들이 사회적으로 더 중요시되고 더 높은 지위에 위치한다고 인식되기 때문에, 부모들은 여아의 남성적 놀이나 행동을 남아의 여성적 놀이나 행동만큼 제한하지

* 스크립트(script): 일련의 사건에 대한 정신적 표상으로 일상적인 사건이나 친숙한 사건에 대한 기억으로 구성된다.

않는다.

따라서 만약 소년들이 전형적인 여성적 활동을 선호한다면, 그들은 이중으로 일탈되었다는 비난을 받는다. 그 이유는 여성 성역할이 소년의 성과 일치하지 않을 뿐 아니라 소년들이 사회적으로 더 낮은 지위의 활동에 가담하는 것이기 때문이다. 성역할 고정관념적 규준에 일치하라는 강한 압력을 받는 소년들은 여성적 활동을 회피하지 않을 수 없다. 그들은 '계집애 같다' 는 말을 들을 때 대단히 수치스러워한다.

그러나 7, 8세까지의 아동들은 대부분 사회적으로 할당된 성별을 구분할 수 있을 뿐 그들이 지니고 있는 생식기의 차이와 연결짓지는 못한다. 성에 대한 완전한 이해를 의미하는 생식기의 차이에 의한 성의 구별은 1-2년 더 지나야 가능해진다.

10세경에 이르면, 아동들은 그들이 학습한 고정관념적 성역할 규준들이 많은 예외를 가질 수 있다는 것을 인식한다. 이제 아동들은 점차 성역할 규준과 일치하지 않는 또래들의 행동에 대해서도 인내할 수 있게 된다. 성을 생물학적 속성과 연결지을 수 있는, 소위 성인수준의 이해에 도달한 이 연령의 아동들은 전형적인 남성 성역할과 여성 성역할에서 벗어나는 것이 도덕적 일탈을 의미하는 것이 아니라는 것을 인식한다.

Ⅱ. 장난감과 놀이

1. 아동초기의 특성

장난감과 놀이는 어린 아동의 생활에서 서로 분리해서 생각될 수 없는 중요한 요인들이다. 대부분의 부모들은 장난감 선택이나 아동양육방식에서 그들이 아들과 딸을 구별하고 있다는 것을 인정하지 않는다. 그들은 오히려 아들과 딸을 동등하게 대우하고 있다고 주장한다.

1) 장 난 감

스스로 장난감을 구입할 수 없는, 6세 이하의 아동들 방에 비치된 장난감의 종류와 개수를 살펴보면, 우리는 부모들의 주장이 사실이 아니라는 것을 금방 알 수 있다. 부모들은 자신도 모르는 사이에 남녀 아동들에게 성역할 고정관념에 일치하는 장난감을 사주고 그것을 가지고 놀도록 격려한다. 리스(Liss, 1983)의 연구에 의하면, 남아들은 여아들보다 탈 것의 장난감을 20배 정도로 더 많이 가지고 있었고 여아들은 남아들보다 5배 정도 더 많은 인형을 가지고 있었다. 1990년에 이루어진 연구에서도(Pomerleau 등, 1990) 두 가지 종류의 장난감에서 나타난 성차는 여전하였다.

일반적으로 여아들은 인형이나 소꿉놀이를 포함하는 양육적인 장난감을 많이 갖는 데 반해 남아들은 각종 자동차를 포함하여 운동활동을 조장하는 장난감을 많이 갖는다. 다시 말하면 남아들의 장난감은 높은 활동수준과 낮은 신체적 근접성을 유발하고 여아들의 장난감은 높은 신체적 근접성과 언어적 상호작용을 자극한다는 것이다.

이와 같이 부모들이 아동의 성에 따라 상이한 환경적 자극을 제공한 결과로, 생후 18-24개월 된 어린 유아들까지도 스스로 성역할 고정관념과 일치하는 장난감을 선택한다. 이 연령의 아동들은 자신의 성역할에 적절한 장난감이 부재할 때에도, 이성의 장난감에 대해 큰 관심을 보이지 않는다(Martin, Eisenbud, & Rose, 1995; Caldera, Huston & O'Brien, 1989).

2) 놀 이

서로 다른 종류의 장난감들은 서로 다른 유형의 놀이활동을 자극한다.

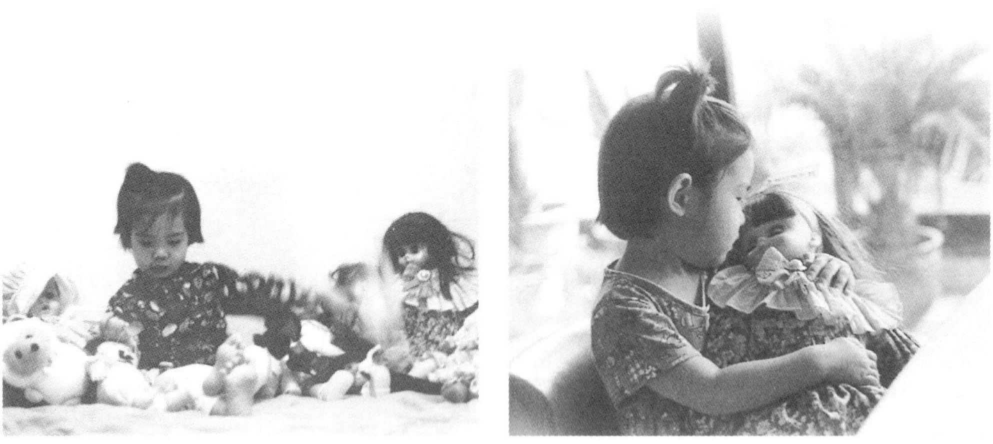

여아들은 인형과 같은 양육적 장난감을 많이 제공받는다.

전형적으로 여성적인 장난감으로 이루어지는 놀이는 남성적 장난감에 의한 놀이보다 더 작은 크기의 물리적 공간을 사용하고 더 많이 구조화되는 경향이 있다(Neppi & Murray, 1997). 놀이활동이 구조화될수록, 아동들은 주위의 성인들로부터 승인을 얻으려고 노력하고 도움을 요청하며 성인의 요구에 순종할 가능성이 많다. 더욱이 여아들의 놀이는 주로 성인들 가까이에서 이루어지고 성인들의 지시를 받기 쉬워, 근본적으로 구조화되기 쉬운 특성을 지니고 있다.

사람들은 남아의 놀이가 여아의 놀이보다 더 활동적일 것이라고 생각한다. 그러나 마코비(Maccoby, 1988)는 남녀 아동의 놀이차이는 활동수준의 차이가 아니라 놀이양식의 차이라고 제안한다. 즉 여아들은 스카이콩콩과 같이 제자리에서 뛰는 놀이에서는 남아들과 동등하게 혹은 오히려 더 활동적이기까지 하였으나 남아들이 좋아하는 레슬링이나 씨름과 같은, 거친 놀이를 하지 않는다는 것이다.

결론적으로 일찍부터 인형이나 소꿉놀이 장난감을 제공받은 여아들은 어머니나 유아원 교사로부터 멀리 떨어지지 않은 장소에서 놀고 생활한다. 그들은 성인들과 인접한 위치에 있기 때문에, 자주 성인들의 지시를 받을 수도 있고 함께 대화를 나눌 수도 있다. 여아들과는 대조적으로 남아들은 옥외의 놀이공간에서 뛰고 달리며 싸움에 가까운 거친 놀이를 한다. 성인으로부터 멀리 떨어져 있는 남아들은 성인들과의 대화는 물론 지시도 받지 않는다.

그러나 무엇보다 중요한 것은 남녀 아동들의 장난감 선택과 놀이방식에서의 차이가 아동의 놀이친구를 동성만으로 한정한다는 것이다. 카쯔(Katz, 1996)의 연구에서 생후 24개월 된 유아의 놀이친구의 57%가 동성이었으나 30개월에는 67% 그리고 36개월에는 73%로 증가하였다. 아동들은 동성의 놀이친구만을 선택하게 됨으로써 그들의 경험세계를 제한하는 결과를 초래한다. 초등학교에 입학할 무렵에 이르면, 아동들은 성별에 따라 엄격하게 구별되는 또래집단을 형성한다.

2. 아동중기의 특성

1) 놀이유형

초등학교 아동들이 좋아하는 놀이유형이 무엇인가를 조사한 결과에 의하면(장휘숙, 1996), 〈표 5-2〉와 같이 일관성 있는 성차를 발견할 수 있다. 남학생들은 1학년과 3학년 그리고 5학년 모두에서 가장 좋아하는 놀이유형으로 각종 운동을 보고하였고 특히 5학년 남아들은 축구를 가장 좋아한다고 응답하였다. 흥미롭게도 1학년 남학생들이 가장 좋아하는 운동은 줄넘기, 배드민턴, 달리기와 같이 여학생들이 좋아하는 운동유형과 유사하였다. 그러나 연령증가와 함께 남아들의 운동기호는 축구, 야구, 킥복싱 등의 보다 남성지향적 운동으로 변화하는 경향을 나타낸다.

순위에서 차이가 있기는 하지만, 여학생들도 운동을 좋아한다고 응답하였으나, 그들이 좋아하는 운동은 배드민턴, 스케이트, 피구, 줄넘기 등과 같은 여성적 운동에 한정되어 있었다. 또한 인형놀이는 1학년과 3학년 그리고 5학년 여학생들 모두가 좋아하는 놀이였다.

2) 놀이친구와 놀이방식의 성차

성장함에 따라 남녀 아동 모두 동성과의 놀이를 선호하고 이성과의 놀이를 회피한다. 유아원 아동들은 놀이가 혼성으로 이루어질 때에도 3배

〈표 5-2〉 초등학교 아동들이 좋아하는 놀이 유형들

학년		1학년		3학년		5학년	
성별		남	여	남	여	남	여
응답순위	1	운동(줄넘기, 배드민턴, 농구, 달리기)	소꿉놀이	운동(축구, 농구, 킥복싱)	인형놀이	운동(축구, 야구, 농구)	운동(배드민턴, 피구, 줄넘기)
	2	탈것놀이(기차, 자동차, 자전거)	운동(달리기)	술래잡기	운동(줄넘기, 훌라후프, 농구)	오락게임	고무줄놀이
	3	로보트놀이	인형놀이	오락게임	선생님놀이	병원놀이	인형놀이

정도 더 많이 동성의 놀이친구와 시간을 보낸다(Maccoby & Jacklin, 1987). 그러나 이 아동들이 $6\frac{1}{2}$세에 이르렀을 때 동성친구 대 이성친구의 비율은 11 대 1로 증가하였다. 〈그림 5-4〉는 이 연령에서 이성친구와 노는 아동들이 얼마나 적은가를 확인할 수 있도록 한다. 또한 남아들은 여아들보다 남녀구별을 더 많이 한다는 것도 분명하게 알 수 있다.

아동이 8-10세에 이르면 소녀들은 이성친구보다 동성친구와 2배 정도 더 많이 접촉하나 소년들은 40 대 1의 비율로 동성친구와 더 많이 상호작용한다(Powlishta, 1995). 남녀 아동들의 동성친구 선호는 중립적인 상황에서 중립적인 장난감을 가지고 놀 때도 분명하게 나타났다.

또한 아동중기의 놀이는 아동초기의 어린 아동들의 놀이와는 다르게, 집단놀이 상황에서 나타나는 구성원들의 위계에서도 뚜렷한 성차를 보인다. 집단놀이 상황을 연구한 64개의 연구결과를 통합분석한 록히드(Lockheed, 1985)는 소년들이 소녀들보다 집단의 의사결정상황에서 일관성 있게 더 영향력이 있다는 것을 발견하였다. 혼성으로 이루어진 집단 내에서 소년들은 위계의 상위 40%를 차지한 반면, 소녀들은 위계의 하위 40%를 형성하였다.

이와 같은 결과는 집단놀이 상황 자체가 소년들의 우월성을 자극하고

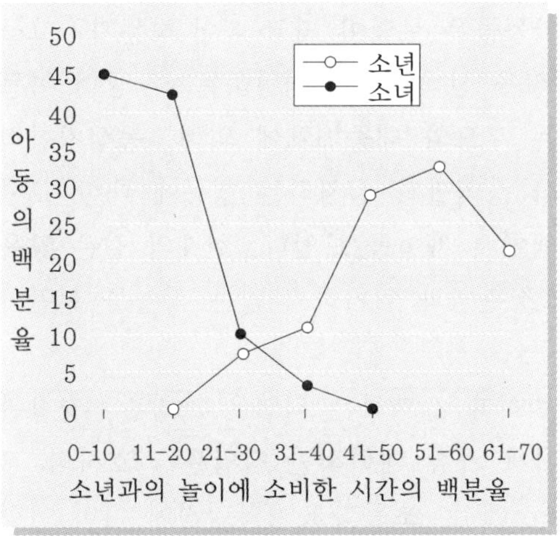

〈그림 5-4a〉 6세의 소년소녀들의 소년과의 놀이에 소비한 시간의 백분율

출처: Swann, Langlois, & Gilbert(eds.), 1999.

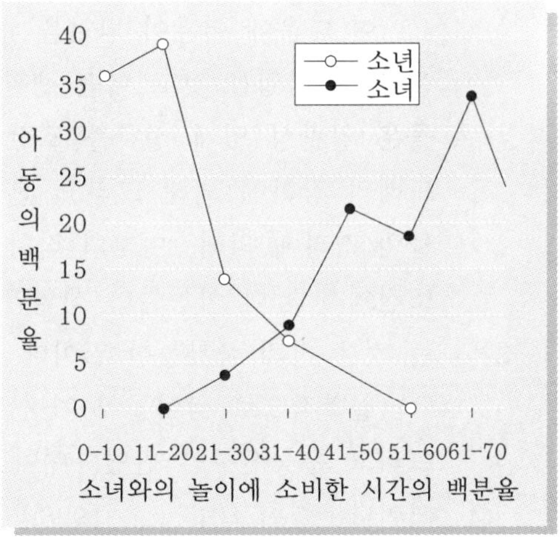

〈그림 5-4b〉 6세의 소년소녀들의 소녀와의 놀이에 소비한 시간의 백분율

출처: Swann, Langlois, & Gilbert(eds.), 1999.

촉진시키는 역할을 하기 때문이기도 하지만, 소년들이 소녀들보다 더 우월하려는 욕구를 지니고 있기 때문이기도 하다. 출생직후부터 부모에 의해 소중한 존재로 다루어지고 능동적이고 독립적 활동을 하도록 격려받은 소년들은 집단상황에서도 적극적이고 타인을 지배하려고 한다. 잰더 등(Zander & Van Egmond, 1985)의 연구에 의하면, 소년들은 또래들에게 영향력을 행사하기 위하여 더 많이 시도하고 요구하였으며 공격적 행동을 하기까지 하였다.

소년이나 소녀만으로 구성된 집단 내에서, 남녀 아동들이 우월한 지위를 획득하기 위하여 사용하는 전략에서도 차이가 있다. 소년들은 다른 아동을 힘으로 밀치는 등의 신체적 공격을 사용하여 타인을 제압하려 하나 소녀들은 언어적 설득을 사용하여 그들의 우월성을 성취하려고 한다. 또한 소녀들은 언어를 사용하여 또래들을 설득하려고 할 때에도 정중한 제안을 하는 것이 아니라 직접적으로 요구하는 방식에 의존하였다(Charlesworth & Dzur, 1987).

Ⅲ. 무엇이 되고 싶니?

이 다음에 어른이 되었을 때 아동들은 무엇이 되고 싶어 하는가? 그들은 어떤 직업을 갖고 어떤 생활양식을 선택하기를 희망하는가? 남녀 아동들은 일관성 있게 성차를 조장하는 부모와 대중매체에 의해, 동성지향적 또래의 강화에 의해 그리고 전통적 성역할과 일치하는 행동에 대한 교사들의 격려에 의해, 미래의 직업선택에서 차이를 보인다. 현재와 같은 양육조건에서 남녀 아동들이 성역할 고정관념과 일치하지 않는 직업을 희망하는 것은 거의 불가능한 일이다.

일반적으로 남아들이 가장 빈번하게 선택하는 직업은 소방관, 경찰관 그리고 운동선수인 반면, 여아들에게 가장 매력적인 직업은 간호사와 교사이다. 헬위그(Helwig, 1998)의 조사에서, 초등학교 2학년경에 이미 이성의 직업을 갖고 싶다는 남아들의 응답이 현저하게 감소할 뿐 아니라 6학년에 이르면 93%의 소년들이 전통적인 남성적 직업에 대한 선호를 나타내었다. 그러나 전통적인 여성직업에 대한 여아들의 선호는 초등학교 2학년에서 58%이고 6학년에 이르면 30%로 감소한다. 오히려 6학년 소녀들의 49%가 의사나 법관과 같은 전형적인 남성직업에 대한 선호를 나타냄으로써 소년들과 차이를 보였다.

한국의 초등학교 1학년, 3학년 그리고 5학년 남녀 아동들에게 이 다음에 무엇이 되고 싶은가를 질문하였을 때(장휘숙, 1996), 그들은 일관성 있게 성역할 고정관념과 일치하는 직업을 희망하였고 특히 1학년 남녀 아동들이 가장 강한 성역할 고정관념적 직업기호를 나타내었다. 1학년 남학생들이 가장 많이 응답한 직업은 경찰관과 119구조대였고 여학생들은 간호사와 선생님을 그들의 희망직업으로 가장 많이 응답하였다. 여자 어린이 중에는 장래 희망하는 직업으로 '엄마'라고 응답한 어린이가 있었으나 '아빠'라고 응답한 남자 어린이는 한 사람도 없었다.

초등학교 3학년 남학생들이 희망하는 직업은 과학자, 운동선수, 화가의 순이었는 데 반해, 여학생들의 희망직업은 선생님, 화가, 간호사의 순이었다. 화가를 제외하고 남녀 학생 모두 전통적 성역할과 일치하는 직업을 그들의 장래 희망직업으로 응답하였다. 남학생들이 카레이서, 비행사, 군대특수부대원과 같은 모험지향적 직업을 희망하는 것과는 대조적으로 여학생들은 피아니스트, 작가, 디자이너, 발레리나와 같은 예술지향적 직업을 희망하였다.

5학년 남학생들도 3학년 남학생들과 동일하게 과학자와 운동선수를 그들의 장래 희망직업으로 가장 많이 응답하였고 전체적인 직업패턴도 유사하였다. 그러나 5학년 여학생들은 선생님을 그들의 희망직업으로 응답한 점에서는 3학년 여학생들과 동일하였으나, 법관이나 과학자와 같은 남성직업의 응답비율이 3학년 여학생들보다 더 높았고 보다 더 세분화된 직업패턴을 나타내는 차이를 보였다. 5학년 여학생들에게서 나타난 증가된 남성직업의 응답비율은 헬위그의 연구와 동일하게 연령증가와 함께 여학생들이 사회적으로 가치 있는 남성직업에 대한 선호를 나타내는 것으로 볼 수 있었다.

결론적으로 남학생들에게 가장 인기 있는 직업은 과학자, 운동선수 그리고 경찰관이었고 여학생들이 가장 좋아하는 직업은 선생님, 간호사 그리고 화가나 음악가였다. 남녀 학생 모두 성역할 고정관념과 일치하는 직업을 희망함으로써 성유형화된 양육의 효과를 그대로 반영하였다.

Ⅳ. 성역할 사회화에 영향을 주는 요인들

아동의 가족과 또래집단, 학교 그리고 대중매체들이 아동의 성역할 사회화(gender socialization)에 영향을 주는 중요한 요인들이다. 아동초기가 끝날 무렵에 이르면, 또래들이 가족보다 아동의 성역할과 연합된 지각과 행동에 더 큰 영향을 주는 것이 사실이나 이미 앞에서 부분적으로 언급하였기 때문에, 여기서는 나머지 세 가지 요인들에 대해서만 논의하기로 한다.

1. 가족의 영향

이미 앞에서 지적한 대로 부모는 아동의 성역할 사회화에 중요한 역할을 한다. 아들과 딸에 대한 부모의 차이나는 사회화를 연구한 결과들을 통합분석한 결과에서도(Lytton & Romney, 1991), 부모는 자녀들에게 성유형화된 활동을 격려하고(d=0.43) 딸보다는 아들에게 선체적 처벌을 더 많이 사용하는 것으로 확인되었다. 특히 아버지들은 장난감을 선택하거나 가정에서의 활동을 할당할 때 아들과 딸을 엄격하게 구분한다. 소녀들에게는 주로 가사일이나 아동양육을 돕는 역할이 할당되고 소년들에게는 주로 심부름이나 옥외공간의 정리정돈 혹은 가사용품의 수선과 같은 일이 할당된다.

아들과 딸에게 서로 다른 과제를 할당하는 것은 어느 문화에서나 발견되는 보편적인 현상이다. 한국과 같은 동양문화권에서는 물론 서양 문화권에서도 딸은 어머니를 돕거나 대신하는 반면, 아들은 아버지를 돕거나 대신하는 역할을 한다. 9-11세 아동을 포함하는 오스트레일리아의 가족을 연구한 번즈와 호멜(Burns & Homel, 1989)은 소년의 79%와 소녀의 33%가 모형 비행기를 조립하고 소년의 71%와 소녀의 23%가 자전거나 그들이 갖는 물건을 수선한다는 것을 발견하였다. 이와 같은 남녀 아동의 차이나는 경험은 아동의 기술발달에 차이를 가져오고 성장한 후에 상이한 능력을 갖도록 한다.

아들과 딸에 대한 과제할당의 차이는 가족 내의 형제자매의 존재에 의해서도 영향을 받는다. 아들과 딸이 모두 있는 가정에서는 성별에 따라 상이한 과제가 할당되지만, 자녀들의 성이 동일할 때는 성별에 따른 할당은 불가능하다. 아들만 있는 가정의 남아들은 때때로 가사일을 도울 수 있고, 딸만 있는 가정은 여아들에게 전통적인 남성의 일을 할당하지 않을 수 없다.

그 증거로서 독자이거나 자매만을 갖는 여성들이 형제자매를 갖는 여성들보다 남성적 활동을 더 좋아하고 전형적인 남성직업에서 성공할 가능성이 더 많았다(Burns & Homel, 1989). 또한 남자 형제들의 수가 많아질수록 젊은 여성들이 과학분야의 전공을 선택할 가능성이 감소한다는 연구결과(Abrams, Sparkes & Hogg, 1985)도 형제자매의 영향을 입증하는 증거로 볼 수 있다.

가족이 소속한 계층도 가정 내에서 남녀 아동들에게 할당되는 과제에 영향을 미친다. 일반적으로 젊은 사람들보다는 나이 많은 사람들이, 여성들보다는 남성들이 그리고 사회경제적 수준이 높은 사람보다는 가난한 근로자 계층의 사람들이 아들과 딸에게 전통적인 성역할과 일치하는 과제를 더 많이 할당한다(Lackey, 1989). 그러므로 사회경제적 수준이 높은 가정에서 성장한 사람들이 성에 따라 유형화된 과제를 더 적게 할당받고 성장할 수 있으므로 고정관념적 성역할에서 벗어난 사고와 행동을 할 가능성이 더 많다.

2. 학교의 영향

소녀들이 학교에서 경험하는 남녀 불평등의 문제가 관심의 대상이 되기 시작한 것은 1990년대에 들어와서부터이다. 그 이전까지는 여학생들이 남학생들보다 생물학적으로 열등하다고 생각되었기 때문에, 학교나 교사가 남녀 아동들에게 실시하는 교육의 질적 측면을 문제삼는 사람은 거의 없었다.

미국의 AAUW(전국여성대학인협회)는 1990년에 최초로 교육의 실태를 파악하기 위하여 9세부터 15세까지의 미국 남녀 학생 3,000명을 대상으로 전국적인 조사를 실시하였다. AAUW의 보고에 의하면(AAUW, 1992, 1998; Sadker & Sadker, 1994), 교사들은 여학생보다는 남학생들을 평균 8번 더 많이 부르고 질문에 대답할 기회도 더 많이 제공한다. 남학생들이 대답하면, 교사들은 더 자세하게 설명하도록 함으로써 질문에 대해 더 깊이 생각하도록 유도하는 반면, 여학생들이 대답하면 부가적 대답을 요구함이 없이 중립적이거나 모호한 반응을 보인다.

또한 남학생들은 과제의 내용 때문에 칭찬을 받는 대신에 여학생들은 단순히 과제를 제출한 것 때문이 아니면 과제가 깔끔하다는 이유로 칭찬을 받는다. 학생들이 과제수행에서 어려움을 보일 때에도 남학생들에게는 더 자세한 설명과 적극적으로 수행하라는 지시가 주어지는 반면, 여학생들에게는 더 생각해 보라는 격려 없이 문제의 정답이 제공된다. 결국 남학생들은 교사로부터 더 많은 칭찬이나 비판을 받고 도움과 수정을 받을 수 있는 기회를 갖는다. 이와 함께 평교사는 대부분 여자 선생님들로 구성되고 교장이나 교감 선생님과 같은 관리자 직위는 남자 교사로 구성되어 있다는 것도 성역할 고정관념을 강화하는 모델의 기능을 한다.

이와 같은 남성위주의 교육환경에 의해 학년이 높아질수록 여학생들이 남학생들보다 더 낮은 자기존중감(그림 5-5 참조)을 갖게 되고 수학과 과학과목의 성적에서 뒤떨어지는 현상이 초래된다.

소녀들의 교육여건에 관심을 갖고 학교에서의 '공평한 교육'을 강조하는, 1990년대 이후에 미국에서 발간된 주요 보고서나 책들은 불평등한 교육의 실상을 다음과 같이 지적한다(한국일보, 1995. 5):

① 여학생들보다 남학생들에게 더 복잡하고 추상적인 문제들이 주어진다.
② 남학생의 숙제는 학구적 성과에 의해 평가되지만 여학생들의 숙제

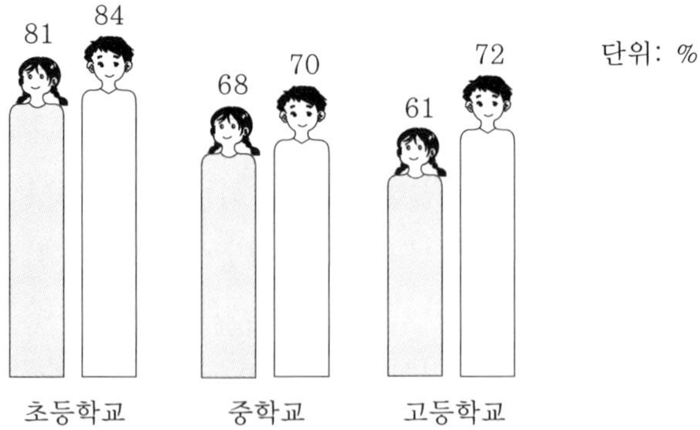

〈그림 5-5〉 학년수준에 따른 자기존중감의 변화

는 깨끗하다는 관점에서 평가된다.

③ 성적이 우수한 여학생들은 우수한 남학생들에 비해 또래나 동년배로부터 훨씬 더 많은 질시를 받는다.

특히 교육 프로그램의 중추인 교사는 아동들의 교육적 모델이고 사회화 대리인이다. 그러나 교사들도 다른 사람들과 동일하게 고정관념이나 기대 혹은 편견을 가질 수 있다. 특히 교사들이 갖는 성역할 고정관념이나 편견은 여학생들의 발달을 저해하고 그들의 자기존중감을 감소시키는 역할을 한다. 교사로부터 칭찬받고 과제수행을 완성하도록 격려 받은 아동들이 자신을 갖고 새로운 일에 도전할 수 있다는 것은 주지의 사실이다. 교사들은 남학생들과 동등하게 여학생들의 과제수행을 격려하고 그들의 성장에 관심을 가져야 할 것이다.

3. 대중매체의 영향

역사적으로 부모, 학교 그리고 또래들이 아동의 가장 강력한 사회화 대리인이었으나 20세기 동안 대중매체, 그중에서도 TV는 가장 강력한 정보전달자로 부각되었다. 이제 대중매체들은 사회화의 가장 강력한 도구로서 긍정적 그리고 부정적 태도 양자를 형성하고 강화하는 역할을 한다.

대중매체의 영향을 심층적으로 분석한 우드(Wood, 1994)는 대중매체 속에 등장하는 남성과 여성에 관해 다음과 같이 설명하였다.

첫째, 여성들은 남성들보다 대중매체에 더 적게 등장한다.

둘째, 여성과 남성 모두 성역할 고정관념적으로 제시된다.

셋째, 여성과 남성의 관계 또한 고정관념적 방식으로 표현된다.

1) TV의 영향

아동이 TV나 VTR을 시청하면서 보내는 시간이 학교의 교실에서 보내는 시간보다 더 많다는 것은 널리 알려진 일이다. TV 시청은 아동초기부터 증가하기 시작하여 사춘기까지 계속되고 청년기 동안 감소하기 시작한다. 일반적으로 하류계층의 아동들이 중류계층이나 상류계층의 아동들보다 더 많은 시간을 TV 시청으로 보내기 때문에, TV의 영향에 더 많이 노출된다.

TV를 통하여 아동들은 다양한 정보를 획득하는 동시에 사회적 태도나 가치관도 학습한다. TV는 남성들보다 여성들을 더 적게 등장시킬 뿐 아니라 더 열등하고 보잘것 없게 묘사하고 중요하지 않은 역할을 수행하도록 한다. 특히 직업 가진 여성들을 바람직하지 않게 묘사함으로써, 가정 내의 역할만이 여성의 고유한 영역이라는 인식을 심어 준다. 흥미롭게도 TV를 많이 시청하는 아동들이 적게 시청하는 아동들보다 가사일을 여성만의 일로 인식하고(Signorielli & Lears, 1992), 남성과 여성의 직업역할을 더 엄격하게 구분하였다.

반복적인 TV 시청의 결과로 아동들은 여성들이 남성들보다 더 열등하다는 것을 학습하고 남녀 불평등을 당연시할 수 있다. 이와 같이 TV가 갖는 여성에 대한 편견은 여성의 발달을 방해하고 여성에 대한 왜곡된 태도와 가치관을 영속화시키는 역할을 한다.

(1) TV 만화

어린 아동들이 시청하는 TV의 만화는 성역할 고정관념을 부추기는 역할을 한다. 남성들이 여성들보다 만화의 주인공으로 더 많이 등장할 뿐 아니라 남자 주인공들은 여자 주인공들보다 더 두드러지고 더 의미 있는 말을 한다(Thompson & Zerbinos, 1995). 그들은 더 많은 재능을 지니고 있고 신체적, 언어적 공격의 가해자인 동시에 피해자이며 더 많은 지도자적 능력을 보인다.

대조적으로 여자 주인공들은 매력적이고 인정이 많으며 대인관계에 관심을 갖는 것으로 자주 묘사된다. 특히 남성들은 여성들보다 직업과 동일시되는 횟수가 훨씬 더 많은 반면, 여성들은 양육자의 역할을 주로 수행한다. 서구 사회에서는 1980년대부터 그리고 우리 사회에서는 1990년대 중반 이후부터 여성들에 대한 묘사가 보다 긍정적으로 변화하는 양상을 보이고 있기는 하지만, 아직도 남성 주인공들이 더 우월하고 중요한 역할을 수행한다. 이와 같은 사실은 4-9세의 아동들에 의해서도 정확하게 인지되고 있었다(Thompson & Zerbinos, 1997).

(2) 공격성과 TV의 폭력

TV의 영향 중 가장 자주 논의되는 주제 중의 하나가 공격성이다. 아동초기부터 남아들은 여아들보다 공격성 사용과 관련하여 더 허용적인 성역할 사회화 과정을 경험한다. 부모들은 소녀의 공격성을 엄격하게 제한하면서도 소년의 공격적 행동에 대해서는 묵인하거나 조장하기까지 한다(Perry, Perry & Weiss, 1989). 성공적 공격성은 그 자체가 보상적이기 때문에 반복되기 쉬울 뿐 아니라 폭력에의 노출은 또한 아동의 공격성 사용을 증가시킨다.

TV의 폭력장면과 아동의 공격성 사이에 높은 상관을 보고한 연구들은 많이 있다. 즉 폭력장면을 많이 시청한 아동일수록 자신을 공격적으로 평정하였고 또래들에 의해서도 공격적이라는 평정을 받았다(Parke & Slaby, 1983). 다시 말하면 폭력장면을 시청한 아동들은 공격성을 문제해결의 효과적인 방법으로 사용하게 된다는 것이다.

그러나 TV의 폭력장면 시청이 남녀 아동들에게 동일한 효과를 가져오는 것은 아니다. 폭력장면을 시청한 3세의 남녀 유아들은 동일한 방식으로 영향을 받는다는 것이 확인되었으나, 아동후기에 이르면 소녀들의 공격성은 오히려 억제되는 결과가 나타난다. 이와 같은 결과는 공격행동의 모델로 제시되는 인물들의 대부분이 남성들이고 이 남성모델들은 공격적 행동을 통하여 큰 피해를 입지 않는다는 사실에 기인한다. 미국에서 조사된 결과에 의하면(Signorielli, 1989), TV속의 남성들은 폭력에 가담하여 상처를 입는 것만큼 타인에게도 상처를 입히기 때문에, 공격적 행동의 결과에 의해 피해를 입는다는 생각을 불러일으키지 않는다.

대조적으로 TV 속에 등장하는 여성들 중 만약 10명의 여성이 타인에게 상처를 입힌다면 오히려 16명 정도의 여성들이 상처를 입기 때문에, 아동들은 공격성이 여성들에게 불리한 결과를 초래한다는 것을 학습한다. 이와 같이 TV는 소년들에게는 공격성의 긍정적 역할모델을 그리고 소녀들에게는 공격성의 부정적 역할모델을 제시한다. 공격성의 부정적 모델을 시청한 소녀들은 소년들과는 대조적으로 공격성을 억제하는 것을 학습한다.

(3) 컴퓨터 게임과 공격성

폭력적인 컴퓨터 게임도 남녀 아동의 공격성을 증가시킨다(Kirsh, 1998). 물론 소년들이 소녀들보다 컴퓨터 게임을 더 많이 하고 보다 더 폭력적인 게임을 좋아한다(Buchman & Funk, 1996; 박혜원, 곽금주, 1996). 소녀들은 폭력적 내용의 게임을 좋아한다고 할지라도 주로 만화나 공상적 폭력을 선호하는 반면, 소년들은 실제적인 인간폭력을 선호한다는 점에서 차이가 있다.

TV와 마찬가지로 컴퓨터 게임도 성차별주의를 강화한다. 33개의 인기 있는 컴퓨터 게임의 내용을 분석한 결과에 의하면(Dietz, 1998), 표집으로 선정된 거의 대부분의 게임들은 전통적 성역할과 폭력을 미화하는 내용으로 구성되어 있었다. 놀랍게도 게임의 28%에서 여성들은 성적 대상으로 묘사되어 있었다. 이 여성들은 큰 젖가슴을 가지고 있고 몸에 꼭 붙는 옷을 입고 있었으며 울고 있거나 도움이 필요한 상태에 처해 있었다.

여성들을 주인공이나 영웅으로 묘사한 게임도 없는 것은 아니지만, 그것은 표집된 게임의 단지 15% 정도에 지나지 않았다. 그러나 여성들이 무장순찰대원과 같은 힘을 갖는 주인공일 때조차도, 그들은 예외 없이 여성스런 색깔(보통 분홍색이나 노랑색)과 모양의 옷을 입고 있었고, 게임의 시작시에 남성 무장순찰대원의 뒤에 서 있는 것이 보통이었다.

2) 동화 속의 주인공들

아동들에게 인기 있는 만화나 동화 속의 주인공들 역시 적절한 성역할이 무엇인가를 알려 주는 역할을 하기 때문에 중요하다. 그러나 아동초기나 중기의 아동들을 위해 저술된 이야기의 주인공들은 대부분이 남성이고 소녀들의 모방대상이 될 수 있는 여성주인공의 수는 그렇게 많지 않다.

동시에 여성을 주인공으로 다룬 이야기라고 할지라도, 여성들은 어디까지나 수동적이고 의존적인 모습으로 그려진다. 예를 들면, “백설공주”나 “잠자는 숲속의 미녀”는 혼수상태일 때 오히려 바람직하게 묘사된다. 그들은 살아 숨쉬는 인물이 아니라 장식적 인물이며 단지 사랑을 얻기 위해 죽어야 하는 존재이다. 그들은 혼자의 힘으로 회생할 수 없으며 멋진 남성의 구조를 기다리는 무기력한 인물에 지나지 않는다. 놀랍게도 여성들은 구조를 기다리는 동안에는 대단히 용감할 수 있음에도 불구하고, 스스로 어

백설공주 이야기는 여자 어린이들이 좋아하는 동화 중의 하나이다.

려움에서 벗어날 수는 없는 존재들이다. 물론 남성들은 결코 누구에게도 의존하는 일이 없다.

바람직한 아동도서로서 수상경력이 있는 그림책에 대한 터너-보우커(Turner-Bowker, 1996)의 분석에서도, 남성들은 여전히 여성들보다 더 힘이 있고 능동적으로 묘사되어 있었다. 역할에서 여성들과 차이가 없을 때조차도, 남성들은 여성들보다 책의 제목이나 중요한 인물그림으로 더 많이 등장하였다. 소녀들은 50년 전과 동일하게 수동적이고 의존적으로 묘사되고 있었고 여전히 아름다움으로 평가를 받고 있었으며 노인여성들은 마녀가 아니면 거의 나타나지 않는 인물들이었다.

최근에 와서 의사나 법관과 같이 전통적 남성직업을 갖는 여성 주인공들이 과거보다는 더 많이 이야기 속에 등장하고 있기는 하지만, 용감한 여성 모험가를 그리는 이야기를 발견하기는 쉽지 않다. 마찬가지로 위기에 처한 여성을 구출하는 용감하고 멋진 남성 기사를 발견하기는 쉬운 일이지만, 가사일에 참여하는 남성 주인공의 수는 많지 않다.

이야기 속의 주인공들이 주는 사회적 메시지는 그대로 아동의 공상놀이 속에 재현된다. 아동들은 남성 성역할과 여성 성역할로 엄격하게 이분된 이야기 속의 주인공들을 통하여 성역할 고정관념적 태도와 행동을 학습한다.

V. 성역할 분리로부터의 건강한 일탈

소녀들 중에는 부모나 교사 혹은 또래들의 성역할 유형화에 저항하면서 남성 특성인 스포츠를 즐기고 수학과 과학과목을 능동적으로 선택하는 여학생들이 있다. 그들은 아동기 동안 말괄량이였고 모험을 추구하는 역할모델을 갖는 경향이 있다. 전통적인 여성적 성역할 정체감이 낮은 자기존중감과 의존성을 갖게 하고 여성의 잠재능력 발현을 저해하기 때문에, 이 절에서는 건강한 말괄량이 소녀들의 특성을 논의하려고 한다. 동시에 소녀들이 전형적인 여성의 성역할 정체감으로부터 벗어나서, 능동성이나 독립성과 같은 남성적 특성을 공유하는 여성으로 성장할 수 있도록 돕는 전략들도 함께 모색될 필요가 있다.

1. 말괄량이 소녀들

여자 같은 남아들이 시시(sissy)나 마마보이라고 불리는 것과는 대조적으로 남자 같은 여아들은 말괄량이(tomboy)라고 불린다. 그들은 남아들이 입는 의복을 입고 남자 아이들과 함께 놀며 공을 차고 나무를 기어오르는 것과 같은 남성적 놀이를 좋아한다. 놀랍게도 시시라고 불리는 남자아이들은 인형을 가지고 놀고 여자같이 행동하기 때문이 아니라, 단순히 거친 놀이나 공격적 행동을 하지 않는 것만으로도 계집애 같다는 비난을 받는다.

여자 같은 남자아이들보다 남자 같은 여자아이들이 훨씬 더 많아 말괄량이의 특성은 소녀들의 정상적 발달의 한 측면으로 인식된다. 여자 대학생, 어머니 그리고 외할머니를 포함하는 3세대연구에서, 몰간(Morgan, 1998)은 연구대상자의 67%가 아동기 동안 말괄량이였고 그들의 말괄량이 행동은 평균 5.8세에서 시작하여 12.6세까지 계속되었다고 보고하였다.

말괄량이 소녀들은 성역할 고정관념적 규준에 일치하는 소녀들보다 더 독창적이고 인기가 있으며 높은 지도성을 지니고 있다. 또한 그들은 스포츠에 대해서도 높은 관심을 나타낸다. 대부분의 소녀들이 조직화된 스포츠로부터 철회하기 시작하는 11세 이후에도, 말괄량이 소녀들은 계속해서 스포츠를 좋아하고 적극적으로 참여한다(Brown, Frankel & Fennell, 1989).

앞에서도 지적한 것처럼, 남성적 특성들은 여성적 특성들보다 우리 문화에서 더 중요시되고 바람직하게 생각되기 때문에, 여아의 남성적 행동을 격려하는 사람들은 많이 있다. 웨이스와 바버(Weiss & Barber, 1995)는 보통 어머니, 형제자매, 친구 및 코치들이 여아의 말괄량이 행동을 격려한다고 보고하였다. 특히 말괄량이 소녀들의 부모는 딸의 스포츠 참여를 오히려 적극적으로 권장하기까지 한다. 아버지의 격려가 어머니의 격려보다 더 중요하기는 하지만, 스포츠를 즐기는 능동적인 어머니의 존재는 소녀들의 고정관념적 성역할 규준으로부터의 일탈을 정당화하는 역할을 한다.

그렇다면 소녀들은 왜 말괄량이 행동을 그만두게 되는가? 흥미롭게도 평균 사춘기 연령과 말괄량이 행동을 그만두는 연령(12.6세)이 거의 일치하였다. 그럼에도 불구하고 대부분의 여성들은 사춘기가 그들의 행동변화의 직접적 원인이 아니며 이성의 활동에 대한 관심을 상실한 것도 아니라고 보고한다. 가정 내에서 부모가 여아의 남성적 행동을 제한하지 않는다고 할지라도, 다양한 사회적 압력들이 소녀의 말괄량이 행동을 포기하게 하는 중요한 이유일 것이다(Morgan, 1998).

2. 건강한 일탈을 위한 전략

성으로 이분되는 사회 내에서 개인이 남성이나 여성의 전형적인 성역할로부터 일탈할 수 있다는 것은 그렇게 쉬운 일이 아니다. 여성적 성역할 정체감이 개인의 발달을 저해하므로 소녀들이 강한 성유형화에 저항할 수 있도록 돕는 것은 무엇보다 중요한 일이다. 지금까지 밝혀진 연구결과들을 중심으로 소녀들의 성장을 도울 수 있는 전략들을 정리하면 다음과 같다:

첫째, 창조적이고 성취지향적인 여성들은 일탈을 견뎌낼 수 있는 힘을 지니고 있다. 아버지가 여성적 성역할에서 일탈하는 딸을 격려할 때 그리고 가족 내에 남자 형제들이 부재할 때, 소녀들은 강하게 성유형화되는 것으로부터 벗어날 수 있다.

둘째, 성취지향적인 여성모델의 존재는 소녀의 건강한 일탈에 도움이 된다. 그러나 아동들에게 제시되는 위인이나 바람직한 역할모델이 대부분 남성이기 때문에, 소녀를 위한 역할모델의 개발이 시급한 과제이다. 역사적으로 생존했던 인물들 중에서 성취지향적 여성모델을 찾아내기 어려우므로 문학작품을 통하여 가상의 인물로 제시할 수도 있다.

셋째, 아동들이 빈번하게 접촉하는 장난감이나 책 혹은 TV나 비디오테이프의 내용이 전형적인 여성적 성역할에 제한되어서는 안 된다. 어린 소녀의 유일한 장난감이 인형이라면, 그 소녀에게서 능동적이고 모험적인 활동을 기대하기는 어렵다. 소녀들은 성역할 중립적이거나 오히려 남성적 성향의 장난감이나 이야기 혹은 놀이 등을 통하여 일탈할 수 있는 능력을 발달시킬 수 있다.

넷째, 소녀들이 성취지향적인 여성으로 성장하기 위해서는 부모의 격려가 무엇보다 중요하다. 부모가 아들과 딸을 동등하게 대우하고 딸의 지적 욕구와 호기심을 자극하며 모든 일을 스스로 처리하도록 격려할 때, 딸은 전통적 성역할에 얽매이지 않을 수 있다. 다시 말하면 부모들은 아들과 딸의 성유형화를 최소화할 수 있도록 노력해야 한다. 성유형화로부터 일탈하는 사람이 많으면 많을수록, 성에 의한 남녀의 구분은 약화될 것이고 성역할 규준으로부터의 일탈이 오히려 바람직하게 생각될 것이다.

그러나 성에 의해 엄격하게 구분되는 사회에서 성장한 부모들이 아들과 딸을 동등하게 양육한다는 것은 그렇게 쉬운 일이 아니다. 사회나 각종 여성단체들이 다양한 부모교육 프로그램을 개발하여 딸의 바람직한 양육이 이루어질 수 있도록 부모들을 교육하는 것도 하나의 방법일 것이다.

[6 장]

여성의 성적 성숙: 사춘기와 청년기

[6장] 여성의 성적 성숙: 사춘기와 청년기

청년기 동안의 여성의 성적 발달을 설명하고 그것이 정체감을 포함한 여성의 다양한 발달에 어떤 영향을 미치는가를 논의한다. 또한 청년기 소녀의 성적 욕구에 영향을 주는 요인은 물론 여성의 성욕에 대한 사회의 부정적 태도에 대한 설명도 포함되어 있다. 이 장을 통하여 성적 성숙에 대한 의미가 남녀간에 어떻게 다른가가 이해될 수 있을 것이다.

여성의 성적 성숙: 사춘기와 청년기

Ⅰ. 사춘기와 청년기
1. 사춘기와 청년기의 구분
2. 성장급등과 사춘기
1) 연령적 특징
2) 남녀간의 차이
3. 지방조직의 증가와 초경
1) 초경연령의 저하
2) 초경의 의미
Ⅱ. 신체발달의 영향
1. 외모
2. 체중
3. 조숙과 만숙
1) 조숙한 소녀
2) 만숙한 소녀
Ⅲ. 성적 성숙의 영향
1. 성차의 강화
2. 부모-자녀 관계의 변화
1) 사춘기 소녀와 부모의 관계
2) 사춘기 소년과 부모의 관계
3. 자기존중감의 변화
1) 자기존중감 변화의 성차
2) 성차의 원인
4. 여성의 정체감 발달
Ⅳ. 청년기의 성적 욕구
1. 소녀의 성적 욕구에 영향을 주는 요인들
1) 생물학적 성숙
2) 동년배 집단의 영향
3) 사회문화적 영향
4) 개인적 특성
2. 여성의 성욕에 대한 부정적 태도
1) 성교육의 부정적 결과
2) 혼전임신의 책임
3. 10대의 임신과 피임

제6장 여성의 성적 성숙: 사춘기와 청년기

아동기 동안 남아와 여아는 큰 차이를 나타내지 않았다. 그러나 10대에 들어오면서부터 소년과 소녀의 차이는 증가하기 시작한다. 아동중기부터 시작하여 청년초기 동안 호르몬 분비의 급격한 증가에 의해 소년과 소녀는 각기 남성과 여성으로의 변화를 시작한다. 이 장에서는 소녀가 여성으로 변화하는 과정에서 일어나는 여러 가지 사건들과 그것의 결과를 논의하려고 한다.

Ⅰ. 사춘기와 청년기

일반적으로 사춘기는 청년기의 시작시점으로 생각되나 두 시기 모두 언제 끝나는가에 대해서는 논란의 여지가 많다. 사춘기와 청년기에 대한 개념정의를 통하여 두 시기의 의미를 분명히 할 필요가 있다.

1. 사춘기와 청년기의 구분

사춘기는 라틴어의 '털이 많아지다'(pubescere)에서 유래된 단어로 '성장하다'(adolescence)라는 의미의 청년기와 구별되는 개념이다. 인간은 태내기와 영아기 초기 동안 급격한 신체성장을 경험하기는 하지만 개인이 자각하지는 못하였다. 그러나 사춘기는 성장하는 개인이 스스로 인식할 수 있는 가장 급속한 신체성장의 기간에 해당한다.

우리는 신체성장이 급속한 영아기 초기를 제1성장급등기(the first growth spurt)라고 부르고 사춘기의 이 시기를 제2성장급등기(the second growth spurt)라고 부른다. 사춘기 동안 성장급등 현상 외에도 신체구성의 변화는 물론 2차적 성특징*의 출현과 같은 변화가 동시에 일어난다.

이와 같이 사춘기가 생물학적 사건에 의해 정의되는 것과는 대조적으로 청년기는 사회적으로 정의되는 개념이다(Crawford & Unger, 2000). 청년기는 아동기와 성인기 사이의 과도기로서 미숙한 아동이 사회적으로 성인의 책임을 맡을 수 있을 때 끝난다. 그러므로 청년기는 개인이 성인사회로 들어가기 위한 준비기간에 해당한다.

청년기는 사춘기와는 다르게 어느 문화에서나 존재하는 발달단계가 아니다. 문화에 따라 청년기가 없거나 대단히 짧은 문화가 있는가 하면, 우리 문화에서와 같이 긴 청년기를 갖는 문화도 있다. 기술적으로 발달되지 못한 문화에서는 아동기가 끝날 무렵에 그 문화에 독특한 성년식이나 할례의식과 같은 통과의례(rites of passage)를 거쳐 곧바로 성인기에 진입한다. 그러나 고도의 기술발달이 이루어지고 다양한 직업이 존재하는 문화에서는 성인기로 들어가기 위한 긴 준비기간을 필요로 하므로 청년기는 그에 따라 길어질 수밖에 없다.

결론적으로 사춘기가 성인으로 성숙해 가는 과정에서 개인이 겪는 신체적 변화의 기간을 의미한다면, 청년기는 성인으로서의 역할을 수행하기 위한 심리적, 사회적 변화의 기간에 해당한다. 그러므로 청년기는 사춘기를 포함하는 동시에 사춘기 이후에까지 계속되는 보다 더 긴 기간을 의미한다고 볼 수 있다.

2. 성장급등과 사춘기

1) 연령적 특징

사춘기가 언제 시작되고 언제 끝나는가는 우리가 관찰하는 생리적 측정치에 따라 달라진다. 개인의 생리적 변화는 외부에서 관찰될 수 있기 훨

---

* 2차적 성특징(secondary sex characteristics): 남녀의 체격발달, 가슴발육, 체모의 분포 및 음성변화와 같이 여성과 남성을 구별짓는 특성을 의미한다.

씬 전에 신체내부에서 이미 시작되기 때문에 정확한 변화시점을 알 수 없는 것이 그 특징이다. 만약 우리가 난소와 고환의 성장을 자극하는 생식선 자극호르몬(gonadotrophins)의 수준으로 사춘기를 정의한다면, 생식선 자극 호르몬의 수준이 높아지는 7, 8세경에 시작하여 호르몬 수준이 안정되는 10대의 중반이나 후반까지를 사춘기로 정의할 수 있다.

그러나 사춘기는 보통 외부적 변화에 의해 정의된다. 성장급등은 긴 뼈의 성장을 가져오는 생식선 자극호르몬의 생성으로 시작되므로 9세경에 성장급등이 시작된다고 볼 수 있다. 성장급등을 사춘기의 시작시점으로 잡는다면, 사춘기는 10세 이전부터 시작하여 성인키에 도달하는 시기까지를 포함할 것이다.

일반적으로 소녀들은 14-16세경에 성인키에 도달하는 반면, 소년들은 소녀들보다 약 2년 정도 늦게 시작하여 2년 늦게 성장이 완료된다. 그러나 성장은 광범위한 개인차를 포함하기 때문에 개인에 따라 큰 변이를 나타낼 수 있다. 그러므로 연령에 의해 개인의 성숙 정도를 판단한다는 것은 바람직하지 못한 일이다.

대조적으로 사춘기를 성적 성숙의 기간으로 정의하는 심리학자들도 많이 있다. 그들은 1차적 성특징(primary sex characteristics)이 발달하기 시작할 때, 사춘기가 시작되었다고 이야기한다. 남성의 고환과 음경 그리고 여성의 난소와 자궁을 포함하는 1차적 성특징들은 키와 체중에서의 성장급등이 시작되고 2차적 성특징들이 발달하기 시작한 다음에 성숙을 시작한다. 그러나 1차적 성특징들의 성장이 완료된 이후에도 신장과 체중은 물론 2차적 성특징들의 성장은 계속된다.

사춘기를 성적 성숙의 기간으로 한정할 때, 소녀의 초경과 소년의 사정은 성적 성숙의 지표인 동시에 사춘기의 실질적 시작으로 간주된다. 평균적 소녀들의 초경연령이 11-13세이고 소년들의 사정은 약 2년 정도 후에 이루어지기 때문에 이 시기가 소년소녀들의 사춘기 시작시점이 된다.

그렇다면 사춘기의 종결시점은 소년소녀들이 모두 생식능력을 획득했을 때가 될 것이다. 그러나 소녀들은 초경 후 보통 12-18개월 동안 불임상태에 있고 소년들은 초기의 사정시에 정액을 방출할 뿐 정자를 포함하지 않는다. 그러므로 소녀의 초경과 소년의 첫 사정 후 1-2년 정도 지난 다음에 사춘기가 종결된다고 볼 수 있다.

물론 여기에 제시된 연령은 어디까지나 통계적 연령일 뿐 다양한 개인차를 반영하지는 못한다. 왜냐하면 소녀들의 평균적 초경연령이 11-13세라고 할지라도 그 범위는 9세부터 18세까지 다양하기 때문이다.

2) 남녀간의 차이

소녀와 소년들은 많은 중요한 점에서 서로 다르게 사춘기를 경험한다. 우선 소년소녀들은 사춘기를 시작하고 끝내는 시점에서 차이를 나타낸다. 앞에서도 언급한 것처럼, 소녀들은 소년들보다 약 2년 앞서 사춘기를 시작하고 끝내게 되므로 소년들보다 더 일찍 여성임을 자각한다. 왜 소녀의 성숙이 소년의 그것보다 더 일찍 이루어지는가를 알 수는 없으나, 남성이 여성보다 더 우월한 힘을 갖고 중요시되는 사회에서 소녀의 이른 성숙은 그들의 성장에 도움이 되기보다 방해가 될 가능성이 더 많다.

또한 사춘기 변화의 양과 질에서도 소년소녀들은 차이를 보인다. 사춘기 동안 키는 물론 신체구성과 생식기를 포함하는 신체형태에서 소년소녀들의 차이는 증가한다. 아동기까지 외부생식기의 모습을 제외하고는 차이가 없던 소년소녀들이 점차적으로 성적인 동종이형으로 성장한다.

사춘기의 성적 성숙과정을 통하여 소녀들이 경험하는 초경(menarche)은 소년과의 차이를 분명하게 하는 중요한 사건이다. 소년들도 사정을 경험하기는 하지만, 최초의 사정은 초경만큼 분명한 사건이 아니어서 중요한 개인적 의미나 사회적 의미를 지닌 것으로 받아들여지지 않는다. 소녀의 월경시작은 소녀가 성적으로 성숙하고 아기를 임신할 수 있다는 정보를 전달한다.

3. 지방조직의 증가와 초경

사춘기의 시작과 함께 소녀들의 키와 체중은 급격하게 증가한다. 사춘기의 체중증가는 뼈와 근육 및 신체기관의 크기에서의 증가는 물론 피하지방의 증가에 기인한다. 〈그림 6-1〉과 같이 피하지방은 소녀들의 유방과 엉덩이 부위에 주로 저장된다. 사춘기 이전의 남아와 여아들은 거의 비슷한 양의 피하지방을 지니고 있었으나 성숙과 함께 소녀들이 소년들보다 2배 정도 더 많은 피하지방을 지니게 된다.

지방조직은 소녀의 성적 성숙에 필수적 요인으로 인식된다. 소녀의 초경에 대해 광범위한 연구를 수행한 프리쉬(Frish, 1983a, b)는 소녀들이 초경에 도달하기 위해서는 체중의 약 24%가 지방조직으로 구성될 수 있어야 한다고 주장하였다. 프리쉬의 주장은 살찐 아동들이 평균 체중의 아동들보다 1년 정도 일찍 사춘기에 도달한다는 사실에 의해 입증된다. 또한 심각한 체중손실을 초래하는 신경성식욕부진증(anorexia nervosa)이 월경의 중지를 가져온다는 사실도 프리쉬의 주장을 뒷받침하는 또 다른 증거이다.

1) 초경연령의 저하

20세기 초기와 비교하여 현재의 소녀들은 평균 2년 정도 일찍 성장급등을 경험한다. 그에 따라 초경연령도 13-15세에서 11-13세로 저하되었다(Clark-Stewart, Permutter & Friedman, 1988). 한국 소녀들의 초경연령도 유사한 정도로 하락하여 1960년에 14세 8개월이던 초경연령(김주성, 1962)이 1982년에 12세 3개월(김미화, 1982)로 낮아짐으로써 동일한 정도의 가속현상을 나타낸다.

초경연령의 저하는 20세기 동안의 개선된 영양과 위생 및 건강에 대한 관심의 증대에 기인한다. 현재의 소녀들은 과거와 비교하여 더 일찍 초

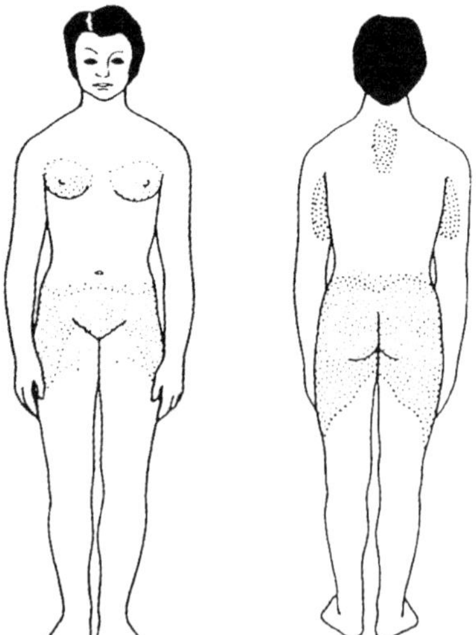

〈그림 6-1〉 피하지방이 저장되는 소녀의 신체부위들

경을 시작할 수 있는 결정적 체중에 도달할 것이므로 초경연령의 저하는 당연한 결과일 것이다. 프리쉬는 초경을 시작할 수 있는 정도의 지방조직을 갖기 위해서는 45kg 정도의 체중이 요구되므로 45kg이 성적으로 성숙될 수 있는 결정적 체중이라고 주장하였다.

만약 초경을 아동기의 끝으로 그리고 성적 성숙의 시작으로 지각한다면, 초경연령의 저하는 소녀들의 아동기가 유의하게 짧아졌다는 것을 의미하기도 한다.

2) 초경의 의미

초경은 소녀들이 경험하는 가장 갑작스럽고 극적인 사건으로 개인에게 특히 중요한 메시지를 전달한다. 초경에 대한 소녀들의 가장 흔한 반응은 놀람이다. 미국 소녀들의 50%는 초경에 대해 놀람을 그리고 39%는 행복을 그들의 첫 반응으로 보고하였다(Crawford & Unger, 2000). 한국의 대학 1학년 학생들에게 질문하였을 때도, 68.6%가 마음의 준비가 없어 놀랐다고 응답하였다(장휘숙, 1996).

초경에 대한 놀람반응에도 불구하고, 소녀들은 초경을 자신이 신체적으로 정상이고 여성으로 성숙했다는 의미로 받아들이기 때문에 행복이나 자랑스러움을 동시에 경험한다. 성인여성들의 회고적 설명도 소녀들의 경

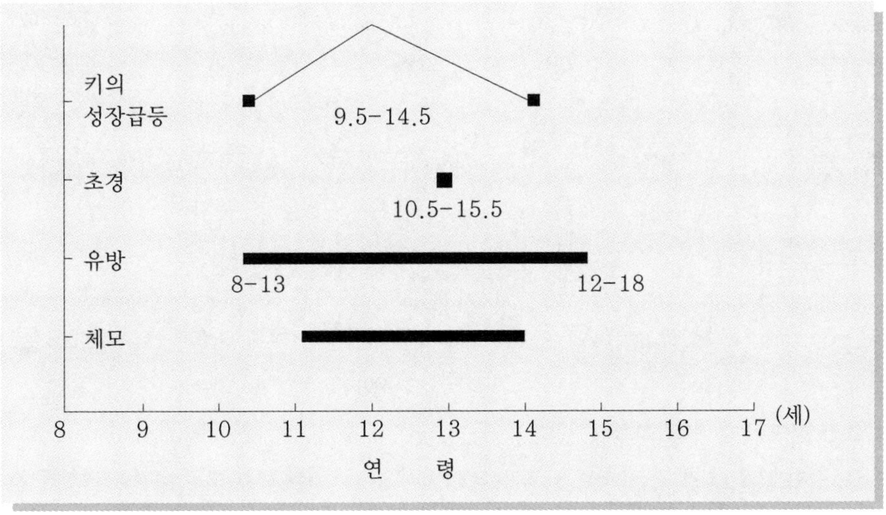

〈그림 6-2〉 소녀의 사춘기 동안 일어나는 신체변화의 시기와 순서

험과 동일하게 긍정적 정서와 부정적 정서가 혼합된 양가적 감정을 나타낸다.

소녀들의 초경은 〈그림 6-2〉와 같이 최고의 성장급등기를 지나 유방 발달이 어느 정도 이루어진 다음에 일어난다. 이와 같은 일련의 신체변화들은 소녀들이 자신에 대해 느끼는 방식은 물론 타인들이 소녀를 보는 방식에 변화를 가져온다. 특히 초경의 시작과 함께, 소녀들은 그들의 자아상과 타인에 대한 태도 및 지각능력에서 큰 변화를 경험한다.

초경은 소녀들의 관심을 자신의 신체에 집중시킨다. 6학년과 8학년 소녀들을 대상으로 2회에 걸쳐 자화상을 그리게 하였을 때(Koff, 1983), 초경을 경험한 소녀들이 초경 이전의 소녀들보다 자신을 더 확고하게 여성으로 지각하였다. 〈그림 6-3〉은 초경을 경험한 소녀들이 초경을 경험하기 이전의 소녀들보다 더 분화되고 성숙한 모습의 자화상을 그린다는 것을 분명하게 나타내 준다.

초경에 대한 태도와는 대조적으로, 월경에 대한 소녀들의 태도는 일반적으로 부정적이다. 오히려 성인여성들보다 더 부정적이기까지 하다. 월경은 여성의 인생에서 정상적이고 자연스러운 사건이기는 하지만, 감추어

〈그림 6-3〉 초경 전과 초경 후의 자화상

그림 1a와 1b는 2회 모두 초경 전의 소녀가 그린 그림이고 2a와 2b는 2회 모두 초경을 경험한 소녀의 그림이며 3a와 3b는 시기 1에서는 초경 전 그리고 시기 2에서는 초경 후에 그린 자화상이다.
출처: Koff, 1983.

져야 하는 당황스러운 사건으로 인식되며 극단적인 경우 저주나 천벌로 생각된다.

특히 어머니들이 월경에 대해 무의식적으로 사용하는 부정적 언어와 월경기간 동안의 신체적 고통이나 불편은 소녀들이 월경에 대해 부정적 태도를 갖게 하는 직접적 원인들이다. 소녀들은 월경기간을 위생상의 위기기간으로 인식하고 잦은 목욕과 생리대 교환과의 전쟁을 치루어야 하는 고통의 기간으로 인식한다. 더욱이 성숙한 여성의 신체는 사회적으로 남성의 신체와는 다른 의미를 갖기 때문에 부모는 딸의 성적 성숙을 오히려 걱정하고 두려워하며 딸의 행동을 제한하려고 한다. 그러므로 소녀들은 월경에 대해 양가적 감정을 가질 수밖에 없다.

월경에 대한 부정적 정서는 더 많은 월경 전 증상을 경험하게 한다. 초경과 월경 양자에 대해 긍정적 태도를 지니고 적절한 준비를 갖추었다고 보고한 소녀들은 더 적은 월경 전 고통을 경험하였다(Brooks-Gunn & Ruble, 1983). 월경에 대한 초기의 부정적 정서는 계속해서 월경 전 증상을 야기시키는 역할을 한다. 일반적으로 초경을 경험하기 이전의 소녀들이 초경을 경험한 소녀들보다 월경을 더 부정적으로 지각하므로 이들에 대한 효과적인 지도가 이루어질 수 있어야 한다.

Ⅱ. 신체발달의 영향

사춘기 동안의 급속한 신체 성장은 청년기 소녀들의 자신에 대한 지각에 큰 변화를 가져온다. 특히 가슴발육을 포함하는 외모의 변화와 체중증가는 이 시기의 소녀들을 고민에 빠지게 하는 중요한 요인들이다.

1. 외 모

청년초기의 소녀들은 자신의 얼굴모습과 체격에 대해 과도한 관심을 갖는다. 너무 큰 코나 작은 코, 지나치게 작은 눈, 비뚤어진 치아 등의 얼굴 모습은 물론 너무 크거나 작은 가슴도 청년초기 소녀들을 고민하게 하는 요인들이다. 외모에 관심이 많은 이 시기의 소녀들은 하루 생활을 거울을 보는 것으로 시작하여 거울을 보는 것으로 끝낸다고 할 정도로 자신의 모습을 거울에 비춰보는 일에 열중한다.

소녀들의 가슴발육은, 감추어질 수 있는 초경과는 대조적으로, 타인들에 의해 쉽게 관찰될 수 있다. 소녀들의 절반 정도는 가까운 가족이나 동성의 친구들이 자신의 가슴발육에 대해 놀릴 때, 당황하거나 화난 경험을 가지고 있다(Brooks-Gunn, 1987). 소녀들은 자신의 아동기 모습의 상실로 인해 성인들이 생각하는 것보다 훨씬 더 큰 혼란을 경험한다.

특히 유방의 발달은 소녀들이 자신에 대한 정체감을 변화시키고 여성 성역할을 수용하도록 만든다. 유방이 발달한 9-11세 소녀들은 유방발육 이전의 소녀들보다 결혼과 자녀를 더 중요하다고 평정하였다(Brooks-Gunn & Warren, 1988). 유방은 남성 신체가 갖지 못하는, 전형적인 여성의 신체특성 중의 하나이므로 소녀를 여성화하는 역할을 한다.

작고 볼품 없는 가슴을 원하는 소녀들은 아무도 없다. 큰 가슴은 남성에게 인기가 있고 매력적으로 지각되기 때문에, 소녀들은 풍만한 가슴을 소망한다. 그러나 대부분의 여성들이 갖는 유방은 지나치게 크지 않으면 지나치게 작고 아래로 쳐지거나 지나치게 뾰족하며 때로는 두 개의 유방이 너무 가깝거나 멀어서 이상적인 유방의 모습과는 거리가 멀다.

이상적 여성상에 가까워지기 원하는 많은 소녀들은 그들의 외모를 변화시킬 수 있기를 소망한다. 쌍꺼풀 수술이나 얼굴의 점을 제거하는 수술은 이미 보편화되었고 유방교정 수술에도 관심을 갖는 소녀들이 많이 있다. 한 결혼정보회사가 인터넷을 통해 미혼여성 133명을 대상으로 조사한 결과, 91.0%(121명)가 "성형수술을 고려한 적이 있다"고 응답하였고 생각해 본 적이 없다고 응답한 반응자는 단지 9%(12명)에 지나지 않았다(일간스포츠 2002. 3. 14일). 자신의 외모가 동년배 집단과 유사하거나 우월하다고 지각하는 소녀들이 열등하다고 지각하는 소녀들보다 더 긍정적인 자기개념을 지니고 있다.

사춘기의 시작과 함께, 소녀의 외모에 대한 관심은 그들의 지적 호기심이나 성취지향적 과업수행을 방해할 정도로 커진다. 아름다운 외모를 갖는 여성들이 많은 사회적 혜택을 누리고 좋은 배우자를 만날 수도 있다고 생각하는 부모들, 특히 어머니들은 딸의 외모에 대한 관심을 부추기기까지 한다. 그에 따라 이 시기의 많은 소녀들은 유능한 여성보다 남성들에게 매력 있는 아름다운 여성이 되기 위해 노력한다.

2. 체 중

사춘기 동안 소녀의 지방조직은 상당한 정도로 증가한다. 정상적인 성적 발달을 이루기 위하여 피하지방의 증가가 필수적인 데도, 지방조직의 증가는 곧 체중증가를 의미하기 때문에 소녀들은 살이 찌지 않으려고 노력한다. 소녀들에게 있어서 살이 찐다는 것은 이상적 여성상에서 일탈된 매력 없는 여성이 된다는 것을 의미한다.

현대 사회에서의 이상적인 여성상은 가늘고 긴, 날씬한 여성으로 특히 긴 다리가 중요시된다. 그러나 패션 모델과 같은 긴 다리를 갖는 여성들은 현실적으로 존재하기 어렵다. 소녀들은 이와 같은 존재 불가능한 이상적인 여성상에 도달하기 위하여 정상적인 체중증가조차도 거부해야 한다. 다시 말하면 정상적인 생리적 변화조차도 비매력적이라고 정의해야 하는 소녀들은 자신에 대해 만족하기 어렵고 낮은 자기존중감을 가질 수밖에 없다.

대조적으로 소년들은 사춘기 동안 지방조직보다 근육의 증가를 경험하므로 체중이 증가한다고 할지라도 살찌는 것을 걱정하지 않는다. 체중에 대한 사회적 의미에서의 성별 관련적 차이는 소녀들이 소년들보다 자신의 신체상을 더 부정적으로 지각하도록 만든다(Tobin-Richards, Boxer, & Petersen, 1983). 소년들과 비교했을 때, 사춘기 소녀들은 그들의 신체를 더 적게 자랑스러워하고 보잘것 없다고 지각하며 더 가늘어지려고 노력한다. 소년들보다 신체특성에 의해 정의될 가능성이 더 많은 소녀들은 자신을 저체중으로 지각할 때 가장 큰 만족을 경험하고 과체중의 지각은 만족에서의 현저한 감소를 불러일으킨다.

지난 100년 동안 청년기 여성의 일기를 분석한 브롬버그(Bromberg, 1997)에 의하면, 옛날 소녀들은 학습을 위해 노력하고 부모와 잘 지내는 것에 더 많은 관심을 가졌으나 최근 20년 동안 소녀들의 주된 관심사는 그들의 신체를 변화시키는 것으로 나타났다. 여성들의 관심이 변화한 시기와 대중매체들이 여성의 매력을 가늘음에 있다고 강조하기 시작한 시기가 일치한다는 점에서 대중매체의 영향력을 실감할 수 있다. 소녀들이 체중을 감량하기 위해 살빼는 약을 가장 많이 복용하는 연령은 7세부터 17세까지이다(Malson, 1997). 문제는 과도한 체중감량이 여성의 건강에 치명적 손상을 초래할 수 있다는 것이다.

3. 조숙과 만숙

앞에서도 지적한 것처럼, 사춘기의 시작연령은 개인에 따라 차이가 크다. 일찍 성숙하기 시작하여 일찍 성숙을 끝내는 조숙아들이 있는가 하면, 늦게 성숙하기 시작하여 성숙의 종결도 늦은 만숙아들이 있다. 조숙과 만숙은 사춘기 소녀들이 경험하는 심리적 환경과 사회적 환경에 차이를 가져올 것이므로, 조숙아와 만숙아들은 각기 상이한 특성을 갖는 개인으로 성장할 것이다.

1) 조숙한 소녀

사춘기를 일찍 맞는 조숙한 소녀들은 만숙한 소녀들보다 더 이른 연령에서 체중증가를 경험한다. 그에 따라 조숙한 소녀들은 사춘기 성장이 끝났을 때에도 만숙한 소녀들보다 키가 더 작고 살이 더 찌는 경향이 있다.

키나 체중에서 이상적 여성상으로부터 일탈되었다고 생각하는 조숙한 소녀들은 일찍부터 체중을 조절하기 위해 식이요법에 관심을 갖는다. 조숙한 소년들이 그들의 뛰어난 운동능력과 지도성 및 사교성에 의해 집단의 지도자가 될 수 있는 이점을 갖는 것과는 대조적으로, 조숙한 소녀들은 동년배들 사이에서 인기가 없고 잘 어울리지 못한다.

또한 조숙한 소녀들은 더 어린 연령에서 성에 눈뜨고 여성의 성적 측면만을 중요시하는 문제점을 지닐 수 있다. 그들은 만숙한 소녀들보다 더 일찍 데이트를 시작하고 성교에 가담하는가 하면 음주를 시작한다(Gallant & Derry, 1995). 동년배의 소년들이 아직도 미성숙한 상태에 있기 때문에, 그들의 데이트 상대자들은 주로 연상의 남성들이다. 조숙한 소녀들은 신체적으로는 성숙하다고 할지라도 심리적, 정서적으로는 아직 미숙한 상태에 있으므로 남녀 사귐에서 발생하는 문제를 처리할 능력이 없다. 연령에 비하여 지나치게 일찍 성적 대상으로 인식되는 조숙한 소녀들은 그들의 동년배 집단 내에서도 소수그룹을 형성하므로 이중적으로 불리한 여건에 처한다.

조숙한 소녀들이 학구적 수행에서도 뒤떨어진다는 증거가 있다(Dubas, Graber, & Petersen, 1991). 그들은 만숙한 소녀들보다 유의하게 더 낮은 학업성적을 얻고 읽기 능력이나 수학 과목의 성취에서 뒤떨어지며 학교에서 낙제할 가능성도 더 많다. 조숙한 소녀들의 지나치게 이른 성적 성숙은 과제수행이나 학업성취보다 오로지 여성의 성적 매력에만 관심을 갖도록 한다.

조숙한 소녀들의 불리한 특성들도 다른 소녀들이 그들의 성장을 따라잡을 수 있을 때가 되면 사라지는 것이 보통이나, 성행동이나 음주와 같은 위험한 행동들은 소녀의 삶에 지속적인 부정적 영향을 줄 수 있다.

2) 만숙한 소녀

만숙한 소녀의 특성은 조숙한 소녀의 그것과 거의 반대가 된다고 생각하면 크게 틀리지 않는다. 일반적으로 소녀들에게 있어서의 만숙은 초경시작의 평균연령인 약 13세까지 초경에 도달하지 못했다는 것을 의미한다. 만숙한 소년들이 미숙하고 의존적이며 반항적인 것과는 대조적으로 만숙한 소녀들은 침착하고 사교적이다. 그들은 성적 대상으로서의 여성상보다는 과업지향적인 개체로서의 여성상에 더 많은 관심을 갖는다.

그러나 만숙한 소녀들은 동년배들보다 유방의 발달이나 생리의 시작과 같은 사춘기 사건들을 더 늦게 경험하기 때문에 불안을 느끼나 그것이 영구적으로 영향을 주지는 않는다. 문제는 만숙한 소녀들이 어린 연령에서 생리적, 사회적 긴장을 처리해 본 경험이 없어 성인기에 이르렀을 때 문제해결능력과 적응능력에서 조숙한 소녀들보다 뒤떨어질 수도 있다는 것이다. 만숙한 소녀들은 그들의 늦은 성장으로 인해 사회적 기술발달이 지연되기 때문에 이후에 더 부정적이라는 연구(Rolfes & DeBruyne, 1990)가 이것을 뒷받침한다.

현재로서 조숙한 소녀들이 조숙한 소년들보다 더 불리한 여건에 처한다는 것은 분명하다. 소녀들의 이른 성적 성숙은, 남성과의 관계에서 인기를 얻게 할 수는 있을지 모르지만, 소녀의 자아상 확립이나 학업수행에 부정적 영향을 줄 수 있다는 것이다. 아직도 학교교육을 받아야 하고 심리적 성장을 이루어야 하는 소녀들에게 지나치게 빠른 성숙은 이익이 되기보다 오히려 해로울 수 있다는 것이 일반적인 견해이다.

Ⅲ. 성적 성숙의 영향

사춘기 동안 일어나는 급격한 신체변화는 소년소녀들의 관심을 변화하는 신체에 집중시키는 역할을 한다. 아동기와 비교하여 이 시기의 청소년들은 훨씬 더 자주 샤워를 하고 거울 앞에서 많은 시간을 보낸다. 소년들보다 2년 정도 앞서 성장급등을 시작하고 성적 성숙에 도달하는 소녀들은 소년들보다 자신의 신체에 대해 더 큰 관심을 갖는다.

이 시기 동안 소녀들은 그들의 변화하는 신체상에 맞추어 자기에 대한 정의를 변화시켜야 하고 자신의 정체를 재확립하지 않으면 안 된다. 이와 같은 자기정의(self-definition)의 과정에서 소녀들은 다음과 같은 두 가지 이유 때문에 소년들보다 더 큰 어려움을 겪는다.

첫째, 남성과 비교했을 때 여성에 대한 매력의 표준이 지나치게 비현실적이다. 왜냐하면 가늘고 긴 모습의 이상적 여성상에 도달하는 것은 불가능한 일이기 때문이다.

둘째, 성숙한 여성성(femininity)에 대한 정의가 모호하다. 현대사회에서 성숙한 여성성이란 무엇을 의미하는가? 전통적 그리고 고정관념적 여성 성역할을 수행하는 것을 의미하는가 아니면 남성들과 같이 직업을 갖고 동시에 가사일을 수행하는 것을 의미하는가? 또한 의존적, 동조적, 감정이입적, 이타적이어야 하는가 아니면 독립적, 자기주장적, 공격적이어야 하는가?

이 절에서는 소녀의 성적 성숙의 결과로 일어나는 중요한 변화들을 논의한다.

1. 성차의 강화

성적 성숙을 이룬 사춘기의 청소년들은 남성과 여성의 성역할을 엄격하게 구분하기 시작한다. 특히 초등학교 6학년부터 중학교 2학년 사이에 남녀 모두 성차를 분명히 하기 위한 여러 가지 변화를 경험한다. 그러나 소년들은 이미 아동기에서부터 자신의 성과 일치하지 않는 행동을 혐오하였기 때문에 사춘기 동안에도 큰 변화 없이 남성 성역할을 계속한다. 대조적으로 아동기까지 그들의 남성적 행동에 대해 큰 제한을 받지 않았던 소녀들은 여성 성역할을 강화하는 방향으로 그들의 행동을 변화시키지 않으면 안 된다. 이제 소녀들 스스로 이성과 같은 행동을 하지 않으려는 노력을 시도한다(Simmons & Blyth, 1987).

사춘기가 시작되면 부모들도 소녀의 남성적 행동을 엄격하게 제한하고 여성적 행동을 강요하기 시작한다. 아동기 동안 부모들은 남아의 여성적 행동은 비난하고 처벌하였으나 여아의 남성적 행동에 대해서는 묵인하는 경우가 많았다. 그러나 사춘기 동안 소녀가 경험하는 성적 성숙과 신체 외모의 변화는 소녀의 자신에 대한 기대는 물론 부모의 딸에 대한 기대도 변화시킨다. 부모들은 이제 더 이상 딸의 남성적 행동을 허용할 수 없다.

중고등학교도 부모들과 같이 전통적 성역할 고정관념에 일치하도록 이 시기의 소녀들을 교육한다. 학교는 소녀들이 소년들보다 더 낮은 교육적 포부수준을 갖도록 유도하고 교과목 선택이나 전공 선택시에도 전통적으로 여성들에게 적절하다고 생각되는 분야를 선택하도록 지도함으로써 소녀들의 여성화를 촉진시킨다.

청소년 자녀에 대한 부모와 학교의 여성화 노력과 함께 소녀들 스스로도 여성화하려고 노력한다. 그러나 아동기를 통하여 양성적 특성으로 구성된 성역할을 학습해 온 소녀들은 성역할의 단절을 경험하지 않을 수 없다. 사회가 성숙한 여성성에 대해 분명한 정의를 제시하고 있지 않으므로 대부분의 소녀들은 그들의 성역할 정체감의 재확립 과정에서 갈등을 경험한다.

2. 부모-자녀 관계의 변화

자녀의 사춘기 동안 부모-자녀간의 갈등이 가족 전체에 영향을 줄 정도로 심각하지는 않지만, 부모와 청소년 자녀 양자는 그들 사이의 갈등이 사소한 문제가 아니라는 사실에 동의한다. 대부분의 갈등이 의복 스타일이나 머리모양 혹은 음악기호와 같은 사소한 문제에서 발생하는 데도 불구하고, 청소년은 부모보다 그들 사이의 갈등이 더 빈번하게 일어난다고 지각한다(Montemayer & Hanson, 1985). 일반적으로 빠른 사회적 변화에 의해 영향을 받는 성문제, 약물 사용문제 그리고 정치와 종교에 대한 가치관에서 큰 세대차이를 나타낸다. 특히 성문제는 부모와 초경을 경험한 소녀들이 빈번하게 충돌하는 문제들 중의 하나이다.

1) 사춘기 소녀와 부모의 관계

초경을 경험한 소녀들은 아직 초경에 도달하지 못한 소녀들보다 자신을 더 성숙하다고 지각한다. 그들은 스스로 하루의 시간계획을 세우고 그 계획에 따라 행동하기를 원하며 더 이상 부모의 간섭이나 통제를 받지 않으려고 한다. 물론 부모도 초경을 경험한 딸을 성숙해졌다고 생각하기는 하지만 초경 후의 딸이 부모의 통제를 더 이상 필요로 하지 않는 성인이라고는 생각하지 않기 때문에, 부모와 자녀간의 갈등은 불가피해진다. 특히 신체변화가 급격한 청년초기 동안 갈등은 최고도에 도달하고 부모-자녀간의 심리적 거리는 점차 멀어진다.

청년초기 동안 부모와 딸 사이의 갈등은 아버지와 딸 사이에서보다 어머니와 딸의 관계에서 더 심각하다. 일반적으로 아버지들은 딸의 신체변화나 성행동에 대해 이야기하기를 원하지 않으며 근친상간의 금기에 맞추어 행동하려고 노력한다. 아버지들은 초경을 경험한 딸과의 물리적 거리를 멀게 하기 위하여, 딸에게 일부러 무뚝뚝하고 퉁명스럽게 행동한다(Hill, 1988).

대조적으로 어머니와 딸의 관계는 사춘기 동안 대단히 갈등적이다. 모녀, 모자, 부녀, 그리고 부자관계 중 가장 가까운 관계인 모녀관계는 가깝기 때문에 더 많은 갈등을 불러일으킬 수 있다. 모녀간의 갈등은 딸의 초경 이전이나 초경 후 6개월-12개월이 지난 이후보다 초경 직후 6개월 동안 가장 심각하였다(Hill & Holmbeck, 1987).

초경 직후의 딸과 어머니의 갈등은 딸이 어머니를 믿고 자신의 신체변화에 대해 이야기했음에도 불구하고, 어머니가 비밀을 지켜주지 않았을 때 커진다. 어머니가 다른 가족들 특히 이성인 아버지에게 자신의 초경경험이나 브레지어 착용을 이야기하거나 아버지와 함께 놀리기까지 할 때, 딸과 어머니의 갈등은 증대된다. 사춘기 동안의 신체변화에 대해 다소 부정적 정서를 지니고 있는 소녀들은 비밀을 지켜 주지 않는 어머니에게 그들의 부정적 정서를 투사한다.

소녀들의 어머니에 대한 의사소통방식도 또한 변화한다. 초경을 경험한 소녀들은 아동기 동안 어머니에게 사용하였던 공격적이고 비판적 언어 대신에 무관심이나 부정(denial)과 같은 수동적 의사소통을 시도한다. 그에 따라 딸과 어머니의 대화는 직선적으로 감소하고 가족관계에 대한 딸의 감정도 점차 부정적으로 변한다(Crockett & Petersen, 1987).

이제 어머니들도 딸의 변화에 대처하여 훈육방법을 바꾸지 않을 수 없다. 대부분의 어머니들은 아동기 동안 사용하였던 지시적이고 독단적인 훈육방법을 버리고 딸이 어머니의 입장이 되어 보도록 감정이입(empathy)을 불러일으키는 훈육방법을 사용한다. 어머니들은 딸이 어머니의 조망을 고려할 수 있도록 유도함으로써 오히려 딸의 심리적 분리나 독립을 어렵게 만드는 역할을 하기도 한다.

2) 사춘기 소년과 부모의 관계

자녀의 사춘기 동안 어머니-아들의 관계도 대단히 갈등적이다. 어머니보다 더 큰 체격과 체력을 갖게 된 청년초기의 소년들은 자주 어머니의 권위에 정면으로 도전한다. 그들은 거의 모든 일에 대해 어머니와 반대입장을 취할 뿐 아니라 가족활동에 참여하는 일도 거의 없다. 이 시기 동안 부모로서의 만족감은 최하위점에 도달하고 결혼생활에 대한 부부의 만족정도도 최저수준으로 감퇴한다(Cole, 1984). 청년기 동안 어머니의 아들에 대한 영향력이 급격히 감소하는 것과는 대조적으로 아버지-아들 위계는 큰 변화를 겪지 않는다는 점에서 차이가 있다. 따라서 사춘기 자녀와의 갈등은 아버지보다는 어머니의 만족 정도를 더 저하시키는 역할을 한다.

어머니-딸의 관계와 어머니-아들의 관계가 아버지-딸 그리고 아버지-아들의 관계보다 더 갈등적이라고 할지라도, 자녀들은 아버지보다 어머니를 더 가깝게 지각한다. 장휘숙(1990)은 984명의 초등학교 4학년 아동부터 고등학교 2학년까지의 남녀 학생들 및 남녀 대학생들을 대상으로 부모에 대한 심리적 거리지각의 연령에 따른 변화를 측정하였다. 조사대상자 모두가 어머니를 아버지보다 더 가깝게 지각하였고 초등학교 6학년인 12세 이후부터 부모에 대한 심리적 지각거리는 점차 증가하는 양상을 나타내었다. 특히 아버지에 대한 지각거리는 12세 이후부터 거의 직선적으로 증가하고 있음을 보여 주었다.

남녀 청소년들의 어머니와 아버지에 대한 심리적 지각거리를 비교했을 때, 소년소녀들은 지각패턴에서 차이를 보였다. 소녀들은 12세인 초등학교 6학년과 15세인 중학교 3학년에서 일시적으로 어머니와 아버지를 심리적으로 더 가깝게 지각하는 데 반해, 소년들의 지각은 연령증가와 함께 거의 직선적으로 멀어짐을 보여 주었다. 이와 같은 결과는 소녀들이 소년들보다 부모와의 관계에서 더 큰 갈등을 경험하고 소년들은 소녀들보다 더 쉽게 부모와 멀어질 수 있는 것으로 해석될 수 있다.

3. 자기존중감의 변화

1) 자기존중감 변화의 성차

자기존중감(self-esteem)이란, '나'로 인식될 수 있는 개인적 특성에 대해 각 개인이 부여하는 가치로서 자기가치감(self-worth)과 동일한 의미로 사용된다. 자기존중감은 개인의 능력발휘는 물론 심리적 적응을 위한 중요한 요인이다. 일반적으로 높은 자기존중감을 지니는 사람들은 창조적이고 생산적이며 바람직한 대인관계를 형성할 수 있다. 대조적으로 낮은 자기존중감의 소유자들은 무능력감과 함께 긴장에 대한 보잘것 없는 대처능력을 지니며 어려움을 참고 견디는 힘이 부족하다.

일반적으로 남녀 아동 모두 아동중기까지 자기존중감이 증가하나 사춘기에 이르면 자기존중감이 하락한다(Block & Robbins, 1993). 그러나 청년초기의 자기존중감 하락은 일시적 현상이어서 연령증가와 함께 다시 상승하기 시작한다. 흥미롭게도 남녀 청소년들은 자기존중감의 하락과 회복에서 큰 차이를 보인다. 소년소녀들은 모두 청년초기 동안 자기존중감에서의 저하를 경험하나 소녀들의 하락 폭이 더 크고 청년후기에 이르러서도 소년들의 수준만큼 회복하지 못한다.

3,000명의 청소년들을 대상으로 자기존중감을 연구한 댈리(Daley, 1991)는 9세경에 소녀들의 자기존중감은 높은 수준을 유지하였으나 고등학교에 입학한 이후에 현저하게 감소하였다고 밝혔다. 그러나 소년들의 자기존중감은 소녀들과 비교하여 약간 낮아지는 정도에 그쳐 분명한 성차가 확인될 수 있었다. 최근에 통합분석을 실시한 매이어와 그 동료들

(Major 등, 1999)도 사춘기는 자기존중감에서 분명한 성차가 나타나기 시작하는 시기라고 제안한 바 있다.

2) 성차의 원인

왜 소녀들은 청년기를 거쳐가는 동안 소년들보다 더 낮은 자기존중감을 갖게 되는가? 청년기 동안 소녀들에게서 나타나는 자기존중감의 하락을 호르몬 변화를 포함하는 그들의 생리적, 신체적 변화에 귀인시키는 사람들이 있는가 하면 변화의 원인을 사회적 영향에서 찾으려는 연구자들도 있다.

우선 신체변화가 사춘기 소녀의 자기존중감을 하락시키는 주범이라고 주장하는 연구자들은 급격한 신체변화는 청소년들이 타인의 신체는 물론 자신의 변화하는 신체에 관심을 집중하게 한다고 주장한다(Greene & Adams-Price, 1990). 코프(Koff, 1983)의 연구에서도 확인된 것처럼, 인물화를 그릴 때 초경 후의 소녀들은 남성보다 여성을 더 먼저 그릴 뿐 아니라 여성을 그릴 때에도 성적으로 명백한 여성상을 그린다. 이와 같이 소년들보다 소녀들 사이에서 더 강하게 나타나는 신체에 대한 관심은 성숙한 여성성에 대한 소녀들의 동일시를 부추기고, 그것은 소녀들의 자기존중감을 낮추는 역할을 한다. 다시 말하면 소녀들은 사춘기의 신체변화를 통하여 자신을 확고하게 여성으로 지각하게 됨으로써 여성성에 기인한 자기존중감의 하락을 경험한다는 것이다.

대학생들을 대상으로 연구한 블랙맨과 펀더(Blackman & Funder, 1996)를 포함한 여러 연구자들은 남녀 모두 여성적 특성인 표현적 특성보다는 남성적 특성인 도구적 특성을 지니고 있을 때, 높은 자기존중감을 지닐 수 있다고 주장하였다. 높은 자기존중감을 지니고 있는 개인들은, 타인에 대해 관심을 갖고 타인과의 관계를 중요시하는 여성적 특성보다는 개인적 목표와 욕구에 관심을 갖는 남성적 특성을 지니고 있었다. 그러므로 남녀 모두의 자기존중감을 높일 수 있는 요인은 여성성이 아니라 남성성이라는 것이다.

그러나 블랙맨과 펀더의 연구와는 정반대로 남녀 모두 그 사회에서 규정하는 남성적 역할과 여성적 역할을 성공적으로 수행할 수 있을 때 자기존중감이 높아질 수 있다는 연구도 있기 때문에(Block & Robbins, 1993),

현재로서 소녀의 자기존중감을 하락시키는 요인들을 정확하게 찾아내기는 어렵다.

자기존중감에서 나타나는 성차는 신체변화의 영향은 물론 사회환경적 경험의 영향을 받는다. "오필리아의 부활: 청년기 소녀의 자기(自己) 지키기"(Reviving Ophelia: Saving the Selves of Adolescrnt Girls)의 저자인 파이퍼(Pipher, 1994)는 여성의 외모를 중요시하고 여성에 대한 성차별주의와 폭력으로 가득찬 현대사회가 소녀들의 자기존중감을 강탈해간다고 주장하였다. 저자는 여성에 대한 사회적 기대를 충족시키기 위하여 소녀들은 진정한 자기를 상실하게 된다고 강변하였다.

파이퍼와 동일한 맥락에서, 하버드 대학교의 길리건 교수(Gilligan, 1982)는 소녀들의 낮은 자기존중감은 생리적 변화의 영향이기보다는 학교교육의 결과라고 주장한다. 그 이유는 앞에서 언급한 댈리의 연구에서 아프리카계 미국인 소녀들의 자기존중감은 청년기 동안 낮아지지 않았기 때문이다. 만약 생리적 변화의 영향 때문이라면, 청년기 동안 모든 소녀들의 자기존중감이 낮아져야 함에도 불구하고, 아프리카계 미국인 소녀들의 자기존중감은 변화가 없었다.

학교가 남녀 학생들에게 불평등한 교육을 실시한다는 것은 널리 알려진 일이다. 미국의 페미니스트들은 초등학교와 중학교의 수업과정에서 남학생들이 여학생들보다 더 많은 발표기회를 갖고 교사들의 관심을 더 많이 받는다고 지적한다. 또한 과학실습의 79%가 남학생들에 의해 진행된다는 사실도 페미니스트들에 의해 최근에 자주 지적되는 문제이다(Sadker & Sadker, 1994).

학교의 불평등한 교육에도 불구하고, 아프리카계 미국인 소녀들은 부모로부터 가사역할과 직업역할을 함께 수행하도록 확고하게 학습해 왔기 때문에 큰 영향을 받지 않는다. 그러나 독립적인 개체로서 직업역할의 수행에 대해 흑인 소녀들만큼 격려받지 못한 백인 소녀들은 불평등한 학교교육의 영향을 받지 않을 수 없다. 자의식이 강해지는 청년기 동안의 불평등한 학교교육은 소녀의 자기존중감을 훼손시키기에 충분하다.

자기존중감의 하락원인에 대한 이와 같은 다양한 설명에도 불구하고, 분명한 사실은 소녀들은 청년기를 벗어날 무렵에 이르면 소년들보다 더 보잘것 없는 자아상과 인생에 대한 더 낮은 기대 그리고 자신과 능력에 대한 더 적은 신뢰를 지니게 된다는 것이다. 소녀들의 낮은 자기존중감은 능력의 발휘를 방해하고 삶에서의 만족감이나 행복감을 저해하는 역할을 한다.

4. 여성의 정체감 발달

신체변화를 포함하는 청년기의 다양한 변화들은 이 시기 청소년들의 자기정의와 자기존중감에 변화를 가져오고 그것은 곧 자아정체감(ego identity)문제에 직면하게 한다. 자아정체감이란 우리 자신의 독특성에 대해 비교적 안정된 느낌을 갖는 것으로 행동, 사고 그리고 감정의 변화에도 불구하고 우리 자신에 대해 갖는 일관성이다. 그러나 청년기 동안 일어나는 다양한 변화들은 개인의 일관성을 위협하고 통합된 자기상의 확립을 방해하므로 정체감 위기(identity crisis)를 초래한다. 청소년들은 정체감 위기를 해결하기 위해 나는 누구인가, 나는 무엇을 할 수 있는가에 대한 해답을 얻으려고 노력한다.

문제는 정체감 발달에 관해 광범위한 연구를 수행한 에릭슨과 그 후속 연구자들이 정체감 발달을 여성과는 관련 없는 문제로 생각했다는 것이다. 그들은 여성들의 정체감 획득은 전통적 여성성과 모순이 된다고 가정하였다. 여성들은 성장과정을 통하여 가정 바깥의 일보다는 아내와 어머니의 역할을 동일시하도록 기대되므로 직업역할을 수행하는 남성들과 같은 독립된 정체감을 필요로 하지 않는다는 것이 정체감을 연구하는 사람들의 한결같은 생각이었다.

그 증거로서 청년기 여성들은 미래의 남편에 적응하기 위하여 융통성 있는 정체감을 형성한다는 연구결과가 있다(Almquist 등, 1980). 많은 결혼한 여성들은 배우자의 특성에 따라 그들의 정체를 변화시켜야 하므로 여성들의 독립적 정체감 형성은 결혼생활에 바람직하지 않게 작용할 것이라는 것이다. 일반적으로 융통성 있는 정체감은 불안정하고 상처받기 쉬운 속성을 지니고 있으므로 자기정의의 발달을 지연시키고 인생에 대한 불확실감을 증가시킨다.

여자 대학생을 대상으로 정체감 상태를 연구한 마샤(Marcia, 1980)는 정체감을 획득한 여학생들은 더 높은 수준의 자기존중감을 지니고 있다고 밝혔다. 특히 정체감을 획득한 여학생들은 높은 성취동기와 함께 높은 성공공포를 지니고 있어 성취와 여성성 사이의 갈등을 노출하였다.

성공공포(fear of success)란 여성들이 직업세계에서 높은 성취를 이루기 원하면서도 사회적 성공은 여성다운 매력과 상반되기 때문에(사회적 성공은 전통적으로 남성의 성역할이다), 성공하기를 두려워하는 현상을 말한다. 남성들 중에도 여성들과 유사하게 성공공포를 지니고 있는 사람들이 없는 것은 아니다. 그러나 남성들은 성공을 위한 자신의 노력이 실제로 가치 있는 일인지 아닌지를 의심하고 두려워하는 반면, 여성들은 성공함으로써 사회적으로 거부당할 것을 두려워한다.

여성에 대한 성역할 고정관념은 빠르게 변화되고 있다. 여성들의 사회활동 증가와 여성을 위한 법적, 제도적 개선은 여성들이 보다 더 독립적이고 안정된 정체감을 형성할 수 있도록 할 것이다.

Ⅳ. 청년기의 성적 욕구

사춘기 소년소녀들의 성적 성숙은 그들의 성적 행동과 밀접하게 관련되어 있다. 성적 성숙의 결과로 성욕을 갖게 된 이 시기의 청소년들은 다양한 성적 활동에 가담하기 시작한다. 사회가 청소년들의 성욕을 통제하려고 노력하기는 하지만, 점점 더 많은 수의 청소년들이 성행동에 가담하고 있어 중요한 사회문제가 되고 있다.

13세부터 18세까지 한국의 청소년들(대부분이 중고등학교 학생들임)을 대상으로 실시된 1999년도 조사에서(2000 MBC 청소년백서), 성관계 경험이 있는 청소년들은 5.3% 그리고 성관계 경험이 없는 청소년들은 94.7%로서 1991년의 6.3% 및 93.7%와 큰 차이를 보이지 않는다. 또한 성관계 경험을 한 청소년들 중 남자는 8.4% 그리고 여자는 2.1%를 차지하고 있어 유의한 성차를 나타내었다.

그러나 1990년에 미국 남성의 79%와 여성의 74%가 19세까지 성적 경험을 한 것으로 밝혀져(Hyde & DeLamater, 1997), 미국에서는 이미 성경험에서의 성차가 사라졌다고 말할 수 있다. 대중매체의 영향으로 전세계의 모든 10대들은 평균 16-17세에 첫 성교를 경험하고(Crawford &

Unger, 2000) 5명의 10대 중 1명이 11세와 14세 사이에 첫 성교를 경험한다는 보고가 있기는 하지만(Becker, Rankin, & Rickel, 1998), 우리의 청소년들은 아직도 성관계에 대해 대단히 보수적인 태도를 견지하고 있음이 분명하다.

일반적으로 사회는 남성보다 여성의 성욕을 통제하려고 한다. 그 이유는 여성들이 임신을 하기 때문이기도 하지만, 성에 대한 이중기준(double standard)이 아직도 우리의 내면에 존재하고 있기 때문이다. 제7장에서 다시 설명하겠지만, 성에 대한 이중기준이란 결혼 전이나 결혼 후에 남성들은 여러 여성들과 성관계를 갖는 것이 가능하나, 여성들은 결혼 전까지의 순결은 물론 결혼 후에도 남편과의 성관계만을 가질 수 있다는 것이다. 표면적인 이중기준은 사라지고 있기는 하지만, 사회는 아직도 혼전임신의 책임을 여성에게 전가하고 사회문제를 미연에 예방하기 위하여 성욕을 통제하려고 한다.

1. 소녀의 성적 욕구에 영향을 주는 요인들

여러 가지 요인들이 청년기 소녀의 성적 욕구와 행동에 영향을 준다. 사춘기는 더 빨라지고 결혼은 더 늦어지고 있으므로 성적 욕구의 처리문제는 남녀 모두에게 쉬운 일이 아니다.

1) 생물학적 성숙

소녀의 초경경험과 성호르몬 수준은 그들의 성행동과 정적 상관이 있다(Smith, 1989). 그러나 호르몬 수준은 소녀의 성적 관심의 정도에는 영향을 미치지만, 실제적인 성행동에는 큰 영향을 주지 않는다. 인간의 경우 호르몬 물질 자체가 성적 목표대상물을 선택하는 것이 아니므로, 성적 감정이나 욕구는 여러 가지 방법으로 조건화될 수 있다. 물론 사춘기 이전에 성선 제거수술을 받는다면, 성적 감정이나 욕구는 영원히 발달되지 못할 것이다.

2) 동년배 집단의 영향

동년배 집단은 청소년들의 성행동에 직접적인 영향을 준다. 청년기 동안 성행동의 가장 강력한 예언자 중의 하나는 친한 친구의 성행동에 대한 청소년들의 지각이다(Miller 등, 1997). 킨즈만 등(Kinsman, Romer, & Schwarz, 1998)에 의하면, 성적으로 능동적인 6학년 소년소녀들은 그들의 또래들이 성적으로 능동적이라고 믿고 있었고, 성행동에 가담하는 것이 그들을 더 인기 있게 만든다고 지각하고 있었다. 청소년들은 그들의 친구들이 성행동을 하고 있다고 생각하기 때문에, 자신도 성행동을 하기 시작한다. 여기서 중요한 것은 친구들이 실제로 성행동을 하고 있는가 아닌가가 아니라 친구들이 성행동을 하고 있다고 생각하는 청소년들의 지각이다.

앞에서도 설명한 것처럼, 개인의 성행동은 동년배 집단의 영향도 받지만, 자신의 성호르몬 수준에 의해서도 영향을 받는다. 그러나 소년들의 성행동은 주로 호르몬 수준에 의해 결정되기 때문에, 동년배 집단은 소년들보다는 소녀들의 성행동에 더 중요한 역할을 한다. 물론 소녀들이 미성숙하여 성호르몬 수준이 낮을 때는 동년배 집단은 상관이 없으나 성숙의 결과로 소녀들의 성호르몬 수준이 높아지면, 동년배 집단은 소녀들의 성행동을 위한 강력한 역할모델로 작용한다.

일반적으로 부모를 가깝게 지각하는 소녀들은 쉽사리 이성과의 성행동에 가담하지 않는다(Murry-McBride, 1996). 그러나 아무리 부모의 영향이 크다고 할지라도, 동년배 집단만큼 청년기 소녀의 성행동에 영향을 주지는 못한다(Miller 등, 1997).

3) 사회문화적 영향

가족의 사회경제적 지위와 이 시기 소녀들의 성행동 사이에 높은 상관이 있다. 일반적으로 낮은 사회경제적 지위의 소녀들이 더 이른 연령에서 성교를 경험한다(Zelnik, Kantner, & Ford, 1981). 그 예로서 미국의 흑인 10대 소녀들이 백인 10대 소녀들보다 더 일찍 성교에 가담할 뿐 아니라 근로 청소년들이 학교에 재학하는 소녀들보다 더 일찍 혼전성교를 경험한다(장휘숙, 1999).

4) 개인적 특성

사춘기 소녀들의 때 이른 성적 행동은 그들의 개인적 특성과도 상관이 있다. 어린 연령에서 성행동에 관심을 갖는 소녀들은 일찍부터 사회적으로 바람직하지 못한 행동에 가담하는 경향이 있다. 그들은 담배를 피우거나 술을 마시고 약물을 복용한다. 또한 교육적 기대도 낮고 학업성적도 저조하여 학교에서도 문제아들이다. 특히 종교가 있는 소녀들이 종교가 없는 소녀들보다 성행동에 대해 더 보수적인 태도를 지니고 있었다(Cooksey, Rindfuss, & Guilkey, 1996).

2. 여성의 성욕에 대한 부정적 태도

사회는 여성이 성적 욕구를 갖는다는 사실을 부정하고 여성의 자발적인 성적 활동을 억압한다. 그 단적인 예가 아프리카의 여러 나라와 소수의 아시아 나라들에서 자행되고 있는 여성의 성기를 절단하는(genital mutilation), 소위 할례의식이다. 4세부터 12세 사이의 어린 소녀들에게 시행되는 성기절단은 음핵의 일부나 전부 혹은 자궁의 외입술이나 내입술까지 절단함으로써 여성의 성적 쾌감을 감소시키고 오르가즘을 경험하지 못하게 하려고 한다(Abusharaf, 1998).

우리 사회도 성에 대해 많은 변화가 일어나고 있기는 하지만, 아직도 여성들의 성행동은 단지 결혼에 의해서만 가능하다는 것을 암암리에 강조한다. 사회는 10대의 소녀가 임신했다고 할지라도, 결혼이 이루어지기만 하면 그것을 문제삼지 않는다.

1) 성교육의 부정적 결과

학교에서 실시되는 성교육은 자주 지극히 해부학적이고 설교적이어서 이 시기의 소녀들에게 큰 도움이 되지 못한다. 성교육의 내용은 대부분 여성들도 남성들과 동일하게 성적 욕구를 지니는 존재라는 것을 보여 주는 것이 아니라, 남성의 동기나 욕구에 의해 여성들이 희생당할 수 있다는 것을 강조한다. 다시 말하면 성교육은 여성들이 성적으로 희생당할 수 있는 예들을 제시함으로써 여성들은 무력하고 상처 입기 쉽다는 생각을 강화한다.

성교육은 소녀들에게 남성들의 성적 욕구에 'No' 하라고 가르친다. 만약 어떤 소녀가 'No' 라고 하지 못했다면, 그 소녀는 부도덕하다고 평가된다. 그러나 성교육은 언제, 어떻게 'No' 라고 말해야 하는가를 가르치지 않기 때문에, 소녀들은 성교육을 통하여 남성의 성적 행동에 대한 적절한 대처방법을 학습하지 못한다.

지금까지 우리 사회는 여성들의 성적 추구는 단지 사랑하는 파트너를 기쁘게 하기 위해서만 가능하다고 규정하였다. 여성들은 자신의 성욕을 추구해서도 안 되고 스스로의 성적 만족을 기대해서도 안 된다. 여성의 성욕은 남성을 유혹하는 장치로서 존재할 뿐 그 자체로서 존재해서는 안 된다. 아동기부터 어머니가 되도록 사회화되는 여성들은 성적 매력을 지니고 있어야 하나 그들 자신은 지극히 비성적이어야 한다는 것이다(Cusick, 1987).

사춘기 소녀들의 이른 성적 추구는 사회나 학교가 그들의 성적 욕구를 억제하지 못해서가 아니라 오히려 여성적 사회화의 결과일 수 있다. 졸겐센과 알렉산더(Jorgensen & Alexander, 1983)는 전통적 성역할 정체감을 지니고 있는 소녀들이 혼전성교에 가담하고 피임을 사용하지 않을 가능성이 더 많다고 주장한다. 그 예로서 임신한 10대 소녀들은 전형적인 여성적 특성을 지니고 있었고 학교에서도 수동적이고 조용한 학생들이었다.

결론적으로 사춘기 소녀들은 그들의 성교육 과정을 통하여 자신들이 성적 희생자가 될 수 있다는 것을 학습한다. 성교육을 통하여 여성은 약하고 상처입기 쉬워 스스로 주도적인 삶을 살 수 없다고 학습한 소녀들은 자신감을 잃고 자기효능감*을 훼손당한다. 또한 소녀들이 성적 희생자가 되지 않는 유일한 방법은 성적 절제나 결혼이라는 것을 학습한다.

2) 혼전임신의 책임

혼전성교의 결과로 소녀들이 임신하게 될 때, 그것은 다음과 같은 두 가지 이유로 소녀 자신의 책임으로 간주된다.

첫째, 소녀가 'No'라고 말하지 못했기 때문이다. 그러나 사람은 항상 합리적인 신념에 의해 행동할 수 있는 자율적인 존재가 아니며 때로 자신의 정서적 욕구에 대해서 충분히 생각하지 못한 상태에서 행동할 수 있다. 더욱이 여성들은 우리 사회에서 개인적 힘은 물론 집합적 힘을 거의 갖지 못한 집단을 구성하므로 사회적으로 낮은 지위를 형성한다. 혼전임신은

---

* 자기효능감(sense of self-efficacy): 개인이 어떤 결과를 산출하기 위해, 요구되는 행동을 성공적으로 수행할 수 있다는 신념.

그들이 부도덕하다거나 지적 능력이 부족하기 때문이 아니라, 현실에 대처하기 위한 효과적인 전략을 발달시키지 못한 결과일 수 있다.

둘째, 소녀가 피임을 사용하지 않았기 때문이다. 앞에서도 지적한 것처럼, 사회는 여성들이 성적 욕구를 추구해서도 안 되고 성교를 기대해서도 안 된다고 규정한다.

성교의 가능성을 기대하는 것조차 허용되지 않는 사회에서 소녀들은 어떻게 성교를 예측할 수 있고 피임도구를 준비할 수 있겠는가? 10대 임신의 대부분이 10대의 소년들에 의해서만 이루어지는 것이 아니기 때문에, 피임하지 않은 책임을 전적으로 소녀들에게만 전가시키는 것은 바람직하지 못하다.

3. 10대의 임신과 피임

전세계적으로 10대의 임신이 증가하고 있다. 미국의 한 통계치는 18세 이하의 여성 네명 중 한명이 임신하며 10대 임신자는 매년 거의 백만명에 이른다고 추정한다(DiMona & Herndon, 1994). 1990년을 기준으로 10대 임신이 약간 감소추세를 보이기는 하지만, 10대 임신의 80-90%가 의도되지 않은 임신이며 그중 절반은 성인남성들에 의해 이루어진다.

한국의 10대 임신율도 증가추세를 보이기는 하나 서구와 비교할 수 있는 정도로 그 수가 많은 것은 아니다. 임신하는 10대들은 피임방법을 모르거나 피임을 하지 않거나 한다. 14세 이후부터 24세까지의 여자 근로청소년 500명을 조사한 결과에 의하면(김한경, 조항원, 박정숙, 1991), 매번 피임을 사용한 응답자는 2.1%, 때때로 사용한 사람 6.2%, 그리고 피임을 하지 않는 근로자가 91.8%에 이르렀다. 또한 피임하지 않는 이유는 피임방법을 몰라서 39.75%, 준비가 안 되어서 22.4%, 피임기구를 사는 것이 쑥스러워 19.5% 그리고 피임의 안정성을 의심해서 14%였다.

김한경 등의 조사결과는 피임방법을 모르는 39.7%를 제외하고 나머지 소녀들은 피임방법을 알고 있으면서도 사용하지 않았다는 것을 나타낸다. 왜 10대 소녀들은 피임을 하지 않는가? 연구자들이 제시한 이유들보다 더 근본적인 이유들이 있을 것이다.

10대 소녀들이 피임하지 않는 이유를 인구통계학적 요인, 상황적 요인 그리고 심리적 요인으로 나누어서 생각해 볼 수 있다. 각 요인에 따른 소녀들의 특성을 열거하면 다음과 같다.

인구통계학적 요인들
① 18세 이하의 어린 소녀들
② 더 낮은 사회경제적 수준
③ 낮은 교육수준

상황적 요인들
① 임신을 경험한 일이 없음
② 사전 계획 없는 우연한 성교
③ 성교의 순간에 피임방법을 활용할 수 없음

심리적 요인들
① 무기력과 숙명주의적 태도에 기인한 통제감의 부족
② 낮은 교육적 성취와 목표
③ 높은 수준의 불안과 낮은 자아강도
④ 낮은 자기존중감
⑤ 높은 자아중심성

그러나 위에 제시한 소녀들의 특성들 중 아마도 가장 중요한 것 중의 하나는 10대 소녀들이 갖는 자아중심적 경향성일 것이다. 10대 소녀들은 다른 사람들은 모두 임신한다고 할지라도 그들만은 운좋게 임신하지 않을 것이라는 그들 특유의 개인적 우화(personal fable)에 빠져 있다. 개인적 우화란 청소년들이 지니고 있는 자아중심성의 한 측면으로 청소년 자신들은 타인과 비교될 수 없는 독특한 존재라고 생각하는 현상이다.

개인적 우화현상은 청소년 자신을 예외적인 존재로 지각하게 한다. 다른 소녀들이 모두 임신한다고 할지라도 자신은 아닐 것이라고 생각하는 소녀들은 피임할 필요성을 느끼지 않는다. 그 증거로서 거의 모든 소녀들은 자신이 임신한 것을 알고 놀랐다고 보고한다. 그들은 자신들이 너무 어리고 자주 성교를 갖지 않기 때문에, 자신과 임신은 상관이 없다고 생각했다는 것이다. 개인적 우화에 빠져 있는 10대들은 자신은 임신에 대한 책임이 없다고 생각하기까지 한다.

오늘날과 같이 성병이 만연하고 AIDS의 위험에 쉽게 노출되는 시대에 이성과의 접촉은 소녀들에게 심각한 후유증을 초래할 수 있다. 콘돔의 사용은 임질은 물론 AIDS까지도 예방할 수 있다는 것을 알고 있는 청소년들은 많지 않다. 성교육을 통하여 적절한 피임방법을 가르치는 것이 무엇보다 중요한 일이나 단순히 여성의 성욕을 억압하고 성적 희생물이 되는 위험성만을 강조하는 성교육은 소녀들에게 실질적 도움을 주지 못한다. 도처에 성적 자극물들이 널려 있는 상황에서 도덕성만을 강조하는 성교육은 이제 무의미하기만 할 뿐이다.

[7장]

사랑과 결혼

[7장] 사랑과 결혼

여성의 인생에서 무엇보다도 중요하다고 생각되는 사랑과 결혼을 설명한다. 사랑과 결혼은 여성의 사회적 지위에 따라 그리고 문화적 특성에 따라 달라지므로 변화하는 가치관의 문제도 함께 포함될 수 있도록 하였다. 특히 성에 대한 이중기준의 존재여부와 그것이 주는 성적 역기능의 문제도 함께 논의하였다. 이 장은 성에 대한 가치관이 크게 변화하고 있기는 하지만, 아직도 여성들은 사랑과 성 그리고 결혼생활에서 남성들보다 불리한 여건에 있다는 것을 분명하게 보여 줄 것이다.

사랑과 결혼

제7장 사랑과 결혼

오늘날 대부분의 여성들은 사랑하고 그리고 결혼한다. 사랑과 결혼에서의 남녀관계는 불평등의 전형이라는 페미니스트들의 지적에도 불구하고, 페미니스트들을 포함하는 거의 모든 여성들이 그와 같은 불평등한 관계로 기꺼이 들어간다. 많은 여성들은 '사랑이 그들의 인생의 전부'인 것처럼 믿고 행동한다.

대중매체나 예술작품들이 앞다투어 다루는 주제는 사랑이야기이다. 특히 TV 드라마의 주제는 사랑을 제외하고는 다룰 소재가 없을 정도로 사랑이야기 일색이다. 드라마 속의 여성 주인공들은 '사랑 없이는 살 수 없다'고 입버릇처럼 되뇐다. 그러므로 사랑과 결혼만큼 여성의 인생에 중요한 것은 없다고 해도 과언이 아니다.

Ⅰ. 남녀의 사랑

남녀의 사랑은 문화에 따라 차이가 있다. 백인여성과 흑인여성의 사랑방식에 차이가 있는 것처럼, 한국여성과 미국여성은 물론 동양여성과 서양여성의 사랑방식에는 차이가 있다. 남녀간의 사랑은 문화적 맥락 내에서 학습되고 해석되기 때문에 각 사회는 그 사회에서 규정하는 독특한 사랑의 스크립트를 가지고 있다.

1. 문화적 스크립트로서의 낭만적 사랑

멜로 드라마의 사랑이야기는 항상 일정한 패턴을 지니고 있다. 즉 어떤 아름다운 여성이 낯선 남성을 우연히 만나고 그들은 쉽게 사랑에 빠진다. 그러나 두 사람을 갈라놓는 갈등이 뒤따른다. 그들은 우여곡절 끝에 결혼하고 그리고 영원히 행복하게 사는 것으로 이야기는 끝난다. 멜로 드라마 속의 남자 주인공은 때로 냉정하고 거부적이며 사랑에 민감하지 못하나, 그것은 단순히 여성에 대한 사랑을 위장한 것이라는 것이 이야기의 끝부분에서 밝혀진다. 또한 때때로 독립적이고 저항적이던 여자 주인공도 결국 사랑에 굴복하는 것으로 끝이 난다.

멜로 드라마 속의 여성들은 남성들을 변형시키는 주역들이다. 멜로 드라마는 여성이 갖는 사랑의 힘에 의해 냉정하고 잔인하기까지 한 남성을 열정적이며 여성을 보호하는 남성으로 변화시킬 수 있다는 것을 보여 준다. 대부분의 멜로 드라마는 '영원히 행복하게 살았다'로 끝나지만, 현실적으로 그와 같은 일은 존재할 수 없다. 그럼에도 불구하고 많은 여성들은 멜로 드라마를 통하여 대리적으로 낭만적 사랑을 경험한다. 멜로 드라마는 여성들을 단조로운 일상으로부터 벗어날 수 있게 하고 그들의 여가시간을 즐길 수 있도록 해 주기 때문에, 일시적인 사회적 신드롬을 만들어내기도 한다.

멜로 드라마의 중요성은 그것이 낭만적인 사랑에 대한 전형적인 스크립트(script)를 제공한다는 것이다. 앞 장에서도 언급한 것처럼 스크립트란 기억을 위한 일종의 체제화 전략으로서 일상적인 어떤 일이나 사건에 대해 가지고 있는 정신적 표상들이다. 남녀관계에 대해 우리는 다양한 정신적 표상 즉 스크립트를 갖는다. 낭만적 사랑에 대한 스크립트, 전통적 데이트 스크립트 혹은 성행동 스크립트 등 많은 스크립트들이 존재한다.

여성들은 이와 같은 멜로 드라마는 물론 아동기 동안 읽었던 만화나 동화를 통하여 이미 사랑에 대한 문화적 스크립트를 형성하고 있다. 아동초기부터 소녀들은 동화속의 가련한 여주인공들을 동일시하면서 성장한다. 예를 들면 계모에게 학대받던 가난한 소녀가 왕자님에 의해 부귀영화를 누리게 되는 신데렐라 이야기, 왕비의 간계로 혼수상태에 빠진 공주가 멋진 왕자님에 의해 구출되는 백설공주 이야기, 그리고 헌신적 사랑을 통하여 야수를 왕자로 변화시키는 미녀와 야수의 여주인공들이 모두 그들의 동일시 대상들이다.

소녀들은 동화 속의 여주인공을 통하여, 여성은 사랑에 의해 정의되고 사랑이 인생의 전부라는 문화적 스크립트를 형성한다. 그러므로 여성들은 스스로 노력하여 직업을 갖거나 성취지향적 삶을 추구할 필요가 없다. 그들은 단지 아름다운 외모를 지니고 있기만 하면, 멋진 남성을 만날 수 있고 신분상승도 동시에 꾀할 수 있는 행운의 주인공들이다.

사회는 낭만적인 사랑을 보호하고 정당화하는 역할을 한다(Moffat, 1989). 남녀가 결혼관계 내에 있지 않다고 할지라도, 우연적인 성행동보다는 애정이나 사랑 혹은 헌신을 바탕으로 하는 성행동을 사회는 더 바람직하게 생각한다. TV를 포함하는 대중매체들은 사랑과 성에 대한 우리 사회의 문화를 선도한다. 사랑을 바탕으로 하는 성행동에 대해 대중매체들이 보이는 호의적 반응은 많은 젊은이들이 애정을 바탕으로 하기만 한다면, 혼전성교도 가능하다는 입장을 취하게 한다.

2. 사랑의 시작과 종결

여성과 남성 중 누가 먼저 사랑을 시작하고 사랑을 끝내는가? 낭만적 사랑에 대한 문화적 스크립트는 여성이 낭만적이고 정서적이기 때문에 먼저 사랑에 빠지고 끝까지 사랑에 매달릴 것이라는 생각을 하게 한다. 그러나 현실은 그 반대라는 것이 지배적 견해이다(Peplau & Gorden, 1985).

일반적으로 남성들은 성희롱하기를 즐기고 더 많이 성유희를 벌이지만, 진정한 사랑은 단지 한 번뿐이라고 생각한다. 남성들은 사랑하는 사람을 선택할 때 여성의 신체적 매력에 의존할 가능성이 크기 때문에 그리고 남녀관계는 남성에 의해 시작된다는 데이트 스크립트에 의해, 여성들보다 더 일찍 그리고 더 쉽게 사랑에 빠진다.

매력적인 여성들은 더 친절하고 따뜻하고 겸손하고 성적일 것이라는 후광효과(halo effect)를 갖는다. 그러나 남성들은 매력적인 여성이 갖는 후광효과보다 매력적인 여성과 함께 있으면 그들의 지위가 높아진다는 것을 더 중요시한다. 남성들에게 혼자 있는 남성, 아름다운 여성과 팔장을 끼고 있는 남성 그리고 매력 없는 여성과 팔장을 끼고 있는 남성들의 첫인상을 평정하게 하였다(Hatfield & Sprecher, 1986). 평정결과 아름다운 여성과 팔장을 끼고 있는 남성이 가장 높은 점수를 얻었고 그 다음이 혼자 있는 남성 그리고 매력 없는 여성과 팔장을 끼고 있는 남성이 가장 낮은 점수를 얻었다.

그러나 여성들은 남성과 데이트를 시작할 때 낭만적 애정대상이면서 동시에 유능한 공급자를 선택하려고 한다. 그러므로 남성이 갖는 신체적 매력은 그렇게 중요한 요인이 아닐 뿐 아니라 남성들의 경우만큼 여성의 지위를 높여 주지도 않는다. 미국 대학생들에게 남녀관계에서 그들이 중요하다고 생각하는 파트너의 특징으로 신체적 특징, 개인적 특징 그리고 배경특징을 평정하도록 하였다. 그 결과 남성들은 파트너의 신체적 특징을 그리고 여성들은 개인적 특징을 가장 중요시하였다(Pratto, 1996).

여성들은 스스로 돈을 벌지 못하고 생계를 유지할 힘이 부족하므로 파트너 선택시에 대단히 계산적이고 현실적이다. 그들은 외모보다는 안정성과 사회적 지위를 제공해 줄 수 있는 사람을 선택해야 하므로 사랑을 시작하는 속도에서 남성들보다 느리다. 그러나 사랑이 진행됨에 따라 여성들은 남성들보다 정서적으로 더 많이 그들의 사랑에 몰두하게 된다.

사랑하는 사람들의 노력에도 불구하고, 사랑은 식을 수 있고 더 많이 사랑하는 사람을 발견할 수 있으므로 낭만적 사랑이나 격정적 연애도 종결될 수 있다. 보통 남성들보다 여성들이 사랑으로부터 더 빠르게 떠나간다. 남녀관계 붕괴의 51%는 여성에 의해 시작되고 42%는 남성에 의해 그리고 7%는 상호동의에 의해 시작된다는 오래된 보고도 있으나(Hill, Peplau, & Rubin, 1976), 남성들은 관계가 붕괴되면 더 많이 우울하고, 외로워하며 불행해한다. 그러나 여성들은 관계의 붕괴 후에 오히려 기뻐하거나 안도감을 보고할 가능성이 더 많다(Choo, Levine, & Hatfield, 1997).

일반적으로 상호동의에 의해 끝나는 관계는 많지 않으므로, 사랑의 종결은 관련된 사람들에게 고통을 안겨 준다. 여성들보다 더 일찍 그리고 더 쉽게 사랑에 빠지는 남성들은 사랑이 끝난 이후에도 더 오랫동안 미련을 버리지 못하고 방황한다. 흥미롭게도 낭만적 사랑에 대한 문화적 스크립트와는 상이하게 남성들이 먼저 사랑에 빠지고 여성들은 먼저 사랑으로부터 떠나간다.

Ⅱ. 성적 스크립트와 인간의 성욕

남녀간의 사랑이 문화적 맥락 내에서 학습되고 해석되는 것과 동일하게 성행동도 문화의 산물이다. 성욕은 자아의 가장 깊숙한 측면인 동시에 개인의 사적 경험영역으로 성역할과 같이 사회에 의해 형성되는 사회적 구성개념이다. 각 개인은 자신의 생물학적 특성을 바탕으로 특정한 역사적 맥락 내에서 사회적 계층, 종교 그리고 성별에 따라 상이한 성적 욕구를 발달시킨다(Rubin, 1984).

1. 성적 스크립트

성욕은 사회적 구성개념이므로 사회는 여성과 남성을 규정하는 성적 스크립트를 갖는다. 일반적으로 성적 스크립트는 누구와, 언제, 어떻게 성을 가질 것인가에 대한 규정과 함께 성행동의 규칙과 지침 및 규칙위반에 대한 처벌을 포함한다. 사회적 제도의 일부분인 성적 스크립트는 개인들에 의해 내면화되고 그들의 성행동에 영향을 준다.

성적 스크립트는 다음과 같은 네 가지 원리를 기초로 한다(Laumann 등, 1994):

① 성과 성욕의 의미는 문화에 따라 다르다.
② 개인의 생물학적 본능은 사회적 스크립트와 관련된 행동에 큰 영향을 미치지 못한다.
③ 문화가 규정하는 성행동은 전생애 동안의 사회화를 통하여 획득된다.
④ 각 개인은 개인적 욕구에 적합한 방식으로 문화에 의해 규정된 성적 스크립트를 수정한다.

그러므로 성적 스크립트는 성욕에 대한 문화적 조망은 물론 개인의 과거에 대한 이해와 미래에 대한 꿈을 바탕으로 무엇이 적절한가에 대한 개인적 지각을 포함한다. 예를 들면, 남자친구와 성교를 가질 것인가 갖지 않을 것인가를 결정하려고 하는 10대는 파트너와 성교를 갖는 것이 자신에게 그리고 그 사람과의 관계에 어떤 의미가 있는가는 물론 그녀와 유사한 조건에서 성행동을 하는 젊은 여성들이 사회문화적으로 어떻게 인식되는가를 고려할 것이다.

대부분의 문화가 남성 중심의 성문화를 형성하고 있어 남녀의 성적 스크립트는 차이를 보인다. 20세기 동안 남성의 성적 스크립트는 정복적이고 공격적이며 사랑과 성을 분리하였다면, 여성의 성적 스크립트는 수동적이고 헌신적이며 사랑과 성을 동일시하였다.

1) 여성의 성적 스크립트

전통적인 여성의 성적 스크립트는 성행동보다는 성적 감정이나 사랑에 초점을 맞추므로 성욕은 평가절하된다. 발바취(Barbach, 1982)에 의하면, 전통적인 여성의 성적 스크립트는 다음과 같다.

① 성은 좋은 것인 동시에 나쁜 것이다. 성은 결혼이나 헌신적 관계에서는 좋은 것이나 우연적, 일시적인 관계에서 이루어지는 성이나 사랑하지 않는 사람과의 성은 나쁜 것이다.

② 성은 남성을 위한 것이다. 여성은 성을 원하거나 요구해서는 안 되며 성적으로 각성될 수 있기 위하여 단지 기다려야 한다. 여성은 그들의 성적 욕구나 소망을 표현해서는 안 된다.

③ 여성은 성에 대해 이야기하지 않아야만 한다. 여성들은 성적으로 순수하고 순진해야 하므로 성을 이야기해서는 안 된다.

④ 여성은 남성의 영원한 연인이어야 한다. 그들은 항상 젊어야 하고 멋진 엉덩이와 큰 가슴 그리고 긴 다리를 갖는 아름다운 자태를 지니고 있어야 한다.

⑤ 여성은 양육적이고 헌신적이다. 여성들은 항상 주기만 하는 존재이고 남성들은 받기만 한다. 따라서 남성의 욕구가 여성의 욕구보다 우선하고 남성의 오르가즘이 여성의 오르가즘보다 우선한다. 여성은 남성에게 즐거움을 주기 위해 존재한다.

⑥ 오르가즘에 도달하는 유일한 방법은 남성과의 성교를 통해서이다. 실제로 여성들은 자위행위에 의해서도 오르가즘에 도달할 수 있음

에도 불구하고, 성기를 중심으로 하는 신체적 접촉에 의해서만 오르가즘에 도달할 수 있다고 학습한다.

2) 남성의 성적 스크립트

전통적인 남성의 스크립트는 성적 감정보다는 성행동에 초점을 맞추기 때문에 성욕이 과장된다. 전통적인 남성의 성적 스크립트를 차례로 제시하면 다음과 같다(Zilbergeld, 1979).

① 남성은 감정적이거나 감상적이어서는 안 된다. 남성은 부드러움이나 동정심을 가져서는 안 되며 자기주장적이고 공격적이며 자신만만해야 한다.
② 성은 곧 성취이고 승자가 되는 방식이다. 성은 친밀성을 위한 것이 아니라 오로지 오르가즘을 위한 것이다.
③ 남성은 성교를 리드해야 한다. 남성은 성교를 시작하고 여성이 무엇을 필요로 하는가를 알며 여성에게 오르가즘을 경험하게 한다.
④ 남성은 항상 성을 원하고 성교를 위한 준비가 되어 있다.
⑤ 모든 신체접촉은 성교로 인도한다. 신체접촉은 성교를 향한 첫 단계이므로 성은 곧 성교이다.
⑥ 성교는 오르가즘으로 인도하고 오르가즘이 많을수록 더 바람직하다. 여성은 오르가즘을 요구해서는 안 되지만, 남성은 여성이 오르가즘을 경험할 수 있도록 해야 한다.

이와 같이 성적 관계맥락에서 활성화되는 여성과 남성의 성적 스크립트는 그 사회의 성역할 고정관념에 의해 큰 영향을 받는다. 남성들은 여전히 성행동의 개시자이고 여성들은 조절자로 행동한다(Laumann 등, 1994). 따라서 남성들은 성을 리드해야 하기 때문에 성행동에 관한 한 그들은 공격자이다. 대조적으로 여성들은 성행동의 속도를 조절하거나 성행동을 허락하지 않거나 함으로써 남성들의 행동을 조절한다. 남녀가 동등한 오늘날에조차도 여성들은 성적 행동시에 남성이 리드하도록 기다리는 경향이 있다.

일반적으로 성교를 시작하는 사람은 남성이기 때문에, 성행동시에 남성이 더 큰 힘을 갖는 것처럼 보인다. 그러나 남성과 여성은 성적관계에서 각기 상대편이 더 많은 힘을 갖는다고 지각한다(Kane & Schippers, 1996). 우선 남성들은 성행동을 거절하거나 성행동의 속도를 늦추는 여성의 능력을 바탕으로 여성이 더 많은 힘을 갖는다고 지각한다. 대조적으로 여성들은 남성의 신체적 힘과 부부권리에 대한 문화적 고정관념 그리고 여성이 아니라 남성이 성을 요구한다는 신념 등에 의해 남성이 더 많은 힘을 갖는다고 지각한다.

여성들은 아직도 성행동시에 실제로 'Yes'의 의미를 갖는 'No'를 자주 사용한다. 전통적인 성적 스크립트가 여성은 그들의 성적 관심을 직접적으로 나타내서도 안 되고 자유롭게 성교에 가담해서도 안 된다고 규정하기 때문에, 실제로 성교를 원하면서도 남성의 요구에 'No'라고 대답하고 남성이 알아서 행동해 주기를 기다린다. 문제는 이러한 현상으로 인해 여성이 진정으로 'No'라고 말할 때에도 남성이 강압적으로 성행동을 하게 하는 직접적 원인이 된다는 것이다.

미국 여자 대학생들 중에도 약 40%의 여성들이 'Yes'의 의미를 표현하기 위하여 'No'라고 말했다는 보고가 있다(Muehlenhard & Rodgers, 1998). 물론 'Yes'인 데도 'No'라고 말하는 이유는 난잡하게 보일까봐, 상대편의 감정상태를 잘 알지 못해서 혹은 상황적 문제 때문에 등 다양하였다. 최근에는 남성들도 성적 관계에서 'Yes'의 의미로 'No'를 사용하는 경향이 증가하고 있어 여성들의 이러한 현상을 여성의 성적 스크립트에 제한된 문제로 보는 데는 한계가 있다.

2. 인간의 성욕

남성과 여성은 모두 성욕을 지니고 있고 그들은 합법적 관계 내에서 성욕을 추구할 권리가 있다. 그럼에도 불구하고 여성들은 자신이 성적 욕구를 지닌 존재라는 이야기를 들어 본 일이 없다. 여성들은 단지 성행동의 희생물이 되지 않기 위해 'No'라고 말해야 한다는 것을 배울 수 있을 뿐이다. 공식적인 성교육을 포함하는 성의 사회화 과정*은 여성들이 성적 존재라는 것을 가르치는 것이 아니라 전통적인 여성의 성적 스크립트를 내

* 성의 사회화 과정: 성과 관련된 태도와 행동, 규범 등의 문화를 습득해 가는 과정.

면화하게 한다. 여기서는 성욕에 대한 연구방법과 성욕에서의 성차를 논의하려고 한다.

1) 성욕에 대한 심리학적 연구

인간의 성욕을 연구하기 위하여 주로 활용되는 방법에는 조사연구방법과 직접적 관찰방법이 있다. 조사연구방법은 1940년대에 수행된 킨제이(Kinsey, Pomeroy & Martin, 1948)의 연구에서 체계적으로 사용되었다. 킨제이의 보고서가 출판되기 이전까지 성은 미국 내에서도 대중적으로 논의될 수 있는 문제가 아니었다.

킨제이의 보고에 의하면, 미국 남성들 사이에서 자위행위와 이성간의 패팅은 거의 보편적으로 이루어진다. 또한 미국 남성의 90%는 혼전성교에 가담하고 50%는 혼외 성관계를 가지며 그리고 35% 정도는 동성애 경험을 갖는다. 동시에 킨제이 보고서는 미국 여성들의 60% 이상이 자위행위를 하고 90%가 이성간의 패팅, 50%는 혼전성교를 그리고 25%가 혼외 성관계를 갖는다고 밝힌다. 또한 여성들은 복수의 오르가즘이 가능할 뿐 아니라 자위행위에 의해 가장 신뢰성 있게 오르가즘에 도달할 수 있다고 밝힌다.

킨제이는 5,000명 이상의 남성과 거의 6,000명에 가까운 여성들을 연구대상으로 하였으나 연구대상자들이 무선표본이 아니어서 얼마나 대표성을 가질 수 있는가가 의문시된다. 성연구에서 대표적 표본을 얻는 것만큼 중요한 일은 없으나, 그것은 현실적으로 거의 불가능한 일이다.

1960년대에 이르러 의사인 마스터즈와 심리학자 존슨(Masters & Johnson, 1966)은 실험실에서 직접적 관찰방법을 사용하여 성적 각성의 생리를 연구하였다. 그들은 혈관의 충혈과 근육수축에 의해 인간의 성을 연구할 수 있다고 가정하고 실험실에서 파트너와 성교할 때, 자위행위할 때 그리고 여성의 경우 인공물을 사용하여 자극했을 때 연구대상자들의 심장박동과 근육수축을 측정하였다.

개인의 성을 자극에 대한 생물학적 반응으로 정의한 연구자들은 그들의 연구에 기초하여 인간의 성적 반응사이클의 개념을 제시하고 성적 활동과 연합된 생리적 변화를 기초로 네 개의 성적 반응단계를 제안하였다: 즉 흥분단계, 고원단계, 오르가즘단계 그리고 해결단계가 그것이다.

심리학자 Virginia Johnson과 산부인과 의사 William Masters
그들은 여성과 남성의 성적 반응과 관련된 생리적 변화를 측정한 후 "인간의 성적 반응"(The Human Sexual Response)이라는 책을 저술하였다.

그러나 마스터즈와 존슨도 백인 대학생과 환자 그리고 일반인 등 모두 자원자를 대상으로 연구하였기 때문에 표본의 대표성이 문제가 된다. 연구자들은 대표성의 결여에도 불구하고 성행동의 기본생리는 모든 인간들 사이에서 유사할 것이라고 생각하고 표본에서 오는 문제점을 중요시하지 않았다. 또한 인간의 성욕이나 성적 각성에는 생리적 반응과 함께 개인의 정서적, 인지적 측면은 물론 주관적 경험이나 사회적 맥락이 중요한 역할을 하므로 마스터즈와 존슨이 사용한 직접적 관찰방법도 한계가 있다 (Tiefer, 1995).

대조적으로 한국에서의 성연구는 대단히 초보적인 수준에 머물러 있다. 1980년대 말경에 이르러서야 미혼모의 혼전임신과 성적 피해경험을 대상으로 성적 일탈에 대한 연구가 부분적으로 이루어졌을 뿐이다. 즉 피임, 낙태, 매매춘, 성폭력의 문제들이 한국에서 주로 이루어지는 성에 관한 연구주제들이다. 성에 대한 체계적 연구의 부재는 성에 대한 공식적 논의를 금기시하는 한국의 사회문화적 배경과, 여성연구에서 성문제보다는 노동과 생산을 중요시하는 학문적 풍토에 그 원인이 있다.

그러나 한국여성학회가 1989년에 성을 주제로 하여 학술대회를 개최한 이후로 여성학자들은 성연구의 중요성은 물론 성에 대한 새로운 시각의 필요성을 인식하게 되었다. 최근 한국사회의 분위기는 방송이나 공개 강의에서 성문제를 활발히 논의하고, 많은 여성학자들은 남녀 불평등의 문제로서 성문제를 중요한 연구주제로 다루기 시작하였다.

2) 성욕의 성차

마스터즈와 존슨의 연구에 의하면, 여성과 남성은 대단히 유사한 성적 반응의 패턴을 지니고 있다. 즉 남녀 모두 성적 반응과정 동안 흥분단계, 고원단계, 오르가즘단계 그리고 해결단계의 동일한 단계를 거친다. 그러나 여성과 남성들은 흥분과 고원단계를 거쳐 오르가즘에 도달하는 시간에서 차이를 보인다. 보통 여성들은 남성들보다 오르가즘에 도달하기 위하여 더 긴 준비시간을 필요로 하기 때문에 남성들보다 더 긴 흥분단계와 고원단계를 요구한다.

오르가즘이란 심장박동, 혈압 그리고 호흡에서의 극적 증가와 함께 생식기부분에서의 수축이 절정에 이르는 현상으로 특징된다. 남성의 경우, 음경의 수축은 정액의 사정을 가져오기 때문에, 그들의 오르가즘 경험은 쉽게 확인될 수 있다. 그러나 여성들이 경험하는 오르가즘은 강도와 기간에서 다양할 뿐 아니라 오르가즘의 패턴에서도 남성들보다 더 큰 변이를 갖기 때문에, 오르가즘 여부를 확인하기 어렵다. 더욱이 성적 경험이 적은 여성들은 자신의 경험이 오르가즘인지 아닌지를 분명하게 알지 못하는 경우가 많아 남성들의 오르가즘 경험과 차이가 있을 것으로 생각된다.

그러나 남녀 대학생들에게 자신의 오르가즘 경험을 기술하게 하고 의사와 심리학자들로 구성된 평가자들에게 기술자의 성별을 구별하게 하였을 때, 그들은 정확하게 구별하지 못하였다(Vance & Wagner, 1976). 마스터즈와 존슨의 주장대로, 남녀의 오르가즘 경험은 대단히 유사하다는 것이 지배적인 견해이다.

여성과 남성의 차이는 성적 반응과정의 마지막 단계인 해결단계 동안에도 나타난다. 해결단계 동안 신체는 각성 전 상태로 되돌아가고 근육긴장은 물론 혈액의 흐름도 정상상태로 회복된다. 남성들이 사정 후 일정시간 동안 다시 각성될 수 없는 것과는 대조적으로, 여성들은 해결단계 동안의 계속된 자극에 의해 중다의 오르가즘을 경험할 수 있다. 이와 같은 결과는 마스터즈와 존슨의 실험실 연구에서는 물론 킨제이의 조사연구에 의해서도 확인될 수 있었다.

성과 관련된 행동 중 일관성 있게 성차를 나타내는 행동은 자위행위이다. 킨제이의 조사연구에서는 물론 40년 정도 이후에 이루어진 하이드(Hyde, 1990)의 조사연구에서도 미국남성의 100%와 미국여성의 60% 정도가 자위행위로 오르가즘을 경험한다고 보고한다. 자위행위를 통하여 오르가즘을 경험할 수 있는가에 대한 보고는 없으나 한국 대학생들을 대상으로 성에 대한 가치관을 연구한 장휘숙(1995)은 남자 대학생들의 93.46%와 여자대학생들의 24.06%가 자위행위의 경험을 가지고 있다고 밝혔다.

한국 대학생들의 자위행위 경험 비율이 미국 사람들보다 다소 낮기는 하지만, 그들이 학생들이고 연령이 더 어리다는 것을 감안한다면, 미국자료와 큰 차이가 있을 것으로는 생각되지 않는다. 일반적으로 여성들은 남성들보다 자위행위를 할 가능성이 더 적고 남성들보다 더 늦은 연령에서 자위행위를 시작한다.

남녀의 자위행위에서의 차이가 그들의 성생활에 어떤 영향을 미치는가는 분명하게 알려져 있지 않다. 학자들의 공통된 견해는 자위행위를 통하여 각 개인은 자신의 성적 충동을 확인할 수 있고 어떤 종류의 자극이 자신에게 가장 바람직한가를 배울 수 있다는 것이다. 또한 자위행위에 의해 성적 반응의 각 단계에서 어떤 일이 일어나는가를 알 수 있기 때문에, 학자들은 자위행위가 이후의 배우자와의 관계에 도움이 된다고 주장한다. 특히 남녀 불평등이 그들의 성적 관계에 기인한다고 생각하는 일부의 페미니스트들은 여성들에게 남성파트너에게 의존하지도 않고 임신의 위험부담도 없는 자위행위를 통하여 성적 만족을 추구할 것을 권한다.

3. 신체적 매력과 성욕

신체적 매력은 성적 관계에서 중요한 요인이다. 앞에서도 설명한 것처럼 남성들은 파트너의 신체적 특징을 강조하고 여성들은 개인적 특징을 강조하는 차이가 있기 때문에, 신체적 매력은 특히 남성의 성적 파트너나 배우자 선택시에 중요한 요인으로 작용한다.

한 연구(Regan, 1996)에서 대학생들은 살찐 사람과 정상체중을 가진 사람에 대한 설명을 듣고 난 후 그 사람의 성적 측면을 평가하였다. 학생들은 살찐 남성과 정상적 체중의 남성들 모두 동일한 성경험을 할 것으로 기대하였으나 살찐 여성들은 정상적 체중의 여성들보다 성적으로 덜 매력적이고 더 적은 호감을 갖는다고 보고하였다. 이 연구는 여성들의 성적 매력은 그들의 신체적 매력에 기초한다는 것을 보여 주는 좋은 예에 해당한다.

소녀들이 성장하여 성숙한 여성신체를 갖게 되면 그들은 신체나 신체부분들의 집합—유방, 허벅다리, 엉덩이 등—으로 취급되고 비현실적 미의 표준에 얼마나 도달하는가에 의해 평가된다(Fredrickson & Roberts, 1997). 물론 이러한 미의 표준에 도달할 수 있는 여성들은 거의 없을 뿐 아니라 노화가 진행되면 어떤 여성도 이 표준에 도달할 수 없는 데도 불구하고, 매력규준으로부터의 이탈은 여성들에게 큰 상처가 된다.

이러한 사회적 분위기는 여성들 사이에서 다이어트와 성형수술의 열풍을 불러일으키고 있다. 서구의 미인조건이 우리 사회의 미의 기준이 되고 있기 때문에, 날씬한 몸매와 아름다운 얼굴을 만들기 위한 여성들의 피눈물나는 노력이 계속되고 있다. 그러나 성형수술의 유행은 특색 없고 국적 없는 유사한 얼굴들을 양산하고 성형수술에 기인된 심각한 부작용을 초래할 뿐이다.

Ⅲ. 성에 대한 이중기준

사회는 남성과 여성의 성행동에 대해 상이한 기준을 적용한다. 소위 성에 대한 이중기준(double standard)에 따라, 남성은 결혼 전에도 혼전성교에 가담할 수 있고 결혼 후에까지도 아내 외의 여성과 성관계를 가질 수 있다고 생각된다. 그러나 여성들은 결혼 전까지 순결해야 하고 결혼 후에는 남편과의 성관계만을 가질 수 있다는 것이다. 전통적으로 결혼 맥락 외에서의 남성의 성행동은 능력 있는 남성의 자연스러운 특성으로 인식되었으나 여성들의 동일한 행동은 도덕적으로 나쁜 행동으로 평가되고 사회의 지탄을 받았다.

성욕에 대한 성차를 연구하기 위하여 통합분석을 실시한 올리버와 하이드(Oliver & Hyde, 1993)는 일시적 성에 대한 태도에서 큰 차이를 발견하였다. 남성들은 성에 대해 여성들보다 더 허용적이고 애정 없이도 성이 가능하다고 믿고 있었다. 즉 여성들은 사랑 때문에 그리고 남성들은 신체적 즐거움 때문에 성행위를 한다는 것이다. 남녀간에 나타나는 성에 대한 이러한 차이는 성역할 사회화에 그 원인이 있다. 소녀들은 사회화 과정에서 성은 남성을 기쁘게 하기 위한 것이며 순수하게 신체적 이유로 성행동을 하는 것은 잘못된 것이라는 것을 학습한 결과이다.

성에 대한 이중기준에 의해, 여성들은 성모마리아와 같은 순수한 여성이 아니면 창녀나 매춘부로 이분될 수밖에 없었다. 여성들이 성적 만족이나 성적 즐거움을 추구하는 것은 용납될 수 없는 일이었다. 여성들은 가능하면 성적 즐거움을 회피해야 하고 남편에 대한 달갑지 않은 의무로 그리고 자녀를 출산하기 위한 필요악으로 성을 받아들일 때, 도덕적인 여성으로 평가받을 수 있었다.

그러나 성에 대한 이중기준은 1960년대에 일어나기 시작한 성자유화의 물결에 의해 점차 약화되는 것처럼 보였다. 10대 청소년들과 대학생들 그리고 젊은 성인들 사이에서 여성과 남성에게 동일한 성적 표준을 적용하여야 한다는 인식이 확산되었다. 1970년대에 들어와서 미국의 성연구자들은 성급하게 '이중기준의 죽음'을 공표하기에 이르렀다.

1. 수정된 이중기준

성연구자들의 주장에도 불구하고, 성에 대한 이중기준이 사라진 것은 아니다. 성자유화는 여성과 남성이 모두 성욕을 지니고 있고 성적 활동에도 동등하게 가담할 수 있다는 사실을 수용하게는 하였으나, 여성과 남성에게 기대되는 행동규범에서의 차이를 근본적으로 변화시키지는 못하였다.

모파트(Moffat, 1989)의 연구에 의하면, 여자 대학생의 절반 이상과 남자 대학생의 절반 정도가 여성과 남성은 상이한 성행동 규범을 가지고 있다고 믿고 있었다. 그들은 성을 공격적인 남성과 그것을 회피하려고 애쓰는 여성 사이의 흥정이나 게임으로 생각하였으며 남녀 모두 여성은 '좋은 여성'이거나 '매춘부' 중의 하나라는 인식을 가지고 있었다.

남성들이 갖는 성에 대한 이중기준은 모파트 연구 외에도 반복적으로 확인될 수 있다. 남자 대학생들은 성적으로 능동적인 남성들을 매력 있는 남성으로 인식한 반면, 성적으로 능동적인 여성들에 대해서는 오히려 매력이 없고 정숙하지 못하다고 생각하였다(Breay & Gentry, 1990). 또한 남자 대학생들은 남성들은 혼외 성관계를 가질 수 있으나 여성들에게는 용납될 수 없다고 응답하였다(Margolin, 1989).

한국 대학생들의 경우, "결혼 전의 성교는 남성들에게는 허용되지만 여성들에게는 허용되지 않는다"에 찬성한 남학생은 1.13%, 여학생은 0.39%로서 성에 대한 이중기준을 직접적으로 묻는 문항에 대해서는 대단히 낮은 찬성비율을 보였다(장휘숙, 1995). 그러나 대학생들을 포함하여 20대부터 40대까지의 남성들을 대상으로 연구한 장필화와 조형(1991)에 의하면, "남성들은 혼전순결을 지키지 않아도 된다"에 찬성한 사람은 64.9%였고 반대로 여성에 대해서는 "순결을 지켜야 한다"고 생각한 사람이 67.5%에 이르러, 한국 남성들은 성에 대한 분명한 이중기준을 지니고 있음을 드러내었다. 동시에 한국 남성들은 혼전성교에서는 물론 혼외 성관계에 대해서도 남성들에게만 허용되는 이중기준을 지니고 있었다.

이제 많은 사람들은 여성도 남성과 같이 성을 즐기고 성욕은 여성들의 생활에 중요한 역할을 한다고 생각하고 있으나 아직도 이중기준이 사라진 것은 아니다. 그 증거로서 많은 수의 성적 파트너를 갖는 남성들에 대해서는 큰 문제를 삼지 않으나 여성들이 많은 성적 파트너를 갖는다면 허튼 여자라는 비난을 받는다. 최근에 미국에서 조사된 결과에서도(Gentry, 1998), 성적으로 적극적인 여성들은 그렇지 않은 여성들보다 더 자기주장적이고 자유주의적이라는 인상을 주는 것으로 밝혀졌다. 이러한 결과는 성욕은 남성이 아닌 여성을 평가하는 데 더 중요한 요인이라는 의미를 지니고 있어, 이중기준이 미묘하게 적용되고 있음을 보여 준다.

성자유화 이후에도 계속되는 이와 같은 성에 대한 이중기준은 수정된 이중기준(modified double standard)이라고 불리어진다. 남녀 모두 성적 자유를 누리는 듯하지만, 남녀관계의 유형이나 성적 활동과 관련된 보다 깊은 질문들이 주어지면, 이중기준의 증거들이 분명하게 드러난다. 수정된 이중기준에 의하면, 성이란 좋은 것이고 누구나 성적 즐거움을 누릴 권리가 있다는 것을 인정한다. 그러나 다른 한편으로는 여성들의 성에 대한 지나친 관심이나 경험은 그들을 매력 없고 데리고 놀기에 적합한 여자로 전락시킨다는 것이다.

2. 이중기준에 기인된 성적 역기능

성에 대한 이중기준에 의해 사회는 남성들에게 성적으로 자유로울 수 있는 무언의 허가를 제공한다. 남성들과 동등한 정도의 자유를 보장받지 못한 여성들은 그들의 성적 욕구를 억제해야 할 필요성이 있다는 것을 학습한다.

더욱이 여성들은 성교육을 통하여 자신이 성적 존재라는 것을 학습한 일도 없을 뿐 아니라 '좋은' 여성이기 위해서는 성적 욕구를 지니지 않아야 한다는 스크립트화된 메시지에 의해 죄책감에 빠지기 쉽다. 여성들은 자신이 성적 욕구를 갖는다는 사실에 죄책감을 느끼고 파트너가 그것을 눈치챌까 두려워한다. 그들은 파트너에게 정상적으로 요구할 수 있는 행동조차도 요구하지 못하고 자신이 혹시 성적으로 난잡하게 보이지 않을까 걱정한다.

남성은 성적으로 능동적이고 여성은 성적으로 수동적이어야 한다는 성에 대한 스크립트적 사고는 남성의 성적 요구에 대해 여성이 적절하게 저항하지 않으면 안 되게 만든다. 만약 여성의 저항이 뒤따르지 않는다면, 그 여성은 정숙하지 못하고 난잡하다고 보여지기 쉽다. 저항은 여성을 바람직하게 만들기 때문에 실제로는 'Yes'의 의미인데도 'No'라고 말해야 하는 상황이 발생한다.

이와 같은 부정직한 의사소통은 여성을 오히려 궁지에 몰아넣는 결과를 초래한다. 'No'는 단지 'Yes'의 전주곡이라고 생각하는 일부의 남성들은 그들의 성적 요구를 진정으로 거부하는 데이트 파트너에게 강제적으로 성을 강요하고 강간을 불러일으킬 수 있다.

성은 남성을 위한 것이고 남성이 주도하는 것이라는 생각은 여성들이 남성들에게 피임도구를 사용하도록 요구하는 것을 어렵게 만든다. 여성들은 성교에 의해 임신할 수 있는 것은 물론 성병과 AIDS에 감염될 수 있음에도 불구하고, 남성 파트너를 불쾌하게 만들 것을 두려워하여 남성들에게 피임할 것을 적극적으로 요구하지 못한다.

성에 대한 이중기준은 이와 같이 데이트 관계에서는 물론 결혼한 부부들 사이에서도 역기능을 초래한다. 특히 부부관계를 '성스러운' 관계로 지각하고 정숙한 아내를 기대하는 한국문화에서(장필화와 조형, 1991)는 아내들이 성적 불만족을 경험할 가능성이 크다. 연애상대와 결혼상대, 일시적으로 데리고 놀기 위한 여자와 순결을 지키는 결혼할 여자로, 여성을 이분하는 한국 남성들은 아내를 성의 대상으로 보는 것이 아니라 가정을 지키는 내조자로 본다.

결론적으로 여성들이 성적으로 각성되지 않았을 때 이루어지는 성이나 만족스럽지 않은 성에 반복적으로 가담해야 할 때, 임상적 문제들이 일어나기 쉽다. 여성들이 경험하는 성적 역기능들은 남녀간에 평등주의적 성역할이 보편화될 때 해결될 수 있다. 다시 말하면 사회가 여성들도 남성들과 동등한 성욕을 지니고 있다는 것을 인정하고 남성중심적인 성이 아닌 관계중심적 성을 지향할 때, 남녀의 성적 동등성은 실현될 수 있을 것이다.

Ⅳ. 결 혼

타인을 사랑하고 타인으로부터 사랑을 받는 것은 인간을 행복하게 만드는 중요한 요소들 중의 하나이다. 전세계의 거의 모든 사람들은 사랑하고 사랑받기 위하여 결혼하기를 원하고 또한 결혼한다. 결혼생활을 시작할 때, 사람들은 누구나 그들의 결혼관계가 일생동안 지속될 수 있기를 희망한다.

결혼은 남녀 사이의 개인적 관계이면서 동시에 스크립트화된 사회적 제도이다. 제도이기 때문에 그것은 관계형성을 위한 법률과 규칙을 갖는다. 우리 사회에는 언제, 누가, 누구와 결혼하는가의 규정이 있다. 예를 들면 결혼할 수 있는 법적 연령규정이 있고 친척이나 동성과의 결혼에 대한 금지 규정이 있다. 또한 결혼이 붕괴될 때, 재산분배방식이나 파트너의 의무사항도 규정하고 있다.

한국은 물론 대부분의 문화에서는 가장 기본적으로 일부일처제(monogamy)를 결혼형태로 규정한다. 즉 결혼은 한 사람의 남편과 한 사람의 아내로 구성되어야 한다는 것이다. 문화에 따라 일부다처제나 일처다부제(polygamy)가 드물게 존재하기는 하지만, 일부일처제가 보편적 결혼형태로 인식된다.

최근에 와서 여성심리학자들은 페미니즘에 입각하여 부부의 결혼관계에 관심을 갖는다. 결혼에 의해 이루어지는 남편-아내 관계는 현실적으로 대등한 관계이기보다 힘에 의해 구분되는 상하관계이기 때문에, 여성심리학자들은 여성의 생활에 미치는 결혼관계의 영향을 규명하려고 한다.

1. 결혼풍속도의 변화

대다수의 사람들은 인생의 어느 시점에서 결혼생활을 시작한다. 한 세대 전과 비교하여 결혼한다는 점에서는 차이가 없으나 결혼연령과 결혼조건 그리고 결혼패턴에서는 큰 변화가 있다.

1) 초혼연령의 증가

결혼하는 여성들의 연령이 지난 20년 동안 계속해서 증가하는 추세에

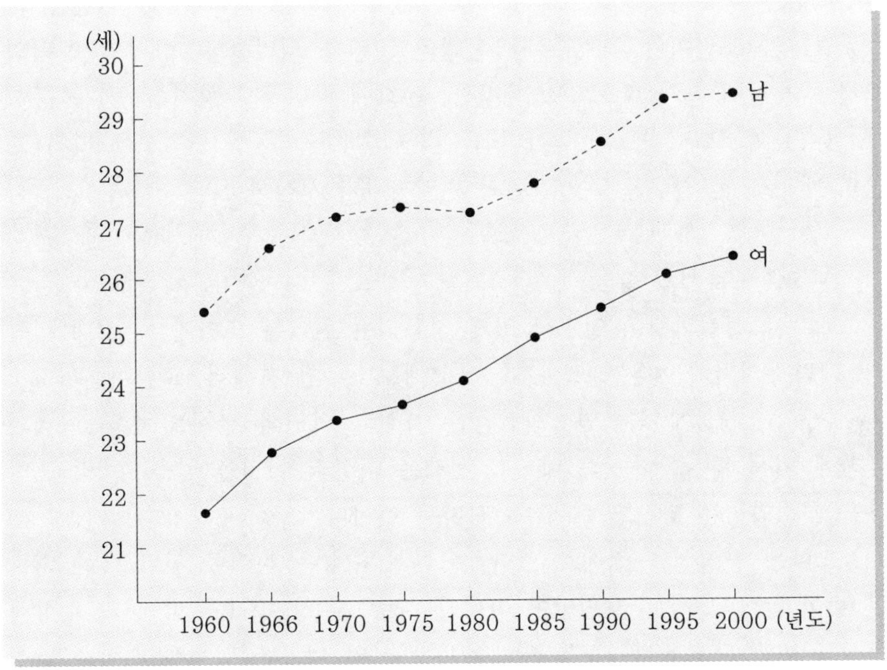

〈그림 7-1〉 한국 남녀의 초혼연령의 변화

출처: 여성특별위원회, 2000 여성백서; 통계청, 통계로 보는 여성의 삶, 2001.

있다. 〈그림 7-1〉과 같이 한국 여성들의 초혼연령도 매년 증가추세를 보인다.

여성들의 초혼연령의 증가는 그들의 경험기회를 확대시킬 수 있으므로 여성들에게 중요한 영향을 준다. 고등학교 졸업과 결혼 사이의 증가된 시간은 여성들이 남성들과 유사한, 다양한 경험을 할 수 있도록 돕는다. 우선 여성들은 대학에 진학하여 더 많은 교육을 받을 수 있고 대학교육을 통하여 다양한 견해와 경험을 접할 수 있으며 더 나은 직업을 위한 기회도 가질 수 있다. 또한 대학에 진학하지 않고 임금 받는 직업을 선택하는 여성들은 자신을 부양하고 독립적 삶을 살 수 있는 경험을 쌓을 수 있다.

이와 같이 여성의 초혼연령 증가는 여성들이 남성들과 유사한 결혼패턴을 갖게 하고 독립적 개체로서의 개인적 정체감을 확립할 수 있도록 돕는다. 다양한 경험을 통하여 여성들은 인생에 대한 폭넓은 시야를 가지고 결혼생활을 시작할 수 있다.

2) 결혼의 조건

결혼의 조건이란 곧 배우자 선택의 조건을 의미한다. 배우자 선택의 조건은 개인에 따라 다르기도 하지만, 문화에 따라서도 차이가 있다. 동시에 여성들의 교육 정도가 높아지고 결혼에 대한 의식이 변화함에 따라 그들의 배우자 선택의 조건에도 변화가 일어나기 시작하였다.

(1) 교환으로서의 결혼

배우자 선택과정에 일관성 있게 적용되는 원리는 교환이다. 고대 희랍의 쾌락주의학파(에피쿠로스파)의 사고에 기초한 사회적 교환이론(social exchange theory)에 의하면, 사람들은 자신과 타인의 관계를 손해-이익의 계산에 의해 평가한다. 즉 배우자 선택은 최상의 이익을 얻을 수 있고 비용을 최소화하는 방식으로 이루어진다는 것이다.

교환은 공평성을 전제로 한다. 교환의 대상은 돈이나 지위 혹은 외모와 같이 눈에 보이는 자원만이 아니라 사랑, 우정, 지능, 힘 등의 추상적 특성도 함께 포함한다. 보통 여성들은 자신의 외모나 신체적 매력을 남성의 경제적 안정성 혹은 사회적 지위와 교환하려고 한다. 우리는 자주 결혼조건으로 사랑을 내세우나 배우자의 선택에는 의식적 혹은 무의식적 교환이 이루어진다.

사회는 젊고 아름다운 여성이 나이 많은 남성과 결혼하는 것을 특별히 비난할 일로 생각하지 않는다. 그 이유는 여성의 젊음과 나이 많은 남성이 갖는 부나 지위는 교환가능하게 생각되기 때문이다. 대조적으로 나이 많은 여성의 높은 사회경제적 지위와 남성의 젊음은 교환될 수 없다고 생각되므로, 나이 많은 여성과 젊은 남성의 결혼에는 비난이 뒤따른다.

우리 사회에는 신부의 예단이 문제가 되어 결혼생활이 파경에 이르는 신혼부부들이 있다. 예단은 우리 문화에서 신부의 지참금에 해당한다. 여성의 신체적 조건만으로는 남성이 갖는 사회적 지위와 교환될 수 없다고 생각하는 신랑집에서는 신부집에 지참금을 요구한다. 적은 예단은 예상된 교환이 이루어지지 않았다는 것을 의미하는 것이므로 결혼생활에 위기를 초래한다.

그렇다면 최근 우리 사회에 나타나고 있는 연상의 여성과 연하의 남성 커플을 어떻게 설명해야 하는가? 보통 연상의 여성들은 어머니나 누나 같이 의지할 수 있고 보살핌을 제공해 줄 수 있을 것으로 기대된다. 연하의 남성들은 연상의 여성들이 갖는 이러한 특성과 자신이 가진 조건을 서로 교환할 수 있다고 생각하기 때문에 결혼을 감행할 것이다. 문제는 보상이나 손해에 할당되는 가치는 개인에 따라 차이가 있다는 것이다. 외형적으로는 대단히 불공평한 교환이 이루어졌다고 생각되는 부부들도 행복한 결혼생활을 영위할 수 있는 것은 바로 이 때문이다.

여성의 교육 정도가 높아지고 평등주의적 성역할이 점차 확산됨에 따라 여성들은 가정주부나 단순한 성적 고용인의 역할에 만족하지 않으려고 한다. 여성들은 남성과 동등한 파트너로서 생활하고 동반자로서의 남편을 원한다. 많은 취업한 서구의 여성들은 남성이 갖는 경제력이나 보호자로서의 역할보다는 남성의 애정이나 표현성을 그들이 갖는 자원과 교환하기를 원한다.

(2) 결혼경사도

대부분의 결혼은 결혼경사도(marriage gradient)에 맞는 남성과 여성 사이에서 이루어진다. 결혼경사도란 남편이 아내보다 약간 우세한 지위를 할당받고 아내가 남편을 어느 정도 우러러볼 수 있는 관계가 형성될 수 있도록, 결혼 조건에서 남성들이 여성들보다 약간 높은 위치에 서는 현상을 말한다.

일반적으로 남편들은 아내들보다 더 나이가 많고 더 높은 교육수준을 지니고 있으며 사회적으로 더 중요시되는 직업을 갖는다. 남성들은 동일한 문화적 배경과 동일한 계층을 갖는 사람을 배우자로 선택하면서도 키나 연령 혹은 교육 정도에서 약간 낮은 여성을 선택함으로써 결혼경사도를 만들어 낸다. 역사적으로 여성들은 스스로 높은 수준의 교육과 사회적으로 높은 지위의 직업에 접근할 수 없었으므로 결혼경사도는 여성들이 결혼을 통하여 경제적 안정성을 확보하고 신분상승을 꾀할 수 있는 수단이었다.

결혼경사도 현상에 의해, 대학 이상의 높은 교육을 받은 여성들은 배우자를 찾는 데 어려움을 겪는다. 높은 교육수준을 갖는 남성들은 쉽게 배우자를 찾을 수 있으나 여성들은 자신보다 약간 더 높은 교육 정도를 갖는 남성을 선택해야 하므로 교육수준이 높은 여성들은 결혼하기 어렵다. 대학교육을 받은 남성들이 결혼한 남성들 중 가장 높은 비율을 차지하는 것과는 대조적으로 대학 이상의 교육을 받은 여성들은 결혼한 여성들 중 가장 낮은 비율을 차지하고 독신생활을 할 가능성이 가장 크다(Glick & Fiske, 1999).

결혼경사도는 결혼생활에서 누가 더 큰 힘을 갖는가를 결정하는 역할을 하므로 중요시된다. 최근에 와서 여성들의 교육 정도가 높아지고 남성과 동등한 직업을 갖는 여성들이 증가함에 따라 결혼경사도 현상의 중요성이 점차 약화되고 있다. 더욱이 연하의 남성과 결혼하는 여성들의 증가는 결혼경사도 현상 자체를 파괴시키고 있다.

(3) 남녀의 개인적 특성

결혼의 전제조건은 사랑이며 사랑은 어떤 개인적 조건들보다 우선할 것으로 생각되기 쉬우나 문화에 따라 그리고 개인에 따라 결혼조건에서 차이가 있다. 결혼은 일생을 함께 할 동반자를 선택해야 하므로 때로 격정적, 낭만적 사랑보다는 두 사람이 지니고 있는 개인적 특성들이 얼마나 잘 조화를 이룰 수 있는가가 더 중요시된다. 배우자 선택시에 중요시되는 개인적 특성들은 대체로 다음과 같은 여덟 가지 요인으로 정리될 수 있다.

① 외모: 키, 용모, 체격 등의 신체적 특성
② 건강: 건강한 정도
③ 성격 특성: 신뢰성, 의존성, 사교성, 정서적 안정성, 야망, 지능, 유머감각
④ 경제적 능력: 직업이나 장래전망
⑤ 신념과 가치: 성역할에 대한 태도, 종교적 신념 및 개인의 행동을 지배하는 가치관
⑥ 취미: 운동, 그림, 음악, 오락 등
⑦ 가족관계: 형제자매의 순위와 잠재적 배우자 부모의 생존여부
⑧ 이상형: 순결 여부를 포함한 이상적 배우자 상

이상과 같은 여덟 가지 요인들을 바탕으로, 대부분의 사람들은 자신과 현저하게 다른 사람보다는 유사한 사람을 배우자로 선택한다. 서로 상이한 특성을 갖는 사람들이 서로의 약점을 보충할 수 있으므로 배우자로 더 적합하다고 주장하는 사람들도 있다. 그러나 유사한 특성을 갖는 사람들은 성역할 기대나 취미 혹은 가치관에서의 충돌이 적기 때문에, 일반적으로 더 바람직하다고 생각된다.

37개 국가의 9,000명 이상의 사람들을 대상으로 잠재적 배우자의 특성을 연구한 부스 등(Buss 등, 1990)에 의하면, 어느 문화에서나 남성들은 배우자의 외모나 신체적 매력을 중요시하고 여성들은 남성들의 경제적 능력이나 야망을 그들의 외모보다 더 중요시하였다. 37개 문화에서 공통적으로 나타난 잠재적 배우자의 가장 중요한 네 가지의 특성은 상호간의 사랑, 신뢰성, 정서적 안정성 그리고 유머감각이었다.

또한 배우자의 순결 여부는 중국이나 인도네시아 등의 동양문화권에서 중요시되었고 스칸디나비아 국가들은 배우자의 선택과 상관없다고 응답하였다. 다른 동양문화권의 나라들과 유사하게 한국의 남성들도 여성의 순결을 중요시한다는 것은 장필화와 조형의 연구에서 이미 입증된 바 있으나 최근에 와서 그 중요성이 점차 약화되는 추세에 있다.

한국 문화에서 나타나는 특징적 현상 중의 하나는 여성들이 그들의 잠재적 배우자가 장남인가 아닌가를 중요시하는 것이다. 미혼 여성들은 가계를 책임져야 하고 시부모를 모셔야 한다는 부담 때문에 장남을 좋아하

지 않는다. 장남이라는 조건은 남성이 갖는 다른 바람직한 특성을 모두 상쇄시킬 정도로 배우자 선택시에 불리한 조건으로 작용한다.

3) 독신여성의 증가

최근에 와서 독신여성들의 수가 증가하는 것도 변화된 결혼풍속도 중의 하나이다. 독신여성이라고 하면 결코 결혼하지 않는 사람, 이혼한 사람 그리고 사별한 사람을 포함할 수 있으나 여기서는 결코 결혼하지 않는 사람만을 포함하기로 한다.

일반적으로 결코 결혼하지 않는 독신여성들은 높은 수준의 교육을 받았고 지적이며 직업적으로 성공하기 위하여 노력한다. 그들은 결혼경사도 현상 때문에 그들보다 더 높은 지적, 경제적 조건을 갖춘 남성을 찾지 못한 사람들이기도 하다.

최근에 많이 개선되기는 하였지만, 사회는 독신여성들에 대해 아직도 부정적 고정관념을 지니고 있다. 특히 정신분석학자들이 그들을 정서적으로 미성숙하고 성격적인 결함자로 진단한 결과로, 독신여성들은 신경질적이고 소심하고 인색하며 장기적인 헌신적 관계를 형성할 수 없는 사람이라는 평가를 받는다. 동시에 그들은 결혼한 여성들보다 잘 적응하지 못하고 매력이 없으며 호감이 가지 않는 사람으로 인식되기 때문에 비난이나 동정을 받기도 하고 인생의 실패자로 간주되기도 한다(Lewis & Moon, 1997).

그러나 실제로 많은 독신여성들은 의도적으로 독신생활을 선택했다기보다는 살다보니까 그렇게 되었다고 대답한다. 독신여성들과 면접한 앤드선과 스튜어트(Anderson & Stewart, 1994)는 독신상태는 결혼, 가족 그리고 행복하게 사는 것에 대한 꿈을 포기하도록 한다고 보고하였다. 왜냐하면 행복한 결혼이나 가족에 대한 꿈은 독신상태와 갈등을 일으키고 혼자 사는 것을 어렵게 하기 때문이다. 따라서 독신여성들은 스스로 행복하게 살기 위해서 혹은 인생을 성취하기 위하여 결혼하지 않아야만 한다고 생각할 수 있을 때, 보다 만족스러운 생활을 할 수 있다.

결혼한 여성들과 비교하여 독신여성들은 자유와 독립을 누릴 수 있는 이점이 있다. 그들은 먹고 싶을 때 먹고 자고 싶을 때 자며 일하고 싶을 때 일하는 자유를 누릴 수 있을 뿐 아니라 누구에게도 의존하지 않고 자기충족적이기 때문에 스스로 힘이 있다고 느낄 수 있다. 또한 그들은 재능이나 능력을 개발할 수 있는 충분한 기회를 가질 수도 있기 때문에 사회적으로도 성공할 수 있다.

이러한 이점에도 불구하고 대부분의 독신여성들은 강한 외로움을 경험하고 함께 친밀성을 나눌 수 있는 사람을 원한다. 그것은 단순히 성적 친밀성을 의미하는 것은 아니며 문제가 있을 때 서로 의논하고 어려울 때 위로해 주며 슬플 때 마음놓고 울 수 있게 해 줄 수 있는 친밀한 관계를 의미한다(Gordon, 1994).

그럼에도 불구하고 일반적으로 독신여성들은 그들의 삶에 만족한다. 특히 신체적으로 건강하고 많은 친구가 있으며 그들이 중요시하는 일을 가지고 있을 때, 독신생활은 더욱 더 큰 만족을 준다. 흥미롭게도 독신생활을 불만족스러워하는 여성의 비율과 결혼생활에 불만족을 느끼는 여성의 비율이 유사하기 때문에, 결혼상태 그 자체보다는 인생에서 열심히 노력하는 것만이 최선이라는 생각을 해 볼 수 있다.

2. 결혼생활의 형태

개인의 결혼생활은 전통적 결혼생활과 현대적 결혼생활 그리고 평등주의적 결혼생활의 세 가지 유형으로 구분될 수 있다. 그러나 어떤 유형의 결혼생활이든 결혼생활 그 자체를 중요시한다는 점에서 차이가 없다.

1) 전통적 결혼생활

전통적 결혼생활에서 남편과 아내 양자는 남편이 아내보다 더 높은 지위와 권위를 갖는다는 데 동의한다. 남편은 일차적 의사결정권자로서 가사영역에 대한 아내의 결정조차 거부할 수 있는, 가족의 우두머리이다. 생계유지자로서의 남편과 주부와 아동양육자로서의 아내역할이 분명하게 구별되어 있다. 부부는 여가활동을 공유하는 일도 거의 없다. 아내는 친척이나 이웃과 함께 그리고 남편은 친구나 직장 동료와 함께 여가시간을 보낸다.

최근에 와서 전통적 결혼생활은 점차 현대적 결혼생활이나 평등주의적 결혼생활로 대치되고 있다. 전통적 결혼생활은 근로자계층의 가족에서 가장 흔하게 발견되고 있기는 하지만, 중류계층이나 상류계층의 가족들 사이에서도 이 유형의 결혼생활을 하는 부부들이 많이 있다.

2) 현대적 결혼생활

현대적 결혼생활을 하는 여성들은 직업을 가지고 있으나 가사일과 자녀양육도 함께 수행한다. 아내가 직업을 가지고 있어도 남편은 여전히 가족의 생계유지자이며 남편의 직업은 항상 아내의 직업보다 우선한다. 따라서 아내의 수입은 남편 수입에 부수적인 것으로 인식된다. 만약 아동양육을 도와줄 사람을 찾지 못한다면, 아내는 첫아이의 출산과 함께 직업을 떠나고 자녀가 어느 정도 성장한 이후에 다시 직업으로 되돌아가는 삶의 방식을 선택해야 한다.

전통적 결혼생활과는 다르게, 이 유형의 결혼생활을 하는 부부들은 여가시간을 함께 공유하고 인생의 동반자로서의 부부애를 중요시한다. 남편역할과 아내역할을 엄격하게 구분하기는 하지만, 때때로의 논의를 통하여 융통성을 발휘하기도 한다. 부부 사이의 연대감이나 일체감이 특히 중요시된다.

이 유형의 결혼생활에서 남성들은 여성들보다 더 큰 만족을 경험한다 (Baker, Kiger, & Riley, 1996). 남성들은 남녀동등을 지지하기는 하지만, 그것은 그들의 권위가 손상되지 않는 한에서 이루어진다. 여성들은 자녀와 친밀한 유대를 형성하기 원하기 때문에 혹은 결혼생활을 어떻게 변화시켜야 하는가를 알지 못하기 때문에 이 유형의 결혼생활을 지속할 수 있다.

3) 평등주의적 결혼생활

이 유형의 결혼생활을 하는 부부들은 힘과 권위를 평등하게 공유한다. 부부 모두 가정 바깥의 직업을 가지고 생계유지자로서의 역할을 수행한다. 현대적 결혼생활에서와는 다르게, 남편의 직업이 아내의 직업보다 우선되지 않으며 두 사람의 직업이 동등하게 중요시된다. 따라서 남편의 편의나 승진을 위해 생활방식을 조절하는 일도 없다.

평등주의적 결혼생활을 하는 부부들은 전통적 성역할과 상관없이 관심과 능력에 의해 가사일을 공유한다. 성별관련적 차이를 극복하려고 노력하는 이 유형의 부부들은 서로에게 개방적이고 자녀들에게 양육적이며 깊은 친밀감과 강한 동무애 그리고 상호존중을 경험한다. 그들은 많은 일들을 공유하기 때문에 서로를 잘 이해하고 대화하며 많은 시간을 함께 보낼 수 있다. 동등한 양육자, 동등한 부양자 그리고 최상의 친구로서의 부부관계를 지향하는 이러한 형태의 결혼생활은 서구에서도 하나의 이상이나 환상으로 지각될 정도로 드문 형태이다.

3. 결혼생활에서의 여성의 지위

결혼생활 내에서의 여성의 지위는 여성이 얼마나 많은 힘을 갖느냐에 따라 달라진다. 부부가 갖는 힘은 중요한 결정이 누구에 의해 이루어지고 서로 의견이 불일치할 때 누가 최종적 의사결정권자인가에 따라 달라진다.

대부분의 문화에서 남편은 가족의 중요한 결정에 영향을 주는 가장 큰 힘을 갖는 사람인 동시에 최종적 의사결정권자이다. 따라서 남편은 아내보다 더 높은 지위를 갖는다. 일반적으로 남편보다 낮은 아내의 지위는 아내가 갖는 더 적은 사회적 자원과 남편-아내 역할에 부여하는 사회적 규준에 그 원인이 있다.

1) 사회적 자원에서의 성차

결혼생활에서의 남성우월은 남편들이 갖는 사회적 자원과 높은 상관이 있다. 남성들은 여성들보다 결혼생활에 더 많은 사회적 자원을 가지고 온다. 가장 보편적인 사회적 자원에는 경제적 능력(혹은 돈), 교육수준 그리고 사회적 지위나 명성이 있다.

부부가 모두 직업을 가지고 있을 때조차도 남편들은 아내들보다 더 많이 벌고 더 높은 지위와 직업을 갖는 경향이 있다. 더 많은 사회적 자원을 갖는 남편들은 아내들보다 더 높은 대우를 받고 가장으로서의 지위를 확보한다. '당신이 그렇게 잘났으면 나가서 생활비를 벌어오라'는 남편의 말에 주눅 들지 않는 아내들은 아무도 없다.

여성들이 갖는 열등한 사회적 자원은 기본적으로 결혼경사도에 기인된다. 남성들이 여성들보다 더 우월한 지위를 차지하기 위하여, 더 어린 연령의, 더 낮은 교육수준을 갖는 여성을 아내로 선택한 결과로, 부부관계는 대등한 관계이기보다 상하관계를 형성한다. 우리 사회에서 더 높은 교육수준은 더 높은 수입과 더 높은 지위나 명성과 연결될 수 있으므로 여성들의 지위는 남성들의 그것보다 더 낮을 수밖에 없다.

사회적 교환이론 또한 아내의 열등한 지위를 설명할 수 있다. 남성의 경제적 안정성과 사회적 지위는 여성의 외모나 출산 능력보다 더 큰 사회적 가치를 갖는 자원에 해당한다. 사회적 교환이론은 더 큰 외부적 자원을 가져오는 파트너가 더 큰 영향력을 갖는다고 제안한다.

따라서 훌륭한 주부나 아동양육자보다 훌륭한 부양자가 더 중요시된다. 외부적 자원에 해당하는 지위나 돈 혹은 지식을 더 적게 갖는 아내들은 더 적은 영향력을 갖고 더 낮은 지위에 할당된다. 브룸스테인과 쉬왈츠(Blumstein & Schwartz, 1983)와 같은 사람들은 특히 돈이 부부 사이의 힘의 균형을 결정한다고 주장한다.

2) 남편-아내 역할에 대한 사회적 규준

남편-아내 관계에서 경제적 자원이 중요한 역할을 하기는 하지만, 여성이 갖는 더 큰 경제적 자원은 아내의 지위를 높이는 역할을 하지 못한다. 전통적으로 사회는 아내보다 남편이 더 큰 힘을 갖고 더 높은 지위에 위치하도록 규정하고 있으므로 누가 얼마나 버는가와 상관없이 남편은 아내보다 더 큰 힘을 갖는다.

부부가 모두 전문직업에 종사할 때조차도 아내는 남편보다 더 적은 힘을 갖고 아동양육의 훨씬 더 많은 부분을 담당한다. 스스로 자신의 직업보다 남편의 직업을 더 중요하다고 생각하는 전문직을 갖는 아내들의 사고는 남편-아내 역할에 대한 사회화의 결과를 반영한다고 볼 수 있다. 아내가 사회적으로 성공한다고 할지라도 그것이 양육자의 역할을 방해하고 남편의 공급자 역할을 훼손시키는 것으로 평가받기 때문에 환영받지 못한다. 이와 같이 남편과 아내가 갖는 동등한 사회적 자원도 사회적 역할규준에 의해 서로 다른 기능을 한다(Howard & Hollander, 1997; Steil & Weltman, 1991).

4. 결혼생활과 부부만족

일생 동안 계속되는 결혼생활을 통하여 부부는 어느 정도의 만족과 행복을 경험하는가? 남편과 아내는 공히 동등한 만족을 경험할 수 있을 것인가? 그리고 어떤 요인들이 결혼생활을 지속할 수 있도록 하는가를 아는 것은 결혼과 부모역할의 수행을 통하여 자신을 실현하려고 하는 많은 여성들에게 도움이 될 것이다.

1) 부부만족에서의 성차

아내들은 남편들보다 그들의 결혼생활에서 더 적은 만족을 경험한다는 것은 널리 알려진 일이다. 제시 버나드(Jessie Bernard, 1972)는 부부의 결혼생활을 '그의' 결혼생활과 '그녀의' 결혼생활로 구분하고 '그의' 결혼생활이 훨씬 더 유리하다고 제안하였다. 보다 최근의 연구에서도(Vangelisti & Daly, 1997) 결혼생활에서 남성들은 여성들보다 더 큰 만족을 경험하는 것으로 확인되고 있다.

가장 큰 행복과 만족을 느끼는 시기는 결혼초기이다(Hatfield & Rapson, 1993). 배우자에 대한 강한 몰입과 열정이 최고의 수준에 이르는 시기이기는 하지만, 그렇게 오래 지속되지는 않는다. 일반적으로 결혼 3년 동안 부부의 괴로움은 점차 증가한다(Kurdek, 1991).

더욱이 아내의 만족 정도는 가족생활주기(family life cycle)에 따라 달라진다. 가족생활주기란 두발(Duvall, 1988; Duvall & Miller, 1985)에 의해 기술된 여덟 개의 가족발달단계로서 가족구성원들과 그들이 수행하는 역할에 따라 구분된다. 두발은 〈표 7-1〉과 같이 부부의 연령증가와 가장 큰 아이의 변화하는 발달적 요구를 바탕으로 결혼생활의 단계를 가정하였다.

〈그림 7-2〉는 가족생활주기에 따른 부부만족의 변화를 제시한다. 부부의 만족 정도는 가족생활주기에 따라 U자 형태의 곡선적 커브를 그리면서 변화하나, 아내와 남편의 만족 정도에는 차이가 있다.

결혼초기에는 아내들이 남편들보다 더 큰 만족을 느끼는 경향이 있었으나 첫 아이의 출생과 함께 아내의 만족 정도는 급격하게 감소한다. 아동중기 가족과 중고등학교 자녀를 갖는 가족단계에서 아내들은 가장 낮은 수준의 만족을 경험한다(다른 연구들에서는 중고등학교 자녀를 갖는 가족단계에서 가장 낮은 만족을 경험한다). 중고등학교 자녀를 갖는 가족단계에서부터 아내의 만족 정도는 회복되기 시작하나 이후 끝까지 남편의 만족 정도를 따라잡지 못하고 가족생활주기를 끝낸다.

결혼생활에 대한 아내의 낮은 만족은 결혼한 여성들이 결혼한 남성들보다 심리적 장애나 문제를 가질 가능성이 더 많다는 사실에 의해서도 입

〈표 7-1〉 두발의 가족생활주기

단 계	가족생활주기	발 달 과 업
1	새롭게 형성된 부부	이제 막 결혼한 부부들이 여기에 해당한다. 아직 자녀가 없다. 부부는 남편으로서 그리고 아내로서 새로운 역할에 적응한다.
2	자녀를 출산하는 가족	첫 아이의 출생부터 생후 약 36개월까지의 시기이다. 부부는 자녀양육이 요구하는 시간과 에너지 및 재정적 부담에 적응해야 한다.
3	아동초기 가족	첫 아이가 6세가 될 때까지의 가족으로 부부는 점점 더 많은 시간을 자녀양육에 투자한다. 부부는 이 시기 아동의 요구는 물론 부부만이 가질 수 있는 시간의 부족에 대처해야 한다.
4	아동중기 가족	큰 아이의 연령이 7세부터 12세까지에 해당하는 시기이다. 부부는 가족구성원들의 다양한 스케줄을 조절하고 균형을 이룰 수 있도록 노력한다.
5	중고등학교 자녀를 갖는 가족	가장 큰 아이의 연령이 13세부터 20세까지의 시기로서 청소년 자녀를 갖는 가족단계이다. 부부는 가정을 떠날 준비를 하는 청소년들을 위해 인내할 수 있어야 한다.
6	성인자녀를 갖는 가족	첫 아이가 성인기로 들어갈 때부터 시작하여 막내자녀가 집을 떠날 때까지 계속된다. 가족은 진수센터로서 가정을 떠나는 자녀를 돕는 데 열중한다.
7	중년기 가족	막내자녀가 집을 떠날 때부터 부부의 은퇴까지 계속된다. 텅빈보금자리 시기로서 부부만 남게 되고 노부모를 돌보는 책임도 맡는다.
8	노화하는 가족	부부의 은퇴부터 배우자의 사망까지 계속된다. 만성적 질병과 배우자의 사망에 대처해야 한다.

증된다(Steil & Turetsky, 1987). 그러나 영구적 독신과 이혼한 사람 및 배우자를 사별하여 현재 독신상태에 있는 남녀를 비교하면, 오히려 남성들이 여성들보다 더 높은 비율의 심리적 적응장애를 보인다. 이와 같은 결과는 결혼생활 자체가 여성의 정신건강을 저해하고 심리적 장애를 유발하는 요인을 내포하고 있다는 것을 의미한다.

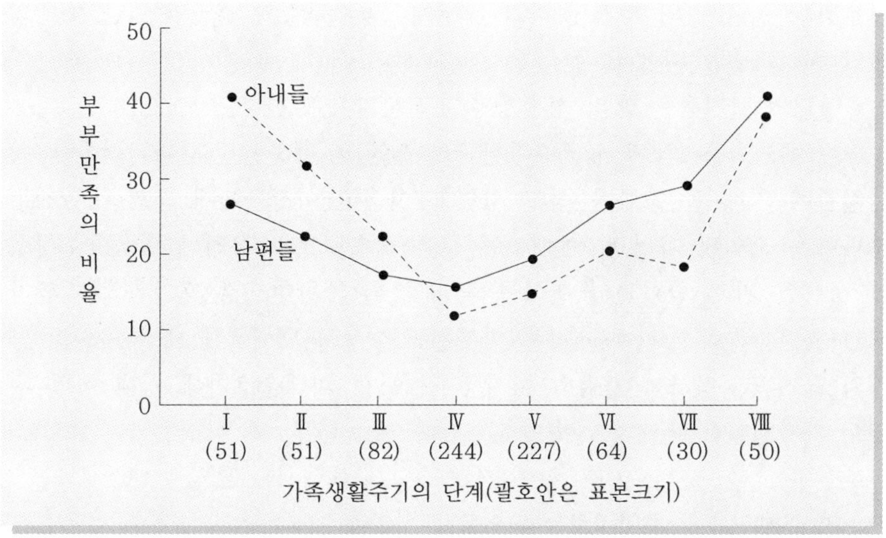

〈그림 7-2〉 가족생활주기의 각 단계에서 경험되는 남편과 아내의 만족 정도

출처: Rollins & Feldman, 1970.

2) 성차의 원인

왜 아내들은 남편들보다 더 많은 심리적 적응장애를 갖는가?

전업주부, 취업주부 그리고 취업한 남편들이 갖는 심리적 적응문제를 연구한 결과에 의하면(Steil, 1997), 전업주부들이 가장 많은 적응문제를 가지고 있었고, 그 다음이 취업주부 그리고 취업한 남편의 순이었다. 이와 같은 결과는 여성의 주부역할이 심리적 장애를 일으키는 직접적 원인일 수 있음을 시사한다. 그러나 취업한 남편들이 취업한 아내들보다 더 적은 장애를 갖는다는 사실은 주부역할만이 아니라 아내라는 위치가 심리적 부적응을 불러일으킬 수 있다는 것을 나타낸다.

부부가 갖는 힘과 결혼생활에서의 심리적 안녕은 높은 상관이 있다(Steil, 1997, 1983). 남편보다 더 적은 힘과 더 낮은 지위를 갖는 아내들은 남편의 지시나 명령에 따라야 할 때가 많고 가사일과 자녀양육에 참여하지 않으려고 하는 남편에 대해 불만족을 느낀다. 남편-아내 관계가 대등한 인격적인 관계가 아닌 주인-하인식의 상하관계를 형성할수록 아내의 불만족은 커지고 더 많은 적응문제를 일으킨다. 더욱이 아내의 역할 자체가 남편이나 자녀에게 일방적으로 정서적 지원을 제공하기만 할 뿐 그들로부터 지원을 거의 받지 못하기 때문에, 결혼생활의 경과와 함께 아내의 불만족은 커질 수밖에 없다.

아내의 불만족은 혼외 성관계를 촉진시키기도 한다(공미혜, 2002; Sprecher, 1998). 공미혜에 의하면, 한국의 결혼한 여성들은 남편과의 정서적 단절감에 의해 큰 고통을 겪고 있었고 이러한 여성들에게 혼외 성관계는 무력하고 소외된 가정생활에서 벗어나는 탈출구로 작용하고 있었다. 여성들 중에는 간혹 남편과의 관계를 끝내기 위한 방편으로 혼외관계를 갖기도 하지만, 혼외 성관계를 갖는 대부분의 여성들은 이혼에 대한 사회적 금기와 심리적, 정서적 자립의 어려움 및 모성 이데올로기에 의해 어쩔 수 없이 가정생활을 유지하고 있었다(장필화, 2000).

3) 부부만족을 증가시키는 요인들

부부만족을 증가시키고 부부의 일생 동안 그들의 결혼생활을 지속할 수 있도록 돕는 요인에는 어떤 것이 있는가? 아내와 남편은 부부의 결혼생활에 중요한 상위 열 가지 요인에서 서로 일치하였다. 비록 캐나다에서 조사된 결과이기는 하지만, 모든 문화의 부부들에게 적용될 수 있는 보편성을 지니고 있기 때문에 여기에 수록하였다(Schlesinger, 1982). 부부의 결혼생활에 중요한 열 가지 요인들을 제시하면 다음과 같다:

① 서로에 대한 존경
② 서로에 대한 신뢰
③ 배우자에 대한 헌신과 충성
④ 서로에 대한 사랑
⑤ 서로에 대한 의존
⑥ 서로의 욕구에 대한 배려
⑦ 정서적 지원의 제공
⑧ 결혼생활에 대한 전념
⑨ 배우자에 대한 성실성
⑩ 일방적이 아닌 주고받는 관계의 결혼생활

4) 동등한 남편-아내 관계는 도달될 수 없는 이상인가

앞에서도 이미 지적한 것처럼, 대부분의 아내들은 남편들보다 더 적은 힘을 갖고 낮은 지위를 할당받는다. 그러나 결혼한 부부들 중에는, 비록 소수이기는 하지만 소위 평등주의적 결혼생활을 하고 있는 부부들이 있다. 그들은 전통적 남편역할과 아내역할에 일치하라는 사회적 압력에도 불구하고, 각자 직업을 갖고 가정 바깥에서 일하며 동시에 가정에서도 함께 가사일을 수행한다.

그들은 모두 직업을 갖고 사회활동을 하므로 가정에서도 함께 일한다고 생각한다. 그들은 '아내의 일' 혹은 '남편의 일'로 구분하는 일 없이 각자 할 수 있는 만큼의 일을 스스로 찾아서 한다. 한 사람이 요리하면 다른 한 사람은 오븐을 청소하고 마루를 걸레질한다. 모든 가정일에 부부가 자발적으로 참여하기 때문에, 부부 두 사람의 일은 대단히 유사하게 보인다.

남편-생계유지자 그리고 아내-가정주부의 커플보다는 부부 두 사람이 갖는 경제적 자원이 균형을 이룰 때, 부부 사이의 평등성이 성취될 가능성은 훨씬 더 크다. 노르웨이의 여성운동가들은 부부가 모두 경제적 자원을 가질 수 있도록 하기 위하여 하루 6시간 근로를 추천한다. 6시간 정도의 근로는 부부 모두 직업을 가질 수 있고 가사일을 나누어 맡을 수 있게 하기 때문이다.

평등주의적 결혼생활이 갖는 또 다른 이점은 여성들에게 자아실현을 가능하게 하고 완전한 인간에 도달할 수 있는 기회를 제공한다는 것이다. 그렇다고 해서 평등주의적 결혼생활이 여성들에게만 유리한 것은 아니다. 남성들은 전통적 결혼생활에서 강요받는 공급자나 생계유지자로서의 부담에서 벗어날 수 있고 자녀의 성장과 발달을 도울 수 있는 자유도 누릴 수 있다.

그러나 남편-아내 사이의 힘이나 지위의 차이는 개인차의 문제인 동시에 사회구조적인 문제이므로, 사회구조의 변화 없이는 평등한 결혼생활이 이루어지기 어렵다. 특히 우리나라와 같이 여성의 사회적 지위가 낮고 성역할 고정관념이 그대로 유지되는 나라에서는 평등주의적 결혼생활은 단지 남의 나라에서만 가능한, 결혼생활의 한 형태에 지나지 않는다.

[8장]

의사소통

[8장] 의사소통

남성과 여성은 의사소통방식에서 차이가 있기 때문에 의사소통은 여성심리학의 중요한 주제이다. 언어적 의사소통과 비언어적 의사소통에서의 남녀간의 차이와 부부간의 의사소통 방식에 대한 설명도 이 장에 포함되어 있다. 특히 영어와 한국어에서 사용되고 있는 성차별적 언어표현들에 대한 설명은 여성들이 어떻게 자기비하적이고 자신을 남성들보다 더 열등한 존재로 인식하게 되는가에 대한 이해를 풍부하게 할 것이다.

의사소통

제8장 의사소통

인간은 의사소통을 통하여 타인과 상호작용한다. 의사소통(communication)이란 개인과 개인 사이에 상징적 매개물을 사용하여 정보와 의사를 교환하고 서로의 행동에 영향을 미치는 과정을 의미한다(장휘숙, 1995). 의사소통에는 순수하게 언어만을 사용하는 언어적 의사소통과 응시, 제스처, 얼굴표정, 신체자세 등을 포함하는 비언어적 의사소통이 있다.

일반적으로 언어적 의사소통은 비언어적 메시지를 수반하고, 언어가 교환되는 맥락은 물론 말하는 사람과 듣는 사람의 친밀성에 의해 영향을 받는다. 그러므로 의사소통은 단순히 단어를 교환하는 이상으로서, 개인 상호간의 의사소통 방식에 따라 오해나 좌절을 불러일으킬 수도 있다.

문제는 한국인들이 자신의 의사를 정확하게 표현하기보다는 간접적 표현방법을 사용하거나 침묵에 가치를 두는 이심전심으로 의사를 교환하려는 경향이 있기 때문에(이정순과 박성연, 1991), 언어나 의사소통에 관한 연구가 많이 이루어지지 않았다는 것이다. 그러나 어느 문화에서나 성차별적 언어표현들이 많이 사용되고 있고 그것은 여성에 대한 왜곡된 이미지를 강화하고 지속시키는 역할을 하므로 여성을 연구하는 사람들은 언어사용 문제에 관심을 갖지 않을 수 없다.

이 장에서는 의사소통방식에서 성차가 있는가? 여성과 남성은 서로 다른 대화방식을 사용하는가? 또한 여성과 남성은 비언어적 단서를 다르게 해석하는가 등의 문제를 역점두어 다루려고 한다.

Ⅰ. 언어적 의사소통

언어는 타인과 상호작용하는 중요한 도구이다. 그러나 두 사람이 주고받는 언어는 상징이지 의미 자체는 아니다. 따라서 언어적 의사소통은 부호화(encoding)과정과 해독화(decoding)과정으로 이루어진다.

부호화란 말하는 사람이 자신의 느낌이나 생각을 언어라는 상징으로 표현하는 과정에 해당하는 반면, 해독화는 듣는 사람이 감각기관을 통해 들어온 상징을 해석하고 그 의미를 파악하는 과정에 해당한다. 의사소통의 문제는 말하는 사람과 듣는 사람의 성별이나 문화적 배경과 같은 여러 가지 차이들에 의해 효과적인 소통이 이루어지지 않거나 오해가 있을 때 생긴다. 먼저 메시지의 흐름방향에 해당하는 의사소통과정을 설명하고 의사소통에서의 성차의 문제를 설명하기로 한다.

1. 언어적 의사소통의 과정모형

언어적 의사소통에 참여하는 사람들은 어떤 과정을 통하여 메시지를 주고받는가? 언어적 의사소통에서 메시지가 전달되는 과정은 다음과 같은 세 가지 모형으로 설명될 수 있다. 즉, 일방적 모형(A → B), 반응모형(A ⇄ B) 그리고 상호작용모형(A ⇄ B)이 그것이다(홍기선, 1994). 각 모형은 의사소통이 이루어질 때, 메시지의 흐름방향을 나타내 준다. 세 가지 모형을 차례로 설명하기로 한다.

1) 일방적 모형

이 모형은 의사소통시에 말하는 사람이 듣는 사람을 고려함이 없이 일방적으로 메시지를 보내는 양식에 해당한다. 주로 힘이 있는 사람이 힘이 없는 사람에게 메시지를 전달하는 방식으로 상사가 부하직원에게, 부모가 자식에게, 그리고 때로 남편이 아내에게 이야기할 때 사용되는 의사소통 양식이다. 일방적 모형은 대화가 한 방향으로만 흘러가기 때문에 의사소통의 양도 많지 않은 것이 그 특징이다.

2) 반응모형

이 모형에서 말하는 사람은 적극적으로 메시지를 전달하려고 하며 듣는 사람의 반응을 고려하여 의사소통의 내용을 수정하거나 반복한다. 반면 듣는 사람은 대단히 소극적인 태도로 자신의 의견이나 느낌을 나타내며 말하는 사람과 대등한 입장에서 의사소통을 하지 못한다. 말하는 사람과 듣는 사람 모두 언어적 표현과 함께 얼굴표정이나 눈빛과 같은 비언어적 표현을 사용하여 자신의 생각을 전달한다. 반응모형을 도식화하면 〈그림 8-1〉과 같다.

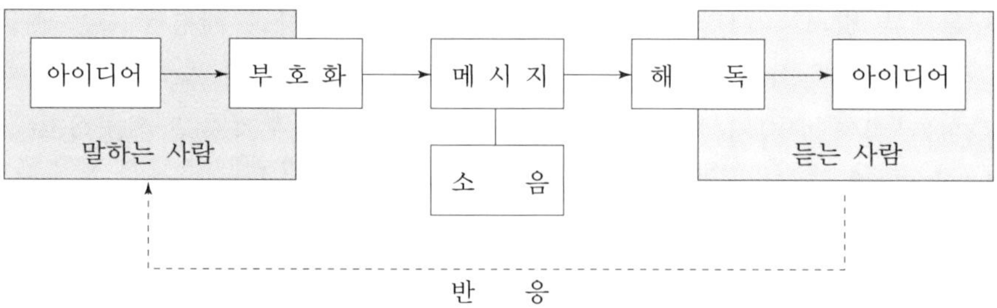

〈그림 8-1〉 언어적 의사소통의 반응모형

출처: 홍기선, 1994.

반응모형은 교수-학생 사이에서 일어나는 의사소통에 적용될 수 있다. 교수는 적극적으로 지식을 전달하려고 하고 학생들의 반응을 고려하여 강의내용을 바꾸거나 전달방식을 달리하기도 한다. 반면 학생들은 교수의 강의내용을 이해하려고 노력하고, 이해했는지 아닌지를 질문과 같은 언어적 방식으로 전달하거나 때로는 표정이나 눈빛을 사용한 비언어적 방식으로 반응을 전달한다. 여기서 학생들은 어디까지나 듣는 사람으로서 수동적인 자세를 취한다.

3) 상호작용모형

이 모형은 말하는 사람과 듣는 사람이 대등한 입장에서 의견을 교환한다. 대화를 나누는 사람들은 모두 동등한 관계를 형성하기 때문에 서로 상대편의 반응을 고려하면서 의견을 교환하게 되며 대화의 양도 많은 것이 그 특징이다. 친구 사이에서 이루어지는 대화들이 이 모형에 해당하며

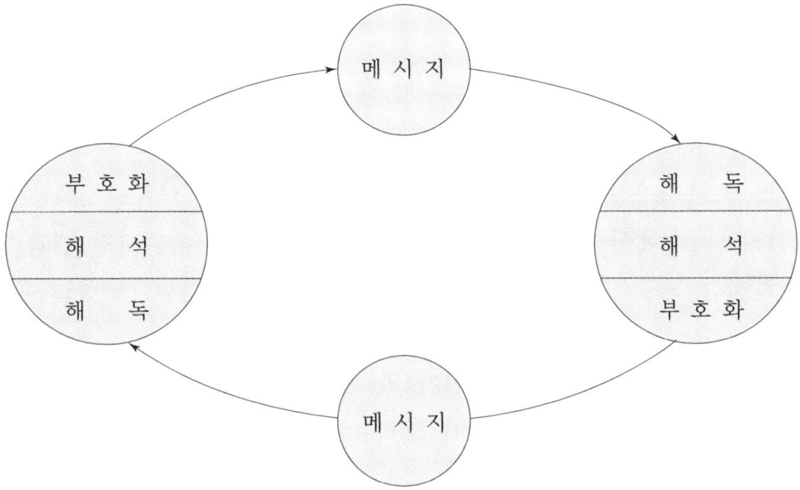

〈그림 8-2〉 의사소통의 상호작용모형
출처: 홍기선, 1994.

〈그림 8-2〉와 같이 도식화될 수 있다.

〈그림 8-2〉에서 알 수 있는 것처럼, 말하는 사람과 듣는 사람은 동등하게 메시지를 교환하고 있기 때문에 송신자와 수신자가 뚜렷이 구별되지 않는다. 앞에서도 설명한 것처럼 부호화는 메시지를 상징으로 변환하는 과정인 반면, 해독화는 상대방이 전달하려고 하는 메시지 내용을 이해하고 의미를 파악하는 과정이다. 해독이 이루어지면 다시 자신의 생각을 메시지로 변환하여 상대방에게 전달하기 때문에, 대화를 나누는 두 사람은 모두 부호화와 해독화를 반복하면서 의사소통을 계속한다.

그렇다면 의사소통의 과정모형에 영향을 주는 요인들은 무엇인가? 실제상황에서 의사소통이 이루어질 때, 대화의 내용이나 의사소통이 일어나는 장소 등 다양한 요인들이 의사소통에 영향을 미치기는 하지만, 의사소통에 참여하는 참여자들의 관계인식만큼 중요한 요인은 없다. 그 이유는 의사소통 참여자들이 두 사람 사이에 어떤 관계가 있다고 생각하는가에 따라 대화의 내용은 물론 자기노출의 정도가 결정되기 때문이다. 따라서 의사소통에 참여하는 사람들이 혼성일 때 남녀관계에서 나타나는 언어사용의 문제를 역점 두어 다룰 필요가 있을 것이다.

2. 언어사용에서의 성차

일반적으로 남성과 여성은 각기 상이한 언어를 사용한다고 알려져 있다. 태넨(Tannen, 1990)같은 연구자는 이성과 의사소통하는 것은 서로 다른 문화의 사람과 소통하는 것과 같다고 제안한 바 있다. 남성과 여성은 서로 다른 세계에서 성장하고 상이한 의사소통양식을 발달시킨 결과로 여성은 관계나 친밀성을 나타내는 언어를 말하고 듣는 반면, 남성들은 지위와 독립을 표상하는 언어를 말하고 듣는다.

우리 사회에서 남성들과 차이가 있다고 생각되는 여성들의 언어 특징들을 정리하면 다음과 같다(Lakoff, 1990; Tannen, 1990):

① 더 다양한 억양패턴
② 완곡어법의 더 잦은 사용
③ 더 정확한 문법의 사용
④ 의문이나 불확실함을 전달하기 위하여 말의 끝부분을 올리기
⑤ 보다 더 간접적이고 공손한 언어사용
⑥ 대화시의 잦은 중단

이 절에서는 성별에 따라 차이가 있다고 알려져 있는 언어특징들을 고찰함으로써 언어사용에서의 성차를 확인한다.

1) 언어의 양—여성과 남성 중 누가 더 말을 많이 하는가?

우리는 여성들이 남성들보다 말을 더 많이 한다는 고정관념을 가지고 있다. 그러나 56개의 연구에 대한 통합분석을 실시한 결과에 의하면(James & Drakich, 1993), 연구의 61%에서 남성들이 여성들보다 말을 더 많이 하였고 29%는 차이를 보이지 않았다. 그리고 단지 4%에서만 여성들이 남성들보다 더 많이 말하는 것으로 확인되었다.

한 연구에서(Spender, 1989), 남녀간의 대화가 끝난 다음, 공평한 대화를 나누었는가를 질문했을 때, 각 참여자들은 성별에 따라 서로 다른 반응을 나타내었다. 여성들은 그들이 전체 대화량의 절반에도 미치지 못할 정도로 이야기하였다고 할지라도(8-42%) 공평한 대화를 나누었다고 보고하였다. 그러나 남성들은 대화시간의 대부분을 이야기했음에도 불구하고

(58-92%), 그들은 충분하게 이야기하지 못했다고 응답하였다. 놀랍게도 여성들이 남성들보다 말을 더 적게 하고 있는데도, 여성들은 말을 많이 하는 사람으로 인식되고 있었다. 연구자는 남녀간의 대화에서 여성들에게는 대화시간의 약 $\frac{1}{3}$정도만 허용될 뿐, 이 시간을 초과하면 남녀 모두 여성들은 말이 많다는 지각을 한다고 평가하였다.

그렇다면 왜 여성들은 수다스럽고 말이 많다고 생각되는가? 스펜더(Spender, 1989)는 성역할 고정관념에 따라 여성들은 조용할 것으로 기대되므로, 여성들이 조금만 말을 해도 말을 많이 한다는 인상을 주기 쉽다고 주장하였다. 또 다른 설명으로 여성들은 남성들보다 대화를 시작하고 유지하려는 노력을 더 많이 하기 때문에, 말이 많은 것으로 지각된다는 것이다(Stewart 등, 1996).

결혼한 부부 중 아내는 대화를 시작하기 위하여 남편들보다 5배 정도 더 많이 질문한다(Fishman, 1978). 그러나 대화를 시작하려는 여성들의 시도는 단지 35% 정도만 성공할 수 있는 반면, 남성들의 대화시도(여성들보다 그 수가 적기는 하지만)는 거의 항상 성공하는 차이를 나타낸다.

남성과 여성의 두드러진 차이 중의 하나는 남성들은 공적 상황에서 말을 많이 하고 여성들은 사적 상황에서 말을 더 많이 한다는 것이다(Tannen, 1990). 남성들은 위계적인 사회질서 내에서 그들의 독립을 보존하고 지위를 유지·확립하기 위하여 공적 상황에서 말을 많이 한다. 대조적으로 여성들은 대화를, 관계를 유지하는 중요한 수단으로 인식하기 때문에 사적 상황에서 말을 더 많이 한다. 이와 같이 여성들은 공적 석상에서는 남성들보다 말을 더 적게 하지만 가정에서 말을 많이 하기 때문에, 여성들이 수다스럽다는 인상을 주기 쉽다.

그러므로 “누가 더 말을 많이 하는가? 남자 혹은 여자?”라는 질문은 지나치게 단순한 질문이다. 성별 외에도 개인의 성격특성과 인종, 사회적 지위 그리고 직업은 물론 대화가 혼성집단에서 이루어지는가 아니면 동성의 집단 내에서 이루어지는가에 따라서도 개인의 대화량은 달라지기 때문에, 언어의 양을 연구할 때는 이 모든 요인들이 고려될 필요가 있다.

2) 대화의 중단

대화의 중단이란 상대편의 말과 중복되는 어떤 발성으로 정의된다. 여성과 남성 중 대화가 진행되는 동안 누가 상대편의 말을 더 많이 중단시키는가? 일반적으로 남성들이 여성들보다 대화를 더 많이 중단시킨다고 알려져 있으므로 대화중단은 동성의 집단 내에서보다는 혼성의 집단 내에서 더 많이 일어날 것이라는 것이다. 그러나 통합분석결과에서는 이러한 일반적인 신념을 지지할 수 있는 충분한 증거가 발견되지 않았다. 즉 대화에서의 중단을 연구한 33개 연구들을 통합분석한 결과(James & Clarke, 1993), 11개의 연구에서는 남성들이 여성들보다 대화를 더 많이 중단시켰으나 17개 연구에서는 성차가 확인되지 않았다.

우리가 상대편의 말을 중단시키는 이유는 무엇인가? 대화를 중단시키는 이유는 남녀간에 차이가 있다. 일반적으로 남성들은 대화의 발언권을 통제하기 위하여 대화를 중단시키는 반면, 여성들은 진행되는 대화를 지원할 목적으로 대화를 중단시킨다(Stewart 등, 1996). 보통 여성들은 관심을 표현하기 위한 목적으로 "응" "예" 혹은 "음"과 같은 말로써 대화를 중단시킨다. 여성들은 대화를 지배하거나 말하는 사람을 방해하려는 것이 아니라 공유된 의미를 생성하기 위하여 대화를 중단시키기 때문에, 오히려 대화의 흐름에 협조하려는 의도를 지니고 있다.

물론 대화가 어디에서 중단되는가에 따라 그 의미는 달라진다. 당신의 첫말과 상대편의 마지막 말이 중복되는 것과 어떤 사람이 말하고 있는 중간에 중복되는 것은 다른 의미를 지닌다. 전자는 실제로 대화가 중단되지 않으며 화자가 말을 계속할 수 있도록 하는 반면, 후자는 상대편의 말을 중단시키기 때문에 언어예절에 어긋난 행동으로 간주된다.

일반적으로 남성들은 여성들보다 대화 중간에 상대편의 말을 더 많이 중단시킨다. 보통 대화중단자는 그들의 대화상대자보다 더 높은 지위에 있다(Carli, 1990). 여성들은 사회적으로 남성들보다 더 낮은 지위에 있기 때문에 남성들에 의해 혹은 동성의 여성들에 의해 대화 중간에 더 많이 중단당한다.

3) 억양과 고저

억양과 고저는 사용되는 언어의 의미를 증가시키거나 감소시킨다. 여기서 억양이란 목소리의 올라감과 내려옴에 해당하는 반면, 고저는 사람의 목소리가 얼마나 높고 낮은가에 해당한다. 우리는 말하는 사람의 음성단서로부터 기분이나 정서를 인지하기 때문에(Banse & Scherer, 1996), 화자가 사용하는 억양과 고저는 정서의 유형은 물론 정서의 강도를 전달한다. 일반적으로 절망, 슬픔, 권태 혹은 분노와 같은 정서들은 더 쉽게 지각되는 경향이 있다. 특히 여성의 억양패턴은 남성의 그것보다 더 표현적이기 때문에, 정서정보를 효과적으로 전달할 수 있다.

또한 여성들의 목소리는 남성들의 목소리보다 더 높다. 물론 여성들의 높은 목소리는 사회가 낮은 목소리를 좋아할 때 불리하게 작용한다. 과거에 대중들은 객관적이고 권위적인 목소리의 뉴스를 듣고 싶어했기 때문에, 뉴스진행자들은 대부분 남성들이었다. 특히 여성들의 높은 목소리는 남성들의 낮은 목소리만큼 심각하게 들리지 않을 수 있다는 것도 여성이 뉴스진행자가 될 수 없는 중요한 이유였다.

그러나 아기 양육시에는 여성의 높은 목소리가 더 환영을 받는다. 어린 영아들은 낮은 소리보다는 높은 소리를 더 잘 지각하기 때문에, 남성의 낮은 소리보다는 여성의 높은 소리를 더 선호한다(Ecklund-Flores & Turkewitz, 1996).

4) 표 준 어

여성들은 남성들보다 문법적으로 더 정확한 언어를 사용한다(Romaine, 1994). 그렇다면 그 이유가 무엇인가? 표준어(standard speech)의 사용은 지위나 명성과 관련되어 있다는 주장이 있다(Eakins & Eakins, 1978). 남성들은 그들이 남성이라는 것만으로 권위를 유지할 수 있기 때문에 그들의 지위나 권위를 전달할 언어를 필요로 하지 않는다. 그러나 사회적으로 남성들보다 낮은 지위에 위치하는 여성들은 그들의 지위를 높일 수 있는 하나의 방편으로 언어에 관심을 갖는다. 언어는 개인의 신분이나 지위를 나타내는 지표의 역할을 하기 때문에, 여성들은 표준어를 사용한다는 것이다. 그러나 이러한 주장에 대한 경험적 증거는 없다.

여성들이 표준어를 선호하는 것과는 대조적으로 남성들은 비표준어(nonstandard speech)를 많이 사용한다. 비표준어란 욕이나 속어와 같은 거친 언어들을 의미한다. 실제로 통용되는 비표준어의 대부분은 남성들에 의해 만들어지고 사용된다.

최근에 와서 여성들도 남성들만큼 거친 언어를 많이 사용한다는 보고가 있다. 미국의 남녀 대학생들을 대상으로 조사했을 때(Grossman & Tucker, 1997), 남녀 학생 모두 동일한 양의 비표준어를 사용하고 있었다. 그럼에도 불구하고, 남녀 학생들은 욕이나 속어는 남성들 사이에서 더 많이 수용되는 언어라고 보고하였다.

욕이나 속어에 관한 연구들은 실제적인 대화에서 사용되는 비표준어의 양을 직접적으로 관찰하는 것이 아니라 연구대상자들에게 얼마나 많은 거친 언어를 사용하는가를 질문하는 방식을 채택하고 있다. 질문지의 사용은 실시하기 간편한 이점이 있기는 하지만, 속어나 욕이 사용되는 맥락에 대한 정보를 얻을 수 없다는 문제점을 지니고 있다. 일반적으로 여성이나 남성 모두 가까운 친구나 동성간에 욕이나 속어를 많이 사용하며 혼성의 집단 내에서는 비표준어가 거의 사용되지 않는 경향이 있다.

3. 성차의 원인

여성과 남성의 언어차이는 어디에서 연유하는가? 비록 일치된 연구결과가 없기는 하지만, 언어학자 라코프(Lakoff, 1990)는 개인이 가지고 있는 힘의 차이가 남녀가 사용하는 언어의 차이를 유발한다고 주장한다. 라코프에 의하면, 여성들은 남성들과는 다른 언어를 사용하나 그 이유는 그들이 여성이기 때문이 아니라 여성의 종속적 지위 때문이라는 것이다.

유사하게, 아리스(Aries, 1996, 1997)는 언어적 의사소통에서의 성차가 과장되고 잘못 이해되고 있다고 주장하고 성차와 관련된 다음과 같은 세 가지 특성을 지적하였다.

첫째, 성차가 존재한다고 할지라도, 그 차이는 크지 않으며 실질적인 차이는 남성과 여성집단간에 존재하기보다는 오히려 여성집단 내에 그리고 남성집단 내에 존재한다는 것이다. 제4장에서 확인한 대로, 남녀간의 차이가 통계적으로 유의할 때조차도, 남녀간에 큰 중복이 존재하며 많은 여성들은 많은 남성들과 유사한 방식으로 의사소통한다.

둘째, 의사소통에서의 차이는 단지 특정한 맥락에서 나타난다. 예를 들면, 대화를 나누는 집단이 남성-남성으로 구성되는가 여성-여성으로 구성되는가 아니면 혼성의 집단으로 구성되는가에 따라 대화의 내용이나 방식이 달라진다. 또한 대화파트너들이 서로 가까운 사이인가 아닌가의 친밀성 수준과 함께 대화시간의 길이가 그들의 상호작용 양식에 영향을 준다. 또한 대화가 공적 상황에서 이루어지는가 사적 상황에서 이루어지는가에 따라서도 달라진다.

셋째, 사회적 역할과 지위가 언어적 의사소통에서의 성차를 설명한다. 이 견해에 따르면, 의사소통에서의 차이는 집단구성원들의 역할이나 지위와 관련되어 있다. 사회적으로 높은 지위에 있는 사람들은 낮은 지위의 사람들보다 더 우월한 언어를 사용한다. 모스코위쯔 등(Moskowitz, Jungsuh, & Desaulniers, 1994)도 대화에서의 우월성은 개인의 성별이 아니라 사회적 역할과 관련되어 있다는 것을 확인한 바 있다. 감독자 지위의 사람들은 그들이 남성이든 여성이든 상관없이, 종속적 지위의 사람보다 대화에서 더 큰 우월성을 갖는다.

4. 성차별적 언어표현들

성차별적 언어(sexist language)란 다른 성과 비교하여 하나의 성(보통 여성)에 대해 부정적인 태도를 전달하는 언어를 의미한다(Ivy & Backlund, 1994). 언어체계를 분석한 연구들은 일관성 있게 우리가 사용하는 언어가 남성중심적으로 구성되어 있으며 여성을 모욕하거나 비하하는 표현들이 지나칠 정도로 많이 사용되고 있다고 지적한다(이춘아와 김이선, 1997; Lakoff, 1990). 이러한 성차별적 언어표현들은 여성의 이미지를 왜곡시키고 결국 여성의 열등한 사회적 지위를 영속화시키는 역할을 한다. 이 절에서는 영어에서의 여성에 대한 차별적 표현과 우리 문화에서 사용되고 있는 성차별적 언어표현의 사례를 고찰하기로 한다.

1) 영어에서 여성에 대한 차별적 표현

서구사회를 대표하는 언어인 영어 역시 가부장적 사회를 반영하고 있다. 그 증거는 사람을 총칭하는 단어로 남성 대명사를 사용하는 것에서 찾을 수 있다. he(his, him, himself 등)라는 대명사는 남성을 지칭하는 단어임에도 불구하고 남성과 여성 양자를 모두 언급할 때 사용되는 전형적 대명사이다. 이러한 일반적, 총칭적 남성 대명사는 남성이 '인간'이라는 범주의 전형이고 여성은 예외라는 의미를 내포한다. 물론 여성 대명사 she는 여성만을 의미할 뿐 남성과 여성 전체를 지칭하는 일은 결코 일어나지 않는다.

mankind, mailman, manpower, chairman과 같이 남성을 의미하는 단어와 결합된 단어들 역시 남성을 언급하기 위하여 사용되기도 하지만, 남성과 여성을 모두 지칭하는 일반적 대명사로 활용된다. 그러나 이러한 단어들이 남녀를 모두 지칭하기 위하여 사용된다고 할지라도, 때로 누구를 지칭하는지 분명하지 않을 때가 많이 있다. 이때 우리는 습관적으로 남성만을 의미하는 것으로 해석하게 된다.

여기에 대한 하나의 해결책으로 최근에 man이라는 단어 대신에 person(mailman-mailperson, chairman-chairperson)이라는 중립적 단어가 사용되기도 하나, person이라는 단어가 여성을 의미한다는 지적이 있어 어려움이 있다. 그에 따라 mailman을 mail carrier로 그리고 freshmen을 first-year student라고 하자는 제안도 있다.

남성단어와 상응하는 의미를 갖는 여성단어들이 많이 있다. 그러나 남성단어들과는 달리 여성단어들은 단어 그 자체의 의미로 전달되는 것이 아니라 자주 부정적 혹은 성적 의미를 내포하는 단어로 변질된다.

그 예로서 sir라는 단어는 존경의 의미를 내포하고 있으나 대응하는 madam이라는 단어는 너저분하고 남성의 성적 만족을 위하여 여성을 주선하는 곳과 같은 부가적 의미를 지니고 있다.

유사하게 gentleman은 예의바르고 공손하고, 친절하고 사려깊은 사람을 의미하나 그에 대응하는 lady라는 용어는 보통 경솔하고, 성적으로 난잡한 여성을 의미할 때가 많다.

bachelor라는 단어는 독립적인 긍정적 남성상을 내포하고 있으나 유사한 용어인 spinster나 old maid는 매력 없는 여성의 부정적 상을 수반한다.

governor 역시 높은 지위에 있는 사람을 지칭하는 반면, governess는 임금 받지 않고 아동을 돌보는 사람이라는 뜻을 지니고 있다.

dog라는 단어는 수캐를 의미하지만, 욕으로 자주 사용되는 bitch라는 단어가 원래 암캐를 의미한다는 것을 알고 있는 사람은 거의 없다.

마법사라는 의미의 wizard 역시 공포의 대상이기는 하지만 선견지명을 지닌 사람으로 인식되는 반면, 마녀라는 의미의 witch는 저주받은 여자라는 혐오감을 내포한다.

2) 한국어의 성차별적 언어표현 사례

한국어에는 여성을 비하하는 노골적인 표현들이 많이 있다. 그것들은 특정한 단어이기보다는 여성들을 교묘하게 훼손시키는 의미를 담은 문장들이다. 한국어에 나타난 성차별적인 언어표현들을 이춘아와 김이선(1997)의 연구결과를 중심으로 세 가지 유형으로 나누어 고찰한다.

(1) 여성의 역할과 공간을 규정하는 표현

사회는 여성이 있어야 할 공간과 역할을 제한하려고 한다. 따라서 여성의 역할은 가정을 중심으로 이루어져야 한다는 전통적 역할범주를 규정하고 그것을 벗어나면 제재가 따른다는 표현들이 많이 있다.

'이건 여자가 할 일이 아니야'
'여자가 살림만 잘 하면 됐지'
'여자가 시집도 안가고 왜 회사를 다니냐'
'여자가 항상 조신해야지'
'여자가 뭐하러 (밤늦게) 싸돌아 다니냐'

여성의 활동공간은 가정으로 한정되기 때문에 직업은 전적으로 남성의 영역으로 인식된다. 따라서 남성들은 남성작가, 남성의사, 남성사장이라고 할 필요가 없이 단순히 작가, 의사, 그리고 사장일 뿐이다. 그러나 직업과 동일시되지 못하는 여성들은 여성작가, 여의사, 여사장 등등으로 표현되어야만 그 의미가 전달될 수 있다.

(2) 여성을 공적 존재로 인정하지 않는 표현

여성을 공적 존재로 인정하지 않는 표현으로 직장여성들을 부를 때 "○○○씨"나 직함으로 불리기보다는 '○양' '미스○' '언니' '아가씨' 등 여러 단어들이 사용되고 있고 심지어 여직원을 '야' 나 '너' 라고 부르기도 한다. 또한 술자리에서는 여직원이 '색시' 로 지칭되기도 한다.

과거에는 여성들이 직장을 갖는다고 할지라도 평생직장이 아니라 결혼전에 잠시 머물다가 가는 곳으로 생각되었기 때문에, 이 같은 호칭이 사용될 수밖에 없었을지도 모른다. 그러나 공적 관계에서 이러한 여성경멸적, 여성비하적 호칭의 사용은 여성의 낮은 지위를 부각시킬 뿐 아니라 성희롱을 촉발시키기도 한다.

(3) 여성을 비하하는 표현들

여성을 비하하는 표현에는 여성의 열등성을 강조하는 표현, 재수 없는 존재로 비하하는 표현, 남자보다 낮은 인격체로 강등시키는 표현, 그리고 외모에 대한 부정적 표현 등이 있다. 각 표현의 예를 들면 다음과 같다.

① 여성의 열등성을 강조하는 표현

'뱁새가 황새를 쫓아가려면 가랭이 찢어진다' — 여성이 아무리 노력해도 남성을 따를 수 없음을 빗대어 표현할 때 사용된다.

'집에서 뭐했냐' '무식하다' — 남편이 아내를 비난할 때 사용된다.

'똑똑한 여자는 싫어/따지는 여자는 싫어/설쳐대는 여자는 싫어' — 여성이 똑똑할 때 사용되는 표현들이다.

② 재수 없는 존재로 비하하는 표현

여성을 비하하는 표현 중 가장 인격모욕적인 표현으로

'여자가 아침부터 전화하고 야단이야 재수 없게'

'아침부터 여자가 잔소리한다'

'여자가 재수 없게 앞에서 운전하고 있어'

'감히 여자가…/일개 여직원이…' 등이 있다.

③ 남자보다 하위 인격체로 보는 표현

여성을 재수 없는 존재로 보는 것과 연결되는 표현으로

'똑같이 놀려고 한다' — 아내의 자기주장에 대해 남편이 사용하는 표현이다.

'여자는 남편 잘 만나야 한다' '싸울 일이 생겨도 여자가 먼저 참고 양보해야 한다' '남편에게 혼났다' '여자니까' 라는 표현은 주로 여성들이 자주 사용하는 자기비하적, 성차별적 언어표현들이다.

④ 외모에 대한 부정적인 표현

'견적이 많이 나오겠다. 성형수술하면 일억도 모자라겠다' — 못생긴 여성들에게 사용되는 표현들이다.

'쥐를 잡아먹었네' '한꺼풀 덮었다' — 화장을 많이 한 여성들에게 사용되는 표현들이다.

'뚱땡아 그만 좀 먹어라' '남 클 때 뭐했어' — 살찐 여성이나 키가 작은 여성들에게 사용되는 언어표현들이다.

성차별적 언어에의 반복적인 노출은 여성 스스로 비하의식을 갖도록 한다. 성차별적 언어표현들이 자주 사용되면 여성들 스스로도 이를 받아들이고 자신을 부족한 존재, 남성보다 열등한 존재, 직업을 갖기에는 부적절한 존재로 인식하게 된다. 결국 여성들은 가정 내의 역할을 제외하고는 다른 일을 할 자신을 잃게 되며 여성 스스로 자기비하적, 피학적 존재로 길들여져 간다.

5. 언어연구와 관련된 문제들

1) 연구방법의 문제

남녀의 언어사용에 관한 연구들은 방법론상에서 문제점을 안고 있다. 언어사용의 성차를 연구하는 사람들이 사용하는 전형적인 절차는 연구를 위해 새롭게 구성된 남녀쌍에게 대화를 나누게 한다. 처음 만난 남녀가 대화를 시작하면 연구자는 대화시작 10-30분 사이에 그 내용을 기록하고 누가 어떤 형태의 언어를 사용하였는가를 밝히기 위해 두 사람간에 이루어진 대화의 특성을 분석한다.

문제는 처음 만나 짧은 시간 동안 상호작용한 사람들이 나누는 대화와 서로 잘 아는 사람들 사이에 이루어지는 대화가 다를 것이라는 것이다. 실제로 긴 시간에 걸쳐 이루어진 대화에서는 남녀간에 차이가 발견되지 않는다는 연구가 있다. 그 예로서 윌란과 베르디(Wheelan & Verdi, 1992)는 우리가 가지고 있는 고정관념적 성차는 대화의 처음 30-60분 동안 나타나나 그 이후에는 사라진다고 주장하였다. 그러므로 앞으로의 연구에서는 처음 만난 남녀 사이의 단기간의 대화를 연구하기보다는 보다 긴 시간 동안 이루어지는 남녀의 언어적 상호작용패턴을 연구할 필요가 있을 것이다.

또 다른 방법상의 문제는 대화를 나누는 사람들의 성별에 따라 대화의 내용에서 차이가 있는가를 연구할 때 나타난다. 이 분야의 연구자들은 남성-남성, 여성-여성 그리고 여성-남성쌍을 구성하고 각 쌍들 사이에 유의한 차이가 있는가를 연구함으로써 대화내용에서의 차이를 규명하려고 한다.

비록 오래된 연구이기는 하지만, 아리스(Aries, 1976)는 여성과 여성쌍의 대화에서는 자신의 감정과 가족 그리고 가까운 관계에 대한 이야기가 주로 이루어지는 반면, 남성과 남성쌍의 대화에서는 경쟁이나 지위의 문제가 주로 이야기된다고 밝혔다. 물론 이러한 차이가 혼성의 집단에서는 거의 나타나지 않음으로써, 남성들은 여성대화자와 개인적 문제를 더 많이 이야기할 것이라는 추측을 가능하게 한다. 그러나 보다 최근에 이루어진 연구(Smythe & Huddleston, 1992)에서는 의사소통시에 세 집단간에 유의한 차이가 나타나지 않았으므로, 보다 정교한 설계를 사용한 후속적 연구를 필요로 한다.

더욱이 언어적 의사소통에 관한 대부분의 연구들은 남성을 대상으로 연구하였을 뿐 아니라 남녀를 비교할 때도 백인 남성과 백인 여성을 연구하였다. 그러나 언어적 의사소통 양식은 개인의 성과 인종, 연령 및 사회적 계층의 상호작용 결과이기 때문에(Henley, 1995), 다양한 문화의 다양한 여성들을 대상으로 연구될 필요가 있다.

2) 언어와 사고의 관계

언어와 사고는 어떤 관계가 있는가? 우리가 사용하는 언어는 우리의 생각을 인도하거나 적어도 우리의 생각에 영향을 준다(Hardin & Banaji, 1993). 언어와 사고의 관계를 연구하기 위하여 연구자들(Lamb & Keon, 1995)은 남편에게 구타당하는 여성들에 관한 신문기사를 사용하였다. 신문기사는 동일한 내용을 설명하는 세 가지 형태의 글로 구성되어 있었다. 신문기사 1, 2, 3의 내용은 다음과 같다:

신문기사 1: 결혼생활 2년 동안 영숙씨의 남편은 영숙씨를 구타하고 강간하였으며 성적 학대행위를 일삼았다.

신문기사 2: 결혼생활 2년 동안 영숙씨는 구타와 강간 그리고 성적 학대를 당하면서 살아왔다.

신문기사 3: 결혼생활 2년 동안 영숙씨와 남편은 구타와 강간 및 성적 학대행위를 포함하는 부부관계를 형성하였다.

연구대상자들은 위에 제시한 세 가지 기사를 읽은 후 다섯 가지 처벌 방식 중 하나를 선택해야 한다. 〈표 8-1〉은 연구대상자들이 선택한 처벌 방법을 제시한다.

〈표 8-1〉 세 가지 기사에 대한 상이한 유형의 처벌방법 비율

처벌방법	신문기사 1	신문기사 2	신문기사 3
1. 1년 심리치료형	9	18	44
2. 1년 감옥형	3	5	9
3. 3년 감옥형	19	13	21
4. 5년 감옥형	23	18	9
5. 10년 감옥형	48	48	18

출처: Lamb & Keon, 1995.

〈표 8-1〉에서 알 수 있는 것처럼, 공유된 책임이 포함되어 있는 신문기사 3을 읽은 연구대상자들 중의 44%가 남편에 대한 처벌로서 1년 심리치료형을 선택하였고 10년의 감옥형을 선택한 비율은 18%에 지나지 않았다. 신문기사 3은 남편이 폭력의 대리인이고 아내는 희생자라는 의미를 내포하고 있음에도 불구하고, 신문기사 1이나 2보다 훨씬 더 가벼운 처벌을 도출하였다. 이 연구는 언어(단어)가 개인의 판단이나 사고에 영향을 준다는 것을 분명하게 제시한다. 우리가 언어 사용에 관심을 갖는 것도 그것이 개인의 사고와 밀접하게 연결되어 있기 때문이다.

Ⅱ. 비언어적 의사소통

우리는 언어를 사용하여 의사소통을 하기는 하지만, 실제로 많은 비언어적 단서들이 의사소통을 위해 동원된다. 비언어적 의사소통은 응시, 제스처, 얼굴표정, 신체자세 그리고 움직임 등을 포함하며 그 외 우리가 입는 옷과 머리모양 및 악세서리와 같은 각종 신체장식(문신 포함)도 중요한 정보를 전달한다.

저자가 학생들에게 강의할 때 학생들이 강의내용에 주의를 기울이고 있는가, 강의내용을 이해하는가 혹은 지루해하는가를 판단하기 위해, 저

자는 학생들이 나타내는 많은 비언어적 단서들을 활용한다. 졸거나 하품을 하면 강의가 지루하다는 의미를 전달하고 흥미로운 표정이나 긴장된 모습은 강의에 주의를 기울이고 있다는 의미로 해석된다. 이와 같이 비언어적 단서들은 의사소통을 위한 많은 풍부한 정보를 내포하고 있다. 메러비안(Mehrabian, 1981)같은 연구자는 대화시에 단어로서 전달되는 의미는 10% 정도에 지나지 않으며 대부분의 의미는 비언어적으로 전달된다고 주장하였다.

의사소통에서 비언어적 단서들은 다음과 같은 기능을 한다(Malandro & Barker, 1983):

① 언어적 메시지를 반복하고 강화한다(예를 들면, 상대편의 말에 동의할 때 머리를 끄덕거리기).
② 언어적 메시지를 부정한다("저는 밤늦게까지 일하기를 좋아합니다"라고 말하면서 어깨를 축 늘어뜨리고 아래를 바라보기).
③ 언어적 메시지를 대치한다(수업중에 하품하는 것은 "나는 지루하다"고 말하는 것을 대치할 것이다).
④ 언어적 메시지를 보충하거나 향상시킨다("만나서 반갑습니다"라고 말하면서 어떤 사람을 꼭 껴안기).
⑤ 언어적 메시지를 강조한다("사람이 어떻게 그와 같이 무례할 수 있을까"라고 말하면서 책상을 손으로 치기).
⑥ 언어적 교환을 조절한다(지금 말하고 있는 사람의 말이 끝나면 할말이 있다는 것을 나타내기 위하여 손을 약간 들어올리기).

비언어적 의사소통은 언어적 의사소통과 동일하게 타인의 메시지를 받고 해석하는 것은 물론 메시지를 보내는 것을 포함한다. 우리는 타인의 비언어적 단서를 이해하고 해석하기 위해서는 그것을 해독화(decoding)하지 않으면 안 된다.

남성과 여성들은 비언어적 단서의 사용과 해독화에서 차이를 나타내는가? 이 절에서는 비언어적 의사소통 중 응시, 접촉, 얼굴표정, 개인적 공간과 자세 그리고 외모의 다섯 가지 영역에서의 성차를 확인하는 동시에 성역할 고정관념과 일치되게, 여성들이 남성들보다 비언어적 단서의 더 나은 해독자인가를 설명한다.

1. 구체적인 비언어적 의사소통방식들

1) 응 시

대화할 때 우리는 상대편의 눈을 응시한다. 만약 대화시에 상대편을 전혀 바라보지 않거나 처음부터 끝까지 상대편의 눈을 응시하는 사람이 있다면 우리는 그것을 어떻게 해석해야 할까? 상대편을 바라보지 않고 다른 곳을 보는 사람은 화자의 말을 듣고 있지 않거나 대화에 흥미가 없다는 것을 나타내는 반면, 후자는 상대편에게 도전하거나 위협하는 것으로 혹은 그 사람이 굉장히 혼란스러운 상태에 있는 것으로 해석될 수 있다.

일반적으로 여성들은 남성들보다 대화시에 상대방을 더 자주 바라본다. 특히 친한 친구와 대화할 때, 모든 연령의 여성들은 남성들보다 더 가까이 앉고, 서로 마주보면서 이야기를 나눈다. 대조적으로 남성들은 여성들보다 더 멀리 떨어져 앉고 서로를 직접적으로 바라보는 일이 거의 없이 나란히 앉아서 이야기한다(Tannen, 1990). 대화를 나눌 때, 소녀와 여성들은 서로의 얼굴을 응시하면서 간혹 다른 곳을 바라보는 반면, 소년과 남성들은 다른 곳을 응시하면서 간혹 서로의 얼굴을 바라보는 차이를 나타낸다. 흥미롭게도 여성이 다른 여성과 이야기를 나눌 때 가장 긴 응시가 이루어지고 가장 짧은 응시는 남성과 남성과의 대화시에 나타난다(Smythe & Huddlesto, 1992).

대화시의 응시의 양은 개인의 성과 관련되어 있다고 생각되기 쉬우나 오히려 개인의 사회적 지위나 힘과 관련되어 있다. 이야기를 듣는 동안 화자를 바라보는 비율과 이야기하면서 청자를 바라보는 비율을 계산한 결과에 의하면(Dovidio 등, 1988), 높은 사회적 지위에 있는 사람들은 이야기하면서 청자를 더 많이 바라보고, 이야기를 듣는 동안 화자를 더 적게 바라보는 특성을 지니고 있었다. 물론 낮은 지위의 사람들은 이야기를 듣는 동안 높은 지위의 대화자를 더 빈번하게 응시하였다.

여성과 남성이 대화할 때도, 여성이 남성 대화상대자보다 더 많은 힘을 갖는 상황에서는 여성들은 대화상대자를 더 많이 바라본다. 또한 상대편의 이야기를 들을 때에도 이 여성들은 청자를 더 적게 바라봄으로써 개인의 성보다는 사회적 지위나 힘이 개인의 응시비율에 영향을 준다는 것을 분명하게 나타내었다.

2) 접 촉

남성과 여성 중 누가 상대편과 더 많이 접촉하는가? 접촉을 시도하는 사람과 접촉당하는 사람간에는 차이가 있다. 일반적으로 접촉을 시도하는 사람은 더 많은 힘을 가지고 있는 것처럼 보이는 반면, 접촉당하는 사람은 적은 힘을 갖는 것처럼 보인다.

접촉에 관한 연구들은 혼성으로 구성된 두 사람의 관계를 연구한다. 접촉은 동성의 두 사람보다는 혼성의 두 사람 사이에서 더 빈번하게 일어나며 남성이 여성들보다 더 많은 접촉을 시도한다. 이때의 접촉시도는 두 사람간의 지위차이를 강화하거나 성적 접촉을 의미한다(Major, Schmidlin, & Williams, 1990).

여성들은 남성들보다 그들이 아는 사람들과 포옹하거나 껴안기를 더 많이 하며 동성끼리 더 많이 접촉하는 경향이 있다. 여성들의 이러한 행동은 친밀성과 가까움을 표현하기 때문에, 여성들의 접촉 시도는 남성들이 접촉을 통하여 전달하려는 힘과 성의 의미를 전달하지 않는다.

3) 얼굴표정

남녀 아동들은 미소의 양에서 차이를 나타내지 않으나 성인여성들은 성인남성들보다 더 많이 미소짓는다. 통합분석 결과에서도(Hall & Halberstadt, 1986) 남녀 아동들과는 달리 성인들은 큰 성차를 나타내었다 (d=-0.60).

여성들은 다른 여성들과 함께 있을 때 가장 많이 미소지으며 논쟁할 때와 같이 웃을 이유가 없을 때에도 미소짓는다(Smythe & Huddleston, 1992). 여성들의 미소는 그들의 내적 행복상태를 표현하는 것이 아니며, 여성은 미소 띈 얼굴을 하고 있어야 한다는 성역할 고정관념을 반영한다.

미소짓는 여성들은 미소를 짓지 않는 여성들보다 더 바람직하게 평가된다(Deutsch, LeBaron, & Fryer, 1987). 일반적으로 미소짓는 여성들은 걱정이 없고 이완되어 있으며 행복하다는 평가를 받는다. 여성들은 미소지을 것으로 기대되기 때문에, 미소를 짓지 않으면 유형, 무형의 처벌을 받는다. 그러나 미소가 부족하다고 해서 남성들이 처벌받는 일은 일어나지 않는다.

4) 개인적 공간과 자세

대인관계에서 여성들은 남성들보다 더 적은 공간을 차지한다. 자리에 앉을 때에도 여성들은 다리를 꼭 붙이고 앉거나 한쪽 다리를 다른 쪽 다리 위에 얌전하게 포개어 놓는다. 또한 걸을 때에도 여성들은 팔을 크게 흔들지 않으면서 비교적 작은 보폭의 걸음을 걷는다.

대조적으로 남성들은 큰 발걸음으로 성큼성큼 걸을 뿐 아니라 다리를 흉하게 벌리고 앉거나 한쪽 발을 다른 쪽 다리의 무릎 위에 얹고 팔을 옆으로 뻗치며, 뒤로 기댈 때에도 머리 뒤로 깍지를 끼는 자세를 취한다. 따라서 여성들의 자세는 긴장하고 있거나 엄격하다는 인상을 주는 반면, 남성들의 자세는 이완감과 자신감을 전달한다.

사람들은 남성들보다 여성들에게 더 가까이 접근한다. 한 연구에서 연구대상자들은 여성으로부터 $4\frac{1}{2}$피트 떨어진 거리에 앉았고 남성으로부터는 $8\frac{1}{2}$피트 떨어진 거리에 앉음으로써 차이를 나타내었다(Wittig & Skolnick, 1978). 통합분석결과에서도 남녀간의 성차는 매우 커서 $d=-0.86$이었다(Hall, 1984). 왜 여성들이 남성들보다 더 적은 개인적 공간을 차지하는가는 분명하지 않으나, 여성들은 사회적으로 낮은 지위에 있기 때문에 타인에 의해 더 많이 침범당할 수 있을 것이다. 또한 여성들은 타인의 근접을 편하게 느끼고 친밀감을 전달하는 한 방법으로 물리적 거리를 사용하기 때문인지도 모른다.

5) 외모변인들

우리가 입는 옷이나 머리모양, 화장 그리고 다른 외모적 특성들(장신구, 문신, 안경 등)도 그것을 입고 있는 사람에 대한 아주 미묘한 정보를 전달한다. 우리는 자주 이러한 외모변인들을 통하여 개인의 사회적 지위나 교육정도 혹은 문화적 특성에 대한 정보를 추정한다.

남성들이 그들의 행동이나 직업 혹은 사회적 성공에 의해 정의되는 것과는 대조적으로 여성들은 자주 외모에 의해 정의된다. 여성들은 남성들보다 더 말쑥하고 단정할 것으로 기대되므로 옷은 구겨지지 않아야 하고 머리나 손톱은 말쑥하게 손질되어 있어야 한다. 물론 남성들이 손질되지 않은 지저분한 외모를 하고 있다고 할지라도 여성들만큼 부정적 평가를 받지는 않는다.

매킨리와 하이드(McKinley & Hyde, 1996)같은 연구자들은 여성과 남성에 대한 이러한 상이한 기준은 여성의 신체를 대상물로 지각하고 남성의 신체를 행위의 도구로 지각하는 문화적 차이에 기인한다고 주장한다. 대상물로서의 여성의 신체에 대한 사회문화적 지각은 여성들이 끊임없이 자신의 신체를 평가하고 문화적 표준과 일치하기 위하여 노력하게 한다.

2. 비언어적 단서의 해독과 문화적 영향

여성과 남성 중 누가 비언어적 단서들을 더 유능하게 해독할 수 있는가? 속임수를 포함하지 않는 상황에서 여성들이 남성들보다 비언어적 단서를 더 잘 해독한다는 오래된 연구결과가 있다(Hall, 1979). 여성들은 남성들보다 더 직관적이고 다른 사람의 생각이나 느낌에 대한 통찰력을 지니고 있기 때문에, 비언어적 메시지를 더 잘 해독할 수 있다는 것이다.

헨리(Henley, 1977)는 종속가설(subordination hypothesis)로써 여성들의 유능한 해독능력을 설명하였다. 종속가설에 의하면, 사회적으로 더 적은 힘을 갖는 여성들은 더 큰 힘을 갖는 사람들의 비언어적 단서를 효과적으로 해독할 수 있도록 강요당한다는 것이다. 그러나 최근의 연구들은 종속적 지위와 비언어적 단서에 대한 민감성간의 관련성을 발견하지 못하였다(Snodgrass, Hecht, & Ploutz-Snyder, 1995).

또 다른 설명은 성역할 사회화 과정에 의해 여성들은 비언어적 단서에 관심을 기울이고 효과적인 해독기술을 학습하도록 양육된다는 것이다. 현재로서 어느 설명이 더 타당한가는 분명하지 않으나 여성들이 남성들보다 비언어적 단서를 더 잘 해독한다는 것은 분명한 사실이다.

문화 또한 우리가 비언어적 단서를 어떻게 사용하고 해석하는가에 영향을 준다. 언어적 의사소통방식이 특정한 문화적 맥락의 소산인 것과 마찬가지로 비언어적 의사소통양식도 문화적 맥락의 영향을 받는다. 한 예로서 아시아인들은 미국인들보다 의사소통시에 눈을 더 적게 맞추나, 미국인들은 아랍인들보다는 더 적은 눈맞춤을 한다(Matsumoto, 1996). 보통 우리는 비언어적 단서들을 공유하는 사람들을 선호하기 때문에, 비언어적 의사소통이 원활하지 않는 문화와 문화간에는 쉽게 갈등이 일어날 수 있다.

Ⅲ. 부부간의 의사소통

부부간의 의사소통은 전형적으로 말하는 남편과 일방적으로 듣는 아내의 패턴을 나타내기 때문에 세 가지 의사소통 과정모형 중 일방적 모형에 해당하기 쉽다. 전통적으로 가정 내에서 여성들은 보이기는 하지만, 그들의 목소리는 들리지 않는다. 남성들은 가족의 대변자이고 활동가이며 생계유지자이다. 일반적으로 남성들은 그들이 여성들보다 더 우월하다고 생각하기 때문에, 남편-아내관계에서 남편이 종속적인, 역전된 관계는 존재하기 어렵다.

부부관계에서 남편이 더 우월한 지위에 위치한다고 할지라도, 부부는 결혼생활을 통하여 지속적으로 상호작용하기 때문에 부부 나름대로의 독특한 의사소통유형을 생성해 낸다. 이 절에서는 콜만(Coleman, 1988)이 제시한 부부간의 의사소통유형과 한국부부의 의사소통유형을 먼저 고찰하고 의사소통에서의 남편/아내 차이를 확인하려고 한다.

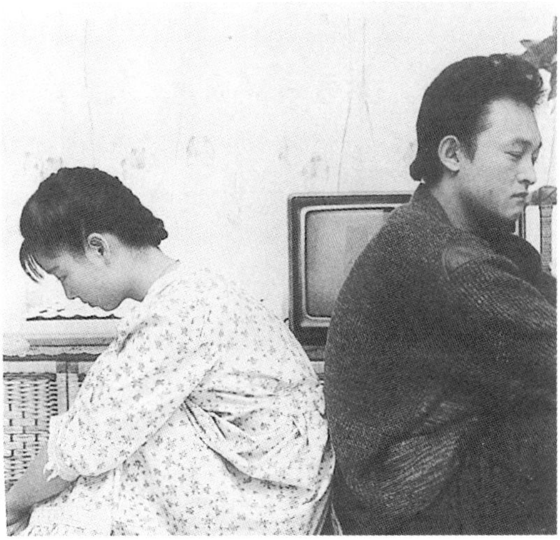

부부마다 독특한 의사소통 방식을 가지고 있다.

1. 콜만의 의사소통유형

콜만은 다음과 같은 다섯 가지 유형의 의사소통양식을 제시하였다.

① 상보적 의사소통: 부부는 서로 보완적 역할을 수행한다. 부부 중 어느 한 사람이 이야기하면 다른 한 사람은 상대편의 말에 귀를 기울인다.
② 관계적 의사소통: 부부는 날씨나 이웃에서 일어나는 일과 같이 일시적이고 가벼운 대화를 나누며 실제적 문제를 논의하는 것을 회피한다. 각자 자기노출을 거의 하지 않는다.
③ 탐색적 의사소통: 문제해결을 강조하는 의사소통양식으로 이 유형의 의사소통을 하는 부부들은 감정을 배제하고 문제해결을 위해 노력한다. 한편이 해결방식을 제시하면 다른 한편은 열심히 경청한다.
④ 통제적 의사소통: 상대편을 통제하고 설득하려고 노력하는 의사소통유형으로 권위주의적인 사람들이 주로 사용하는 의사소통방식이다. 부부 중 의견제시자는 자기노출을 많이 하나 상대편의 감정이나 생각은 억압된다.
⑤ 접촉적 의사소통: 부부가 서로의 생각과 감정을 공유하며 상대편의 의견에 귀를 기울이는 반응적, 수용적인 의사소통양식이다. 이 유형의 의사소통에서는 부부 모두 많은 양의 자기노출을 한다.

2. 한국부부의 의사소통유형

한국부부의 의사소통유형은 연구자에 따라 조금씩 차이가 있으며 〈표 8-2〉와 같이 정리될 수 있다.

네 개의 연구가 상이한 분류기준을 바탕으로 하고 있기는 하지만, 한국부부의 의사소통방식이 부정적이라는 점에서는 공통성을 지니고 있다. 특히 한국의 남편들은, 최근에 감소되고 있기는 하지만, 아직도 권위주의적 의사소통방식(통제형, 권위형, 독선형, 권위지향형 등이 여기에 해당한다)을 가장 많이 사용한다(이정순, 1991; 이창숙, 1988; 서수경, 1988).

〈표 8-2〉 한국부부의 의사소통유형

연구자	연도	분류기준	부부간 의사소통유형
원효종	1984	언어화, 감정표출정도	차단형, 통제형, 분석형, 친숙형
송성자	1985	사회심리학적 요인	권위지향형, 불성실지향형, 지배지향형, 희생지향형, 조심지향형
이창숙과 유영주	1988	원효종과 송성자의 분류를 참고함	권위형, 친숙형, 희생형, 분석형, 타인지향형, 성실형
이정순과 박성연	1991	비난, 이성, 양보, 무관심, 일방적 태도	독선형, 순종형, 무관심형, 권위지향형, 상호존중형

출처: 장휘숙, 1995에서 재인용.

국내에서 이루어진 여러 연구들을 바탕으로 권위주의적 의사소통유형의 특성을 정리하면 다음과 같다(김순옥과 유경희, 1996).

① 다른 사람의 주장이 옳아도 자기 주장을 고집한다.
② 잘못을 다른 사람의 탓으로 돌린다.
③ 상하관계에서 이야기한다.
④ 체면을 차려서 이야기한다.
⑤ 상대방의 말을 무시한다.
⑥ 상대방의 복종과 충성을 요구한다.
⑦ 화를 잘 내고 큰 소리로 말한다.
⑧ 편견을 가지고 이야기한다.
⑨ 명령적이고 지시적이다.
⑩ 불평불만이 많다.
⑪ 일이 잘 되지 않을 것이라는 비관적인 태도로 말한다.
⑫ 냉담하다.
⑬ 융통성이 없다.
⑭ 대체로 충고하는 이야기를 많이 한다.
⑮ 이야기 도중 의견차이가 생겼을 때는 그냥 말을 뚝 끊어버린다.
⑯ 잔소리하는 식의 이야기가 많다.
⑰ 비사교적이다.

⑱ 상대방의 단점이나 실수를 추궁하고 따진다.
⑲ 다른 사람의 좋은 점을 인정하지 않는다.
⑳ 횡설수설 알아듣기 어렵게 말한다.

권위주의적 의사소통유형은 수직적 부부관계에서 수평적 부부관계로의 전환을 방해하고 부부만족을 감소시킨다. 선행연구들에 의하면(류경희, 1994; 도미향, 1990; 서수경, 1988), 권위주의적 의사소통유형을 사용하는 사람들일수록 연령이 높고 교육수준이 낮으며 낮은 자기존중감과 소외감으로 고통을 받는 경향이 있었다. 또한 성역할 고정관념적 태도를 지니고 있는 남편들이 더 권위주의적 의사소통유형을 사용하고 있었다. 이와 함께 사회경제적 수준이 낮을수록, 결혼생활의 길이가 길수록, 권위주의적인 부모를 가지고 있을수록 그리고 차남보다 장남이 권위주의적 의사소통유형을 더 많이 사용하였다.

권위주의적 의사소통유형을 사용하는 부부 사이에서 대화가 이루어진다고 할지라도 자녀문제나 돈문제, 종교문제, 집안일, 건강문제 혹은 물품구매와 같은 일상적인 문제에 대한 이야기만 이루어질 뿐 아내의 감정표현이나 부부간의 감정교류는 이루어지지 않는다. 그러나 20대 부부들 사이에서는 상호이해에 바탕을 둔 대화가 이루어지고 솔직한 애정표현이 나타나며 직접적인 감정표현도 이루어지고 있어 부부간에 권위주의적 의사소통이 감소하고 있음을 보여 준다(변화순, 백경희, 김현주, 2001).

3. 의사소통에서 남편/아내 차이

의사소통에서 남편/아내는 차이를 나타내는가? 남편들은 부부간의 의사소통에 관해 아내들만큼 큰 관심을 나타내지 않는다. 전통적으로 남성들은 자신의 내적 감정이나 경험을 표현하지 않는 과묵함을 갖도록 격려되기 때문에 아내와의 의사소통에 큰 관심을 보이지 않는다. 대조적으로 여성들은 정서나 감정을 표현하도록 강화를 받으면서 성장한 결과로 부부간의 의사소통에 대단히 민감하다. 더욱이 남편/아내 관계는 남성과 여성의 관계인 동시에 힘의 관계이기 때문에 부부간의 의사소통방식은 서로 불일치하기 쉽다. 의사소통에서의 남편/아내 차이는 다음과 같이 요약될 수 있다(장휘숙, 1995).

① 아내는 남편보다 더 분명한 메시지를 보낸다. 그러나 남편은 아내의 메시지에 자주 응답하지 않으나 아내는 남편의 메시지에 민감하고 반응적이다.
② 남편은 아내보다 중립적 메시지를 더 많이 사용한다. "무엇을 먹을까요?"라는 아내의 질문에 남편은 "좋을 대로"라고 대답하는 경향이 있다. 그들은 분명한 의사표현을 하지 않기 때문에 아내는 남편이 진정으로 원하는 것이 무엇인가를 파악하기 어렵다.
③ 아내는 남편보다 정서적 호소와 위협을 더 많이 사용한다. 따라서 아내는 부부간의 의사소통에서 갈등을 고조시키거나 해결할 수 있는 분위기를 조성한다.

부부 사이의 의사소통은 부부만족과 연결되어 있다(Noller & Fitzpatrick, 1991). 만족스러운 결혼생활을 하는 부부들은 불행한 부부들보다 더 많은 시간 동안 의사소통하며 의사소통을 통하여 긍정적 사고와 감정을 표현할 수 있는 능력을 지니고 있다. 불행한 부부들의 의사소통은 거친 말과 차가운 표정으로 이루어지고 부부를 결합시키기보다는 멀어지게 하며 갈등을 증가시키는 역할을 한다. 일반적으로 남성들은 여성들보다 언어적 그리고 비언어적 메시지를 부호화하고 해독하는 능력이 뒤떨어지기 때문에, 남편들은 아내와의 원만한 의사소통을 위해 주의와 관심을 기울일 필요가 있다.

[9장]

어머니역할과 일

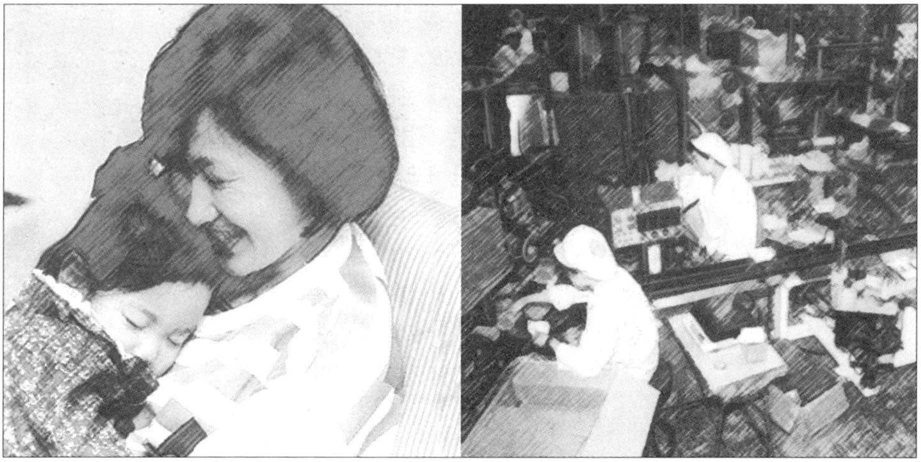

[9장] 어머니 역할과 일

어머니의 의미와 자녀출산 그리고 여성의 임금 받는 일과 임금 받지 못하는 일을 차례로 설명한다. 여성의 취업은 지난 세기에도 그리고 금세기 동안에도 여전히 어려운 문제로서 취업한다고 할지라도 여성들은 임금과 지위에서 차별을 당한다는 것이 분명해질 것이다. 이 장을 통하여 어머니 역할과 임금 받는 일을 조화시킬 수 있기 위해서는 어떤 방안이 모색되어야 하는가에 대한 통찰을 얻을 수 있을 것이다.

어머니 역할과 일

제9장 어머니 역할과 일

모든 여성은 인생의 어느 시기에 어머니가 될 것으로 기대된다. 여성은 곧 어머니라는 사회적 통념은 직업인으로서의 개인적 정체를 추구하는 여성들에게 걸림돌이 된다. 그러나 여성들은 성장과정을 통하여 어머니 역할을 연습한 일이 없으므로 어머니로의 이동과정에서 심리적 갈등이나 어려움을 경험한다. 동시에 결혼한 여성들의 직업역할 수행은 중다의 역할요구에 기인된 문제들을 불러일으킨다.

Ⅰ. 어머니란 무엇인가

우리 모두는 어머니를 가지고 있고 또한 현재 어머니인 사람이 많아 어머니를 정의한다는 것은 그렇게 어려운 일로 생각되지 않는다. 그러나 어머니라는 단어는 몇 가지의 상이한 측면들을 포함한다. 우선 어머니는 항상 여성이라는 것이다. 동시에 어머니는 아동을 낳은 사람이면서 아동에게 유전자의 $\frac{1}{2}$을 제공한 사람, 아동을 양육한 아버지와 결혼한 사람, 그리고 아동보다 한 세대 더 나이 많은 사람이다.

이와 같이 우리가 가지고 있는 원형적 어머니는 주부=어머니라는 등식을 형성하기 때문에 전형적인 전업주부로 인식된다. 따라서 미혼모, 계모, 그리고 취업한 어머니 등은 예외적인 어머니이고 어머니의 원형에 일치하지 않는 어머니들이다.

1. 어머니에 대한 신화

우리 사회에서 여성이 어머니가 되는 것은 지극히 자연스럽고 불변적 현상으로 인식된다. 여성에게 있어서 어머니라는 것은 그들의 생활은 물론 정체감의 중심요소이다. 어머니 역할이 여성의 전부라는 사회적 인식은 어머니에 대한 신화를 만들어 내고 이상적 어머니, 좋은 어머니의 허상을 여성들에게 강요한다. 우리 사회에서 통용되는 어머니에 대한 신화를 정리하면 다음과 같다(Hays, 1996; Hoffnung, 1989).

첫째, 여성의 궁극적 실현은 어머니 되기를 통해서 이루어질 수 있다. 어머니가 되는 것은 모든 여성들에게 필요한 경험이므로 어머니 되기를 거부하는 여성들은 심리적 문제를 지닌 사람들이다.

둘째, 아동 돌보기, 가사 일하기 그리고 남편 내조하기의 전통적인 어머니 역할들은 서로 조화롭게 수행된다. 이 세 가지의 요구들을 조화시키지 못하고 갈등을 경험하는 여성들은 부적응적인 개인들이다.

셋째, 좋은 어머니일 수 있기 위해서는 여성들이 어머니가 되는 것을 좋아해야만 한다. 양육적이고 자기희생적이며 무한한 인내로 정의되는 어머니 역할을 수행하지 않으려고 하고 그들의 적성이나 재능이 다른 일에 적합하다고 생각하거나 어머니 역할과 함께 다른 목표를 갖는 여성들은 부적절한 어머니들이다.

넷째, 어머니 역할에 대해 강한 애착을 갖는 전업주부만이 바람직한 아동양육을 수행할 수 있다. 아동이 정상적으로 성장하기 위해서는 어머니의 배타적이고 독점적인 관심을 필요로 하기 때문에, 취업한 여성들은 훌륭한 어머니가 될 수 없다.

사회는 의식적 그리고 무의식적으로 신화적 어머니의 초상을 미화하고 장려한다. 여성심리학자들은 페미니즘적 관점에서 어머니의 의미가 어떻게 수정되고 어떤 스크립트가 형성되어야 하는가에 관심을 갖는다.

그렇다면 많은 결혼한 여성들이 임금 받는 직업을 갖고 있는 오늘날에도 이러한 신화가 유지되는 이유는 무엇일까? 그것은 남성들을 유리하게 하기 때문이다(Hays, 1996). 사회가 여성에게 아동양육을 할당하면 여성의 남성에 대한 경제적 의존은 강화되고 직업에서의 여성의 낮은 지위와 임금이 정당화될 수 있다. 여성들이 자녀양육에 시간을 할애하다 보면 높은 지위의 직업이나 정치적 위치에 도달하는 것이 어렵기 때문에, 여성에 대한 남성의 우월이나 지배는 당연시된다.

2. 어머니로의 이동이 주는 의미

여성의 인생에서 어머니가 되는 것만큼 그들의 삶을 크게 변화시키는 단일적 사건도 드물다. 지금까지 여성이 어머니로 이동해 가는 과정에 대해 연구한 심리학적 연구는 거의 없으나, 여성들은 어머니가 될 때, 남성들이 아버지로서의 그들의 역할에 의해 정의되는 것보다 훨씬 더 많이 어머니의 역할로 정의된다. 아기 출산과 함께, 여성들은 그들 자신의 이름보다는 '아기엄마'나 누구누구의 어머니로 불려진다. 따라서 어머니 되기는 여성들의 자아감에 깊은 영향을 주고 그들의 정체감을 변화시킨다(Ussher, 1989).

문제는 어떤 여성도 어머니 역할을 연습해 본 일이 없다는 것이다. 더욱이 어머니 역할에서 요구하는 절대적인 자기희생과 무한한 인내는 학교교육이나 직업세계에서 이기적이도록 사회화된 오늘날의 여성들과 조화되기 어려운 특성들이다. 만약 어머니 역할이 여성의 궁극적이고 자연적인 실현이라면, 어머니가 됨으로써 여성들은 더 할 수 없이 행복해야만 한다. 그러나 대부분의 여성들은 임신과 분만 그리고 자녀 양육기간을 통하여 갈등을 경험하고 행복감의 감소로 고통을 겪는다(Ussher, 1989).

특히 자녀의 분만 후 신생아를 돌보는 기술이 부족한 부모들은 수면부족 때문에 어려움을 겪고 부모로서의 새로운 의무감과 가사일의 분담문제에 직면한다. 또한 아동양육방식에 대한 부부의 견해 차이는 갈등을 초래하고, 남편-아내관계를 방해하는 신생아의 존재는 부부의 질투심이나 경쟁심을 유발한다. 아기와 단둘이 보내는 시간은 여성들에게 사회로부터 격리되었다는 생각을 갖게 하고, 처리하고 처리해도 누적되는 집안일은 여성을 지치게 만든다. 따라서 어머니 역할을 궁극적 실현으로 인식하도록 사회화된 여성들조차도 어머니 역할의 어려움을 절감하지 않을 수 없다.

그러나 부모역할의 어려움에도 불구하고, 부부역할에 대해 전통적 견해를 갖는 부부들은 자녀의 출생을 남편과 아내의 역할을 재확인하는 계기로 삼을 수 있다. 그렇지만 남녀평등을 주장하였던 부부들은 증가된 가사일로 좌절하지 않을 수 없다. 그들은 기대했던 것보다 훨씬 더 어려운 부모역할에 의해 자녀출산을 후회하기도 한다.

Ⅱ. 여성들은 왜 어머니가 되는가

1. 여성들이 어머니가 되는 이유

어머니 역할의 어려움에도 불구하고 여성들은 왜 자녀를 출산하는가? 전통사회에서 자녀는 가족수입의 근원으로, 필요한 가정일의 수행자로서, 재산이나 전통적 생활방식을 전달하는 통로로서 그리고 개인적 불멸성을 확립하는 방법으로 필요한 존재였다.

그러나 오늘날에 와서 자녀는 물질적 의미에서의 재물이기보다는 오히려 부모의 책임이고 의무일 때가 많다. 부모는 자녀를 위해 막대한 양육비와 교육비를 지불하지만, 부모의 노년기에 자녀들이 재정적으로 부모를 지원할 것이라는 보장도 없다. 그럼에도 불구하고 결혼한 여성들의 대다수는 자녀를 낳고 그리고 자녀를 양육한다.

미국 대학생들에게 왜 어머니가 되고 싶은가를 질문하였을 때(Unger & Crawford, 1992), 학생들은 임신과 출산을 경험하려는 욕구, 또 다른 인간의 성장에 기여하려는 욕구, 파트너를 즐겁게 하려는 욕구, 아동으로부터 사랑을 받으려는 욕구, 배우자와의 관계를 강하게 하려는 욕구, 자신의 어머니에게 성인임을 입증하려는 욕구, 무기력하고 의존적인 대상에게 사랑을 주려는 욕구 그리고 가계계승이나 유전자를 전달하려는 욕구 때문이라고 응답하였다.

대조적으로 한국 대학생들은 가계계승과 유전자 전달을 위해(25.3%), 배우자와의 관계를 강하게 하기 위해(25.3%), 여성의 의무이기 때문에(10.3%), 나의 못 이룬 꿈을 대리적으로 이루기 위해(7.0%), 노년기를 위해(5.7%), 개인적 성장을 위해(5.7%) 그리고 시부모의 강권 때문에(3.5%)라고 응답하였다(장휘숙, 1996). 미국 대학생들의 자녀출산 이유가 주로 이타적이고 타인지향적이라면 한국 대학생들은 이기적이고 전통지향적인 경향을 나타낸다.

2. 자녀출산, 의무인가 선택인가

사회는 모성본능(maternal instinct)이라는 말을 사용하기 좋아한다. 모성본능이란 여성들은 선천적으로 아동을 출산하고 그들을 양육하려는 본능적 경향성을 갖는다는 것을 의미한다. 그러므로 여성들의 자녀출산은 당연시되며 의무라고 생각되기까지 한다.

만약 여성들이 생물학적으로 모성본능을 지니고 있다면, 사회는 무엇 때문에 여성들에게 어머니가 되도록 압력을 가하는가? 최초의 여성심리학자들 중의 한 사람인 홀링워스(Leta Hollingworth)는 여성들에게 가해지는 사회적 압력을 다음과 같이 정리하였다(Unger & Crawford, 2000).

첫째, 사회는 "정상적" 여성 혹은 "여자다운" 여성은 어머니 되기를 열렬히 원하는 사람이라고 규정하고 어머니가 되는 것을 여성의 개인적 이상으로 삼도록 한다. 그러므로 단지 비정상적 여성들만이 아기를 원치 않는다는 것이다.

둘째, 사회는 낙태, 영아살해 혹은 영아유기를 금지하는 법률적 제한을 규정한다. 만약 여성들이 모성본능을 지니고 있다면, 여성 스스로 태아나 영아를 손상시키는 일은 일어날 수 없을 것이다.

셋째, 종교적 교리에 의해 무자녀, 낙태, 영아살해는 죄악시되고 이와

Leta Hollingworth

같은 가정파괴 행위들은 처벌가능한 죄로 인식된다.

넷째, 가슴에 아기를 안은 어머니는 예술가들이 즐겨 다루는 주제 중의 하나이다. 시나 소설, 회화, 조각 등 각종 예술작품들은 어머니를 행복하고 아름답게 묘사하고 신성시한다.

다섯째, 사회는 자녀출산과 관련된 고통이나 불쾌한 상황에 대해 언급하는 것을 금기시함으로써 어머니 되기를 미화한다.

여섯째, 교육은 여성들의 독립이나 직업적 성취를 격려하는 것이 아니라 여성들을 훌륭한 아내와 어머니로 만드는 것을 목적으로 한다.

홀링워스가 제시한 사회적 압력들을 살펴보면, 여성들이 선천적으로 모성본능을 지니고 있다는 것은 이해되기 어렵다. 종족보존의 수준에서 여성의 생식은 필요한 일이지만, 개인적 수준에서 여성들이 임신하려는 본능적 동기를 지니고 있다는 증거를 찾기는 어렵다. 사회는 여성들의 생식기능을 의무화함으로써 자녀출산을 선택불가능한 것으로 유도한다.

어머니가 되는 것을 여성의 궁극적 실현으로 간주하고 훌륭한 어머니와 아내일 것을 강조하는 사회는 여성들이 직업을 갖거나 창조적인 활동에 가담하는 것을 이차적인 일로 치부한다. 여성들은 적어도 한 자녀를 낳고 그들을 적절하게 양육하는 것을 그들의 일차적 과업으로 받아들여야만 한다. 대조적으로 남성들은 아버지가 되는 것에 의해서가 아니라 경험이나 성취로 가득찬 다양한 삶을 통하여 실현될 수 있다고 인식된다.

따라서 사회는 스스로 아동을 갖지 않기로 결정하고 무자녀를 선택하는 여성들을 이기적이고 신경증적이라고 진단한다. 사회통념상, 결혼한 여성들이 자녀를 갖지 않는 것은 심리적 부적응의 신호로 인식된다. 따라서 자녀출산을 선택하는 여성들은 그들의 행동을 설명하거나 방어할 필요가 없다. 그러나 아동을 갖지 않기로 결정하는 여성들은 오늘날에도 의문시되고 부정적으로 보여진다.

아동을 갖기를 소망하는 여성들과 선택적으로 무자녀인 여성들 사이에는 차이가 있다. 선행연구에 의하면(Gerson, 1980), 아동을 갖기를 소망하는 여성들은 높은 정도로 성유형화된 사람들이어서 지극히 여성적 성향을 지니고 있었고 네 명 혹은 그 이상의 가족 속에서 성장하였으며 어머니의 사랑에 대해 긍정적 기억을 가지고 있는 사람들이었다.

대조적으로 선택적으로 무자녀인 여성들은 자율적이고 양성적 성역할 정체감을 지니고 있으며 성취지향적이었다. 그들은 보다 더 개인주의적 성향을 지니고 있었고 청년기 동안 가족으로부터 독립하기 위하여 더 많은 노력을 시도하였다. 또한 그들은 직업적 성공을 중요시하고 여성운동에 관심이 많았으며 어머니가 되는 것의 어려움을 더 많이 알고 있었다(Landa, 1990).

여성들이 자녀를 갖지 않기로 결정하는 이유는 다양하다. 경제적 이유 때문에, 여성 자신의 교육이나 직업생애를 추구하려는 소망 때문에, 분만의 위험과 결함을 가진 아기를 낳을 가능성 때문에, 인구과잉에 대한 관심 때문에 그리고 개인적으로 아동을 돌보고 양육하는 일에 적합하지 않다는 판단 때문에 등, 무자녀를 선택하는 여성들의 이유는 대단히 광범위하다.

우리 사회에서 무자녀이기를 선택하는 여성들은 서구와 비교하여 극소수 집단을 형성한다. 문제는 자녀를 낳지 않기로 결정하는 것이 좋으냐 나쁘냐를 평가하기 이전에 사회가 아동을 출산하는 여성의 권리를 지나치게 규제하고 간섭한다는 것이다. 개인에게 있어서 아동을 출산할 것인가 아닌가 그리고 언제, 얼마나 자주 출산할 것인가를 결정하는 것은 그렇게 간단한 문제가 아니다. 사회는 여성들이 아동을 돌보는 책임의 대부분을 수용하도록 기대하면서도, 생식을 위한 여성의 선택권을 인정하려고 하지 않는다. 어머니의 헌신과 봉사를 오로지 여성의 운명으로 받아들이도록 사회는 여성들에게 강요한다.

Ⅲ. 임신과 분만

1. 임신에 따른 변화들

임신은 여성의 외부적 신체 모습은 물론 내분비체계에서의 변화와 그에 따른 기분상태에서의 변화를 초래한다. 여기서는 임신과 우울증 및 임신한 여성에 대한 사회적 반응을 살펴보기로 한다.

1) 임신과 우울증

많은 임신한 여성들은 우울증의 증후를 나타낸다. 임신한 여성들의 우울증 발생은 임신하지 않는 전집에서의 발생비율보다 38%정도 더 높다(Kaplan, 1986). 그 증거로서 임신한 여성들은 식욕이나 체중변화를 경험하고 수면패턴이 변화하며 에너지의 상실, 기분변화, 건강에 대한 지나친 관심과 같은 임상적 우울증과 유사한 증상을 나타낸다. 그렇다면 임신한 여성들이 나타내는 우울증의 증후들은 진정한 우울증으로 진단될 수 있는가?

임신기간 동안 일어나는 가장 큰 변화는 호르몬분비에서의 변화이다. 난자가 수정될 때, 뇌하수체는 계속해서 황체형성호르몬(lutenizing hormone)을 분비하기 때문에 황체(난소)는 계속해서 커지고 여성호르몬인 프로게스테론(progesterone)을 다량 분비한다. 후에 태반이 형성되면 태반은 프로게스테론 생산의 주된 근원으로 기능한다. 그에 따라 임신한 여성들의 프로게스테론 수준은 임신말기에 이르면 월경주기의 최고수준보다 9배 정도 더 높고 대표적 여성호르몬인 에스트로겐(estrogen)의 수준도 배란의 절정기에서보다 훨씬 더 높다(그림 9-1 참조).

생식선 호르몬에서의 변화와 함께 중추신경계의 기능과 관련된 신경전

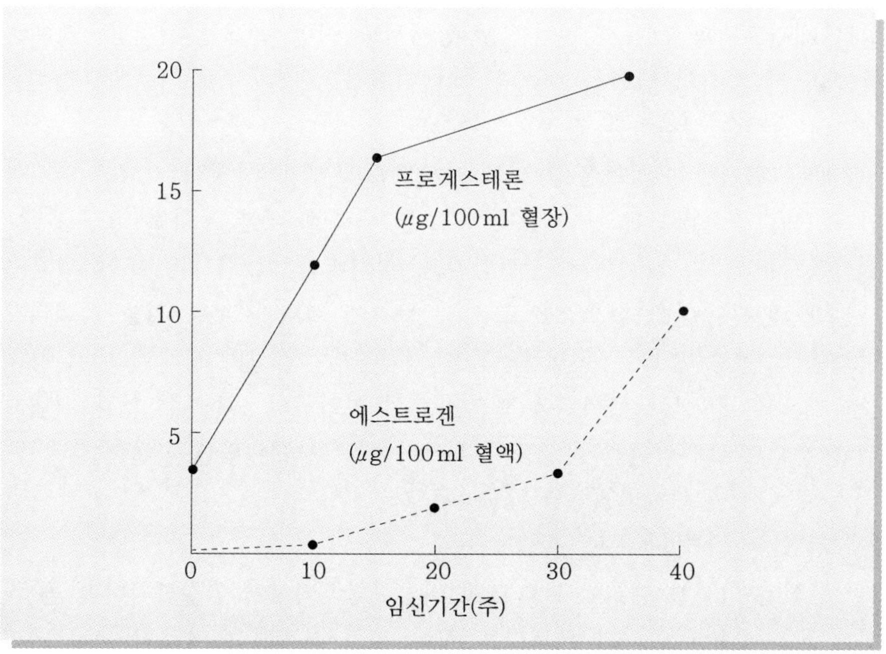

〈그림 9-1〉 임신기간 동안의 호르몬의 변화

달물질인 노르에피네프린(norepinephrine)의 수준이 감소하고 스트레스와 관련된 부신피질호르몬은 증가한다. 특히 각성상태의 유지와 기분의 조절에 관여하는 노르에피네프린의 저하와 프로게스테론의 증가는 임신하지 않은 사람들 사이에서도 우울증의 발병을 촉진시킨다.

그러나 지금까지 아무도 임신기간 동안 일어나는 기분변화의 과정에 대해 체계적으로 연구한 일이 없기 때문에, 어떤 상태가 비정상적인가를 우리는 알지 못한다. 임신은 심리사회적 맥락 내에서 일어나는 복잡한 생물학적 과정이므로 임신한 여성의 기분변화가 과연 진정한 우울증을 의미하는가는 분명하지 않다.

그럼에도 불구하고 사람들은 임신에 따른 변화들을 우울증의 증후라고 이야기하기를 좋아한다. 주위 사람들의 잘못된 판단은 임신한 여성들 스스로 자신을 우울증으로 잘못 진단하도록 유도하기도 하고, 반대로 우울증을 앓고 있는 여성들이 자신의 증상을 임신에 기인된 것으로 잘못 판단하고 치료를 소홀히 하도록 하기도 한다.

호르몬의 영향을 제외하더라도, 임신한 여성들이 부정적 정서상태를 가질 수 있는 가능성은 충분히 있다. 그 이유로 임신한 여성의 외모는 사회적 매력표준과 거리가 멀다. 앞 장에서도 이미 언급한 것처럼, 사회는 가늘고 긴 체격의 날씬한 여성을 매력적이라고 평가하기 때문에, 임신은 매력의 속성을 상실하는 과정으로 인식될 수 있다.

많은 임신한 여성들은 자신의 신체모습의 변화에 대해 지극히 양가적인 감정을 갖는다(Ussher, 1989). 그들은 매력에 대한 문화적 요구로부터 일시적 해방감을 느끼면서도 불안감을 떨쳐버리지 못한다. 또한 그들은 자신의 외모에 대해 혐오감을 느끼는 동시에 그녀가 어떤 일을 하더라도 변화를 막을 수 없다는 통제불능감을 경험한다. 자신의 신체에 대한 통제감의 상실은 임신한 여성들을 연약하고 무기력하며 일할 수 없는 사람으로 규정함으로써 임신한 여성들의 무기력을 강화하는 역할을 한다.

2) 임신한 여성에 대한 사회적 반응

사회는 임신한 여성들을 다르게 취급한다. 여성이 임신하자마자 곧 사회는 여성에게 어머니의 정체감을 심어 주기 시작하고 아동의 출산 훨씬 전에 독신이기를 끝내도록 강요한다.

사람들은 임신한 여성과 임신하지 않은 여성들에게 다르게 반응함으로 임신한 여성의 행동변화를 촉진시킨다. 비록 1970년대의 연구이기는 하지만, 테일러와 랭거(Taylor & Langer, 1977)는 임신한 것처럼 보이는 여성인물과 임신한 여성의 복부크기와 동일한 크기의 상자를 운반하는 여성인물을 엘리베이터에 타게 하고 함께 탄 다른 사람들의 반응을 조사하였다.

흥미롭게도 엘리베이터에 탄 사람들은 모두(남녀 구별할 것 없이) 임신하지 않은 여성 가까이에 서 있었다. 특히 남성들은 임신한 여성들을 회피하였다. 임신한 여성은 임신하지 않은 여성들보다 사람들에게 더 많이 응시당하였고, 엘리베이터에 타고 있는 사람들은 남녀 모두 임신한 여성의 배를 몰래 훔쳐보았다. 임신한 여성에 대한 이와 같은 부당한 관심과 접촉회피는 임신한 여성들을 불편하게 만들고 그녀의 사회적 고립을 촉진시킨다.

지금까지 임신한 여성들은 자율적 개인이 아니라 '예비어머니' 혹은 '어머니'로 보여지기 때문에, 가정에서 머무는 것이 바람직하다고 생각되고 직업에서 떠나도록 강요당하였다. 사회는 임신한 여성의 수동성을 적극 권장하고 가정 내에 은둔하도록 압력을 가하기도 하였다.

최근에 와서 임부에 대한 태도는 보다 긍정적으로 변화되고 있다. 임부복만 보더라도 변화를 실감할 수 있다. 원래 임부복은 임신상태를 감추기 위하여 자루나 텐트같은 형태를 하고 있었고 가능하면 아동같이 보이도록 유치하고 유아적이었다. 그러나 오늘날의 임부복 중에는 굵은 글씨체의 'BABY'라는 글자가 새겨진 티셔츠가 있는가 하면 불쑥 나온 배를 가리키는 화살표가 그려진 티셔츠도 있어, 임신상태를 오히려 강조하고 있다. 또한 임부를 위한 팬티스타킹과 스웨트는 물론 임신한 여성 직장인이나 여성 관리직을 위한 정장복도 판매되고 있다. 임신한 패션모델이 임신한 상태에서 패션잡지용 사진을 촬영하는 일은 예전에는 생각할 수도 없는 일이었다. 임신한 여성들은 다음 세대를 위한 단순한 도구가 아니며 여전히 개성과 능력을 지닌 개체임이 분명하다.

2. 분만과 관련된 사건들

임신과 같이 분만은 사회적 사건인 동시에 심리적 사건이다. 분만은 고통과 공포 그리고 경이로움이 뒤섞여 있는 사건으로 인간이 경험할 수 있는 최악의 통증인 동시에 최상의 절정경험으로 인식된다. 그러나 놀랍게도 출산에 대한 여성들의 경험은 당사자인 여성들에 의해 기술되는 것이 아니라 주로 남성들에 의해 기술된다. 이러한 현상은 원시사회를 연구한 문화인류학자들이 출산장면을 직접 관찰할 수 없었고 그 사회의 관습을 전해 주는 남성들로부터 출산에 관한 정보를 얻은 데서 비롯된다.

오늘날에는 TV와 같은 대중매체를 통하여 출산에 관한 직접적 정보를 얻을 수 있는 기회가 증가하기는 하였지만, 여성들은 출산을 단지 의존적이고 수동적인 상태에서 전문적인 의학적 도움을 필요로 하는 사건으로만 인식한다. 출산하는 여성들은 자신과 아기를 위해 의사결정권을 행사할 수 있는 능동적 대리인이 아니며 단순히 수동적인 환자로 그리고 분만은 의학적 위기로 인식된다.

따라서 안정제를 포함한 많은 약물들이 사용되고 있다. 그러나 분만 동안의 약물사용에 대해서는 논란이 많다. 약물사용을 지지하는 사람들은 현대의학이 여성들의 불필요한 고통을 들어주어야 한다고 주장하는 반면, 반대하는 사람들은 분만중에 사용된 약물들이 산모와 신생아에게 많은 위험을 줄 수 있다고 강조한다. 예를 들면, 마취제는 자궁수축을 억제시켜 진통을 연장시키고 어머니가 아기를 산도로 밀어내는 것을 도울 수 없도록 한다. 또한 어머니 혈액속의 마취제는 아기에게 전달되어 출생 4주까지 발달을 느리게 하는가 하면, 심리적으로 여성의 인생에서 가장 도전적이고 두려운 사건들 중의 하나인 분만을 통제하는 여성의 능력을 감소시킨다(Hyde & DeLamater, 1997).

1) 가족중심적 분만

최근에 출산을 의학적 사건으로가 아니가 자연적 현상으로 생각하려는 움직임이 활발하다. 즉 건강한 여성들은 누구나 편안하고 친숙한 상황(여성 자신의 집)에서 산파와 같은 출산전문가의 도움을 받으며 아기를 건강하게 출산할 수 있다는 것이다. 자연분만을 중요시하는 네덜란드와 같은 나라에서는 위험 가능성이 높은 여성들만을 제외하고 대부분의 여성들은 자신의 집에서 아기를 출산한다.

가장 인기 있는 자연분만방법 중의 하나로 라마즈 기법(Lamaze method)이 있다. 프랑스 산부인과 의사의 이름을 딴 이 분만방법의 핵심은 임산부들에게 이완방법과 통제된 호흡방법을 가르치는 것이다. 이완은 긴장과 통증의 지각을 감소시키고 극심한 진통 동안 에너지를 보존하는 역할을 한다. 또한 통제된 호흡은 자궁이 수축하는 힘과 조화를 이루므로 자연분만이 이루어질 수 있도록 돕는다. 라마즈 기법은 전통적 분만방법과 같이 통증을 경감시키기 위한 약물의 사용을 배제하지는 않는다. 그러나 이 분만방법에 의한 출산은 약물이 요구되는 상황을 거의 초래하지 않으며 만약 사용된다고 할지라도 분만하는 여성들 스스로 선택할 수 있도록 한다.

라마즈 기법의 또 다른 중요한 측면은 출산과정에 아기의 아버지를 포함한다는 것이다. 예비 아버지들은 아내의 파트너로서 진통과 분만 동안 아내가 이완하고 호흡을 통제하는 것을 돕고 정서적 지원과 격려를 제공한다. 최근의 젊은 남성들은 아기의 출산에 참여하는 것을 아버지의 특권으로 그리고 아버지 역할의 중요한 한 부분으로 생각한다(Hyde, 1990).

하이드(Hyde, 1990)에 의하면, 라마즈 기법으로 출산한 여성들은 이 기법을 사용하지 않은 여성들보다 더 짧은 진통과 더 적은 합병증을 경험하고 더 적은 양의 마취제를 요구한다. 그들은 출산에 대해 긍정적 태도를 갖는 것은 물론 더 높은 자기존중감과 통제감을 지니고 있었다.

라마즈 기법은 출산과정 동안 여성들이 겪는 수동적 고통을 능동적 참여와 대처로 전환하였다는 평가를 받는다. 일반적으로 의학적 처치에 의한 분만은 여성들이 자신을 무기력하고 수동적으로 지각하게 하므로 무능력감을 발달시킨다. 출산을 의학적 사건으로 인식하기보다 여성중심의 사건으로 인식할 때, 여성들은 능동적인 선택과 통제를 경험할 수 있어 무능력감에서 벗어날 수 있다.

많은 여성들이 제왕절개수술과 같은 의학적 방법으로 아기를 출산하고 있다. 그러나 자연분만에 의한 출산만큼 산모와 아기 및 아기 아빠에게 이로운 출산방법은 없다. 더욱이 좋은 사주를 가지고 태어날 수 있다는 황당무계한 이야기를 믿고 정해진 시간에 맞추어 제왕절개수술을 실시하는 요즈음의 세태는 일종의 병리적 현상으로 받아들여진다.

2) 산후우울증

산후우울증(postpartum depression)이란 여성들이 출산 후 수일 이내에 경험하는 정서적 반응으로 화를 잘 내고 슬퍼하며 울음이 잦은 증상을 의미한다. 산후우울증으로 고생하는 여성들은 보통 때보다 진폭이 큰 정서를 보다 더 강하게 느끼며 신생아기에 대해서도 사랑과 미움의 감정을 동시에 경험한다. 출산 후 1-2일 동안 우울한 기분을 경험하는 여성들은 50-80%에 이르나 장기적인 우울증상을 보고하는 여성들의 비율은 약 20% 정도이다. 그러나 불면증과 부적절감, 피로감 및 대처능력의 부족을 호소하는 심각한 임상적 우울증을 나타내는 산모의 비율은 1%미만에 지나지 않는다(Hyde & DeLamater, 1997).

산후우울증의 원인은 무엇인가? 현재까지 그 원인이 무엇인가는 분명하지 않으나 학자에 따라 각기 상이한 원인들을 제시하고 있다. 가장 인기있는 설명은 분만 후의 호르몬 변화가 산후우울증을 초래한다는 것이다. 임신기간 동안 높은 수준을 유지하였던 프로게스테론과 에스트로겐이 극적으로 감소하기 때문에, 우울증이 뒤따른다는 것이 이 입장을 지지하는 사람들의 주장이다. 문제는 인도나 중국, 멕시코 혹은 케냐와 같은 나라들에서는 산후우울증이 나타나지 않는다는 것이다. 또한 산모에게 휴식할 수 있도록 배려하고 특별한 보살핌과 정서적, 실제적 지원을 제공하며 사회적으로 어머니의 새로운 지위를 인정하는 문화에서는 산후우울증이 발생하지 않는다는 사실(Mauthner, 1998) 또한 산후우울증이 생리적 원인 때문이기보다는 사회문화적 영향 때문일 것이라는 것을 시사한다.

변화된 사회적 상황이 산후우울증을 초래한다는 주장도 있다. 어머니로의 이동과 관련된 많은 요인들이 이제 막 어머니가 된 여성들을 우울하게 만들 것이라는 것이다. 즉 자신의 외모에 대한 불만, 신생아를 돌보는 기술의 부족, 어머니 역할 때문에 자신의 정체감을 잃어버렸다는 느낌 그리고 배우자의 지원부족에 대한 실망 등으로 아기를 출산한 여성들은 우울증을 경험할 수 있기 때문이다. 특히 여성심리학자들은 여성들의 낮은 지위와 아동양육에 기인한 사회활동의 중단, 고립감 및 가사일의 불공평한 할당 등이 우울증을 야기시킨다고 주장한다.

또한 크로포드와 웅거(Crawford & Unger, 2000)는 수면부족이 산후우울증의 주된 원인이라고 지적한다. 분만일이 다가옴에 따라 점점 더 무거워지는 몸과 쉬지 못하게 하는 태아의 움직임으로 산모들은 분만 전주부터 숙면하지 못한다. 더욱이 산모들은 아기출산 동안 긴장하고 지쳐 있음에도 불구하고, 깊은 잠을 자지 않는 신생아로 인해 출산 후에도 충분한 수면을 취하기 어렵다. 신생아들의 수면패턴이 확립되기 위해서는 6주 혹은 그 이상의 기간이 요구되므로 어머니들은 수면부족에 기인된 우울증을 경험할 수 있다.

산후우울증을 경험하는 많은 여성들은 각기 다른 방식으로 산후우울증에 대처한다. 산후우울증의 원인이 무엇이든, 대처방식이 어떠하든간에 중요한 것은 자신을 수동적인 존재로 보지 않고 다양한 역할 수행자로 보는 여성들이 임신과 분만에 가장 잘 적응할 수 있다는 것이다. 사회가 규정하는 이상적 어머니상에 구애받지 않고 자신의 일과 어머니 역할을 능동적으로 수행하는 여성들은 임신이나 분만에 기인된 심리적 갈등이나 문제를 거의 경험하지 않는다.

Ⅳ. 어머니 역할과 일

사회가 규정하는 어머니의 전형은 가정 바깥에서 직업을 갖지 않는 전업주부이다. 사회는 안의 일과 바깥의 일을 엄격하게 구분하고 안의 일은 여성의 일 그리고 바깥의 일은 남성의 일이라는 이분법을 고수한다. 점점 더 많은 수의 아버지들이 가사일과 아동양육에 참여하고 있기는 하지만, 여전히 안의 일은 여성의 일이고 책임이다. 여성들은 아동을 낳고 그들을 지적, 정서적으로 양육하기에 적합하다는 사회적 신념에 힘입어 직업을 가진 결혼한 여성들의 경우에도 가사일과 아동돌보기는 여전히 여성의 일로 인식된다.

그러나 점점 더 많은 수의 여성들이 가정 바깥에서 일을 하고 있고 또한 일할 수 있기를 원한다. 전업주부가 이상적 주부상임에도 불구하고, 미래의 많은 여성들은 어머니 역할과 직업인의 역할을 병행하게 될 것이다.

1. 여성의 일

1) 여성의 임금 받지 않는 일

여성의 주부역할은 임금 받지 않는 일이므로 공식적인 일로 인정받지 못한다. 여성들에게 자신의 직업이 무엇이냐고 질문하면 무직이라고 대답

〈표 9-1〉 평소 가사분담상태(단위: %)

	부인이 전적으로	부인이 주로 하지만 남편도 분담	가사일을 공평하게	남편이 주로 하지만 부인도 분담	남편이 전적으로	해당없음
맞벌이 부부	37.8	50.2	7.8	2.6	0.2	1.5
남편만 취업	50.8	44.4	3.0	1.1	0.3	0.5
부인만 취업	35.7	48.7	9.2	2.9	0.2	3.2
둘다 무직	51.3	37.9	5.4	2.3	0.4	2.7

출처: 통계청, 2001 한국의 사회지표.

주: 함께 사는 부부 중 부인에게 질문한 결과임.

하고 그들은 '단지 주부'라고 이야기한다. '단지 주부'이기 때문에 주부들은 임금 받는 근로자들보다 더 적은 시간 동안, 더 느린 속도로, 덜 열심히 일할 것으로 생각된다. 그러나 주부들은 가사일은 사소한 것이고 금전상의 가치를 거의 갖지 않는다고 생각되는 사회적 상황하에서, 지위에서 낮고 임금도 받을 수 없는 일을 24시간 수행한다.

남녀의 고정관념적 성역할이 변하고 있고 기혼여성들의 취업률이 계속 증가하고 있는 오늘날에도, 가사일은 여전히 여성만의 일이고 책임이다. 통계청에서 조사한 자료에 의하면(통계청, 2001 한국의 사회지표), 맞벌이 부부의 경우에도 88%의 가정에서 부인이 전적으로 가사일을 하거나 부인이 주로 가사일을 하지만 남편도 분담하는 형태를 취하고 있었고, 가사일을 공평하게 나누는 가정은 7.8%에 지나지 않았다. 심지어 부인만 취업한 경우에도 가사일을 공평하게 나누는 가정은 9.2%의 낮은 비율을 나타내었다(표 9-1 참조).

미국남성들도 예외는 아니어서 부부가 평등주의적 신념을 공유할 때만 일반적인 남성들보다 약간 많은 정도의 가사일에 참여하고 있을 뿐이다(Greenstein, 1996). 일에 찌들어 지친 여성과 가사일에 참여하기를 거부하는 남성들의 모습은 어떤 문화, 어떤 인종집단에서도 발견될 수 있는 가장 흔한 형태의 삶의 방식이다.

많은 사람들은 가사일을 쉽다고 생각한다. 과거와 비교해 볼 때 전자동화된 각종 가전제품들이 가사일을 용이하게 해 주고 핵가족으로 구성되는 작은 크기의 가족들은 가사일의 양을 감소시킬 것으로 생각된다. 그러나 현실적으로 가사일은 우리 할머니 세대에서보다 크게 줄지 않았고 임금 받는 직업에서 요구되는 것보다 매일매일 더 많은 시간의 근로를 요구한다.

그 이유는 각종 가전제품이나 용기들은 유지될 수 있도록 손질되어야 할 뿐 아니라 주부들이 주위의 부모나 친척들로부터 가사일에 대한 도움을 받는 것이 훨씬 더 어려워졌기 때문이다. 그러나 무엇보다 더 중요한 이유는 우리의 생활수준이 높아짐으로써 가사의 표준도 높아졌다는 것이다. 오늘날의 주부들은 과거보다 더 깨끗하고 아름답게 가정을 꾸미고 미식가의 수준에 걸맞는 맛있는 음식을 조리하려고 노력한다. 또한 남편과 자녀를 위해 과거와는 비교도 되지 않게 따뜻하고 정서적인 가정을 꾸미려고 한다. 따라서 오늘날의 가사일도 할머니 세대에서와 동일하게 여전히 힘들고 어려운 일임에 틀림없다.

또한 가사일은 사소하다고 생각된다. 가족구성원들은 주부의 봉사 없이 안락하게 생활할 수 없는 데도 가사일이 얼마나 중요하고 가치 있는 일인가를 알지 못한다. 심지어 가족들은 주부가 집에서 하루종일 아무것도 하지 않는다고 생각하고 가사일을 하찮게 여기기까지 한다.

가족구성원들과 함께 사회도 가사일을 평가절하한다. 사회는 가사일의 금전적 가치를 GNP(Gross National Product) 속에 계산하지 않음으로써 가사일의 사회적 중요성을 공식적으로 부정한다. 그렇다면 가사일의 금전적 가치는 얼마나 될까? 가사일의 가치를 금전으로 환산하는 것은 실제로 가능한 일은 아니나, 여성이 가정 내에서 수행하는 여러 가지 역할들을 고려하여 계산하는 방법이 있다. 즉 요리사, 아기 돌보는 사람, 접시 닦는 사람, 청소부, 운전기사 그리고 수위 등의 월급을 합산하는 방법이다. 다시 말하면 어떤 특정한 직업에서 받을 수 있는 임금을 계산하여 그것을 가사일의 대가로 계산한다는 것이다.

2002년 여성부는 여성들이 식사·설거지에 할애하는 시간을 하루 1시간 57분, 청소·옷관리에 1시간 19분, 아이 돌보기 54분 그리고 가정경영을 위해 할애하는 시간을 27분으로 계산했을 때(통계청, 2002), 무보수 가사노동의 총 부가가치는 GDP(국내총생산, 1999년 기준 약 477조원)의 30-35.4%에 해당한다고 밝혔다. 또한 10-60대 여성의 1인당 월평균 가사노동 가치는 56만283원-63만5861원이고 이중 30대 여성의 가사노

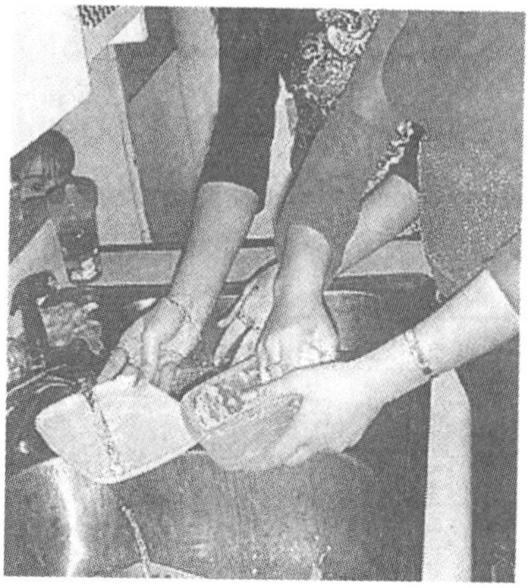

식사 · 설거지

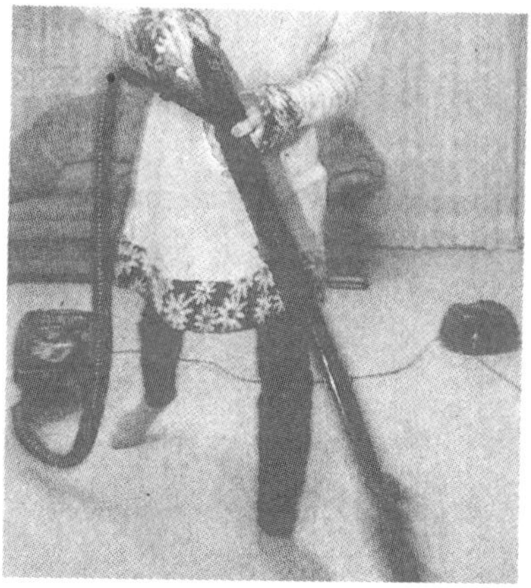

청소 · 옷관리

아이 돌보기

가정 경영

가사일은 남성들이 생각하는 것만큼 쉬운 일도 사소한 일도 아니다(조선일보, 2002.3.5).

동 가치는 월 93만 6561-111만1998원이라고 계산하였다(조선일보, 2002년 3월 5일).

그러나 가족구성원들을 사랑으로 돌보고 봉사하는 여성의 일은 임금받는 근로자의 일과 비교될 수는 없다. 가사일은 남성경험에서 도출된 일의 정의와는 거리가 멀기 때문에 임금으로 계산하는 것은 무리가 있다. 그러나 가사노동에 대한 금전적 가치의 계산은 지금까지 쉽고 사소한 일로 인식되어 온 가사노동의 가치를 객관적으로 인정함으로써 여성의 사회경제적 지위향상에 기여할 수 있을 것이다.

더욱이 여성들은 가족구성원들의 정서적 욕구를 돌보며 가족 내의 조화를 유지하는 역할을 한다. 여성의 관계지향적 노력은 직계가족을 넘어 친척으로 확대된다. 여성들은 멀리 있는 가족이나 친척을 방문하고 편지를 띄우거나 전화로 안부를 묻는다. 생일선물을 보내기도 하고 공휴일이나 명절의 가족모임을 위해 음식물을 마련하고 친척을 초대한다. 이와 같은 여성의 관계지향적 노력은 가사일과 같이 시간과 에너지를 요구하고 기술을 필요로 하는 일이나 일에 대한 전통적 정의에서는 역시 무시된다.

또한 여성들은 남편이 직업세계에서 성공할 수 있도록 직접적으로 남편을 돕는다. 정치가의 아내는 남편의 연설문을 작성하고 사업가의 아내는 남편대신 컴퓨터를 치거나 장부를 정리하며 고객이나 의뢰인을 접대하기도 한다. 어떤 여성들은 남편이 승진할 수 있도록 상사의 부인을 만나거나 사교모임에도 참석한다. 남편의 지위가 높아질수록 아내의 역할은 그에 상응하게 많아진다.

동시에 여성들은 남편을 정서적으로 지원하는 역할을 한다. 아내는 남편의 불평에 귀기울이고 남편의 늦은 귀가나 부재를 수용하며 가사일이나 자녀양육으로부터 남편이 자유로울 수 있도록 돕는 동시에 잠재능력을 발휘할 수 있도록 남편을 격려한다. 진실로 남성 뒤에는 여성이 있고, 아내는 남편 뒤에 있는, 남편을 내조하는 여성이다.

이와 같이 주부의 일은 여성 자신들을 위한 일이 아니라 모두가 가족을 위한 일이다. 주부들은 남편과 자녀의 성장을 통하여 대리적 만족을 즐길 수 있고 자유롭게 자신의 시간계획을 세우거나 취미생활을 할 수 있는 이점을 갖는다. 그러나 많은 주부들은 지루하고 반복적이며 도전적이지 못한 가사일을 불만족스러워하고 다른 사람들로부터 고립되어 있다고 느낀다. 또한 주부들은 남편이나 자녀의 지원부족이나 무관심에 의해 좌절을 경험하기도 한다. 그들은 함께 일하는 동료가 없어 피드백을 받을 수도 없다. 그러나 무엇보다도 돈을 벌 수 없다는 것이 주부들을 가장 불만족스럽게 만드는 일이다.

2) 여성의 임금 받는 일

2000년도 여성의 경제활동 참가율은 48.3% 그리고 남성의 참가율은 74.0%로 여성의 경제활동참가율이 훨씬 더 낮다(통계청, 2001 통계로 보는 여성의 삶). 그러나 점점 더 많은 여성들이 임금 받는 직업에 종사하기를 원하고 자녀의 출산양육기 동안에도 계속해서 직장을 갖는 취업여성들이 증가하고 있다. 여성취업에 대한 의식도 변화되어 〈그림 9-2〉와 같이 가정과 관계없이 취업하겠다는 여성이 26.8%에 이르러 여성 4명 중 1명꼴로 여성도 평생직장을 갖는 것이 바람직하다고 생각한다. 여기에 아동양육 기간을 제외하고 직업을 갖겠다는 의견까지 포함한다면, 거의 절반 이상의 여성들이 직업 갖기를 원한다는 것을 알 수 있다. 가정에만 전념하겠다는 여성들의 비율은 1991년에 21.2%에서 1995년 15.8%로 그리고 1998년에는 10.0%로 감소함으로써 직업에 대한 여성들의 의식이 급격히 변하고 있음을 나타낸다.

(1) 여성직업의 특성

여성들의 직업에 대한 의식이 변화하는 것과는 대조적으로 사회는 여전히 여성의 취업기회를 제한하고 여성직업과 남성직업을 구별한다. 오늘날 많은 여성들이 일하고 싶어하지만, 여성들이 취업할 수 있는 직종은 제한되어 있다. 일반적으로 사무직과 봉사직 그리고 교직은 전형적인 여성의 직업으로 인식된다.

〈표 9-2〉는 총여성취업자에 대한 전문기술공 및 준전문가와 입법자,

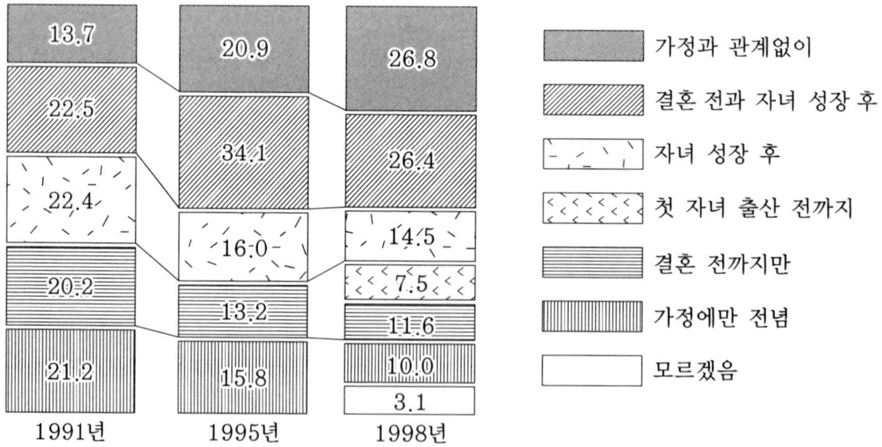

〈그림 9-2〉 여성취업에 대한 의식(단위: %)

출처: 통계청, 사회통계조사(2001 한국의 사회지표).

〈표 9-2〉 여성 전문 · 관리직 종사자 비율(단위: 천명)

연 도	총여성취업자 (A)	전문, 기술공 및 준전문가(1992년까지 전문기술직) (B)	입법자, 고위임직원, 관리자(1992년까지 행정관리직) (C)	(B+C)/A (%)
1985	5,833	309	8	5.4
1990	7,376	555	11	7.7
1995	8,256	899	23	11.2
1997	8,686	1,013	25	12.0
1999	8,306	1,055	22	13.0
2000	8,707	1,107	24	13.0

출처: 통계청, 2001 한국의 사회지표.

고위임직원 및 관리자의 비율을 나타내 준다.

여성 전문 · 관리직 종사자 비율이 매년 증가하고 있기는 하지만, 그 비율은 높지 않을 뿐 아니라 특히 행정관리직에 해당하는 여성입법자, 고위임직원 및 관리자의 수는 아직도 대단히 적다. 따라서 대부분의 여성취업자들은 사무직, 서비스직, 농업, 어업 및 단순노무직에 종사하고 있다는 것을 알 수 있다. 〈표 9-2〉에서 전문기술직 여성의 급격한 증가는 교직 종사자들이 포함되어 있기 때문이다. 이제 교직은 여성의 직업으로 완전히 정착된 상태로서 남성의 교직종사자는 매년 감소추세를 보인다.

영국과 같은 나라에서도 500명 이상의 직원을 갖는 회사에서 최고간부직의 92%가 남성들이며, 미국에서는 여성들이 관리직의 40%를 차지하고 있으나 여성 최고경영자는 단지 5% 정도에 지나지 않는다(Valian, 1998; Wajcman, 1998).

여성직업의 대부분은 단조롭고 도전적이지 못하며 의사결정할 수 있는 힘이나 자율성이 결여되어 있다. 여성직업은 지위도 낮고 봉급수준도 낮으며 승진기회도 거의 제공받지 못한다. 사회는 급속하게 변화하고 있으나 성별에 따른 직업의 구별은 크게 변화되지 않은 채로 남아 있다.

여성들이 종사하는 직업의 가장 두드러진 특징은 아내나 어머니의 임금 받지 않는, 가사일의 연장선상에서 타인에 대한 봉사를 목적으로 한다는 것이다. 그 예로서 여성들은 호텔이나 음식점에서 음식을 나르는 종업원이나 음식을 만드는 조리사 혹은 설겆이나 청소하는 사람으로 일하고 병원에서는 간호사나 일반 직원으로 많이 활동한다. 대표적 여성직업인 간호사는 환자를 애정적으로 돌보고 좋은 아내와 같이 의사의 시중을 든다. 또한 교사는 어린 아동에게 정서적 양육을 제공하고 사회복지사는 가난하고 무력한 사람을 돌보는 역할을 한다. 특히 비서직은 상급자의 '사무실 아내'로서 개인적 봉사를 제공해야 하므로 가정주부의 가족 돌보기와 큰 차이가 없다.

이와 같이 여성들이 종사하는 대부분의 직업들은 특별한 기술보다는 타인을 보살피고 돌보는 기술을 요구한다. 일반적으로 돌보기는 여성이면 누구나 할 수 있는 자연스러운 일이라고 생각되어 여성의 능력과는 상관없는 일로 평가된다. 따라서 타인을 돌보고 보살피는 직업은, 특별한 직업능력을 요구하기보다 단지 여성의 특성을 필요로 할 뿐이라는 인식에 의해 여성의 일을 평가절하하는 역할을 한다.

(2) 임금에서의 성차

여성들은 남성들보다 더 적은 임금을 받는다. 〈그림 9-3〉과 같이 20-24세 연령층의 임금을 100.0으로 보았을 때 남성의 임금은 45-49세가 될 때까지 계속 증가하는 반면, 여성의 임금은 30-34세를 기점으로 계속 하락하는 양상을 나타낸다. 그러나 60세 이상에서는 약간 증가하는 패턴을 보여 남성들과는 차이가 있다. 또한 24세 이후부터 여성과 남성의 임금은 차이를 보이기 시작하여 55-59세가 될 때까지 거의 비슷한 차이를 유지한다. 연령층에 따라서 다소 차이가 있기는 하지만, 여성의 임금은 60세 이상을 제외하고 남성임금의 60%에 이르지 못한다. 미국 백인여성들이 백인남성 소득의 약 74%를 받는 것과 비교하면(National Committee on Pay Equity, 1998), 한국의 직업여성들이 받는 임금수준이 지나치게 낮다는 것을 알 수 있다.

여성과 남성의 임금에서의 격차는 여성들이 남성들보다 직업에 더 적게 투자한 결과라고 설명하는 전통적 설명방식이 있다. 소위 개별적 투자가설(individual investment hypothesis)에 의하면, 여성들은 직업을 위한 교육이나 훈련을 더 적게 받았을 뿐 아니라 남성들보다 직업에 더 적게 헌신하고 중도에 직업을 그만두는 여성이 많아 더 낮은 지위의 저임금 직업에 종사할 수밖에 없다는 것이다.

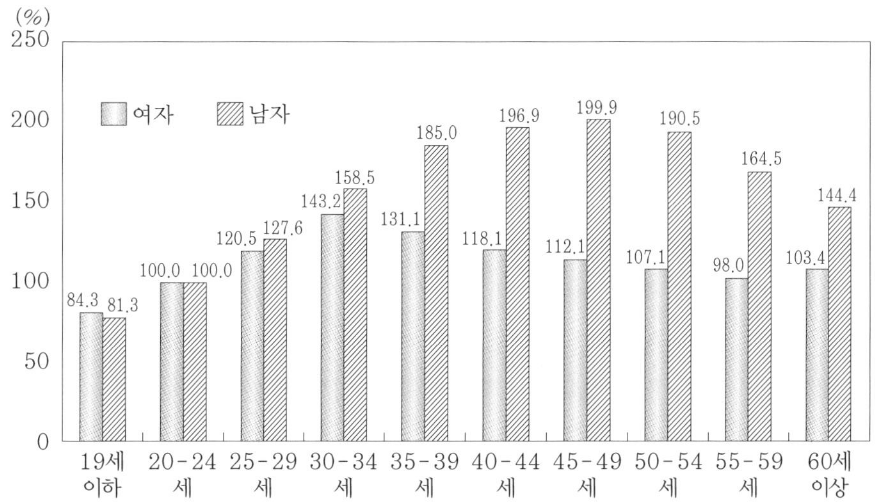

〈그림 9-3〉 연령에 따른 성별 임금격차

출처: 통계청, 2001 통계로 보는 여성의 삶.

그러나 여성들의 낮은 임금은 여성들이 남성들보다 더 낮은 지위의 직업을 갖는 데 기인하기도 하지만, 동등한 지위의 직업을 가질 때조차도 여성들은 남성들보다 더 적은 임금을 받는다. 또한 교육정도와 결근여부 및 직업경력을 통제했을 때도 임금격차는 여전히 존재하기 때문에(Valian, 1998), 개별적 투자가설은 타당하다고 보기 어렵다. 더욱이 질적으로 더 낮은 수준의 남성직업이 더 높은 수준의 교육과 기술을 요구하는 여성직업보다 왜 더 많은 임금을 받아야 하는가를 개별적 투자가설은 설명하지 못한다.

직업인으로서의 여성의 역할이 경시될 때, 여성의 독특한 기술이나 재능은 발휘될 수 없고 그에 따라 개인과 사회는 손실을 입지 않을 수 없다. 저임금의 낮은 지위의 직업이 여성들이 종사할 수 있는 유일한 직업이라면, 여성들에게 일에 대한 높은 동기를 기대한다는 것은 불가능한 일이다. 그렇다면 우리는 성장기에 있는 재능 있는 어린 소녀들에게 인생에 대해 어떤 가능성을 제시할 수 있을 것인가? 그들에게 교사나 비서 혹은 가정주부의 역할만이 최상의 인생선택이라고 이야기해야만 할 것인가?

2. 어머니 취업의 영향

주부이면서 어머니인 여성들의 취업은 어머니 자신은 물론 성장하는 아동들에게 영향을 준다. 그러나 여성이 수행하는 가정 바깥의 일과 어머니 역할에 기인된 중다의 역할수행은 여러 가지 요인들의 영향을 받는다.

1) 어머니에게 주는 영향

어머니들이 가정 바깥에서 일하는 이유는 경제적 필요성에서부터 개인적 실현까지 다양하다. 그러나 직업역할과 어머니역할을 동시에 수행함으로써 야기되는 문제는 어머니가 일하는 이유에 따라 다르고 일과 어머니 역할을 얼마나 만족스러워하느냐에 따라 다르다.

일반적으로 개인적 실현을 위해 일하는 여성들이 가정의 재정적 요구 때문에 일하는 여성들보다 가족들에게 더 큰 죄책감을 느낄 것으로 생각된다. 또한 취업주부들은 가정주부의 역할만 수행하는 여성들보다 신체적으로 더 피곤하고 항상 시간부족에 시달릴 것으로 생각되기 쉽다.

그러나 많은 연구들은 주부역할과 직업역할을 동시에 수행하는 사람들이 가정주부역할만 수행하는 전업주부들보다 더 적은 심리적 문제를 갖고 더 좋은 신체적 건강상태를 유지할 수 있다고 보고한다(Barnett, 1997; Steil, 1997). 직업 가진 주부들은 중다의 역할요구에도 불구하고, 더 높은 자기존중감과 자기만족감을 지니고 있었다. 또한 결혼한 여성들이 독신 여성들보다 일관성 있게 더 큰 직업만족을 보고하였다.

물론 예상했던 대로 그들은 자주 시간부족을 느끼고 자녀들의 존재에 대해 때때로 짜증스러워한다는 것을 인정하였다. 또한 그들은 자녀들의 일보다 자신의 일에 지나치게 열중하고 있는 것이 아닌가를 걱정하였다. 그러나 상당수의 취업한 어머니들은 그들의 직업이 그들을 더 훌륭한 어머니로 만든다고 생각하였다. 바루취 등(Baruch, Barnett & Rivers, 1983)의 연구에서도 취업주부들은 전업주부들보다 더 큰 숙달감과 능력감 및 심리적 안녕감을 느끼고 있었다.

대조적으로 전업주부들은 자신을 매력 없다고 지각하고 자신의 불확실한 정체감에 대해 깊은 관심을 나타내었으며 외로움과 고립감을 느끼고 있었다. 또한 전업주부들은 낮은 자기존중감과 낮은 개인적 능력감을 지니고 있었고 타인의 요구를 자신의 요구보다 우선하면서 자신의 삶에 대한 참여나 도전을 회피하였다(Betz & Fitzgerald, 1987).

중다의 역할수행이 오히려 심리적 안녕감을 주는 이유는 무엇일까? 하나의 이유는 임금을 받는다는 것 자체가 증가된 자기존중감과 독립적 정체감의 근원이기 때문이다(Steil, 1997). 따라서 직업은 임금 이상을 얻을 수 있도록 한다. 또 다른 이유는 한 영역에서의 성공이 다른 영역에서의 성취를 이룰 수 있도록 돕는다는 것이다(Crosby, 1991). 200명 이상의 관리직을 대상으로 수행된 컬치메이어(Kirchmeyer, 1993)의 연구에서, 남녀 모두 부모로서 그리고 지역사회의 능동적 구성원으로서의 역할이 그들의 직업수행에 더 긍정적 영향을 준다고 보고하였다.

여기에 덧붙여 여성의 직업역할 수행은 여성이 싫어하는 일(가사일을 포함한 친인척간의 가정대소사)을 하지 않아도 되는 면죄부의 기능을 하는 동시에 가정 내에서 여성의 힘을 증가시키는 역할을 한다. 어머니가 사회적으로 높은 지위의 직업을 갖고 직업역할에서 만족을 느낄 때, 그리고 남편이 가사일을 공유해 줄 때, 결혼한 여성들은 더 큰 행복감을 경험할 수 있다.

그러나 중다의 역할이 주는 이점은 높은 지위와 그에 상응하는 임금을 받을 수 있는 여성들에 국한된 문제이다. 가사일을 수행하면서 저임금의 힘든 직업일을 감당해야 하는 여성들은 역할갈등과 과부하로 고통을 겪기 쉽다.

2) 아동에게 주는 영향

어머니의 취업은 성장하는 아동들에게 부정적인 영향을 줄 것으로 생각되기 쉽다. 그러나 미국에서 수행된 연구들은 아동에게 미치는 어머니 취업의 영향은 중립적이거나 오히려 긍정적이라고 보고한다. 실제로 저소득계층 출신의 아동들은 어머니 양육보다 탁아소 양육을 통하여 더 큰 지적 성장과 발달을 이룰 수 있다(Scarr, 1998; Scarr, Phillips, & McCartney, 1990).

우리나라와 같이 탁아소 시설이 부족하거나 탁아소의 기능이 가정에서의 양육의 질에 미치지 못할 때는, 어머니의 취업은 아동들에게 부정적 영향을 주기 쉽다. 물론 낮 시간 동안 어머니 대신 아동을 돌보아 주는 사람에 따라 어머니 취업의 영향은 달라질 것이다.

중요한 것은 어머니의 취업 자체보다 일과 어머니 역할에 대한 여성들의 태도와 행동의 일치 여부이다. 그 증거로서 가정 바깥에서 일하기를 원하는 어머니들이 직업을 가질 때 그리고 가정에 머물기를 원하는 어머니들이 전업주부일 때는 아동들은 어머니로부터 부정적 영향을 받지 않는다. 그러나 어머니가 가정 바깥에서 일하기를 좋아하지만 가정에서 머물 수밖에 없거나, 가정에 머물기를 원하지만 가정 바깥에서 일해야만 할 때, 즉 어머니의 일에 대한 태도와 행동이 불일치할 때 초등학교 입학 이전의 아동들은 보잘것 없는 지적 능력을 지니고 더 낮은 수준의 심리적 안녕감을 경험한다(Farel, 1980).

취업한 어머니들은 아동들에게 역할모델의 기능을 한다. 한 연구에서(Steil, 1997), 직업을 가진 어머니의 딸들은 더 독립적이고 강한 자신감을 지니고 있었다. 또한 아들과 딸 모두 여성에 대해 보다 더 평등주의적 태도를 지니고 있었고 여성을 더 유능한 존재로 인식하였으며 성역할에 대한 더 적은 고정관념을 나타내었다.

특히 아들보다는 딸들이 어머니의 취업에 의해 더 긍정적 영향을 받는다. 취업한 어머니의 딸들이 어른이 되었을 때, 그들은 자율적이고 독립적이었으며 높은 포부수준과 직업목표를 갖는 성취지향적 여성으로 성장하였다(Betz & Fitzgerald, 1987). 딸들은 어머니를 역할모델로 하여 보다 더 성취지향적 여성으로 성장할 수 있었다.

3. 여성의 취업을 방해하는 요인들

여성의 직업선택과 직업생애에 대한 만족은 남성의 그것과 상이하게 많은 장애에 부딪힌다. 여기서는 취업한 여성들이 경험하는 장애의 원인을 개인적 요인과 사회적 요인으로 나누어서 고찰하기로 한다.

1) 개인적 요인들

(1) 제한된 기대

여성들이 갖는 직업에 대한 낮은 기대가 여성의 취업을 방해한다. 실험실 실험에서 여성들은 남성들과 동등한 혹은 더 우수한 수행을 하고 있을 때도 자신을 남성들보다 낮게 평가한다(Jost, 1997). 놀랍게도 남성들보다 사회적으로 더 높은 지위에 있고 실제로 그들이 유능할 때에도, 여성들은 끊임없이 자신이 높은 지위에 있을 수 있는가에 대해 의문을 제기한다.

왜 여성들은 남성들보다 자신의 직업생애에 대해 더 낮은 기대를 갖는가? 그 이유는 가정과 사회가 남녀를 다르게 사회화하였기 때문이다. 제5장에서 이미 논의한 것처럼 초등학교 소녀들이 원하는 직업은 극히 제한되어 있어 전통적인 여성 성역할과 일치하는 간호사나 교사 혹은 가정주부가 대부분이다. 많은 여성들은 그들이 자신의 인생을 주도적으로 선택할 수 있다거나 직업을 통하여 그들이 원하는 것을 얻을 수 있다고 생각하지 않는다.

직업에 대한 여성들의 낮은 기대는 여성들이 사회적 장애들을 잘 인식하고 있는 데 기인하기도 한다. 직업기회의 제한과 낮은 보수 그리고 낮은 승진기회, 직장에서의 성희롱과 같은 문제들은 여성들의 직업열망을 포기하게 할 수도 있다. 동시에 사회가 직업인으로서 성공한 여성모델을 제시하지 못하는 것도 여성들의 직업에 대한 기대를 낮추는 역할을 한다. 간호사나 교사를 제외하고는 전문직업 여성을 위한 역할모델을 거의 갖지 못한 여성들이 직업인으로서의 어떤 대안을 모색한다는 것은 어려운 일이다 (England & McCreary, 1987).

(2) 성취동기

성취동기(achievement motivation)란 개인의 수행에 대한 평가가 중요시될 때, 정력적이고 지속적이며 목표지향적 행동으로 유도하는 내적 각성 상태이다. 높은 성취동기를 지니고 있는 개인들은 다른 사람들보다 우수하고 성공하기 위해 적극적으로 노력한다. 개인의 성취동기는 마라톤의 달리기에서부터 맛있는 음식을 조리하는 것까지 일상생활의 모든 활동에서 발휘될 수 있다.

전통적으로 개인의 성취동기는 TAT(Thematic Apperception Test: 주제통각검사)에 의해 측정된다. 30매의 카드로 구성되어 있는 TAT는 투사적 성격검사로서 애매한 자극에 대한 피검사자의 반응을 분석함으로써 외부적으로 드러나지 않는 각 개인의 고유한 성격을 추리해 낼 수 있다. TAT를 사용한 초기의 연구들은 남성들의 성취행동에만 관심이 있었을 뿐 여성들의 성취동기는 남성들의 그것보다 당연히 낮을 것으로 가정하였다. 따라

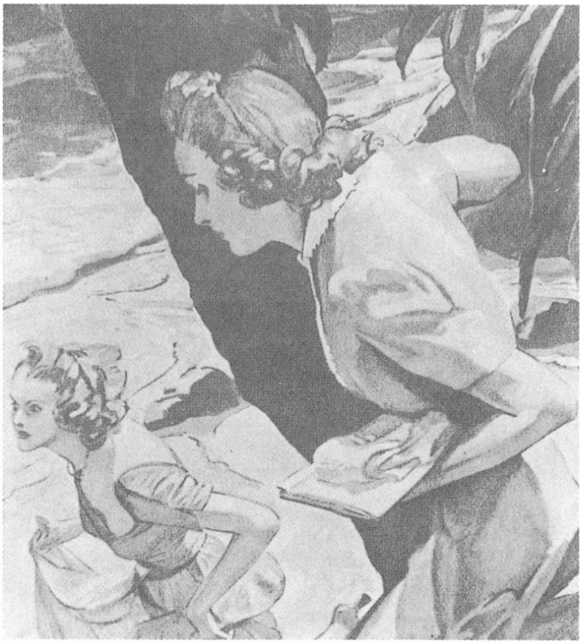

TAT 카드의 예

서 TAT결과로 나타난 여성들의 낮은 성취동기 점수는 당연시되었고 연구자들의 관심의 대상이 되지 못하였다.

그러나 후속연구자들은 여성들의 낮은 성취동기는 투사검사 자체의 문제점에 기인한 결과라고 주장한다. 그 증거로서 여성과 남성 모두 남성이 포함된 그림카드에 대해 더 많이 성취관련적 이야기를 만들어 내는 경향이 있었다. 아마도 남녀 모두 성취와 성공을 남성적인 것으로 생각하고 있기 때문일 것이다.

투사검사의 문제점을 보완하기 위하여 헬럼라이히와 스펜스(Helmreich & Spence, 1978)는 도전과 성취를 좋아하는, 열심히 일하기를 좋아하는 그리고 경쟁을 즐기는의 세 가지 차원으로 구성되는 객관적 성취동기검사(The Work and Orientation Questionnaire)를 제작하였다. 객관적 성취동기검사를 사용하였을 때 남녀 모두 도구적(instrumental) 성향을 지니는 사람들이 모든 차원에서 높은 점수를 얻어, 여성과 남성의 차이는 성취동기 수준에 있는 것이 아니라 개인이 지니고 있는 성역할 정체감에 있다는 것이 밝혀졌다.

오늘날의 성취동기 연구자들은 여성과 남성이 유사한 수준의 성취동기를 지니고 있다는 것을 인정한다. 연구자들에 의하면, 아무리 유사한 수준의 성취동기를 지니고 있다고 할지라도, 성역할 사회화 과정은 성취동기가 표현되는 방식을 변화시킨다. 사람들은 성취동기를 표현하는 방식에서의 남녀 차이를 마치 성취동기 수준에 차이가 있는 것처럼 생각한다. 어머니 역할을 그들의 궁극적 실현으로 학습한 여성들이 그들의 직업역할에서 어떻게 남성들보다 더 높은 성취동기를 발휘할 수 있겠는가?

취업한 여성들이 경험하는 장애요인으로 여성들의 성공공포를 제안하는 연구자들이 있다. 성공공포란 6장에서도 설명한 것처럼, 성취지향적 상황에서 유발되는 부가적 동기로서 성공하기를 두려워하고 성취하기 위한 노력을 하지 않는 증상을 의미한다. 초기 연구자들(Shapiro, 1979; Horner, 1972)은 여성들에게 있어서 성공이나 성취는 여성성의 상실과 사회적 거부 및 불행과 연합되기 때문에 여성들은 남성들보다 더 높은 수준의 성공공포를 갖는다고 주장하였다. 그러나 20대부터 80대까지의 여성들을 대상으로 면접한 결과(Paludi & Frankell-Hauser, 1986), 여성들의 91%가 성공하려는 상황에서 성공공포를 경험한 일이 없다고 대답하였다. 흥미롭게도 여성들의 96%는 그들의 성취가 자신과 가족에게 가치 있는 일인가 아닌가를 생각하였다고 응답하였다.

(3) 중다역할

우리 모두는 많은 상이한 역할들을 동시에 수행한다. 우리 각각은 부모의 딸이거나 아들이며 타인의 친구인 동시에 어떤 직업의 근로자이다. 또한 우리는 각자의 발달단계와 개인적 선택에 따라 결혼관계의 배우자, 부모 그리고 조부모의 역할을 수행한다. 특히 결혼한 직업여성들은 직업역할과 가족역할을 동시에 수행해야 하므로 중다의 역할요구로 고통을 겪는다. 사회는 직업에서의 일과 가족역할을 분리시키려고 노력하지만, 그 둘은 서로서로에게 영향을 준다. 직업역할과 가족역할은 한 요인이 다른 요인에 영향을 주는, 하나의 체계로 이해될 수 있을 정도로 밀접하게 연결되어 있다.

결혼한 여성과 남성이 가족역할과 직업역할을 동시에 수행할 때, 중다역할의 문제는 거의 전적으로 여성의 문제로 인식된다. 그 이유는 가족부

양자로서의 남성의 가족책임은 직업과 조화될 수 있으나, 자녀의 부모이고 정서적 양육자인 동시에 주부인 여성의 역할은 직업인의 역할과 조화되기 어렵다고 생각되기 때문이다.

여성들에게 있어서 임금 받지 않는 일과 임금 받는 일의 조합은 역할갈등(role conflict)과 역할과부하(role overlord)를 불러일으킨다. 역할갈등이 두 개 혹은 그 이상의 양립불가능한 기대에 직면하게 될 때 개인이 경험하는 심리적 영향을 의미한다면, 역할과부하는 이 기대를 충족시키는 것의 어려움을 기술한다.

어머니역할과 근로자역할은 실제로 양립불가능하므로 취업한 주부들이 역할갈등을 해결할 수 있는 방법을 찾는다는 것은 쉬운 일이 아니다. 많은 직업 가진 여성들은 죄책감이나 불안감을 느끼고 자주 우울해한다. 그들은 역할과부하에 기인된 피로감으로 자주 짜증을 내며 질병에 대한 저항력의 약화로 고생한다.

전업주부와 비교했을 때, 다양한 직업의 결혼한 여성 근로자들은 매일의 생활에서 짜증과 좌절적 혼란을 겪는다(Alpert & Culbertson, 1987). 또한 의사나 법관 혹은 교수와 같은 전문직업을 갖는 여성들의 대다수도 예외 없이 직업역할과 가족역할 사이에서 긴장과 갈등을 경험한다(Gray, 1983). 한국의 결혼한 여성 대학교원을 대상으로 연구한 유희정과 이재경(1990)의 연구에서도 가정생활이 직업활동에 제한을 준다는 응답(36.4%)이 도움을 준다는 응답(10.4%)보다 훨씬 더 많았다. 이와 같은 결과는 여성들이 가정생활과 직업활동의 양립을 위해 어려움을 겪고 있음을 나타낸다. 따라서 역할갈등과 역할과부하는 취업한 여성 대다수가 그들의 생활의 일부로서 경험하고 있는 불가피한 현실이라고 볼 수 있다.

그렇다고 해서 중다의 역할요구가 취업한 여성들에게 어려움만 불러일으키는 것은 아니다. 앞에서 이미 설명한 것처럼, 많은 연구들은 일하는 여성들이 가정주부의 역할만 수행하는 여성들보다 더 적은 심리적 문제를 갖는다고 보고한다. 또한 취업한 주부들은 전업주부들보다 가정 내에서 더 큰 힘을 갖고 더 높은 자기존중감을 지니는 경향이 있다. 특히 행복한 가정생활을 하고 있는 여성들은 더 적은 직업긴장을 경험하고 더 성공적인 직업역할을 수행할 수 있다(Pietromonaco 등, 1986).

그러나 문제는 중다의 역할수행이 주는 이점을 연구한 대부분의 연구들이 전문직 여성들을 대상으로 연구하였다는 것이다. 그들은 처음부터 잘 적응할 수 있었던 사람들이기 때문에 중다의 역할을 선택했을 가능성이 있다. 동시에 전문직업을 갖는 여성들의 남편이나 다른 가족구성원들이 기꺼이 가사일을 분담해 주기 때문에 심각한 역할갈등의 문제가 일어나지 않을지도 모른다.

사회적으로 낮은 지위의 직업을 갖는 많은 결혼한 여성들은 소모증후군(burnout syndrome)으로 고통을 겪는다. 소모증후군이란 과중한 역할요구에 기인된 극단적인 정서적, 신체적 피로증후군으로 어머니역할과 직업역할을 동시에 수행하는 여성들에게서 발견되는 대표적 증상이다.

2) 사회적 요인들

사회는 직업선택이 성별에 따라 이루어질 수 있도록 함으로써 구조적으로 여성들의 취업을 방해한다. 직업세계에서의 성차별주의는 때로는 명백한 방식으로, 때로는 미묘한 방식으로 여성들의 취업에 불리하게 작용한다. 여기서는 직업세계의 다양한 성차별적 상황을 살펴보기로 한다.

(1) 고용과 승진에서의 성차별

남성과 동등한 자격을 갖춘 여성들이 고용될 가능성은 남성들보다 더 적을 뿐 아니라 고용된다고 할지라도 더 낮은 수준의 봉급을 받는다는 것은 널리 알려진 일이다. 사회는 여성의 수행을 단지 여성이라는 이유만으로 평가절하하기 때문에, 여성들은 남성들보다 더 낮은 지위의 직업을 갖고 그들이 승진할 수 있는 가능성도 훨씬 적다.

고용에서의 성차별에 관한 고전적 연구(Fidell, 1970)는 심리학자 자신들을 연구대상자로 사용하였다. 심리학과 학과장들에게 신청자의 성을 제외하고 동등한 조건을 갖춘 임용서류들을 제시하고 그들을 심리학과 교수로 채용할 것인가의 여부를 평가하게 하였다. 임용서류의 인물이 여성 심리학자라고 생각될 때, "그녀는" 덜 바람직하게 평정되었고 남성일 경우보다 더 낮은 지위에 적합하다는 평가를 받았다.

고용과 승진에서의 성차별은 보통 다음과 같은 세 가지 조건하에서 많이 일어난다(Crawford & Unger, 2000).

첫째, 상황이 모호할 때, 다시 말하면 개인을 평가할 때 구체적 정보가 거의 활용될 수 없을 때 — 성역할 고정관념에 의존한 판단이 이루어지기 쉽다.

둘째, 전통적으로 여성에게 적합한 직업이나 남성에게 적합한 직업과 같이 성역할 고정관념과 일치하는 직업일 때 — 직업세계에는 남성 성유형화된 직업이 훨씬 더 많기 때문에, 성역할 적절성에 기초된 차별은 여성들에게 더 많이 일어난다.

셋째, 고용주가 성역할 고정관념을 지니고 있거나 조직상의 분위기가 성차별을 조장할 때

일반적으로 사람들은 그들이 소속한 집단이 차별받고 있다는 것을 알 때에도, 그들 자신만은 결코 차별의 대상이 아니라고 믿는 경향이 있다. 여성들은 자주 성편견이나 성차별이 그들 자신에게 영향을 준다는 사실을 부정함으로써(Crosby 등, 1989), 성차별이 지속되는 것을 돕는 역할을 한다.

(2) 유능한 여성에 대한 사회적 거부

일반적으로 여성의 성공은 행운이나 노력에 귀인되는 반면, 남성의 성공은 그들이 갖는 능력의 결과로 인식된다. 다시 말하면 남녀가 동등하게 유능할 때조차도 여성들은 남성들보다 덜 유능하다고 판단된다. 남녀 대학생들에게 동일한 법정 심문과 논고를 하는 여성 검사와 남성 검사의 녹음테이프를 들려주었을 때, 남학생들은 물론 여학생들까지도 여성 검사를 남성 검사보다 더 보잘것 없다고 평가하였다(Hodson & Pryor, 1984). 그들은 남성 검사를 여성 검사들보다 더 지적이고 더 많은 능력을 지니고 있으며 더 숙련되고 경험 많은 전문가로 평가하고 여성 검사들보다 더 친절하다고 판단하였다.

또한 여성들이 유능하다는 평가를 받을 때조차도 여성들은 다양한 불이익을 당한다. 남녀 모두 집단구성원으로서 유능한 여성을 제외시키려고 하고 가능하면 유능하지 않은 여성들을 포함시키려고 한다. 여성이 유능하고 직업생애를 지향하며 경쟁적으로 행동하면서 전통적인 여성적 행동을 거부할 때, 작업 파트너로서 매력이 없다는 평가를 받기 쉽다. 특히 자기주장적이고 직설적으로 이야기하는 여성들은 자기주장적인 남성들만큼 유능하다고 판단되기는 하지만, 호감을 느끼기 어려운 상대로 분류된다(Gervasio & Crawford, 1989). 남녀를 불문하고 사람들은 유능한 여성을 거

부하고 여성이 무능할 때 오히려 더 편안하다고 느낀다.

(3) 성 희 롱

직업을 가진 많은 여성들은 직장 내의 성희롱으로 고통을 받고 있다. 성희롱(sexual harassment)이란 여성측이 원하지 않는 신체접촉이나 음담패설 혹은 섹스행위의 요구 등을 의미한다. 그러므로 음란하고 외설적인 농담이나 제스처에서부터 손을 잡거나 꼬집기, 껴안기, 애무하기 그리고 강간까지 성희롱의 범위는 대단히 광범위하다. 성희롱자가 직장의 상사일 때, 해고시키겠다는 위협까지도 성희롱에 포함될 수 있다.

지금까지 성희롱은 여성의 연령과 상관 없이 어떤 종류의 직업에서나 일어날 수 있었다. 물론 젊은 여성들이 늙은 여성들보다 그리고 배우자가 없는 여성들이 배우자가 있는 여성들보다 성희롱의 대상이 될 가능성은 더 많았다. 성희롱의 경험은 여성의 자기존중감을 저하시키고 자기비난에 빠지게 하며 사회적 관계를 손상시킬 뿐 아니라 삶에 대한 전반적 만족감까지도 감소시키는 역할을 한다(Maypole, 1986). 성희롱의 가해자는 보통 직장의 상사나 감독자, 동료 근로자 혹은 고객들로 구성된다.

직장 내에서 성희롱은 여성의 낮은 지위의 반영으로 인식된다. 남성들은 일터에서 더 높은 지위에 있고, 더 큰 권위와 물리적 힘을 지니고 있으므로 여성들에게 성적 행동을 강요하기 쉽다. 일반적으로 남성들은 성희롱을 사소한 문제라고 주장하고 여성들이 그와 같은 행동을 초래한 장본인이라는 논리를 펴면서 남성들은 책임이 없다고 큰소리친다. 더욱이 회사의 책임자들은 고용인의 성생활은 개인적 문제이므로 회사가 개입할 일이 아니라고 주장함으로써 성희롱을 조장하는 역할을 하였다.

그러나 최근의 성희롱에 대한 사회적 관심과 처벌조항의 제정은 성희롱의 근절을 가져올 것으로 기대한다. 각 직장에서는 사내교육을 통하여 성희롱은 허용되지 않는다는 것을 분명히 하고 직원들을 교육함으로써 그리고 성희롱자를 처벌함으로써 성희롱을 감소시킬 수 있다. 그러나 무엇보다 중요한 사람은 여성 자신들이다. 여성들이 다른 여성들과 힘을 합쳐 성희롱의 경험들을 공개하고 성희롱이 허용될 수 없다는 메시지를 분명히 전달할 수 있을 때 직장 내의 성희롱은 근절될 수 있을 것이다.

4. 여성의 직업성공에 영향을 주는 요인들

현재까지 그 수가 그렇게 많지는 않지만, 개인적 그리고 사회적 장애에도 불구하고 직업세계에서 성공하는 여성들이 있다. 그들은 어떤 특성을 지니고 있을까? 그들은 성차별이 심한 상황에서 성공한 여성들이기 때문에, 그들의 성공은 직업세계에서의 성차별이 타파될 수 있을 것이라는 희망을 갖게 한다. 여성들의 성공과 연합되어 있는 특성들을 정리하면 〈표 9-3〉과 같다.

〈표 9-3〉에서 흥미로운 것은 직업에서 성공한 여성들이 여성들만이 모여 있는 여자중고등학교와 여자대학교 출신들이라는 것이다. 여성들만이 모여 있는 학교는 소녀들에게 바람직한 역할모델을 제시하고 지도자의 자질을 발휘할 기회는 물론 여성중심의 학습환경을 제공할 수 있을 것이다. 또한 이러한 여성들은 성취의 모델이 될 수 있는 취업한 어머니를 가지고 있었고 아버지들은 딸의 성취를 지원하고 격려하였다.

높은 성취를 이루는 여성들의 성격과 가치관은 비전통적 혹은 탈전통적으로, 독립적이고 자기주장적이며 합리적 특성을 지니고 있다. 그들은 우리 사회에서 남성적 특성으로 인식되는 높은 수준의 자기존중감과 여성

〈표 9-3〉 직업세계에서의 여성의 성공과 관련된 요인들

개인적 요인들	배경요인들
높은 능력 성역할 고정관념에 구애받지 않는 성역할 정체감 도구성 양성적 성격 높은 자기존중감 강한 학구적 자기개념	취업한 어머니 지원적인 아버지 높은 교육을 받은 부모 여성역할 모델 청년기 동안의 일(아르바이트) 경험 양성적 양육
교육적 요인들	**성인의 생활양식 요인들**
더 높은 교육수준 수학과목에 대한 계속적인 관심과 흥미 여자 중고등학교와 여자대학교 졸업	늦은 결혼이나 독신 자녀가 없거나 적은 수의 자녀

출처: Betz & Fitzgerald, 1987.

의 역할에 대한 자유주의적, 진보적 가치관을 지니고 있다. 그렇다고 해서 이 여성들이 사회적 성공을 위해 그들의 여성성을 희생시키는 공격적 여성들이라는 것은 아니다. 그들은 온정적, 표현적 그리고 양육적인 여성적 특성도 함께 지니고 있었다.

그러나 사회적으로 성공한 모든 여성들이 〈표 9-3〉과 동일한 특성을 갖는 것은 아니다. 어떤 여성들은 그들 중의 일부 특성만을 지니고 있고 또 어떤 여성들은 그들 중의 다른 특성들을 갖기도 한다. 문제는 이러한 특성들이 성공한 여성들에게 성공의 원인을 추정해 보도록 하는, 소위 회고적 연구(retrospective research)를 통하여 확인되었다는 것이다. 그들은 실제로 직업에서 요구하는 일을 성공적으로 수행한 결과로 높은 자기존중감과 독립성, 자기주장성 그리고 높은 성취동기를 발달시킬 수도 있었을 것이므로, 회고적 연구결과를 바탕으로 여성의 직업성공을 가능하게 한 요인을 찾는 것은 한계가 있다.

[10 장]

중년기와 그 이후의 변화

[10장] 중년기와 그 이후의 변화

생물학적 그리고 사회적 의미로서의 노화를 설명하고 중년기와 그 이후의 역할변화를 논의한다. 성별과 함께 연령은 남녀 불평등의 근원이므로 노화가 남성과 여성에게 주는 영향에 대한 설명도 포함되어 있다. 또한 중년기나 노년기에 홀로 된 여성들의 가난문제를 조명함으로써 중년기 이후의 남녀의 삶이 얼마나 다르게 전개될 수 있는가에 대한 이해를 높일 수 있도록 하였다.

중년기와 그 이후의 변화

제10장 중년기와 그 이후의 변화

모든 사람은 중년기를 통과하여야 한다. 연구자에 따라 중년기를 40세부터 60세까지로 규정하기도 하고 또한 45세부터 65세까지를 중년기로 구분하는 연구자들도 있다. 어떻게 구분하든 모든 사람들은 중년기를 거쳐 노인이 된다. 그러나 중년기는 20세기에 새롭게 규정된 발달단계이기 때문에 이 시기에 대한 연구는 그렇게 많지 않다.

문제는 여성들이 남성들보다 중년기에 의해 더 큰 영향을 받는다는 것이다. 중년의 남녀 모두 젊음을 되찾거나 유지할 수 있는 신비한 약품광고의 주 대상들이기는 하지만, 여성의 외모는 사회적 성공을 위해 더 중요시되기 때문에 그리고 여성이 남성보다 더 빨리 노화하기 때문에, 여성들은 중년기 변화의 영향을 더 크게 받는다.

여성들은 50세와 60세 사이의 어떤 시점에서 갑자기 노화가 가속화됨을 자각한다. 어떤 심리학자는 이러한 현상을 '중년후기의 놀람'(late midlife astonishment)이라고 명명하기도 하였다(Pearlman, 1993). 이제 젊음을 되돌린다는 것이 불가능함을 인식한 여성들은 작업장에서 차별당하고 배우자나 파트너로부터 버림받지 않을까 두려워한다. 이로 인해 그들은 자기존중감을 상실하고 수치심과 매사에 높은 취약성을 나타내면서 위축된다.

이와 같이 노화는 여성과 남성들에게 서로 다른 의미로 해석된다. 성별과 같이 연령은 사회적 분류체계인 동시에 자원에의 접근을 조직하는 체계이기 때문에, 사회적 힘이나 지위 혹은 기회에서의 차이와 연결된다.

따라서 연령은 남녀 불평등의 근원일 정도로 사람들에게 생물학적 실제 이상의 영향을 준다. 다시 말하면 연령은 생물학적 의미를 초월하여 사회적 의미를 갖는다는 것이다.

이 절에서는 여성에게 있어서의 노화의 생물학적 및 사회적 의미를 검토하고 중년기와 노년기 여성들이 겪는 변화를 논의한다.

Ⅰ. 생물학적 변화로서의 노화

남성들이 그들의 역할에 의해 정의되는 것과는 대조적으로 여성들은 자주 그들의 생식기능에 의해 정의된다. 따라서 초경과 임신 그리고 갱년기와 같은 생물학적 사건들은 여성의 발달을 결정하는 중요한 요인으로 인식된다. 특히 월경의 종결을 의미하는 폐경은 여성들에게 있어서 노화의 지표로 간주된다.

그러나 생물학적 사건에 대한 지나친 관심은 여성의 인생에서 일어나는 다른 심리적 사건이나 사회적 사건을 무시하도록 만든다. 중년기의 여성과 남성들은 노화에 기인된 심리적 문제를 처리해야 하는 어려움에 직면해 있는 데도, 중년기 여성에 대한 연구들은 성인역할의 단지 한 측면인 여성의 생식능력의 상실과 자녀의 떠남에 대해서만 관심을 갖는다. 남성들에게 폐경기와 같은 사건은 존재하지 않기 때문에, 노화하는 신체의 문제로 남성들을 연구하는 일은 거의 없다. 따라서 남녀의 생물학적 차이에 대한 과도한 관심은 여성과 남성의 차이를 지나치게 과장할 가능성이 있다.

1. 의학적 의미로서의 폐경기

월경의 종결 혹은 수정 능력의 끝을 의미하는 폐경기(menopause)는 중년기 여성의 행동을 설명하기 위하여 광범위하게 활용된다. 중년기에서부터 노년기까지의 전체적 노화과정을 기술하는 갱년기(climacteric)라는 용어가 있으나 여성들에게는 폐경기라는 용어가 압도적으로 더 많이 사용된다.

폐경기는 여성의 난소에서 분비되는 여성호르몬인 에스트로겐(estrogen)과 프로게스테론(progesterone)의 감소에 의해 생물학적으로 야기되는 인생단계로 점진적으로 진행된다. 즉 무배란의 주기(난자가 방출되지 않는 동안의 주기)가 증가하고 월경기간의 길이가 감소한다. 이와 함께 월경 시의 출혈량이 감소하고 월경주기가 불규칙해진다. 여성이 1년 동안 월경을 하지 않을 때 우리는 폐경이라고 이야기한다.

폐경기의 평균연령은 약 50세로서 전세계의 대부분의 여성들은 45세와 55세 사이에 폐경을 경험한다. 구병삼과 민부기(1986)의 조사에서 한국 여성들의 평균 폐경연령은 47.6세였으며 장희경과 한용봉(2002)의 연구에서는 50.17세였다. 개인의 영양이나 건강상태 혹은 문화적 차이에도 불구하고, 전세계의 여성들은 대단히 유사한 연령에서 폐경기를 경험한다. 초경연령의 저하현상과는 대조적으로 폐경연령은 거의 일정하게 유지되는 특성을 지니고 있다. 이와 같은 사실은 폐경기가 순수하게 생물학적 현상이라는 것을 의미한다.

1) 폐경기 증상들

모든 여성들에게서 발견되는 유일한 폐경기의 증상은 월경의 종결이다. 그러나 일부의 여성들은 소위 폐경기 증후군(menopausal syndrome)으로 고통을 겪는다. 즉 전신열감, 많은 땀, 두통, 체중증가, 질벽이 얇아지고 건조해짐, 화를 잘 내고 성급함 및 골다공증 등이 대표적인 폐경기 증상들이다. 이 모든 증상들이 난소 호르몬의 감소에 그 원인이 있기는 하지만, 호르몬의 양과 증상의 수 혹은 증상의 격렬함간에는 상관이 없다(Unger & Crawford, 1992).

폐경기 증상들 중 가장 일관성 있게 발견되는 증상은 전신열감이다. 전신열감은 얼굴이 화끈 달아오르고 땀이 나며 사지의 체온이 측정가능한 정도로 상승하는 증상을 나타내며 수분 동안 지속된다. 전신열감은 때로 극심한 피로감과 에너지의 상실을 초래하기 때문에 우울증으로 잘못 진단되기도 한다(Voda, 1997).

연구자들은 대뇌 시상하부의 체온조절 중추에 영향을 주는 에스트로겐의 감소에 의해 전신열감이 초래된다고 주장하나, 전신열감이 호르몬에 의해 완전히 통제된다고 생각되지는 않는다. 그 증거로서 전신열감은 폐경기가 시작되기 1년 전쯤에 시작하여 폐경기 시작 후에 점진적으로 감소하기 때문에 에스트로겐 수준이 결정적 수준까지 감소하기 이전에 일어난다는 것이다. 동시에 호르몬 수준과 전신열감의 횟수나 강도 사이에도 상관이 없다는 연구결과(Gannon, 1985)는 에스트로겐이 전신열감을 가져오는 충분한 조건이 되지 못한다는 것을 의미한다.

더욱 흥미로운 사실은 전신열감으로 수개월 혹은 수년 동안 고생하는 여성들이 있는가 하면, 전혀 그와 같은 증상을 경험하지 않는 여성들도 있다는 것이다. 그 이유는 무엇일까?

크로넨버그(Kronenberg, 1990)는 전신열감은 여성의 취업상태, 사회적 계층, 연령, 결혼 여부, 가사부담의 정도 및 자녀수와는 상관이 없으나 정상체중보다 더 가벼운 체중의 마른 여성들 사이에서 더 높은 비율로 나타난다고 밝혔다. 또한 체온조절 문제나 혈관의 불안정과 같은 문제를 갖는 여성들이 전신열감으로 고통받기 쉽다는 연구결과도 있다(Voda, 1982). 이와 같은 결과는 전신열감은 부분적으로 폐경기 동안의 여성호르몬의 감소에 기인하는 동시에 체중이상이나 다른 신체기관의 이상에 기인될 가능성이 있음을 시사한다.

흥미롭게도 일본의 중년 여성들 중 전신열감으로 고통받는 여성들의 비율은 10% 미만으로 다른 나라 여성들보다 유의하게 낮다. 힐리(Healy, 1995)나 호프(Hope, 1995)같은 연구자들은 일본여성들이 많은 양의 간장을 먹기 때문일 것이라고 제안하였다. 간장단백질은 에스트로겐의 효과를 닮은 식물성 에스트로겐을 포함하고 있다고 추정된다. 현재 간장단백질이 전신열감 외에도 중년 여성들에게 많이 나타나는 골다공증과 유방암 및 심장병을 보호할 수 있는가를 확인하기 위한 연구도 진행되고 있다(Love, 1997).

전신열감에 대한 여성들의 심리적 반응은 당황함이나 난처함이다. 여성들은 다른 사람들이 덥다고 느끼지 않는 상황에서 혼자서만 벌겋게 달아오른 얼굴로 땀을 흘릴 때 당황하지 않을 수 없다. 전신열감은 여성의 생식기관과 관련된 내부 신체기능의 변화를 나타내는 공공연한 표시이므로 여성들을 당황하게 만든다. 또한 전신열감으로 심각한 괴로움을 당하는 10-15%의 여성들은 전신열감이 수반하는 예측불가능성과 통제감의 상실을 가장 고통스러워한다. 전신열감으로 고통받는 여성들은 카페인, 알코올, 탄산음료, 더운 음식 그리고 매운 음식을 먹지 않고 옷을 여러 겹으로 입어서 손쉽게 벗을 수 있도록 하여 전신열감에 대처하는 것도 하나의 방법일 수 있다.

2) 폐경기와 관련된 질병들

(1) 골다공증

골다공증은 골격의 질량이나 뼈의 양에서의 감소에 기인된 질병이다. 많은 사람들은 폐경기가 여성들의 골다공증을 유발하는 일차적 요인이라고 생각하나 폐경기 여성들의 골다공증 발생은 전신열감의 발생률보다 상당히 낮은 빈도로 일어난다.

문제는 에스트로겐의 감소가 골다공증의 발생과 직접적으로 관련되어 있다는 증거가 없다는 것이다. 골다공증으로 고생하는 폐경기 이후의 여성과 골다공증의 증상을 나타내지 않는 동일 연령의 여성들을 비교했을 때, 혈액 내의 에스트로겐 수준에서 차이가 없었다(Edman, 1983). 또한 남녀 모두 약 35세 이후부터 뼈에서의 질량이 감소하기 시작하므로 골격의 질량감소는 여성들에게만 나타나는 현상이 아니라는 것도 에스트로겐의 관련성을 부정하는 중요한 증거이다.

폐경기 여성들의 골다공증 발생은 그들의 에스트로겐 수준보다는 오히려 섭식이나 운동과 상관이 있다. 골다공증의 발생위험은 살찐 여성들보다 식욕부진의 마른 여성들 사이에서 발생될 확률이 5배 정도 더 높고(Gannon, 1985) 사회경제적 수준이 낮은 육체근로자인 여성들은 골다공증을 경험할 가능성이 거의 없다.

특히 운동은 뼈의 질량상실을 막는 역할을 한다. 따라서 성역할 고정관념에 따라 남성들보다 운동을 적게 하는 여성들이 골다공증으로 더 많이 고생할 것이라는 것은 대단히 타당한 추론이다. 개논(Gannon, 1985)의 연구에 의하면, 60대에 직업으로부터 은퇴하는 남성들은 은퇴와 함께 그들의 신체적 활동수준이 감소된 결과로 뼈의 질량에서 급격한 감소를 경험한다. 대조적으로 여성들은 자녀양육에 기인된 신체활동의 감소로 40대에 이미 뼈의 질량을 더 많이 상실하는 차이를 보인다.

최근에 폐경기 여성들이 많이 선호하고 상당수의 의사들이 권장하는, 부족한 여성호르몬을 주입하는 호르몬치료가 폐경기 여성들의 골다공증을 치료할 수 있는가에 대해서는 일치된 연구결과가 없다. 여성호르몬인 에스트로겐이 어떻게 작용하고 그 메커니즘이 무엇인가에 대해 정확하게 알려져 있지 않은 상태이므로 호르몬치료의 효과여부는 논쟁거리로 남아 있다. 분명한 것은 칼슘부족의 식사와 운동부족 그리고 과도하게 적은 체중이 골다공증을 일으키는 중요한 요인들이라는 것이다.

(2) 심장혈관질환

여성호르몬의 감소는 또한 폐경기 여성들의 심장혈관질환의 발병 확률을 증가시킬 것으로 생각된다. 일반적으로 폐경기 이전의 여성들이 심장혈관질환으로 사망하는 일은 거의 없으므로 여성호르몬인 에스트로겐과 여성의 심장혈관질환 사이에 직접적 관련이 있을 것이라는 것이다.

그러나 40대 여성들에서 나타나기 시작하는 심장혈관질환의 높은 발생률은 여성 환자수의 순수한 증가에 기인한 것이 아니라, 심장혈관질환에 의한 남성 사망자 수가 감소한 결과이다. 다시 말하면 유전적으로 치명적인 질환을 갖는 남성 심장병 환자들이 이미 사망한 이후이므로 여성 질환자들의 수가 오히려 많아진 것처럼 보인다는 것이다. 실제로 40-50대의 여성들은 동일연령의 남성들보다 45%정도 더 낮은, 심장혈관질환에 의한 사망률을 나타낸다.

여성호르몬과 심장혈관질환과의 잘못된 연결은 여성들의 건강문제를 그들의 생식기능에 귀인시키는 단적인 예에 해당한다. 생식기능에 대한 지나친 강조는 중요한 사회적 요인이나 문화적 요인들의 영향을 무시하게 할 가능성이 있다. 흡연이 남녀 모두의 심장혈관질환을 유발하는 중요한 요인인데도(Bush, 1990), 여성들의 경우에는 여성호르몬에 대한 잘못된 인식 때문에 흡연의 중요성이 자주 무시된다.

(3) 우 울 증

사람들은 폐경기 여성들이 폐경기 이전의 여성들보다 더 많이 우울증후를 나타낸다고 생각한다. 그러나 폐경기와 우울증 사이에 상관이 있다는 증거를 제시한 연구는 거의 없다. 그럼에도 불구하고 폐경기와 우울증이 서로 관련되어 있다고 생각되는 주된 이유는 폐경기 동안 심리적 문제 때문에 치료를 받는 여성들을 지나치게 강조하는 사회적 분위기 때문이다.

물론 폐경기 클리닉에서 우울증 치료를 받는 여성들이 치료를 받지 않는 여성들보다 더 낮은 에스트로겐 수준을 지니고 있는 것은 사실이다. 그러나 그들의 낮은 에스트로겐 수준은 우울증의 원인이기보다 결과일 가능성이 더 많다(Ballinger, 1990). 왜냐하면 우울증으로 치료를 받고 있는 폐경기 여성들은 클리닉에 오지 않는 동일연령의 여성들보다 일상생활에서 더 많은 긴장을 경험하고 있으나 그 긴장들을 잘 처리하지 못하였을 뿐 아니라 폐경기 이전에 이미 우울증후를 지니고 있었기 때문이다.

폐경후 여성들이 겪는 심리적 증후들은 이 시기에 일어나는 여러 가지 변화에 대한 적응문제의 일환일 수 있다. 그 이유는 자신이 늙어가고 있다고 생각하고 자녀양육이 끝났으므로 더 이상 할 일이 없다는 생각은 우울이나 불안을 초래할 수 있기 때문이다. 여성의 중요한 역할을 자녀를 낳고 양육하는 일이라고 생각하는 여성들 사이에서 우울증이 빈번하게 발생한다는 사실이 이러한 주장을 뒷받침한다. 실제로 자녀가 없는 여성들보다 많은 수의 자녀를 갖는 여성들이 폐경에 대해 더 긍정적 태도를 지니고 있었다(Wilbur, Miller, & Montgomery, 1995).

3) 호르몬 치료

의사들은 중년기 여성들이 어떤 증상을 갖든 그들의 건강문제를 노화하는 생식기능에 귀인시키려고 한다. 특히 의학적 처치를 필요로 하는 10-30% 정도의 폐경기 여성들만을 만날 수 있는 의사와 간호사들은 폐경기 증후를 심각한 병리적 증상으로 보는 경향이 있다(Cowan, Warren, & Young, 1985). 이와 같이 여성의 생식체계가 질병과 무능력의 근원으로 인식될 때, 중년기의 정상적 변화까지도 의학적 처치를 필요로 한다고 생각되기 쉽다.

최근에 유행하고 있는 에스트로겐 대체요법(estrogen replacement therapy)은 부족한 에스트로겐을 보충하는 방법으로, 그것의 효과나 부작용에 대해 논쟁의 여지가 많은 데도 많은 여성들에게 실시되고 있다. 폐경기 증후로 고통받는 여성들은 에스트로겐 대체요법이 폐경기의 모든 증상을 완화시켜 줄 수 있을 것으로 잘못 생각한다. 현재까지 밝혀진 결과에 의하면, 에스트로겐 대체요법은 전신열감과 질의 얇아짐을 처치하는 데는 도움이 되나 골다공증이나 심장혈관질환을 완화시킬 수 있는가는 분명하지 않다. 또한 불안이나 성급함 혹은 신경과민의 증상을 갖는 여성들에게 에스트로겐의 투여는 효과가 없었다.

1960년대 초기에 시작된 에스트로겐 대체요법은 최근에 와서 폐경기 여성들의 젊음을 영속시킬 수 있는 치료기법으로 여성들 사이에서 인기를 얻고 있다. "영원히 여성적"일 수 있기를 원하는 많은 여성들은 에스트로겐 보충치료에 의해 폐경기 증상들이 치료될 수 있기를 기대한다.

그러나 1960년대에 사용된 에스트로겐 대체요법은 자궁암의 발병을 증가시켰으나 1970년대에 들어와서 프로게스테론을 함께 투여함으로써 자궁암 발병가능성을 낮출 수 있었다. 현재에도 유방암 발생가능성은 여전히 높다. 또한 흡연하는 여성들은 물론 당뇨병, 고혈압, 그리고 콜레스테롤 수치가 높은 여성들에게는 투여하지 않는 것이 바람직하다(Voda, 1997). 실제로 에스트로겐 보충이 필요한 여성들은 일찍 수술로 자궁을 제거한 여성들이다. 이 여성들에게 에스트로겐은 전신열감은 물론 골다공증을 예방하는 효과가 있었다.

다행스러운 것은 폐경기 여성의 약 70-90%는 충분한 정도의 에스트로겐 수준을 유지하고 있어, 치료를 요하는 폐경기 여성들이 많지 않다는 것이다. 사람은 누구나 노화하고 폐경기는 노화의 정상적인 하나의 과정에 해당하므로 폐경기를 의학적 치료의 대상으로보다는 정상적 발달과정으로 인식하는 것이 무엇보다 중요한 일이다.

2. 폐경기와 관련된 요인들

중년기 여성들의 약 70% 이상이 의학적 처치를 필요로 하지 않는다는 사실만으로도 폐경기의 부정적 영향이 과장되어 있음을 짐작할 수 있다. 많은 중년여성들은 폐경기를 그들의 인생에서 그렇게 중요한 사건으로 인식하지 않는다. 단지 약간의 불쾌감이나 통증을 경험하고 이제 자신이 노화하고 있음을 자각하는 정도의 반응을 나타낼 뿐이다. 마틴(Martin, 1987)에 의하면, 여성들은 폐경과 함께 월경기간 동안 경험했던 불쾌감으로부터 벗어날 수 있고 임신의 공포로부터 자유로울 수 있다고 오히려 기뻐하였다.

그러나 중년 여성들의 폐경기에 대한 반응은 개인에 따라, 계층과 연령에 따라 그리고 문화적 맥락에 따라 약간의 차이를 나타낸다.

1) 폐경기 반응에서의 개인차

약 20-30% 정도의 여성들이 폐경기 동안 심각한 정서적 어려움을 겪는다. 그러나 우리는 어떤 여성들이 어려움을 겪을 것이고 어떤 여성들이 큰 어려움 없이 폐경기를 거쳐갈 것인가를 알지 못한다. 일반적으로 폐경기 이전에 낮은 자기존중감을 갖고 삶에 대해 큰 불만족을 느끼고 있었던 여성들이 폐경기 동안 더 큰 어려움을 겪는다(Bart & Grossman, 1978).

또한 폐경기 증후는 여성의 교육수준이나 사회경제적 지위와 높은 상관이 있다. 교육 정도가 높은 서구의 중상류계층 여성들은 폐경기를 새로운 역할을 탐색하기 위한 시간과 자원의 여유를 얻을 수 있는 시기로 생각한다(Perlmutter & Bart, 1982). 그들은 이제 힘든 자녀 양육에서 벗어날 수 있고 더 이상 그들의 신체적 상태에 얽매이지 않아도 되기 때문에 폐경기의 변화들을 부정적으로 받아들이지 않는다. 그들에게 폐경기는 오히려 새로운 역할의 시작을 의미한다.

특히 직업을 가진 중상류계층의 여성들은 폐경기 변화에 의해 영향을 받지 않으며 그들은 폐경기 이전보다 더 직업지향적인 특성을 나타낸다. 그러나 근로자계층의 여성들은 중상류계층의 여성들보다 신체적으로 더 힘이 들고 사회적으로 더 적은 보상을 받는 직업에 종사하므로, 폐경에 기인된 여러 가지 신체증상들은 그들의 직업과 연결되어 더 큰 부정적 영향을 준다.

또한 50세 이상의 여성들이 더 젊은 여성들보다 폐경에 대해 더 긍정적 태도를 지니고 있었다(Fox-Young 등, 1995). 폐경기에 도달하지 않은 여성들이 폐경기에 도달했거나 이미 폐경기를 경험한 여성들보다 폐경기를 더 부정적으로 지각함으로써 연령차이를 나타내었다. 초경을 경험하지 않은 여성들이 초경을 경험한 여성들보다 초경을 더 부정적으로 지각하는 것과 동일하게, 폐경기를 경험하지 않은 여성들이 부정적 정서상태와 폐경기를 더 많이 연결지었다.

그러나 무엇보다 중요한 것은 폐경을 수용하는 여성 자신들의 태도이다. 폐경에 대한 부정적인 태도를 갖는 여성들일수록 신체적, 정신적 증상을 더 많이 경험한다(Groeneveld 등, 1993). 그러므로 사회는 여성들이 폐경에 대한 긍정적 태도를 가질 수 있도록 도울 수 있는 다양한 프로그램들을 개발해야 할 것이다.

2) 폐경기와 문화적 맥락

어느 사회의 여성들이나 폐경기를 거쳐가지만 노화하는 여성에 대한 반응은 문화에 따라 차이가 있다. 일반적으로 젊음과 성적 매력에 높은 가치를 부여하고 월경금기가 많은 사회일수록 폐경기 여성들의 사회적 지위는 젊은 여성들보다 더 낮다.

비록 오래된 연구결과이기는 하지만, 〈표 10-1〉은 폐경기 이후 여성의 사회적 지위와 관련된 가족구조나 문화적 특성들을 제시한다. 확대가족체계를 갖는 전통적 사회일수록 폐경기 이후에 여성들의 사회적 지위가 높아지고 있음을 알 수 있다. 카이저(Kaiser, 1990)도 비서구사회의 여성들은 폐경기 이후에 더 높은 사회적 지위를 얻고 우울증이나 다른 심리적 문제를 나타낼 가능성이 적다고 지적하였다.

전통적 사회의 여성들은 폐경기 이후에 가정 내의 연장자로서 대우를 받고 지혜의 원천으로 그리고 인생의 경험자로서 기능한다. 그들은 이제 전통적인 남성 성역할 영역에도 참여할 수 있다. 그 예로서 조선시대의 한국여성들은 폐경기 이후에 오히려 그들의 사회적 지위가 높아져 집안의 어른으로서의 대우를 받을 수 있었다.

웅거와 크로포드(Unger & Crawford, 1992)에 의하면, 가장 현대적 하위문화집단과 가장 전통적 하위문화집단의 여성들이 중년기 동안 가장 큰 심리적 안녕감(the feeling of psychological wellbeing)을 경험한다. 그 이유

〈표 10-1〉 폐경기 이후 여성의 사회적 지위의 증가 및 감소와 관련된 요인들

사회적 지위의 증가	사회적 지위의 감소
① 부부유대보다는 가족이나 친족과의 유대가 더 강하고 중요시됨	① 가족유대보다 부부유대가 더 강하고 중요시됨
② 확대가족	② 핵가족
③ 부부의 성적 만족보다는 생식을 중요시함	③ 부부의 성적 만족, 그 자체가 중요시됨
④ 인생후기의 강한 부모-자녀관계	④ 인생후기의 약화된 부모-자녀관계
⑤ 조부모 역할이 중요시됨	⑤ 조부모 역할이 경시됨
⑥ 엄격한 시어머니-며느리 관계, 시어머니가 며느리를 훈련함	⑥ 제도화되지 않은 시어머니-며느리 관계
⑦ 연령이 중요시됨	⑦ 젊음이 중요시됨

출처: Bart & Grossman, 1978.

는 현대적 하위문화집단의 여성들은 폐경기 이후에 새로운 사회적 역할을 수행할 수 있는 확대된 기회를 가질 수 있기 때문인 반면, 전통적 하위문화집단의 여성들은 그들의 높아진 사회적 지위에 의해 더 큰 안녕감을 느낄 수 있기 때문이다.

결론적으로 중년여성들의 신체적, 심리적 안녕에 가장 중요한 영향을 미치는 요인은 폐경기의 생물학적 변화 그 자체가 아니라 폐경기의 사회문화적 맥락이다. 특정한 사회나 문화가 폐경기 여성들에 대해 어떤 태도를 취하느냐에 따라 폐경기 여성들의 경험은 달라질 수 있다. 특히 대중매체들이 폐경기의 부정적 측면을 강조할 때 여성들은 폐경기를 부정적으로 지각하기 쉽다(Azar, 1994). 대중매체를 포함하는 다양한 사회적 맥락들이 남녀의 생물학적 차이만 중요시하고 인종이나 계층 혹은 문화적 차이들을 무시할 때, 여성과 남성의 차이는 과장될 수밖에 없다.

3. 폐경기 연구의 문제점

폐경기에 관한 연구들은 많은 방법론적 문제점을 내포하고 있다. 대표적인 문제점들을 정리하면 다음과 같다.

첫째, 연구대상 여성들의 대부분이 의사의 처치를 받기 위해 병원을 찾아오는 여성들이다. 그들은 유사한 연령의 여성전집을 대표할 수 있는 표본이 아니므로 연구결과를 일반화하는 데 문제가 있다.

둘째, 폐경기 여성에 관한 많은 연구들은 자궁적출수술과 같은 인위적인 방법에 의해 폐경을 경험한 여성과 자연적으로 폐경기에 도달한 여성들을 구별하지 않는다. 수술에 의한 폐경경험은 자연적 폐경보다 더 많은 신체적 증상을 나타내기 때문에, 두 집단의 여성들을 동등하게 취급하는 것은 폐경기에 대한 잘못된 결론을 도출하게 할 수 있다.

셋째, 폐경기에 대한 연구들은 부정적 증상만으로 구성된 폐경기 체크리스트를 사용하므로 폐경기에 대한 대안적 견해를 제시할 기회를 제공하지 않는다. 폐경기에 대해 긍정적 태도를 갖는 여성들은 폐경기가 자신의 삶을 지배할 수 있는 더 많은 힘을 준다고 지각하기까지 한다. 더욱이 의학적 처치를 필요로 하는 폐경기 여성들의 수가 많지 않음에도 불구하고, 폐경기를 병리적 현상으로 보는 의료인들의 영향으로 폐경기는 여성들에게 오로지 부정적 영향만을 주는 것으로 인식된다.

넷째, 연구자들은 미국 백인 여성들의 폐경기 증후군을 전세계 여성들의 전형적인 폐경기 증상으로 생각한다. 페미니즘을 지지하는 여성심리학자들은 여성의 중년기에 대한 부정적 태도는 폐경기 그 자체보다 오히려 노화에 대한 미국사회의 태도에 기인된 결과라고 주장한다. 어느 사회의 여성들이나 폐경기를 경험하나 노화하는 여성들에 대한 그 사회의 태도에 따라 폐경기 증상은 다르게 경험될 수 있다.

Ⅱ. 사회적 현상으로서의 노화

연령이란 무엇인가? 누가 우리의 나이를 묻는다면, 우리는 숫자로 대답할 것이다. 이 숫자는 무엇을 의미하는가? 젊은 사람, 중년 혹은 노인을 의미하는가? 때로 이 숫자의 의미는 자신이 몇 살인가에 따라 달라진다. 한 예로서 20대의 젊은이들에게 중년이 언제부터인가를 질문하면 35세라고 대답하나, 40대의 개인들은 50세부터 시작한다고 대답한다.

우리가 나이 많은 여성들에게 자주 사용하는 말로서 “당신 나이로 보이지 않는다”는 표현을 생각해 보자. 이 말 속에는 “당신 나이로 보인다면, 당신은 추하게 보일 것이다”라는 의미를 내포하고 있다. 이와 같이 연령은 자주 생물학적 의미를 초월하여 사회적 의미를 지닌다.

어느 사회에서나 여성들은 동일 연령의 남성들보다 더 늙었다는 평가를 받는다. 프로이트에게 30대의 여성들은 융통성이 없고 무능한 늙은 여성으로 취급되었으나 동일연령의 남성들은 젊고 융통성 있는 멋진 사람으로 인식되었다. 아직도 우리 사회에는 이러한 이중기준(double standard)이 존재하고 있고 특히 대중매체들이 이중기준을 부추기는 역할을 한다.

또한 연령은 성별과 같이 힘이나 위엄 혹은 기회에서의 차이와 연결되므로 사회적 분류체계로 기능한다. 그러므로 연령과 노화의 영향을 이해하기 위해서는 생물학적 요인과 사회적 요인 양자가 고려되지 않으면 안된다. 더욱이 생물학적 사건은 사회적 사건에 영향을 주고 사회적 사건은 또한 생물학적 사건에 영향을 주기 때문에, 노화의 사회적 요인들을 분리해 낸다는 것은 쉬운 일이 아니다. 이 절에서는 노화의 사회적 현상으로 연령차별주의(ageism)와 노화의 이중기준을 논의한다.

1. 연령차별주의

집단으로서의 나이 많은 사람에 대한 부정적 태도는 연령차별주의로 명명된다. 성차별주의(sexism)와 같이 연령차별주의는 연령에 대한 부정적 편견인데도(Kimmel, 1988), 젊은 사람들은 물론 나이 많은 사람들까지도 노인을 수동적이고 비사교적이며 심리적 문제를 지닌 부정적 존재로 지각한다.

성차별주의와 연령차별주의는 다음과 같은 공통점을 지니고 있다:

첫째, 양자는 특정집단 내의 사람들을 범주화함으로써 부정적 고정관념을 만들어 낸다.

둘째, 양자에 의해 평가절하된 집단에 대한 부정적 고정관념은 언어 속에 반영되어 영속화한다.

셋째, 양자는 우리 사회에 만연되어 있고, 평가절하된 집단의 구성원들, 스스로에 의해 공유된다.

물론 노화에 대한 지각은 문화에 따라 다르다. 노인들을 현명한 연장자나 가치 있는 전통의 보유자로 대우하는 사회가 있는가 하면, 정신적으로 느리고 사회적으로 쓸모없는 존재로 취급하는 사회도 있다. 노인을 무용지물로 생각하는 사회일수록 노화에 의한 긴장은 커질 수밖에 없다.

현대화될수록 개인의 평균수명은 길어지고 노인인구의 비율은 더 높아지며 노인의 사회적 지위는 더욱 낮아진다. 현대사회의 빠른 변화는 노인들이 가지고 있는 지식을 쓸모없게 만들어 노인들은 더 이상 젊은 사람들에게 충고자나 선배로서의 기능을 수행할 수 없게 되었다. 빠른 사회적 변화에 대처할 수 없는 노인들은 연령차별주의에 의해 단지 어리석고, 쇠약하고, 의존적이고, 외롭고 그리고 애처로운 존재로 인식될 뿐이다.

여성들의 평균수명이 남성들보다 더 길어, 연령이 증가할수록 남성들보다 여성들의 수가 더 많아진다. 성비를 나타내는 여성노인 100명에 대한 남성노인의 수는 65-69세에 75.94명, 70-74세에는 61.10명, 75-79세에는 54.30명, 그리고 80세 이상은 44.91명으로 연령이 높아질수록 성비가 낮아져서 여성인구가 압도적으로 많다는 것을 알 수 있다(통계청,

2000 인구주택 총조사보고서). 그러므로 연령차별주의는 남성들의 문제가 아니라 사실상 여성들의 문제이며 여성들에게 큰 불이익을 주는 사회적 현상이다.

2. 노화의 이중기준

노화의 이중기준이란 사회가 남녀의 노화에 대해 각기 상이한 기준을 적용함으로써 여성노인을 남성노인보다 더 부정적으로 지각하는 것을 의미한다. 그 결과 남성의 주름살과 흰 머리카락은 중후함과 관록의 상징으로 인식되는 반면, 여성의 그것들은 화장이나 성형수술 혹은 염색으로 감추어야만 하는 수치스러운 것으로 지각된다.

대학생과 노인들에게 젊은 사람, 중년 그리고 노인 여성과 남성의 사진을 함께 보여 주었을 때, 여성의 여성성(femininity)은 연령과 함께 감소되나 남성의 남성성(masculinity)은 연령에 의해 영향받지 않는다고 평가되었다(Deutsch, Zalenski & Clark, 1986).

따라서 남성들의 성적 매력은 중년기 이후까지 지속된다고 생각되는

노화의 이중기준에 의해 여성노인들은 남성노인들보다 더 부정적으로 지각된다.

반면, 여성들은 노화와 함께 그들의 성적 매력을 잃는다고 평가된다. 그 단적인 예로 중년기나 노년기 남성들이 배우자와의 이혼이나 사별 후에 자신들보다 훨씬 더 젊은 여성과 재혼할 수 있는 것과 대조적으로 늙은 여성과 젊은 남성의 커플은 이루어지기 어렵다.

페미니스트들은 노인여성에 대한 부정적 고정관념을 "여성은 단지 남성에게 매력적이고 유용할 때 존재가치가 있다"는 성차별주의자들의 생각을 확장한 것에 지나지 않는다고 주장한다(Healey, 1986). 그러므로 우리 사회의 늙은 여성들은 성별에 기초된 차별과 연령에 기초된 차별, 양자에 의해 이중의 고통을 겪는다. 이 책의 첫 장에서 언급해온 것처럼 하나의 계층으로서의 여성들은 남성들보다 더 낮은 지위를 차지한다. 이와 같은 남녀의 차이는 지속되고 노화와 함께 오히려 더 커지기까지 한다.

그 증거로서 지금은 많이 나아지고 있기는 하지만, 40세 이상의 여성들이 음식물이나 의약품 광고를 제외하고 TV의 광고모델로 출현하는 것은 흔한 일이 아니다. 또한 중년기 이후의 발달단계에 대한 심리학적 연구에서도 남성표본만을 사용하는 연구들이 대부분이라는 사실도 이중기준의 단적인 예에 해당한다. 여성노인들이 노인인구의 대다수를 차지하는 현실에도 불구하고, 연구로부터 여성노인들이 제외된다는 것은 아이러니가 아닐 수 없다.

Ⅲ. 중년기와 그 이후의 역할 변화

중년기 동안 많은 생물학적 변화들이 일어나기는 하지만, 중년기는 또한 역할변화로 특징된다. 역할이란 사회적 구조 내에서 개인이 점유하는 위치로서 여성들은 딸, 어머니, 아내 그리고 할머니와 같은 관계적 역할과 함께 간호사나 교사 혹은 판매원과 같은 직업과 관련된 역할을 수행한다. 물론 우리 문화에서는 관계적 역할만 수행하고 일과 관련된 역할을 수행하지 않는 여성들이 두 가지 역할을 모두 수행하는 여성들보다 훨씬 더 많다.

여성들은 중년기 무렵부터 자녀의 결혼, 배우자나 친구의 상실, 취업이나 재취업 등의 사건에 의해 그들의 관계적 역할이나 직업역할에서 변화를 겪는다. 그러나 중년기와 그 이후의 여성의 역할변화를 이해하기 위해서는 다음과 같은 세 가지 사실을 고려하지 않으면 안 된다.

첫째, 과거 수세대 동안 여성의 역할은 남성의 역할보다 훨씬 극적으로 변화하였다. 그러므로 여성의 역할은 출생동시집단효과(cohort effect)에 의해 큰 영향을 받는다.

출생동시집단효과란 동일하거나 유사한 시기에 태어난 사람들이 삶에 대해 유사한 신념이나 가치를 갖게 되는 현상을 의미한다. 동일한 출생동시집단에 속하는 사람들은 성장과정 동안 유사한 환경적 사건에 노출되었을 것이므로 출생시기가 다른 사람들과는 상이한 가치관과 인생전망을 갖기 쉽다.

그 예로서 현재 한국의 60대 여성이 성장한 환경과 20대 여성이 성장한 환경은 큰 차이가 있다. 60대 여성은 대부분 경제적으로 궁핍한 환경에서 공식적 교육을 많이 받지 못하였으며 전통적 가치관을 그대로 답습하면서 성장하였다. 그러나 20대 여성들은 적은 수의 형제자매로 구성된 가족 내에서 큰 경제적 어려움 없이 많은 교육을 받았고 서구의 가치관을 빈번하게 접촉하면서 성장하였으므로 60대의 여성과는 사고나 가치 혹은 역할에서 큰 차이를 보일 것이다.

일반적으로 사람들은 그들이 갖는 신념이나 가치에 따라 그리고 성장기 동안의 경험에 따라 노화를 다르게 경험한다(Grambs, 1989). 따라서 출생동시집단은 연령보다 여성의 행동을 더 잘 예언할 수 있는 요인이므로 여성의 역할변화를 이해하기 위해서는 출생동시집단효과가 고려되지 않으면 안 된다.

둘째, 중년기 이후의 발달에서 출생동시집단효과를 무시하는 것과 똑같이 성별관련적 차이를 무시하는 것도 큰 잘못이다. 성인발달에 관한 대부분의 이론들이 남성경험으로부터 도출되었기 때문에 그것을 여성의 발달에 적용하기 어려운 데도 불구하고, 많은 연구자들은 여성의 발달을 남성규준(male norm)에 맞추어 기술하는 오류를 범하고 있다.

예를 들면 대표적인 성인발달이론인 에릭슨(Erik Erikson)의 심리사회적 이론은 청년후기나 성인초기에 개인의 자아정체감(ego identity: 내가 누구이고 무엇을 할 수 있는가에 대한 인식) 형성이 이루어진다고 제안하였으나 그것은 어디까지나 남성의 발달과정일 뿐 여성의 정체감 발달과는 차이가 있다. 여성들은 자녀양육의 책임이 감소되는 30-40대에 이르러서야 개인적 정체감 문제를 중요시하게 되므로, 남성발달을 기술하는 에릭슨 이론으로 여성의 발달을 설명하기는 어려운 일이다.

또한 생애구조(life structure)의 변화에 따라 발달단계를 구분한 다니엘 레빈슨(Daniel Levinson)의 이론도 남성의 발달만을 가정하였으므로 여성의 발달에 적용되기 어렵다. 레빈슨은 직업, 결혼, 가족관계, 우정 그리고 종교의 영역을 생애구조 변화의 중심요소로 결정하고 20대에 결혼하고 직업을 결정하며 30대에 직업에서의 성취를 가정하고 있다. 그러나 대부분의 여성들은 레빈슨이 가정한 시기에 자녀를 출산하고 양육해야 하므로 직업을 갖기 어렵다. 중년기 이후의 여성들을 연구하는 사람들은 이와 같은 남성중심적 이론들이 여성의 삶의 패턴에 맞지 않는다는 것을 염두에 두어야 한다.

셋째, 개인이 수행하는 역할들은 서로 관련되어 있다는 것을 명심할 필요가 있다 이 책에서 논의될 텅빈보금자리 증후군, 은퇴, 노부모 봉양과 조부모 역할 및 의미 있는 타인의 상실은 분리되어 작용하는 것이 아니라 서로 상호작용한다.

동시에 중년기 및 그 이후의 여성들이 수행하는 역할은 그 시기에서 차이가 있을 수 있다는 것이 또한 지적되어야 한다. 즉 소위 결혼적령기에 결혼한 여성들이 텅빈보금자리를 경험하거나 조부모 역할을 수행하는 시기는 직업성취나 학문연구를 위하여 결혼과 출산을 연기한 결과로 중년기 이후까지 자녀양육을 담당해야 하는 여성들의 그것과는 차이가 있다. 그러나 심리학자들은 20대의 결혼적령기에 결혼한 여성에 맞추어 발달의 보편적 순서를 기술하고 있으므로 사회적 시계(social clock)에 맞지 않는 삶을 사는 여성들이 자주 무시된다는 것도 고려되어야 한다.

1. 텅빈보금자리 증후군

결혼하고 자녀를 출산하는 모든 여성들은 인생의 어느 시기에 이르러 막내자녀까지 집을 떠나고 부부 두 사람만 남게 되는 시기를 맞는다. 특히 사회적 시계에 맞춰 가정을 이룬 여성들은 그들의 중년기에 부부만 남게 되면 외로움을 느끼고 자주 울며 때때로 비현실적인 공포감에 휩싸인다. 심리학자들은 막내자녀가 성인초기에 이르고 가족이 더 이상 어머니를 필요로 하지 않는다고 생각될 때, 중년기 여성들이 나타내는 증상을 통틀어 텅빈보금자리 증후군(empty-nest syndrome)이라고 명명하였다.

그러나 중년기에 대한 부정적 지각인 텅빈보금자리 증후군이 모든 여성들에게 나타나는 보편적인 현상인가에 대해서는 논란의 여지가 많다. 블랙과 힐(Black & Hill, 1984)은 텅빈보금자리 증후군이 대단히 개체특징적인 현상이라고 주장한다. 그 증거로서 어떤 여성들은 그들의 막내아이가 유치원에 들어갈 때 심각한 텅빈보금자리 증후군을 경험하는가 하면, 어떤 여성들은 그들의 첫 아이나 막내가 대학에 입학할 때, 군대에 입대할 때 혹은 결혼할 때 강한 텅빈보금자리 증후군을 나타내는 차이를 보인다.

텅빈보금자리 증후군을 보편적 현상으로 보기 어려운 또 다른 증거는 많은 중년여성들이 그들의 막내자녀가 집을 떠나는 것을 외상적(traumatic) 사건으로 지각하지 않는다는 것이다. 그들은 오히려 아동양육 책임으로부터 벗어나서 그들 자신의 관심을 추구하고 배우자나 친구와 더 많은 시간을 보낼 수 있는 행복한 시기로 텅빈보금자리 시기를 지각한다(Black & Hill, 1984; Long & Porter, 1984).

그러나 텅빈보금자리 증후군에 대한 상반된 견해는 출생동시집단의 효과가 고려될 때 쉽게 해결될 수 있다. 앞에서도 지적한 것처럼, 지난 세기 동안 어머니 역할이 극적으로 변화되었으므로 상이한 출생동시집단들은 여성의 역할을 각기 다르게 지각할 수 있다. 쉬운 예로서 1950년대에 중년기에 도달한 여성들은 2000년대에 중년기에 도달한 여성들보다 텅빈보금자리를 더 부정적으로 지각할 것이다.

그들은 어머니 역할을 여성의 유일한 역할로 지각하도록 사회화되었기 때문에, 막내자녀가 집을 떠날 때, 어머니 역할이 거의 끝났다는 생각으로 고통을 받는다. 그러나 어머니 역할도 중요하지만 여성 자신의 성취도 또한 중요하다고 생각하는 동시대의 중년여성들은 그들의 할머니나 어머니들만큼 텅빈보금자리를 부정적으로 지각하지 않는다. 따라서 텅빈보금자리 증후군은 어머니 역할의 상실에 기인한 불가피한 반응이기보다 오히려 성인초기까지의 사회화의 결과일 가능성이 높다.

또한 텅빈보금자리 증후군은 여성의 사회경제적 지위와도 상관이 있다. 미첼과 헬슨(Mitchell & Helson, 1990)의 연구에 의하면, 경제적 여유가 없고 건강하지 못하다면, 여성들은 아무리 가정생활이 간편해지고 자녀들에게 투자하였던 에너지를 배우자에게 혹은 일이나 자기발전을 위해 활용할 수 있다고 할지라도, 아무것도 할 수 없을 것이다. 경제적 여유와 건강을 바탕으로 높은 삶의 질을 유지할 수 있는 중년여성들은 부부만 남게 되었을 때, 오히려 인생에 대해 더 큰 통제감과 행복감을 경험할 수 있다.

2. 은 퇴

개인의 생애에서 직업으로부터의 은퇴는 중요한 생활변화인 동시에 개인이 노화했음을 나타내는 지표이다. 은퇴는 직업을 가진 모든 사람들이 공통적으로 경험하는 사건인 데도, 단지 남성과 관련된 사건으로 인식되어 왔다. 따라서 은퇴에 대한 고정관념은 남성규준을 반영한 결과로 긍정적 이미지와 부정적 이미지 양자를 포함한다. 긍정적 이미지는 은퇴에 의해 자유롭게 여가나 취미생활을 하며 여행을 즐기는 것이라면, 부정적 이미지는 지루하고 위축되며 쓸모없다는 느낌이다.

가정주부인 여성들은 때로 남편의 은퇴를 달가워하지 않는다. 그들은 자주 남편이 가정에서의 그들의 영역을 침범한다고 불평한다(Vinick & Ekerdt, 1992). 은퇴한 남편의 점심식사까지 차려야 하는 여성들은 남편시집살이가 시작되었다는 농담을 하기도 한다. 그러나 남편의 은퇴 후에도 계속해서 직업을 갖는 아내들은 은퇴한 남편이 가사일을 분담하도록 압력을 가한다. 일반적으로 가난하고 어린 자녀가 있는 여성들이 남편의 은퇴 후에도 더 오랫동안 직업을 갖는다(Arber & Ginn, 1995).

현재까지 은퇴에 대한 여성의 적응이나 영향을 다룬 연구는 거의 없다. 여성의 노화는 주로 생물학적 관점에서만 연구되어 왔으므로 여성의 직업으로부터의 은퇴는 연구자들의 관심의 대상이 되지 못하였다. 또한 현재까지 은퇴를 경험할 만큼 오랜 기간 동안 취업한 여성들의 수가 적다는 것도 여성의 은퇴를 다룬 연구가 적은 이유이기도 하다.

그러나 여성과 남성의 은퇴경험을 비교한 적은 수의 자료들은 여성들은 남성들과는 다른 이유로 남성들보다 더 일찍 은퇴한다고 주장한다. 우선 많은 직장들이 성별정년을 적용하고 있어 여성들에게 남성들보다 더 일찍 은퇴하도록 요구하고 있다. 100인 이상의 규모를 가진 일반기업체의 45%가 성별정년을 적용하고 기능적 공무원의 은퇴가 58세인 데 반하여 여성들이 주로 취업한 전화교환원과 같은 직업은 은퇴연령을 53세로 규정하고 있다(성향숙, 1997). 여성들의 평균수명이 남성들보다 더 긴 데도 불구하고, 사회는 여성들에게 더 빠른 은퇴를 요구한다.

은퇴하는 이유도 남녀간에 차이가 있다. 남성들은 일과 관련된 이유로 은퇴하지만, 여성들은 배우자나 부모를 돌보는 문제로 은퇴하는 경우가 많다. 특히 노부모 병수발 문제는 중년여성들을 은퇴하게 하는 중요한 이유이다. 한국 여성의 취업은 전형적인 M자형태로 20대 초반에 피크를 이루다가 자녀양육이 어느 정도 끝나는 30대에 재취업을 하는 양상을 나타내지만, 노부모의 병수발 문제로 다시 퇴직하게 됨으로써 노후를 위한 연금액수도 또한 감소한다. 또한 배우자가 있는 여성들은 가족으로부터 남편이 은퇴할 때 함께 은퇴하라는 압력을 받기도 한다(Carp, 1997).

은퇴한 대부분의 여성들은 남성들만큼 은퇴를 갑작스러운 사건으로 지각하지 않고 자연스럽게 주부역할로 되돌아온다. 그것은 대부분의 여성들이 주부역할을 그들의 1차적 과업으로 그리고 직업역할을 2차적 과업으로 생각하는 데 기인한다. 물론 저임금을 받는 직업에 종사하는 여성들이 고임금의 직업여성들보다 은퇴 후에 더 많은 적응문제를 갖는다. 그들은 낮은 자기존중감과 무용지물의 느낌, 외로움 혹은 고립감으로 고통을 겪는다(Perkins, 1992). 반대로 전문직을 갖는 여성들이 비전문직의 여성들보다 더 많은 적응문제를 가질 수도 있다. 그들은 남성들과는 다르게 은퇴이전의 높은 직업만족감 때문에 은퇴 후에 더 큰 상실감과 부적응을 경험할 수 있기 때문이다(Carp, 1997).

3. 노부모의 봉양과 조부모의 역할

과거보다 평균수명이 길어지고 더 적은 수의 자녀를 출산하는 인구통계학적 변화의 결과로 현재의 중년여성들은 성인기에 진입하는 자녀를 지원하고 노부모를 봉양해야 하는 이중의 역할을 담당한다. 소위 '샌드위치 세대'(sandwich generation) 혹은 '감금당한 세대'(caught generation)라고 불리는 오늘날의 중년세대들은 자녀들이 그들의 노년기에 자신들을 돌보아 줄 것이라는 확신을 갖지 못한 채 노부모를 봉양한다.

부모봉양을 자신들의 의무라고 생각하는 중년세대들과는 대조적으로 오늘날의 젊은 세대들은 노년기 부모 돌보기를 부담스러워한다. 그들은 자신들의 개인적 삶을 중요시하고 타인들로부터의 간섭을 싫어하며 자신만을 중요시하는 이기적 경향성을 지니고 있다. 노인인구의 증가와 부모에 대한 효(孝)의 쇠퇴는 노인문제를 우리 사회가 해결해야 하는 시급한 과제 중의 하나로 만들었다.

한국은 물론 서양에서도 노부모 봉양은 여성의 일로 인식된다. 성역할 고정관념에 일치되게 남성들은 생계비를 버는 일만 담당할 뿐 부모를 직접적으로 돌보는 일은 하지 않는다. 노부모와 동거하든 동거하지 않든 상관없이, 우리 문화에서는 며느리들이 그리고 서구문화에서는 중년의 딸들이 노부모를 보살피는 역할을 맡는다.

이 시기에 일어나는 어려운 문제 중의 하나는 노부모의 질병이나 신체적 무능력이다. 많은 중년여성들은 그들이 자녀양육으로부터 벗어날 수 있을 것으로 기대하였던 바로 그 시기에 또다시 노부모를 간호하고 지원하는 일을 맡아야 할 때, 좌절하지 않을 수 없다. 병원비의 과중한 부담은 중년부부의 생활을 위협하고 노부모의 보살핌 문제와 관련한 가족간의 충돌이나 갈등은 가족체계에 위기를 가져온다. 특히 최근에 많이 논의되는 노부모의 치매발병은 가족구성원들에게 큰 고통을 준다. 어떤 가족들은 이와 같은 가족위기를 극복하지 못하고 병든 노부모를 유기하거나 신체적 혹은 정서적으로 학대함으로써 사회적 지탄을 받는다.

중년부부에게 첨가되는 또 다른 역할은 조부모의 역할이다. 전통적으로 조부모들은 가족구성원들을 위한 조언자로서, 역할모델로서 그리고 대리적 양육제공자로서의 역할을 수행하였다. 그러나 최근에 와서 조부모들이 어떤 역할을 하고 있는가는 분명하지 않다. 그 이유는 부모와의 동거를 원하는 자녀들이 적을 뿐 아니라 부모 세대들이 가지고 있는 지식이 오늘날에 와서 쓸모없게 됨에 따라 조부모들은 현명한 조언자나 역할모델로서의 기능을 점차 잃게 되었기 때문이다. 특히 우리 사회의 빠른 서구화는 전통전수자로서의 조부모 기능을 약화시켜 노인세대를 소외시키는 역할을 하였디.

대부분의 중년여성들에게 손자녀들은 기쁨과 행복의 원천이다. 그러나 오늘날의 중년여성들은 그들이 할머니로서 손자녀 양육에 직접적으로 참여하기를 원치는 않는다. 그들은 가능하면 편안하고 친구 같은 조부모-손자녀 관계가 유지되기를 원하고 손자녀들과 놀아주는 것을 최상의 기쁨으로 생각한다. 그렇지만 이혼이나 경제적 어려움으로 자녀들이 어려움에 처할 때에는 중년의 조부모들은 기꺼이 손자녀 양육을 맡는다. 특히 우리나라와 같이 전일제 탁아소가 부족하고 여성들이 취업해야 할 때 아동들은 자주 조부모에게 맡겨진다.

4. 의미 있는 타인의 상실

여성들의 평균수명이 남성들보다 더 길고 여성들이 자신보다 더 나이 많은 남성과 결혼하는 사회적 현상에 의해 중년기와 그 이후에 홀로 될 가능성은 여성들이 남성들보다 훨씬 더 많다. 더욱이 남성들은 아내와 사별한 후에도 쉽게 재혼할 수 있으므로 홀아비로 남아 있는 남성들의 수는 대단히 적다.

그 증거로서 65세 이상 남성노인들의 유배우자율은 85.36%인 반면, 여성노인들의 유배우자율은 단지 34.4%에 지나지 않는다(통계청, 2000 인구주택총조사보고서). 따라서 미망인이라는 말은 우리 사회에서 흔하게 사용되고 있으나 홀아비라는 용어는 자주 사용되지도 않고, 홀아비 역할에 대한 사회적 규정도 모호하다.

미망인이나 홀아비의 경험은 사별이 일어나는 시기에 따라 다르다. 배우자와의 사별이 인생후기에 가깝게 일어나면 일어날수록 회복되기 위한 더 긴 시간을 필요로 한다. 젊은 여성들과는 다르게 늙은 여성들일수록 좋지 않은 건강상태에 있거나 경제적으로 어려운 상태에 있기 쉽다. 따라서 배우자의 상실은 그들의 외로움을 증폭시키고 삶의 의욕을 잃게 하므로 그들은 쉽게 회복되지 못한다. 특히 미망인들의 우울증은 경제적 문제와도 연결되어 있다.

아내와 사별한 남성들의 우울증이 가사일의 처리와 관련되어 있는 것과는 대조적으로, 남편을 사별한 여성들은 경제적 자원을 잃게 되고 그에 따른 경제적 어려움은 사별과 결합되어 우울증을 증가시킨다. 그러나 자녀들이나 가족들로부터 지원을 받을 수 있고 많은 수의 형제자매들과 자주 접촉하며 몰입할 수 있는 종교가 있을 때, 노인여성들은 배우자의 상실에 보다 쉽게 적응할 수 있다(McGloshen & O'Bryant, 1988).

아내를 사별한 남성들은 남편을 사별한 여성들보다 배우자의 사별에 잘 대처하지 못한다(Canetto, 1992). 아내와 사별한 남성들 중에는 자살을 기도하는 남성들도 상당수 있다. 아내로부터 정서적 지원을 얻고 개인적 보살핌을 받아왔던 남성들은 아내의 상실에 의해 심리적으로 큰 타격을 입는다.

가정주부의 역할만 수행하였던 중년의 미망인들 역시 배우자의 사별에 잘 대처하지 못한다. 직업을 가진 여성들과 비교하여, 전업주부 여성들은 배우자와의 사별 후에 자신의 정체를 변화시켜야 하므로 더 큰 어려움을 겪는다. 그들은 이제 누구누구의 아내가 아니라 한 사람의 독립된 인간으로서의 정체감을 재확립하지 않으면 안 된다.

사별한 여성들에게 무엇보다 중요한 것은 중년기와 그 이후의 시기가 단순히, 반복되는 상실의 기간이 아니라는 인식이다. 40대나 50대의 여성들도 특정한 직업의 근로자로서 혹은 새로운 기술의 습득이나 학문연마를 위해 학생이나 제자로서의 생활을 새롭게 시작할 수 있다. 미국에서는 배우자와 사별한 50대 여성이 법학을 공부하기 시작하여 유명한 법과대학원장이 되기도 하였고 또한 글을 쓰기 시작하여 베스트셀러 작가가 된 미망인도 있다. 최근에 와서 우리 사회에도 늦깎이로 출발하여 자신의 일을 갖거나 특정분야의 전문가가 되는 여성들이 생겨나고 있다.

계속해서 평균수명이 길어지고 좋은 영양과 의학의 발달에 힘입어 50대 이후에도 건강한 삶이 가능해졌다. 이제 때늦은 출발이라고 생각되었던 인생후기에서의 새로운 시작이 조금도 이상하지 않게 되었다. 그러므로 미망인들은 사별의 슬픔을 딛고 일어서서 개인적 적응이나 성취를 위한 새로운 생활을 적극적으로 모색할 필요가 있다.

Ⅳ. 노년기의 심리적 안녕

여성들이 노년기에 이르면 대부분의 자녀들은 가정을 떠났고 배우자나 옛 친구들도 이미 사망하였다. 또한 직업을 가진 사람들은 이미 은퇴하였고 중년기에 시작된 만성질환이나 노인성 질병으로 고통받기 쉽다. 노년기 여성들을 더욱 더 어렵게 만드는 것은 경제적 어려움이다.

이 절에서는 노년기 여성의 심리적 안녕과 관련된 건강문제와 경제적 문제 그리고 외로움을 달래 줄 수 있는 사회적 지원망의 존재에 대해 설명한다.

1. 건강문제

여성들이 남성들보다 더 오래 살기는 하지만 질병으로 더 많은 고통을 당한다. 김정근과 윤병준(1996)의 조사에 의하면, 한국 남성의 건강수명은 50.7세인 반면, 여성의 건강수명은 49.9세였다. 건강수명이란 평균 수명에서 질병으로 몸이 아픈 기간을 제외한 기간에 해당한다. 그렇다면 한국 남성과 여성의 평균수명이 각각 71.7세와 79.2세임을 감안할 때(통계청, 2001 한국의 사회지표), 평균수명이 더 긴 여성들은 남성들보다 더 오랜 기간동안 질병에 시달린다는 것을 알 수 있다. 대조적으로 남성들은 여성들보다 일상적인 아픔이나 고통을 더 적게 겪기는 하지만, 일단 병이 나면 생명을 위협하는 상황을 더 많이 맞는다.

일반적으로 여성노인들은 남성노인들보다 만성적인 퇴행성 질환을 더 많이 앓는다. 관절염, 신경통, 중풍, 당뇨병, 요도질환, 골다공증 등은 여성노인들이 많이 앓는 대표적 퇴행성 질환이다. 특히 뼈의 밀도가 낮아지는 골다공증에 의해 여성노인들은 골반골절을 입기 쉽다. 그러나 이와 같은 만성적인 퇴행성 질환들은 일상생활을 유지하는 데 불편을 주고 잦은 검진을 요구하기는 하지만, 생명을 위협할 정도로 치명적이지는 않다. 퇴행성 질환 외에도 여성들은 생식과 관련된 유방이나 자궁의 질환으로 고통을 받는다.

보다 더 심각한 문제는 여성노인들의 건강이 악화될 때, 그들을 돌볼 사람이 많지 않다는 것이다. 한국 남성노인의 경우, 돌보는 사람의 77%가 배우자인 데 반하여 여성노인을 돌보는 사람 중 배우자의 비율은 단지 7.7%에 지나지 않는다. 오히려 며느리가 돌보는 비율이 54%에 이르러 남성노인과 대조를 이룬다(조병은, 1990). 중년의 딸들이 노부모를 돌보는 서양과 비교하여 며느리의 시부모 돌보기는 고부간의 갈등은 물론 노인학대를 초래할 가능성을 증가시킨다.

많은 중년여성들은 그들이 시부모나 친부모를 돌볼 때, 소모당한다는 느낌으로 고통을 겪는다(Cicirelli, 1983). 자녀양육이 끝나 이제 돌보기로부터 벗어날 수 있다고 생각했던 여성들은 실망하지 않을 수 없다. 이미 노화에 기인된 체력부족을 절감하는 중년여성들(특히 중년의 며느리들)은 역할갈등과 책임감에서 오는 우울, 불면, 무기력 및 극심한 정신적 피로를 경험하고 부모에게 불효하고 있다는 죄책감에 시달린다.

평균수명이 길어지고 있는 데도 불구하고, 한국사회의 전통적인 효 개념의 약화는 와병노인들을 가족구성원들에게만 맡겨 둘 수 없게 만들었다. 병든 노인들은 노인들대로 적절한 간호를 받을 수 있으면서 가족의 부담을 덜어 줄 수 있는 사회적 차원의 제도적 장치가 시급히 마련되어야 할 것이다. 가정간호사(adult day care, respite care) 제도*를 도입하여 가족의 부담을 덜고 가족구성원이 노인환자를 돌볼 경우 노인간호수당을 지급받게 하는 것도 하나의 방법일 것이다.

2. 경제적 문제

노인들이 겪는 가장 심각한 문제는 경제적 어려움이다. 전통적으로 한국노인들의 경제적 부양은 자녀들에 의해 이루어졌으나 지난 20-30년간의 사회구조적 변화에 의해 자녀들의 부모부양이 점차 소홀해지는 추세에 있다.

중년기와 그 이후에도 여성들이 만족스러운 생활을 영위할 수 있는가 아닌가는 물질적 요인과 심리적 요인의 조합에 달려 있다. 특히 돈은 중요한 물질적 요인으로 노년기 여성의 삶을 좌우한다고 해도 과언이 아니다. 한국을 포함하여 사회복지제도가 취약한 나라의 노인여성들 중에는 가난때문에 충분한 영양섭취를 하지 못하고 각종 질병을 제때 치료하지 못하는 여성들이 많이 있다. 최근에 자주 사용되는 "가난의 여성화"(feminization of poverty)란 표현은, 우리 사회에서 가난은 편모가정을 포함하여 평균수명이 긴 여성노인들의 문제라는 것을 단적으로 나타내 준다.

미국에서도 최저생계비 이하의 수입을 갖는 65세 이상의 여성들이 전체의 16%에 이르며 가난한 노인의 75%가 여성들이다(Rubin, 1997). 우

* 가정간호사제도: 환자에게 지속적인 치료와 간호가 필요할 때 간호사가 환자의 가정을 직접 방문하여 간호하는 간호서비스를 말한다.

리나라도 이와 동일하게 여성노인들은 남성노인들에 비해 평균수명이 길면서도 유배우자율이 남성보다 2배 이상 낮고 노후의 경제력과 병수발 문제를 주로 자녀들에게 의존하고 있기 때문에, 생계비에 미치지 못하는 수입으로 생활하는 여성노인들이 많다.

한 통계에 의하면, 60세 이상 노인의 주수입원은 주로 자녀로부터의 소득이며(44.3%), 근로소득 37.6%, 부동산·집세·저축이 6.9%를 차지한다. 이중 자녀로부터의 소득을 제외한 전체 소득 중 연금이나 퇴직금에 해당하는 소득은 3.9%로서 60세 이상의 연금수급자 비율은 5%미만에 지나지 않는다(오경석 외, 1996). 현재의 노인세대들 중에 취업한 여성들 수가 대단히 적기 때문에 여성들이 연금이나 퇴직금을 받는 경우도 많지 않다.

이혜경(1994)에 의하면, 여성노인들이 경험하는 경제적 어려움의 원인은 다음과 같이 정리될 수 있다.

① 현재의 여성노인들은 경제적으로 남편에게 완전히 의존한 삶을 살았고 노년기에는 아들에게 의존한다는 사회적 규범 속에서 살았기 때문에 자신의 노후를 위한 준비가 전혀 되어 있지 않다.
② 여성들의 경제활동 참여가 낮을 뿐 아니라 성별정년제로 인해 남성들보다 더 일찍 퇴직해야 한다.
③ 여성이 취업하였다고 할지라도, 저임금의 소규모 사업장에 취업하고 있어 남성들보다 적은 액수의 연금을 받을 수밖에 없다.

그러나 여성 노인들이 겪는 경제적 어려움은 한국 노인여성들에게만 국한된 문제는 아니며 전세계적으로 보편화된 현상이다. 유엔의 인구자료에 의하면, 여성노인 6명 중 1명 이상이 가난 속에서 살고 있고 흑인 여성노인의 82%가 가난의 범주에 속하는 생활을 하고 있다(Grambs, 1989).

국제노동기구(ILO)의 1996년 '여성노동' 보고서에 의하면, 현재 15세부터 64세 노동 가능 여성의 45%가 취업하고 있으나 여성의 평균임금은 남성임금의 75%의 수준을 넘지 못한다. 최근에 와서 점점 더 많은 여성들이 직업전선에 뛰어들고 있기는 하나 여성근로자의 대부분은 저임금, 저생산성 그리고 불완전 고용을 특징으로 하는 직업군에 집중되어 있다. 그러므로 가까운 미래에도 여성들은 여전히 가난한 노후를 보낼 가능성이 많다.

3. 사회적 지원망

노년기의 만족에 영향을 주는 가장 중요한 심리적 요인은 다른 사람과의 관계이다. 외로움은 노화의 불가피한 결과이긴 하지만, 친구집단과 같은 사회적 지원망의 존재는 외로움을 완화시켜 주는 역할을 한다. 특히 친구와의 우정은 신체적 건강을 유지할 수 있도록 돕고 노년기의 심리적 적응과 만족을 증가시켜 노년기 성장을 촉진시킨다.

일반적으로 모든 연령의 여성들은 관계지향적인 그들의 사회화 결과로 남성들보다 가까운 친구를 더 많이 가지고 있다(Adams, 1997). 여성들은 가까운 친구에게 개인적인 문제를 털어놓고 의논할 수 있으므로 근심걱정을 덜고 외로움을 달랠 수 있다.

가족도 노인여성의 외로움을 완화시켜 줄 수 있기는 하지만, 많은 노인여성들은 가족의 지원을 의무감에서 나온 결과로 생각한다. 그러나 친구들은 동등한 관계에서 도움을 주고받으며 서로가 타인의 복지에 기여할 수 있다는 생각 때문에, 노인여성들은 가족과의 접촉보다 친구와의 접촉을 더 좋아한다. 친구와의 상호작용을 통하여 노인여성들은 자기효능감과 자기존중감을 높일 수 있다.

노년기에 친구나 이웃과 같은 사회적 지원망을 형성하기 위해서는 좋은 건강과 적절한 경제적 안정이 선행되어야 한다. 건강하지 못하거나 경제적으로 지나치게 가난하다면 친구와의 우정관계는 지속되기 어렵다. 요약하면 노인들이 가난해서 의료혜택을 받지 못하고, 그 때문에 신체적으로 불건강한 상태에 있으며 가까운 친구가 없거나 있어도 서로 접촉할 수 없을 때에는 노년기의 심리적 안녕은 이루어질 수 없다.

[11 장]

결혼생활의 종결

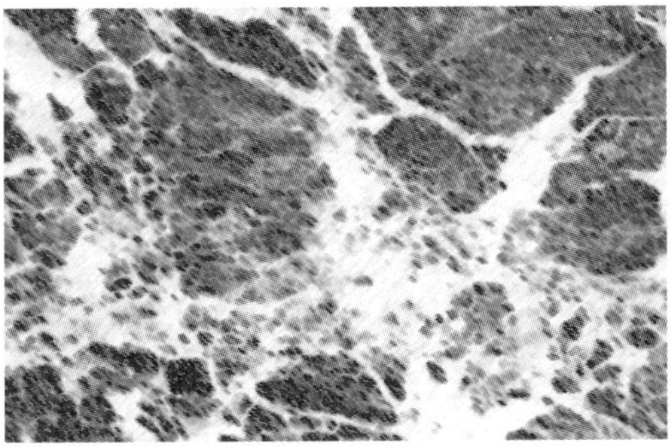

[11장] 결혼생활의 종결

결혼생활의 종결을 의미하는 이혼과 사별의 문제를 논의하고 이혼이나 사별 후에 하나의 적응방법으로 재혼의 문제도 함께 설명한다. 또한 이혼율과 사망원인 그리고 재혼율에 대한 인구통계학적 정보도 포함되어 있다. 이 장은 이혼과정과 이혼 후의 적응이 얼마나 어려운가에 대한 정보를 제공하는 것은 물론 배우자 사망에 대한 남녀의 반응차이를 역점 두어 다루고 있다.

결혼생활의 종결

제11장 결혼생활의 종결

결혼하는 모든 부부들은 죽음이 그들을 갈라놓을 때까지 그들의 결혼생활이 지속될 수 있기를 희망한다. 그러나 결혼 당시의 부부의 소망과는 다르게 어떤 부부들은 해결할 수 없는 갈등으로 인해 중도에서 각기 새로운 삶을 찾아 헤어지기도 한다.

최근의 급격히 증가하는 이혼율에도 불구하고, 많은 부부들은 위기를 넘기면서 그들의 결혼생활을 지속한다. 그러나 이혼의 위기를 넘겼다고 할지라도, 배우자 어느 한 편이 사망하게 되면 결혼생활은 종결될 수밖에 없다. 이 장에서는 이혼과 사별에 의한 결혼관계의 종결을 논의하기로 한다. 동시에 이혼이나 사별 후에 하나의 적응방법으로서 재혼에 대한 설명도 함께 포함하였다.

I. 이 혼

부부의 결혼생활에 변화를 가져오는 금세기의 가장 특징적 현상 중의 하나는 이혼율의 증가이다. 한국도 예외가 아니어서 1975년에 0.5이던 조이혼율(인구 1,000명당 이혼건수)이 1990년에 1.0 그리고 2000년에 2.5로서 이혼율에서의 급격한 변화를 보이고 있다. 이혼율의 증가는 필연적으로 재혼율의 증가를 가져온다.

1. 이혼율의 증가

최근에 이혼율이 급격히 증가하고 있다. 이혼율은 이혼율 자체보다는 결혼율과 비교되었을 때 결혼과 이혼의 관계를 더 분명하게 보여 줄 수 있으므로, 함께 비교할 필요가 있다. 〈표 11-1〉은 혼인건수와 이혼건수, 및 조혼인율과 조이혼율을 제시한다. 조혼인율은 인구 천명당 혼인건수이고 조이혼율은 인구 천명당 이혼건수를 의미한다.

결혼율은 1980년을 최고수준으로 매년 감소추세를 보이나 이혼율은 1998년까지 급격히 상승하다가 98년 이후로 동일한 수준을 유지하고 있다. 2000년 통계로 1일 평균 915쌍이 혼인하고 329쌍이 이혼한다.

2000년 결혼기간별 이혼비율을 비교하면, 〈표 11-2〉와 같이 결혼 후 0-4년이 31.6%로 가장 높고 5-9년은 23.0%, 10-14년은 19.0%, 15-19년은 15.4% 그리고 20년 이상은 10.9% 순으로 결혼기간이 길수록 이혼율이 낮은 것을 알 수 있다. 그러나 15년 이상 동거한 부부들의 이혼비율은 1991년에 13.4%에서 2000년 26.3%로 대폭 증가하였고 20년 이상 결혼생활을 한 부부들의 이혼비율도 1991년 4.4%에서 2000년 10.9%로 증가함으로써 40세 이후의 이혼이 전체 이혼의 31.6%를 차지한다.

15년 이상 결혼생활을 한 부부의 이혼증가와 혼인연령의 상승으로 남녀의 평균이혼연령은 남성은 40.1세 그리고 여성은 36.6세로 꾸준히 증가하고 있으며 이혼하는 여성 3명 중 1명은 40세 이상이다. 이러한 결과를 통하여 우리는 한국부부의 결혼생활에 대한 의식이 변화하고 있음을 확인할 수 있다.

〈표 11-1〉 연도별 혼인 · 이혼건수 및 조혼인율과 조이혼율(단위: 천건)

연 도	1970	1980	1990	1995	1997	1998	1999	2000
혼인건수	295.1	403.0	399.3	398.5	388.6	375.6	362.7	334.0
이혼건수	11.6	23.7	45.7	68.3	91.2	116.7	118.0	120.0
조혼인율	9.2	10.6	9.3	8.7	8.4	8.0	7.7	7.0
조이혼율	0.4	0.6	1.1	1.5	2.0	2.5	2.5	2.5

출처: 통계청, 2000년 인구동태통계연보.

〈표 11-2〉 결혼기간별 이혼율(단위: %)

	1991	1992	1993	1994	1995	1996	1997	1998	1999	2000
계	100	100	100	100	100	100	100	100	100	100
0-4년	38.7	37.3	35.8	34.7	33.7	33.3	32.5	31.6	31.4	31.6
5-9년	28.3	27.5	26.5	25.8	25.6	25.1	24.8	24.0	23.5	23.0
10-15년	19.6	20.3	21.7	22.0	21.0	20.7	20.0	19.5	19.2	19.0
15-19년	9.0	9.3	10.7	11.6	13.2	13.8	15.1	15.6	15.7	15.4
20년 이상	4.4	4.8	5.3	5.9	6.5	7.1	7.6	9.3	10.2	10.9

출처: 통계청, 2000년 인구동태통계연보.

전세계적으로 이혼율이 가장 높은 나라인 미국은 〈그림 11-1〉과 같이 1940년대부터 이혼율이 증가하기 시작하여 1980년대까지 이혼율은 40-50%에 이르렀고 1990년대에는 50% 이하로 약간 감소하는 듯하였으나 현재에는 다시 증가하여 50% 정도의 이혼율이 유지되고 있다(Kail & Cavanaugh, 2000). 따라서 평균 초혼길이는 11년이고 이혼의 1/3이 결혼 4년 내에 일어나며 초혼 후 이혼한 여성들의 평균연령은 33세이다. 그럼에도 불구하고 가장 많은 수의 이혼은 10대 혹은 20대 초반의 어린 연령에서 결혼한 사람들에게서 나타난다.

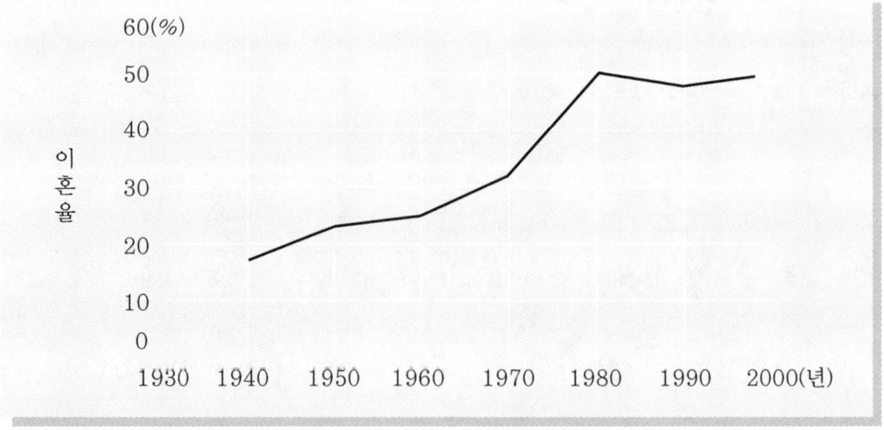

〈그림 11-1〉 미국에서의 이혼율의 변화

출처: Kail & Cavanaugh, 2000.

2. 이혼과 관련된 이론들

죽음이 두 사람을 갈라놓을 때까지 함께 할 것을 약속한 부부들은 왜 이혼으로 그들의 결혼관계를 종결지어야 하는가? 이혼을 설명하는 두 가지의 이론적 모델이 있다.

1) 사회적 교환이론

부부가 결혼하는 이유를 설명하는 이론이 이혼에도 그대로 적용된다. 앞에서도 언급한 것처럼, 사회적 교환이론은 사람들이 자신과 타인의 관계를 손해-이익의 계산에 의해 평가한다고 가정한다. 부부의 결혼관계가 손해보다 이익이 크다고 평가되면 그대로 유지될 것이나 손해가 지나치게 크다고 판단되면 지속되기 어렵다는 것이 이 이론의 주장이다. 현재의 결혼생활에 대한 손해와 이익은 물론 미래의 손해나 비용에 대한 예측은 부부관계의 질과 계속성에 영향을 준다.

사회적 교환이론으로 이혼을 설명한 레빙거(Levinger, 1965, 1979)는 다음과 같은 세 가지 요인에 의해 결혼생활의 안정성이 결정된다고 제안하였다.

① 현재의 결혼생활에 대한 만족 정도
② 현재 존재하는 대안들의 매력 정도
③ 결혼생활의 붕괴를 방해하는 장벽들

결혼생활에 대한 만족 정도가 결혼생활의 질적 측면들, 즉 배우자에 대한 존중, 신뢰, 성실성 및 배우자와의 성적 관계와 같은 결혼생활 내부의 특성에 의존한다면, 대안들의 매력 정도는 결혼생활의 외부적 특성에 의존한다. 대안적인 애정대상의 존재, 독신으로 살고 싶은 욕구, 그리고 여성의 높은 교육수준과 고용기회 등은 이혼을 촉진시키는 대안들에 해당한다.

또한 결혼생활의 붕괴를 방해하는 장벽들은 결혼생활을 유지시키고 이혼을 막는 역할을 한다. 붕괴를 막는 대표적 장벽에는 자녀의 존재, 경제적 어려움이나 재산문제, 결혼을 반대하는 종교교리 및 가족의 반대를 포함한다. 또한 부부결속에 대한 전통적 의무와 이혼한 사람이라는 낙인은 사회적 압력으로 작용하므로 이혼을 막는 역할을 할 수 있다.

2) 성비이론

구텐타그와 세커드(Guttentag & Seccord, 1983)에 의해 주장된 성비이론은 그 사회를 구성하는 남성의 인구비율이 이혼율을 결정한다고 가정한다. 일반적으로 여성들은 남성들보다 결혼생활에 대한 안정성을 더 많이 추구한다. 그러나 남성에 대한 여성의 인구비율이 높아져서 결혼하지 못한 여성들이 증가하면, 남성들의 생활을 문란케 하여 가정에 충실하지 못하도록 하기 쉽고 그에 따라 이혼율이 높아질 수 있다.

반대로 여성에 대한 남성의 인구비율이 높아지면 여성들이 더 높게 평가되고 중요시될 것으로 생각된다. 그러나 일반적인 생각과는 다르게, 남성들의 과잉공급은 구조적으로 남성들이 더 많은 힘을 갖게 하고 그 결과 여성의 전통적 역할을 강조하게 하여 오히려 이혼율이 낮아지는 결과를 초래한다.

3. 이혼의 지각된 원인

부부가 지각하는 이혼의 원인은 사회적 수준과 개인적 수준으로 나누어서 생각할 필요가 있다. 각 개인은 생태학적 환경의 영향을 받지 않을 수 없으므로 20세기 동안의 어떤 시대적 특성들이 이혼율의 증가를 가져왔는가를 검토한 후에 부부의 이혼과 직접적으로 관련된 요인들을 찾아보는 것이 바람직할 것이다.

1) 사회적 수준의 이혼원인들

20세기 동안 이혼율의 증가를 가져온 사회적 요인들을 정리하면 다음과 같다.

① 산업화와 도시화

산업화와 도시화는 개인의 성취성, 특이성, 자기중심성의 가치를 보편화시키고 익명성과 사회적 이동성을 증가시키므로 이혼율을 상승시킨다. 그에 따라 도시지역의 이혼율이 시골지역보다 더 높은 양상을 나타낸다. 도시지역은 단절된 인간관계를 지닌 이질적 사회여서 개인의 자유로운 삶을 가능하게 하므로 이혼기회를 증가시킨다.

② 경제적 조건

경제적 조건에 따라 이혼율이 변화한다. 즉 경기가 호황기에 접어들면 이혼율이 증가하나 불황기에는 이혼율이 오히려 낮아진다. 경기가 좋지 않을 때는 이혼시의 재산분배나 자녀에 대한 재정지원의 비용을 충당하기 어려워지므로 이혼이 억제된다.

③ 여성의 사회경제적 지위의 변화

높은 이혼율은 부분적으로 남녀평등에 기인된 여성의 지위상승에 그 원인이 있다. 여성들의 교육수준이 높아지고 그에 따른 취업기회의 증대는 남성에 대한 여성의 경제적 의존을 약화시키는 역할을 하였다. 더 많은 교육을 받은 여성들은 결혼생활보다는 직업생활을 선호하고 더 높은 임금을 받을 수 있으며 더 큰 직업만족을 경험할 수 있으므로 결혼생활 때문에 그들의 직업생애를 희생시키려고 하지 않는다. 그들은 과거와 같은 의존적이고 종속적인 주부의 역할에 더 이상 만족하지 않으며 자신의 성취와 독립에 더 높은 가치를 두기 때문에 이혼할 가능성이 커진다.

④ 결혼에 대한 가치관의 변화

사회적 제도로서의 결혼보다는 사랑을 바탕으로 하는 결혼관계를 강조할 때 이혼율은 증가한다. 사랑이 결혼을 위한 가장 중요한 조건이기는 하지만, 사랑은 결혼 초기의 형태 그대로 지속될 수는 없다. 애정에 바탕을 둔 결혼관계를 중요시하는 사회는 결혼생활의 경과와 함께 이혼하고자 하는 소망을 증대시킨다. 이혼하는 미국인들의 가장 보편적인 대답은 사랑 없는 결혼생활을 지속할 수 없어 이혼한다는 것이다.

⑤ 인구통계학적 특성

높은 이혼율은 인구통계학적 특성과도 상관이 있다. 예를 들면 20세 이전에 결혼한 사람들이 20세 이후에 결혼한 사람들보다 더 높은 이혼율을 나타낸다. 에스터버그 등(Esterberg, Moen, & Dempster-McCain, 1994)의 인생과정 접근모형(life course approach model)은 개인의 삶에서 일어나는 여러 가지 사건들의 시기와 순서가 인생과정에 어떤 영향을 주는가를 연구한다. 이 모델에 의하면, 그 사회가 규정하는 규범적 시기에 결혼하는 사람들이 너무 일찍 혹은 너무 늦게 결혼하는 사람들보다 더 적은 스트레스를 경험하므로 더 낮은 이혼율을 나타낸다. 특히 어린 연령에서 결혼하는 사람일수록 정서적으로 미성숙하고 더 적은 교육을 받았으며 혼전임신과 같은 불가피한 여건을 동반하기 쉽다. 따라서 17세에 임신하여 아기 아버지와 결혼하는 10대들은 25세에 결혼하는 여성들보다 더 험난한 결혼생활을 할 가능성이 있으므로 이혼할 확률이 높아진다는 것이다.

결혼연령과 함께 결혼생활의 지속연수도 이혼율에 영향을 준다. 결혼생활의 기간이 짧을수록 이혼율이 높고 결혼생활이 길어질수록 이혼율이 낮아진다. 미국의 인구조사에서는 물론 한국인들도 결혼생활 4년 이내에 이혼하는 사람들이 가장 많고 이혼자의 65% 정도가 결혼 10년 이내에 이혼한다. 최근에 20년 이상의 결혼생활을 한 부부들 사이에서 이혼율(13%)이 증가하고 있기는 하지만, 전체 이혼사례에서 차지하는 비율은 아직도 낮다.

가족이 소속하는 사회경제적 지위도 부부의 이혼과 상관이 있다. 일반적으로 사회경제적 지위가 낮은 집단이 높은 집단보다 더 높은 이혼율을 나타낸다. 사회경제적 지위가 낮은 사람들은 가난과 같은 생활 스트레스를 더 많이 경험할 수 있으므로 결혼생활의 안정성이 낮아질 수 있다. 가족의 사회경제적 지위 그 자체보다 실직과 재정적 불안정이 이혼을 가져올 수 있다는 보고도 있다.

또한 종교를 갖지 않은 사람들이 종교를 가진 사람들보다 이혼할 가능성이 더 많다. 그 외 결혼한 배우자의 한 사람 혹은 두 사람 모두가 이혼을 경험한 가정출신일 때, 그리고 배우자들 사이의 교육수준이 상당한 정도로 차이가 있을 때 이혼 가능성이 커진다.

2) 개인적 수준에서의 이혼원인들

개인적 수준에서의 이혼원인은 국가에 따라 그리고 개인에 따라 다양할 수 있다. 또한 시대에 따라서도 이혼원인에는 차이가 있다.

여자대학생들을 대상으로 면접하고 성격질문지를 실시한 후 20년이 경과한 다음 다시 면접한 결과(Helson, Mitchell, & Moane, 1984)에 의하면, 대학생이었을 때 충동적이고 비전통적이며 비관습적인 여성들이 20년 후에 이혼할 가능성이 더 많았다. 그들은 대학원에 진학할 계획을 가지고 있었고 결혼생활보다는 개인적 목표를 더 중요시하였던 여성들이다.

혼전성경험이 있는 여성들이 이혼할 가능성이 더 많다는 연구결과도 있기는 하지만, 혼전성경험 그 자체보다는 그들의 진보적이고 비전통적 태도가 결혼생활에 갈등을 초래하고 결국 이혼하게 한다는 것이 지배적인 견해이다(Rider, 2000). 또한 남녀의 정서적 불안정성이나 신경증적 경향성이 이혼의 가능성을 증가시킨다.

개인의 성역할 태도 또한 이혼에 영향을 준다. 성역할에 대한 평등주의적 태도를 지니고 있는 여성들 중에 이혼한 여성들이 많다(Fowers, 1991). 남성과 여성의 역할이 동등하다고 지각하는 여성들은 결혼 후에 가사일을 여성만의 일로 생각하는 배우자의 태도를 견디기 어려워하며 그들이 이혼하지 않는다고 할지라도 우울증과 같은 정신건강문제를 일으키기 쉽다(Blair & Lichter, 1991).

통계청(2000년 인구동태통계연보)이 제시한 한국부부의 이혼사유는 〈표 11-3〉과 같다. 가족간 불화를 포함한 부부불화가 2000년도의 주된 이혼사유이기는 하지만, 경제적인 문제로 인한 이혼이 1998년 이후로 큰 폭으로 증가함으로써 부부불화이 비율은 오히려 감소하고 있음을 알 수 있다. 외환위기 사태 이후 경제적인 문제 때문에 배우자를 유기하는 가출과 경제적 파탄에 따른 이혼이 2배 이상 늘어난 데 그 원인이 있다고 추정된다.

그렇다면 한국 여성의 이혼원인의 대부분을 차지하는 부부불화는 구체적으로 어떤 문제에 의해 일어나는가? 〈표 11-4〉는 한국 여성과 남성이 가장 중요하다고 지각한 이혼원인들이다. 조사대상자의 수가 많지는 않으나 남녀 모두 배우자의 부정행위와 성격차이를 이혼의 가장 중요한 원인으로 지각하였다. 따라서 부부불화에 기인된 이혼은 주로 배우자의 외도와 성격차이에 의해 일어난다는 것을 알 수 있다.

〈표 11-3〉 이혼사유별 구성비

	1991	1992	1993	1994	1995	1996	1997	1998	1999	2000
부부불화*	85.2	86.2	84.8	83.1	83.1	83.3	82.4	80.6	80.1	75.2
경제문제	2.0	1.9	2.3	2.8	3.0	3.5	4.2	6.6	7.1	10.8
건강문제	1.4	1.4	1.1	1.1	0.9	1.0	1.0	1.0	0.9	0.9
기 타	11.4	10.5	11.8	13.0	13.0	12.2	12.4	11.8	11.9	12.1
계	100.0	100.0	100.0	100.0	100.0	100.0	100.0	100.0	100.0	100.0

* 부부불화: 가족간 불화 포함.

출처: 통계청, 2000년 인구동태통계연보.

〈표 11-4〉 한국 여성과 남성이 지각한 이혼원인

여자(104명)	남자(28명)
1. 남편의 부정행위(29.8%) 2. 성격차이(15.3%) 3. 경제파탄(7.7%) 4. 신체적 폭력(5.8%) 5. 무자녀(5.8%)	1. 배우자의 부정행위(17.9%) 2. 성격차이(14.3%) 3. 아내역할의 불충실(14.3%) 4. 도박(7.1%)

출처: 김정옥, 1993.

사법연감(2001) 자료에서도 〈그림 11-2〉와 같이 이혼원인으로 배우자의 부정행위(42.1%), 악의의 유기(17.3%), 본인에 대한 부당한 대우(23.1%), 3년 이상 생사불명(6.5%) 그리고 존속에 대한 부당한 대우(5.5%)의 순으로 나타나, 배우자의 부정행위가 중요한 이혼원인임을 나타낸다.

한편 미국여성들의 이혼원인을 분석한 결과에 의하면(Price &

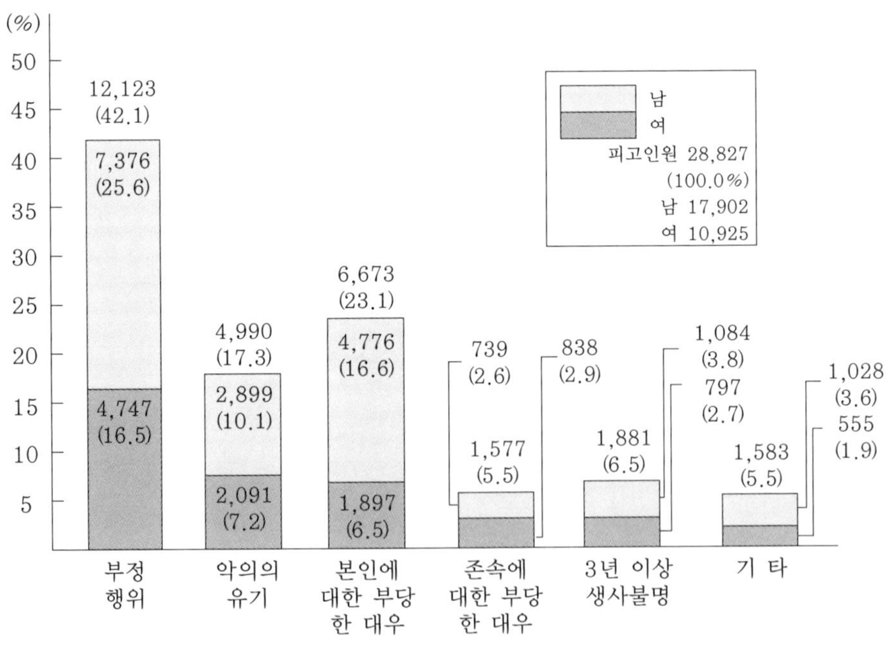

〈그림 11-2〉 이혼사건 원인별 비율(이혼소송사건에 한함)

출처: 법원행정처, 사법연감 2001.

McKenry, 1988), 시대에 따라 차이를 보인다. 1950년대까지만 하더라도 남편의 가족부양 실패나 과도한 권위주의가 이혼의 주된 원인이었고 1980년대에는 의사소통의 부족과 개인적 성격의 불일치 그리고 부부가 느끼는 불행감이 중요한 이혼원인이었다. 그러나 20세기 말에 이르러 배우자의 외도와 낭비, 음주나 약물의 상용, 질투심, 그리고 나쁜 습관 등이 중요한 이혼원인들로 보고되고 있다(Amato & Rogers, 1997).

4. 이혼의 진행과정

이혼은 배우자의 죽음 다음으로 성인기의 개인에게 고통을 주는 긴장유발사건이다(Holmes & Rahe, 1967). 부부의 결혼관계를 인위적으로 종결짓는다는 것은, 어느날 갑자기 부부가 이혼하는 것으로 모든 일이 끝나는 단순한 사건이 아니다. 그것은 부부가 이혼결정을 내릴 때까지의 어려운 과정과 이혼 및 이혼 후의 재적응의 기간을 포함하는 계속적 과정이다. 이혼을 결심한 부부는 먼저 신체적 접촉을 단절하고 별거에 들어가며 이혼을 위한 법적 절차를 밟는다. 그러나 이혼과정에서 법적 문제와 함께 감정적 문제, 자녀문제, 경제적 문제 등도 함께 처리해야 하므로 다음과 같은 여섯 가지 유형의 분리를 동시적으로 처리하지 않으면 안 된다.

① 정서적 이혼

지금까지 함께 생활해 왔던 배우자와의 정서적 분리는 이혼하는 사람들에게 가장 큰 고통을 준다. 정서적 분리는 파트너의 의도적인 거부를 포함하며 거부당한 파트너는 실패감과 거부감 그리고 자기존중감의 손상을 경험한다. 여성들은 배우자 두 사람의 상호합의에 의해 이루어지는 이혼보다 남편에 의해 제기된 이혼에 의해 더 큰 충격과 상실감을 경험한다.

② 법적 이혼

결혼이 법적 계약을 전제로 하기 때문에 이혼은 법적 계약의 파기를 포함해야 한다. 법적인 이혼동의는 재산의 분할, 자녀양육권, 부모의 권리 및 두 사람의 재정적 의무 등 부부의 분리와 관련된 모든 것에 대해 이루어진다. 상황에 따라, 이혼동의에 도달하기 위한 부부의 협상은 상당한 시간을 필요로 하기도 한다. 이혼동의에 의해 합의된 결과는 법적 구속력을 갖는다.

③ 경제적 이혼

여성들이 남성들보다 이혼 후에 더 큰 경제적 어려움을 겪는다는 것은 널리 알려진 일이다. 여성들이 이혼시에 위자료를 받을 수 있다고 할지라도, 대부분의 이혼하는 부부들은 나누어 가질 만큼의 충분한 재산을 갖고 있지 않으므로 여성들은 이혼 후에 경제적 어려움을 겪기 쉽다. 일반적으로 여성들은 남성들보다 취업을 위한 교육이나 훈련을 적게 받았기 때문에, 이혼 후에 남성과 비슷한 수준의 직업을 갖는 것이 거의 불가능하다. 그에 덧붙여 이혼 후에 자녀양육의 책임을 맡는 여성들은 자녀양육과 직업을 병행하기 어려울 뿐 아니라 자녀양육비의 부족으로 고통을 겪는다.

④ 부모역할이혼

부부의 이혼과 함께 부모-자녀 관계도 변한다. 이혼 이전에는 부부가 자녀에게 매일단위의 양육을 제공하였으나 이혼과 함께 부부 어느 한 편은 자녀와의 접촉을 제한당한다. 아동과 성인 모두 두 개의 분리된 관계를 형성하는 것에 적응해야만 한다. 어머니가 자녀양육권을 갖는 부부들의 경우, 이혼 후 아버지와 아동의 접촉이 현저하게 감소되는 반면, 아버지가 자녀양육권을 가질 때에는 정반대의 결과가 초래된다.

자녀양육권을 갖지 못한 이혼한 한국 여성들 중에는 자녀에 대한 상실감으로 심한 심리적 어려움을 경험하고 자녀를 돌보지 못하는 것에 대해 강한 죄책감을 느끼는 여성들이 많이 있었다. 반면 어린 자녀를 데리고 이혼한 여성들은 자녀양육의 어려움과 생활비 문제로 어려움을 겪으면서도 자녀로부터 정신적·심리적 지원을 받고 있다고 응답하여 서구의 이혼한 여성들과는 다른 양상을 나타내었다(문현숙과 김득성, 2000).

⑤ 지역사회이혼

부부 중 어느 한 사람이나 부부 양자는 이혼 후에 거주장소를 옮겨야 한다. 가깝게 지내던 이웃과의 분리는 사회적 지원체계를 붕괴하고 소외감이나 격리감 혹은 고독감을 유발한다. 새로운 지원체계가 형성될 때까지 이혼한 사람들은 고통을 받는다.

⑥ 심리적 이혼

이혼과 함께 부부가 결혼생활을 통하여 형성하였던 아내로서의 혹은 남편으로서의 정체감을 버리고 독신으로서의 개인적 정체감을 새롭게 형성하지 않으면 안 된다. 결혼한 성인들이 또다시 혼자 사는 것을 배운다는 것은 적응을 요구하는 어려운 과업이다. 부부 각자는 혼자만의 생활에서 직면하는 긴장에 대처하기 위하여 새로운 적응패턴을 확립해야 한다.

5. 이혼의 결과

이혼은 현실적 문제는 물론 신체적, 정신적 건강문제와 가족문제 그리고 대인관계 문제를 불러일으킨다.

1) 현실적 문제

이혼 후 여성이나 남성 모두 가정관리, 주택관리, 재정관리, 시간관리 등의 현실적 문제를 처리하는 데 어려움을 겪는다. 결혼생활을 통하여 상호보완적 역할에 익숙해 있었던 부부들은 이혼 후 혼자서 여러 가지 문제를 처리해야 할 때, 어떻게 해야 할지 몰라 당황한다. 이혼한 사람들의 대부분은 잡다한 문제를 처리할 시간이 부족하다고 느낀다. 특히 이혼 후 가사일을 혼자서 처리해야 하는 남성들은 가정의 관리와 유지에 더 많은 신경을 쓸 수밖에 없다.

현실적 문제 중 가장 심각한 문제는 경제문제이다. 이혼한 여성들 중에는 취업하지 않은 여성도 있을 뿐 아니라 취업하고 있다고 할지라도 저임금의 직업에 종사하는 여성들이 많아 이혼은 여성들의 생활을 궁핍하게 만든다. 자녀양육의 책임을 맡았음에도 불구하고, 이혼한 남편이 경제적으로 지원하지 않을 때 이혼한 여성들은 생활고로 고통을 겪는다. 통계청의 자료(2001 한국의 사회지표)에 의하면, 이혼과 사별에 의한 편모가정의 경제활동참가율이 55.9%에 그쳐, 이혼한 여성의 상당한 수가 직업이 없는 상태임을 짐작할 수 있다. 미국에서도 편모가정의 $\frac{1}{2}$-$\frac{1}{3}$이 가난 수준의 생활을 하고 있어 전세계적으로 가난은 여성의 문제임이 분명하다.

가난은 이혼의 스트레스와 결합하여 아동의 정서적 발달과 학업성취에 영향을 주고 성인이 되어서도 가난에서 벗어나기 어렵게 한다. 어머니가 재혼하여 경제적 상태가 좋다진다고 할지라도, 이혼과 재혼 사이에 겪은 생활의 어려움은 아동에게 회복되기 어려운 부정적 영향을 줄 수 있다.

2) 신체적, 정신적 건강문제

이혼과정 동안의 긴장은 신체적 건강을 악화시키고 심리적 장애를 초래할 수 있다. 결혼생활을 계속하는 사람들과 비교했을 때, 이혼한 사람들은 높은 질병감염률을 나타내고 알코올중독이나 안전사고의 발생비율이 높으며 자살에 의한 사망률도 더 높은 차이가 있다.

이혼한 여성들은 이혼 직후에 큰 스트레스와 우울을 경험하나 몇 년 지나면 회복될 수 있다. 그러나 그들은 이혼하지 않고 결혼생활을 유지하는 여성들의 행복수준에는 이르지 못한다(Lorenz 등, 1997). 특히 누구의 아내로서 사는 것을 행복해하고 배우자와 함께 활동하는 것을 좋아했던 여성들은 이혼 후 더 큰 괴로움을 경험한다.

이혼은 때로 여성들보다 남성들에게 더 고통스러운 사건으로 지각된다. 여성들은 이혼과정이나 이혼 후에 친구나 전문적 상담을 통하여 도움을 얻기도 하지만, 이혼하는 남성들은 대부분 혼자 고민하고 모든 것을 혼자 해결하려고 한다. 더욱이 남성들은 여성들보다 결혼생활에 더 많이 의존하기 때문에, 이혼 후에 자살을 감행하거나 심각한 심리적 장애를 보일 가능성이 더 많다(Hemstrom, 1996).

3) 가족문제

가족문제는 주로 자녀문제로서 여자 아동들보다 남자 아동들이 부모의 이혼에 의해 반항적이고 일탈적으로 변화되기 쉽다. 이혼한 어머니가 자녀를 맡게 될 때 어머니의 부모역할양식은 보다 더 권위주의적으로 변한다. 편모들은 자녀를 그의 아버지와 분리시켰다는 죄책감에 시달리고 자녀양육과 직업역할을 동시에 수행해야 하기 때문에 여려움을 겪는다. 대조적으로 자녀양육을 맡은 이혼한 아버지들은 자녀들에게 더 많은 자유를 주고 독립적인 행동을 요구하며 민주적인 부모-자녀관계를 형성한다. 보통 아버지들은 이혼 전보다 이혼 후에 더 바람직한 부모역할을 할 수 있다.

한편 자녀양육권을 갖지 못한 이혼한 부모들은 자녀와의 접촉이 차단당할 때 깊은 상실감을 느낀다. 특히 자녀양육권을 갖지 못하고 이혼한 여성들은 두고 온 자녀에 대한 그리움으로 고통스러워한다.

4) 대인관계 문제

이혼한 사람들은 사회적 접촉망의 축소에 기인된 고립감으로 어려움을 겪는다. 이혼과 함께 이사를 하거나 거주지를 변경함으로써 가까운 이웃을 잃게 되고 이혼에 대한 사회의 부정적 시각에 의해 오랜 친구들과의 관계도 변할 수 있다. 일반적으로 여성들은 남성들보다 이혼 동안 그리고 이혼 후에 친구나 가족의 연결망을 재형성하거나 유지하는 더 나은 능력을 지니고 있다.

그러나 이혼한 한국 여성들은 친구들로부터 정서적, 경제적 도움을 받기도 하지만, 같은 처지에 있는 이혼한 다른 친구들로부터 더 큰 위안을 얻었다고 보고한다(문현숙과 김득성, 2000). 때로 이혼한 친구를 만나는 것을 싫어하는 친구 남편 때문에 친구로부터 멀어지는 경우도 있다(김혜련, 1995).

그렇다면 여성과 남성 중 이혼 후에 누가 더 큰 고통을 경험하는가? 소위 '그의 이혼'과 '그녀의 이혼' 중 누구의 이혼이 더 많은 부정적인 문제를 포함하는가? 프라이스와 매켄리(Price & McKenry, 1988)는 남성들은 단기적으로 더 부정적 영향을 받는 반면, 여성들은 해결해야 할 더 많은 장기적 문제를 갖는다고 제안하였다.

한국의 이혼한 여성과 남성들을 대상으로 이혼 후 경험하는 문제들을 조사했을 때(한경혜, 1993), 〈표 11-5〉와 같이 여성들이 남성들보다 더 많은 문제를 더 심각하게 경험하였다. 남녀 모두 '자녀의 앞날에 대한 걱정'이 가장 많았으나 여성들은 남성들보다 자녀문제를 훨씬 더 심각하게 걱정하고 있었다.

〈표 11-5〉 이혼 후 경험하는 문제(%)

		거의 항상-대체로 그렇다	가끔 그렇다	거의-전혀 그렇지 않다
여성	① 자녀의 앞날에 대한 걱정	71.5	20.9	7.6
	② 사회활동 참여의 어려움	39.0	27.0	24.0
	③ 외로움	38.4	47.1	14.5
	④ 자녀 돌볼 시간이 없음	49.2	20.0	30.8
	⑤ 주변 사람들의 좋지 않은 인식	33.6	39.5	26.9
남성	① 자녀의 앞날에 대한 걱정	33.3	42.9	23.8

출처: 한경혜, 1993.

여성들 중에서도 전통적인 성역할 정체감을 지니고 있는 여성들이 평등주의적 성역할을 지향하는 여성들보다 이혼에 적응하기 위해 더 긴 시간을 필요로 하였다. 그들은 타인을 양육하고 남편의 직업역할을 뒷바라지하는 데 헌신해 왔기 때문에, 이혼 후 직업을 구하고 스스로 생계를 유지해야 할 때 깊은 좌절감을 맛보지 않을 수 없었다. 일생 동안 주부역할만을 수행할 것이라는 기대를 가지고 결혼생활을 시작한 전통적인 여성들은 이혼을 개인적 실패로 간주한다.

6. 이혼 후의 적응

이혼에 적응한다는 것은 결혼한 사람으로서의 지위에서 벗어나서 전배우자에게 의존하지 않는 독립적 정체감을 확립하는 동시에 일상생활의 다양한 역할들을 적절하게 수행할 수 있다는 것을 의미한다(Kitson & Raschke, 1981). 다시 말하면 전배우자와의 접촉을 끊는 것만이 능사가 아니라 독립된 개인으로서 일상생활을 영위할 수 있어야 한다는 것이다. 대부분의 이혼한 사람들은 이혼 후 1-5년 정도의 적응기간을 필요로 한다(Lamanna & Reidman, 1988).

이혼 후의 적응은 개인이 통제할 수 없는 요인들에 의해서 영향을 받기도 하지만, 여기서는 개인이 조절할 수 있는 요인들을 중심으로 이혼 후의 적응에 영향을 주는 요인들을 설명한다.

1) 재 혼

재혼을 이혼에 대한 궁극적인 적응으로 보는 사람들이 있다(Price & McKenry, 1988). 때로 재혼은 이혼으로 초래된 경제적 어려움을 완화시킬 수 있는 긍정적 대안으로 인식되기도 한다.

재혼은 세 가지 형태를 취한다. 즉 재혼남성과 재혼여성의 결합, 재혼남성과 초혼여성의 결합 그리고 초혼남성과 재혼여성의 결합이 그것이다. 통계청(2000, 인구동태통계연보)의 자료에 하면, 2000년도에 재혼남성-재혼여성의 결합이 9.6%, 초혼남성-재혼여성의 결합이 4.9% 그리고 재혼남성-초혼여성의 결합은 3.5%로서 우리의 통념과는 다르게 초혼남성-재혼여성의 결합이 재혼남성-초혼여성의 결합보다 더 많다는 것을 알 수 있

〈표 11-6〉 혼인형태별 구성비

	계	초혼-초혼 (남) (여)	재혼-초혼 (남) (여)	초혼-재혼 (남) (여)	재혼-재혼 (남) (여)
1991	100.0	89.4	3.5	2.5	4.6
1992	100.0	88.8	3.5	2.7	5.0
1993	100.0	88.0	3.4	3.1	5.5
1994	100.0	87.4	3.5	3.3	5.8
1995	100.0	86.3	3.6	3.6	6.5
1996	100.0	85.9	3.6	3.8	6.7
1997	100.0	85.3	3.4	4.0	7.3
1998	100.0	84.0	3.5	4.4	8.1
1999	100.0	82.5	3.5	4.7	9.3
2000	100.0	82.0	3.5	4.9	9.6

출처: 통계청, 2000년 인구동태통계연보.

다. 한국의 전통적인 결혼관습에 비추어 볼 때, 재혼여성과 초혼남성의 결합은 상상하기 어려운 결혼형태임에도 불구하고, 지난 10년 동안 꾸준히 증가해 왔음을 〈표 11-6〉을 통해 확인할 수 있다.

언뜻 생각하기에 이혼한 사람들은 결혼생활을 해본 경험이 있기 때문에, 재혼시에 결혼생활의 긴장이나 갈등을 더 잘 처리할 수 있을 것이라는 생각을 해볼 수 있다. 더욱이 재혼은 경제적 안정과 심리적 안정을 가져오고 외로움으로부터 벗어날 수 있도록 해줄 것으로 생각되기도 한다. 또한 한국과 같이 이혼한 여성에 대한 부정적 시선에서도 해방될 수 있도록 해줄 것으로 생각되기는 하지만, 재혼은 생각만큼 쉬운 것은 아니다. 많은 연구들은 두 번째 결혼이 첫번째 결혼보다 이혼으로 끝날 가능성이 더 많다고 제시한다. 심지어 재혼한 30대 여성의 $\frac{1}{2}$ 이상이 두 번째 이혼을 경험할 것이라는 주장도 있다.

재혼가정은 보통 복합가족(blended families 혹은 step families)이라고 불린다. 생물학적 부모와 자녀로 구성되는 핵가족과는 다르게 복합가족은 다음과 같은 문제점을 갖기 때문에 성공적으로 꾸려가기가 어렵다.

① 새로운 가족구성원들이 점차적으로 첨가되는 것이 아니라 즉시적으로 형성된다.

② 모든 구성원들이 새로운 관계를 형성하고 새로운 역할들을 맡아야

하므로 어려움이 발생한다.

③ 새로운 가족에 포함되기를 거부하는 자녀들이 있을 수 있고 그들의 반항적 행동이 어려움을 가중시킨다.

④ 전 배우자나 조부모들이 새로운 가족에게 계속적인 영향을 미칠 수 있다.

요약하면 이전 배우자와 그들 사이의 자녀 및 친인척들로 구성되는 복잡한 가족구조는 복합가족에게 많은 긴장을 초래할 수 있다. 그러므로 재혼은 이혼한 여성들의 문제해결방법이라기보다는 또 다른 문제의 시작일 수 있다. 국내 연구결과(정현숙 등, 2000)에 의하면, 재혼-재혼 커플이 부부 어느 한쪽만 재혼인 커플보다 재혼으로 야기된 부정적 감정을 보다 효과적으로 처리할 수 있었다. 그외 부부간의 의사소통문제, 계부모-계자녀 관계, 재혼 후에 출산한 자녀와의 관계 및 친족관계 등이 재혼가족의 만족에 영향을 주는 중요한 요인들이었다. 특히 계자녀가 있는 가족이 계자녀가 없는 가족보다 더 행복한 생활을 한다고 보고하기는 하지만, 재혼한 여성들을 면접한 결과에서는 여성들이 계자녀와의 관계로 어려움을 겪고 있음을 확인할 수 있었다.

2) 전배우자와의 애착관계

분노나 후회 혹은 미련이나 애정의 형태로 존재하는 전배우자에 대한 애착은 이혼 후의 적응에 도움이 되는가? 이혼 후 독립적 정체감을 형성하기 위해서는 먼저 정서적 이혼이 선행되어야 하기 때문에 배우자에 대한 애착의 지속은 적응에 방해가 된다고 주장하는 사람들이 많이 있다. 즉 전배우자에 대한 애착의 지속은 이혼 후의 적응에 부정적이라는 것이다(한경혜, 1993; Berman, 1988).

대조적으로 전배우자와의 관계가 우호적이면 오히려 적응에 도움이 된다는 주장도 있다. 그 증거로서 이혼한 아내가 지속적인 애착을 보여 줄 때, 남성들은 자녀양육을 더 많이 지원하고 협조적이라는 것이다(Wright & Price, 1986).

적응과 애착에 대한 이와 같은 상반된 주장과 함께 두 요인 사이에 서로 관련이 없다는 연구도 있어 현재로서 분명한 결론을 내리기는 어렵다.

분명한 사실은 전배우자와의 관계가 이혼 후의 적응에 영향을 미친다는 것이다. 그러나 한국의 이혼한 여성들은 자녀가 없을 때에는 전배우자에 대한 애착을 보이지 않으며 전배우자를 그리워할 때에도 단지 자녀들을 위해서이지 전배우자에 대한 애정이나 이혼 후 생활이 불만족스럽기 때문은 아니었다(문현숙과 김득성, 2000).

3) 경제적 여건

경제적 어려움은 이혼 후의 적응을 어렵게 만든다. 남성들이 이혼 후 경제적 타격을 거의 입지 않는 것과는 대조적으로 대부분의 이혼한 여성들은 경제적 어려움을 겪는다. 특히 아동을 양육해야 하는 여성들은 전배우자로부터 양육비를 제대로 지불받지 못하는 경우가 많아 경제적 어려움이 가중된다. 대부분의 이혼한 편모가족들은 그 사회의 가장 가난한 계층을 형성한다. 이와 같이 이혼한 여성들의 일차적인 긴장원은 경제적 어려움이므로 그들의 취업 여부는 이혼 후의 적응과 높은 상관이 있다.

흥미로운 것은 한국의 이혼한 여성들의 경우, 이혼 후의 경제적 형편에 대한 만족도와 생활만족도가 일치하지 않는다는 것이다. 〈표 11-7〉에서 알 수 있는 것처럼, 비록 제한된 수를 대상으로 연구하기는 하였지만, 경제적 형편에 대한 만족도보다 생활만족도가 일관성 있게 더 높아 객관적인 경제적 형편의 하락이 현재의 주관적인 생활만족도를 예언하지 못하였다. 다시 말하면 이혼 후 경제적 형편이 더 나빠졌음에도 불구하고, 이

〈표 11-7〉 경제적 여건과 생활만족도 비교

전체	사례 1	사례 2	사례 3	사례 4	사례 5	사례 6	사례 7	사례 8	사례 9	사례 10	사례 11	사례 12	사례 13
경제적 여건	중하	중하	하	중중	하	하	중하	하	중하	하	하	중중	중하
경제적 만족도	약간 만족	약간 불만족	매우 불만족	약간 만족	약간 불만족	매우 만족	보통	약간 불만족	보통	약간 만족	매우 불만족	보통	보통
생활 만족도	매우 만족	보통	약간 불만족	매우 만족	약간 만족	매우 만족	보통	매우 만족	약간 만족	매우 만족	약간 불만족	약간 만족	약간 만족

출처: 문현숙과 김득성, 2000.

혼한 여성들은 고통스러운 결혼생활에서 벗어남으로써 더 큰 생활만족을 느끼고 있었다. 그러므로 경제적 여건은 이혼 후의 적응을 위한 필요한 요소이기는 하지만, 충분한 조건은 되지 못한다는 것이다.

4) 사회적 지원망

사회적 지원망의 존재는 이혼 후의 적응을 용이하게 한다. 보통 가족이나 친척 혹은 친구들이 사회적 지원망을 형성한다(Thabes, 1997). 일반적으로 친구들은 이혼과정 동안 정서적 안정을 제공하는 역할을 하는 반면, 가족들은 경제적 도움이나 자녀양육과 같은 실제적 도움을 줌으로써 이혼 후의 적응을 돕는다.

특히 부모들은 이혼한 자녀를 위로하고 손자녀를 보살피며 독립할 수 있도록 적극적인 도움을 제공한다. 이혼한 여성들은 남성들보다 이혼 후 부모와 더 자주 접촉하고 더 많은 경제적 도움을 받는 경향이 있다. 그러나 부모가 사망하였거나 부모가 경제적인 여유가 없을 때에는 이혼한 여성들은 경제적, 심리적 지원망의 부족으로 큰 고통을 겪는다.

그러나 친구들은 한국의 이혼한 여성들에게 서구에서만큼 큰 위안이 되지 못하였다. 문현숙과 김득성(2000)의 사례에서 이혼한 여성들은 친구들에게 이혼한 사실을 숨기고 만나지 않으려는 경향이 있었다. 이혼하지 않은 친구들과 만난다고 할지라도 생활환경이 너무 달라서 대화가 되지 않는 경우가 대부분이었다. 그러나 이혼한 친구들과는 계속적으로 연락을 하고 서로 위안을 주고받으며 가깝게 지내고 있었다.

5) 대처전략

어떤 대처전략을 사용하느냐에 따라 이혼 후의 적응은 차이를 보인다. 버만과 털크(Berman & Turk, 1981)는 대처전략척도(Coping Strategies and Resource Inventory: CSRI)를 개발하고 요인분석을 실시하여 사회활동, 학습, 개인적 이해, 감정표현, 독립성 및 가정활동의 여섯 가지 대처양식을 추출하였다.

CSRI를 사용하여 한국의 이혼한 남녀를 대상으로 연구한 결과에 의하면(한경혜, 1993), 여성과 남성의 대처전략에는 차이가 있었다. 5점척도로 구성된 각 요인별 문항에 대해 3점 이상의 점수를 얻은 문항을 남녀별로

〈표 11-8〉 이혼한 여성과 남성의 대처전략(괄호 속은 평균점수)

여 성		남 성	
직업을 가짐	(4.44)	직업을 가짐	(4.12)
나를 위해 새생활 확립	(4.27)	나를 위해 새생활 확립	(3.89)
좀더 독립적으로 생활함	(4.17)	좀더 독립적으로 생활함	(3.75)
인생의 좋은 면을 보려고 노력함	(3.94)	인생의 좋은 면을 보려고 노력함	(3.59)
아이들과 많은 시간을 보냄	(3.80)	아이들과 많은 시간을 보냄	(3.47)
사람들과 어울림	(3.71)	이성을 만남	(3.45)
교회/성당이나 절을 찾음	(3.58)	친구들과 어울림	(3.41)
새 기술을 배움	(3.57)	친척들로부터 조언을 얻음	(3.32)
신에게 기도함	(3.36)	운동을 함	(3.31)
내가 좋은 사람이라고 생각하려고 노력함	(3.27)		
새 친구를 만남	(3.21)		
집안정리를 함	(3.20)		
이성을 만남	(3.16)		
운동을 함	(3.10)		
무엇이 잘못이었나를 인식하려고 노력함	(3.08)		
이혼한 사람들과 대화함	(3.04)		
울기	(3.03)		

출처: 한경혜, 1993.

제시하면 〈표 11-8〉과 같다.

〈표 11-8〉에 의하면, 한국의 이혼한 여성들은 취업, 새생활 확립, 독립적 생활이 이혼 후의 적응에 가장 큰 도움이 되었다고 응답하였다. 또한 종교에 몰입하거나 새로운 기술을 배우는 것도 이혼한 여성들에게 유익한 일이었다. 이혼한 남성들도 이혼 후의 적응을 위해 처음 다섯 가지 행동에 대해서는 여성들과 유사한 대처전략을 사용하나 종교나 새로운 기술의 학습은 이혼한 남성들에게는 도움이 되지 못하였다. 흥미롭게도 남성들에게 있어서 이성교제는 이혼 후의 적응을 위한 중요한 대처전략 중의 하나여서, 여성들의 경우보다 재혼이 더 쉽게 이루어질 수 있음을 나타내는 증거로 보여진다.

그러나 문현숙과 김득성(2000)의 연구에서는 이혼하거나 사별한 사람들로 구성되는 모임에 참석하는 것이 이혼한 여성들의 적응에 큰 도움이 되는 것으로 밝혀졌다. 일반적인 친목단체와는 달리 개인의 학력, 연령, 사회경제적 지위와 관계 없이 단지 혼자라는 공통점 하나로 서로에게 큰 위안과 지지가 되고 있었다.

결론적으로 여성들이 남성들보다 이혼에 적응하기 위하여 더 많은 대처전략을 사용함으로써 이혼이 남성들보다는 여성들에게 더 적응하기 어려운 사건이라는 것을 보여 준다.

Ⅱ. 영원한 이별: 사별

어떤 부부도 영원히 함께 할 수는 없다. 죽음이 그들을 갈라놓을 때, 부부는 어쩔 수 없이 미망인이 되거나 홀아비가 된다. 궁극적으로 죽음은 인간에게 가장 고통스러운 상실의 경험을 안겨 준다.

우리 사회에는 홀로 된 남성노인들보다 여성노인들이 훨씬 더 많다. 여성들의 평균수명이 남성들보다 더 길고 여성들이 자신들보다 약간 더 나이 많은 남성과 결혼하는 결혼경사도 현상에 의해 여성들은 남성들보다 더 오래 살 수밖에 없다. 한국 여성의 평균수명은 79.2세 그리고 남성은 71.7세이므로(통계청, 2001 한국의 사회지표) 평균수명만으로도 여성들은 8년 정도 홀로 살아야 한다. 더욱이 남성들은 여성들보다 배우자와 사별한 후에 재혼할 가능성이 더 많아 노년기에 홀로 사는 사람들의 대부분이 여성들이다.

미망인이나 홀아비의 경험은 그것이 일어나는 인생의 시기에 따라 달라진다. 일반적으로 젊은 여성들이 늙은 여성들보다 배우자의 상실로부터 더 잘 회복할 수 있다. 늙은 여성들은 본인들이 나쁜 건강상태에 있거나 경제적으로 어려운 상황에 처해 있기 쉬워 상실로부터 회복되기 어렵다. 보통 종교를 가진 사람들이 그리고 많은 형제자매를 가진 사람들이 그렇지 못한 사람들보다 사별의 고통에서 더 쉽게 회복될 수 있다(McGloshen & O'Bryant, 1988). 특히 자녀와 가족의 지원은 남은 배우자의 회복을 돕는 중요한 요인들이다.

1. 배우자 사망의 원인

배우자 사망의 원인은 시대에 따라 다르다. 한 세대 전까지만 하더라도 한국인 사망의 주요원인은 주로 전염성 질환들이었으나 최근에 와서 악성신생물(각종 암)에 의한 사망이 가장 많다. 〈그림 11-3〉은 1위부터 10위까지 가장 높은 사망률을 보이는 질환들을 제시한다. 남녀 모두 악성신생물(암)에 의한 사망률이 가장 높고 뇌혈관질환이 그 다음을 차지한다. 남녀의 사망률을 비교해 보면, 남성이 여성보다 1.2배 정도 더 높은 사망률을 나타내며 열 가지 사망원인 중에서도 뇌혈관질환과 심장질환 그리고 고혈압성질환에서만 여성들이 남성들보다 더 높은 비율을 차지할 뿐 나머지 일곱 가지 사망원인들에서는 남성들이 더 높은 사망률을 나타낸다.

한국여성과 미국여성의 사망원인을 비교해 보면 흥미로운 차이를 발견할 수 있다. 조사연도에 차이가 있기는 하지만, 〈표 11-9〉에 의하면, 한국여성의 사망원인은 뇌혈관질환, 당뇨병, 허혈성 심질환 그리고 위암의 순이었으나 미국여성들은 허혈성 심질환, 뇌혈관질환, 폐암, 폐렴, 유방암

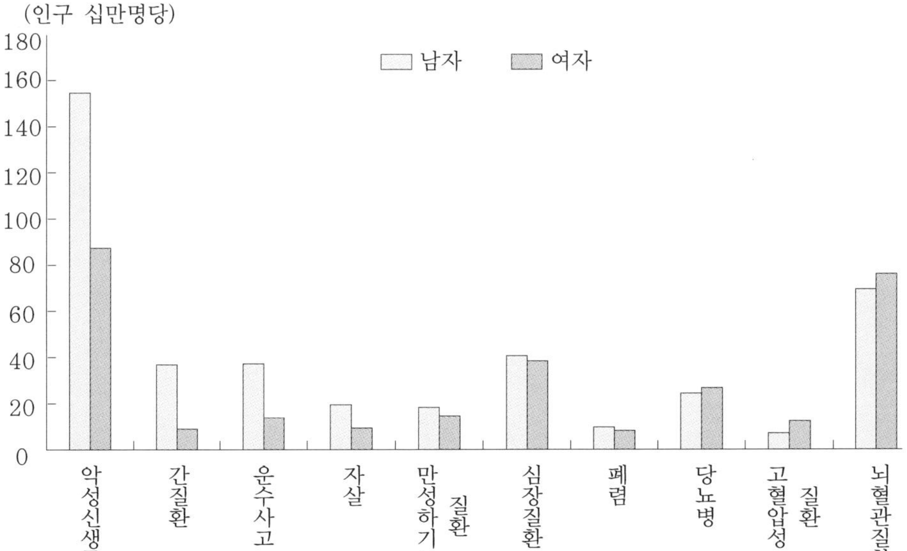

〈그림 11-3〉 주요 사망원인에 따른 남녀 사망률의 비교

출처: 통계청, 2000년 사망원인통계연보.

〈표 11-9〉 한국여성과 미국여성의 사망원인비교(단위: 인구 십만명당)

	연도	호흡기결핵	위암	간암	폐암	유방암	자궁암	당뇨병	허혈성심질환	뇌혈관질환	폐렴	간질환	운수사고	자살
한국	2000	3.8	17.2	10.0	12.6	4.9	5.6	22.7	19.0	77.1	7.1	8.7	13.9	8.9
미국	1997	0.2	3.9	1.2	45.4	30.7	7.8	25.2	167.4	71.2	34.2	6.5	11.1	4.4

출처: 통계청, 2000년 사망원인통계연보.

그리고 당뇨병의 순으로서 차이를 보였다. 한국여성들은 위암, 간암이나 간질환 및 뇌혈관질환에 의한 사망률이 미국여성들보다 높고 운수사고 사망률과 자살률에서도 더 높은 양상을 나타낸다.

일반적으로 여성들은 남성들에 비해 더 오랫동안 각종 만성질환에 시달리는 경향이 있다. 그러나 여성들은 만성질환에 의해 고통을 받기는 하지만, 그것으로 사망에 이를 확률은 적다. 오히려 질병으로 인한 일상적인 아픔이나 고통을 적게 겪는 남성들이 생명을 위협받는 상황을 더 많이 경험한다. 이와 같은 차이는 남녀의 평균수명에 차이를 가져오는 중요한 이유 중의 하나이다.

2. 사별에 대한 반응

사랑하는 사람의 죽음은 개인을 가장 고통스럽게 만들고 슬픔에 빠지게 하는 인생사건이다. 일생을 살아가는 동안 우리는 성장과 발달의 일부로서 많은 상실을 경험한다. 다양한 상실경험들은 슬픔을 야기시킨다. 그 예로서 이사하게 되어 가까운 이웃과 헤어질 때, 부부의 이혼시에, 혹은 직업을 잃거나 중요한 물건을 분실했을 때, 우리는 상실을 경험하고 슬픔에 빠진다. 그러나 어떤 상실도 사랑하는 사람을 사별했을 때의 상실만큼 클 수는 없다.

슬픔이나 상실에 대한 이론은 상실한 대상에 대한 애착 정도에 의해 개인의 반응을 기술한다(Bowlby, 1980). 어머니에 대한 애착을 형성한 영아들은 어머니와 분리될 때 격리불안(separation anxiety)을 느끼고 울며 어머니를 찾는다. 인간은, 타인은 물론 물건에 대해서도 애착을 형성하기 때문에 애착대상과의 분리는 슬픔을 야기시키고 불안을 생성한다. 따라서 사별한 사람들이 경험하는 슬픔은 아동기의 부모-자녀관계와 같이 주요한 애착관계에서만 경험된다(Weiss, 1993).

상실에 대한 슬픔은 시간경과에 따라 달라진다. 상실에 대해 개인이 경험하는 슬픔은 길이와 강도에서 다양하기 때문에 복잡한 다차원적 과정으로 인식된다. 동시에 개인의 슬픔은 신체적, 정서적 그리고 행동적으로 표현된다.

스팽글러와 데미(Spangler & Demi, 1988)는 배우자나 친구 혹은 친척의 상실에서부터 회복까지의 과정을 4단계로 구분하였다. 슬픔의 수레바퀴(Grief wheel)라고 불리는 이 모델은 〈그림 11-4〉와 같이 쇼크단계, 저항단계, 혼란단계 그리고 인생에 대한 재정의단계로 구성된다.

1) 쇼크단계

질병이 나타날 때까지 평탄하게 유지되던 개인의 생활이 배우자의 상실로 인해 쇼크를 받는다. 상실의 가혹함으로부터 개인을 보호하기 위해, 상실 그 자체를 부정하는 소위 부정(denial)의 메커니즘이 사용되기도 한다. 울음이나 우울과 연합된 식욕상실이나 수면장애와 같은 증상들이 나타난다.

2) 저항단계

죄책감이나 공포와 같은 증가된 우울증후들이 나타나는 동시에 자신을 홀로 남겨두고 떠나간 배우자에 대해 분노를 느낀다. 상실의 고통을 경험하는 것을 자신에게 허용할 때, 적응이나 회복의 가능성은 커진다.

3) 혼란단계

슬픔이 극도에 이른 상태로서 슬퍼할 수 있는 최저한계점에 도달해 있는 단계이다. 이제 사랑하는 사람과의 이별을 인정하거나 아니면 계속해서 혼란상태에 머물러 있거나 해야 한다. 이 단계에서 개인은 떠나간 사람의 물건이나 흔적을 보존함으로써 상실한 대상을 회복시키려고 노력한다. 이별한 사람을 회복시키려는 노력은 무덤을 자주 방문하거나 그 사람이 쓰던 물건이나 방을 그대로 유지하려는 행동으로 나타난다.

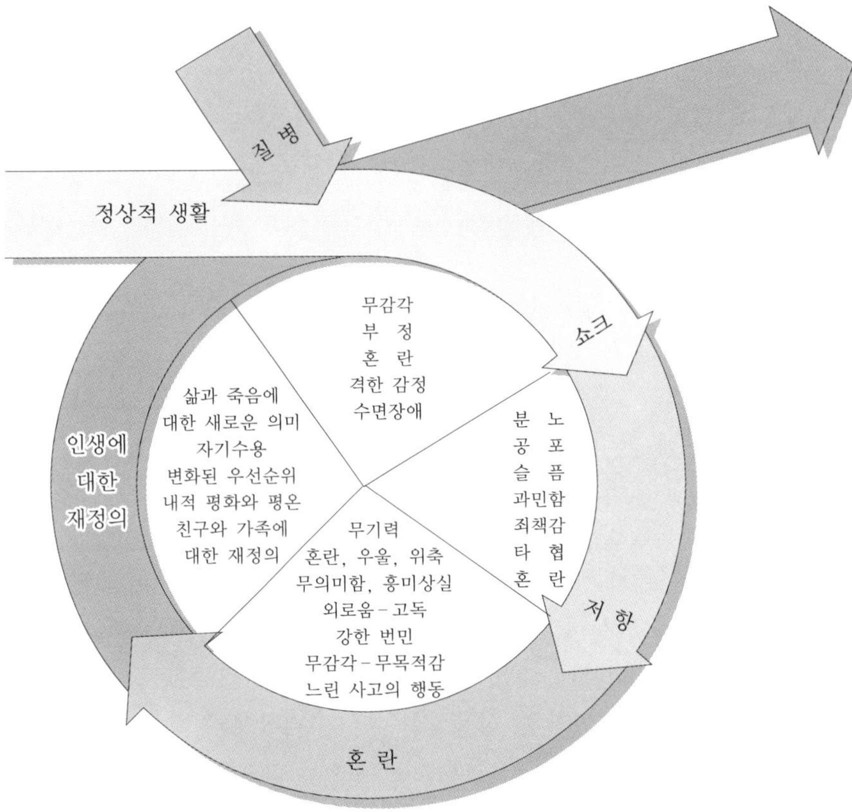

〈그림 11-4〉 슬픔의 수레바퀴모델

출처: Spangler & Demi, 1988.

4) 인생에 대한 재정의단계

이 단계는 개인이 그들의 상실을 현실적으로 수용하고 삶을 재형성하는 작업을 시작하는 과정에 해당한다. 떠나간 사람을 포함하지 않는 생활과 타협하기 위해서는 상실의 고통을 충분히 경험하고 내성할 시간을 필요로 한다. 이 단계의 초기에는 타인과의 정서적 관계를 단절하나 점차 현실과 타협하고 타인과의 관계를 회복시키기 시작한다. 이제 개인적 우선순위와 목표를 재평가하고 재정의한다. 사별과정을 통하여 많은 슬픔을 경험하고 내성할 수 있었던 사람들은 자기향상과 개인적 성장을 이룰 수 있다.

스팽글러와 데미의 슬픔의 수레바퀴모델은 애착대상을 상실한 사람들의 슬픔과정을 이해하는 데 유용하게 활용될 수 있다. 그러나 다음과 같은 이유 때문에 이 모델로써 개인의 사별과정을 완전하게 설명할 수 있다고 보기는 어렵다.

첫째, 슬퍼하는 과정에서의 개인차를 허용하고 있지 않다.

둘째, 애착대상을 사별한 사람들이 네 개의 단계를 계속적으로 거쳐갈 수도 있지만, 이전 단계로 후퇴하거나 두 개 이상의 단계를 동시적으로 경험할 수도 있다.

셋째, 어떤 사람들은 네 개 단계 중의 일부만 경험한 다음에 상실에 완전히 적응하기도 한다.

그러므로 슬픔의 수레바퀴모델은 계속적인 네 개의 사별과정인 동시에 사별에 대한 개인들의 상이한 네 가지 반응으로 이해되는 것이 바람직하다.

3. 사별과정에서의 성차

여성과 남성은 배우자의 죽음에 대한 반응에서 차이를 보인다. 배우자의 사망 후에 여성들은 남성들보다 분노와 불안을 더 많이 느끼고 사회적 고립과 우울증후를 경험한다. 특히 배우자의 사망 후에 여성들이 경험하는 경제적 어려움은 우울증후를 악화시킨다. 많은 여성들은 배우자의 죽음 후에 버림받았다는 느낌으로 고통스로워하며 자신만을 남겨 놓고 떠나간 남편을 원망한다. 미망인들의 깊은 슬픔은 그들의 건강을 상하게 하므로 홀로 된 남성들보다 더 많은 건강문제를 일으킨다.

더욱이 의존적인 여성들은 더 어렵고 고통스러운 사별과정을 경험해야 한다. 타인에게 의존적인 여성들은 좌절에 견뎌낼 수 있는 힘이 약하고 높은 불안수준을 지니고 있으며 유의미한 타인(배우자나 다른 애착대상)과의 관계를 중심으로 그들의 정서적 생활을 영위하는 사람들이다.

그러므로 의존적인 사람들에게 유의미한 타인의 상실은 곧 의존대상의 상실을 의미하는 것이기 때문에, 그들은 배우자와의 사별 후 극심한 슬픔과 긴 사별과정을 경험해야 한다. 특히 중년기에 미망인이 되는 여성들 중 가정주부의 역할만 수행해 왔던 여성들은 배우자의 죽음 후에 직업역할도 함께 수행해야 하므로 자신의 정체감까지 변화시켜야 하는 이중의 어려움을 겪는다.

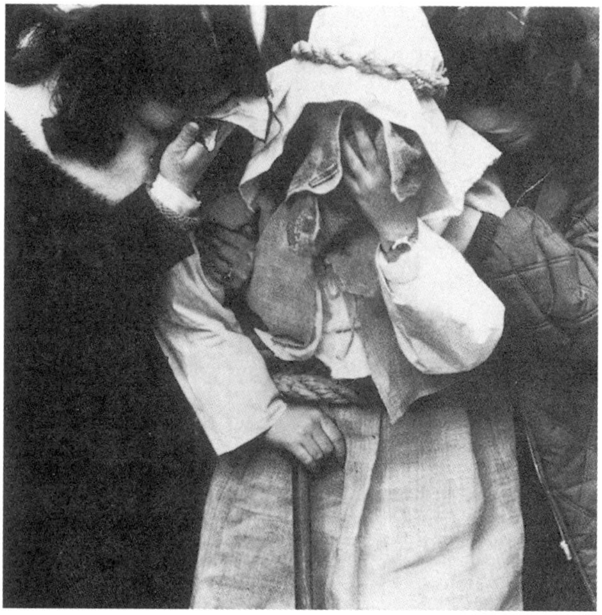

남편을 사별한 여성들은 배우자로부터 버림받았다는 생각으로 고통스러워한다.

대조적으로 홀로 된 남성들의 주된 증상은 외로움과 우울증이다. 성역할 사회화 과정의 결과로 친밀한 관계를 형성하는 것을 중요시하지 않는 남성들은 아내 이외의 대상과 친밀한 관계를 형성하지도 못했다. 그러므로 아내와의 사별은 그들에게 외로움을 가져다 줄 수밖에 없다. 또한 자신을 돌볼 준비가 되어 있지 못하고 가사일을 처리할 수 없는 남성들은 아내의 사망 후에 일상적인 생활을 꾸려가지 못해 전전긍긍한다. 사별한 남성노인들이 사별한 여성노인들보다 더 많이 자살을 감행한다는 사실은 사별한 남성노인들이 여성노인들보다 배우자의 사별 후에 잘 대처하지 못한다는 것을 보여 주는 단적인 예이다(Canetto, 1992).

그러나 배우자와 사별하는 남성들의 수는 여성들보다 더 적을 뿐 아니라 사별 후 많은 남성들이 재혼할 수 있으므로 사별 후의 문제는 대부분 홀로 된 여성노인들의 문제이다. 비록 여성노인들이 남성노인보다 배우자의 사별에 더 잘 적응할 수 있기는 하지만, 그들은 대부분 가난하고 외로움으로 고통받고 있으므로 홀로 된 여성노인들을 도울 수 있는 효과적인 사회적 연결망이 구축될 수 있어야 할 것이다.

4. 노년기의 재혼

여성노인들의 낮은 재혼율에도 불구하고, 60세 이상의 홀로 된 외로운 노인들 사이의 재혼이 조금씩 증가하고 있다. "한국노인의 전화"의 상담사례를 분석한 결과에 의하면, 1995년 3월부터 1996년 2월까지 전체 3,435건의 상담사례 중 325건(9.5%)이 이성교제에 관한 상담이었다. 이것은 취업(33.4%)과 노인복지시설(15.1%)에 관한 상담에 이어 세 번째로 높은 비율이어서 노인들이 이성교제에 대해 많은 관심을 가지고 있다는 것을 보여 준다.

노년기의 재혼도 젊은 날의 재혼과 마찬가지로 배우자간의 유사성이 재혼에서의 성공을 보장할 수 있는 중요한 요인이다. 유사한 교육수준과 사회경제적 수준 및 유사한 종교를 가진 사람들이 재혼에서 성공할 가능성이 높다. 이외에도 다음과 같은 조건들이 노년기 재혼의 안정성을 증가시킨다(김태현과 한혜신, 1996).

① 남녀 노인들이 장기간 서로 잘 알고 있는 사이일 때
② 재혼이 자녀와 친구의 동의를 받을 수 있을 때
③ 서로 은퇴와 노화에 잘 적응할 때
④ 충분한 수입이 있을 때
⑤ 함께 생활할 수 있는 주거공간이 확보되었을 때

1) 노년기 재혼의 특징

사별이나 이혼 후에 이루어지는 노년기의 재혼은 외로움을 해결하기 위한 방편으로, 자녀들로부터 독립하기 위한 수단으로, 여생의 동반자를 찾으려는 목적으로, 아플 때 보살펴 줄 사람을 얻기 위하여 그리고 경제적 어려움을 해소하기 위하여 등 여러 가지 이유를 가지고 있다.

한국 노인들의 재혼형태는 주로 자녀나 주위 사람들의 소개로 이루어지는 중매혼의 형태가 지배적이나 서로 일정 기간 동안 사귄 후에 결혼을 선택하는 자유혼도 있다(이정덕과 최영아, 1997).

노년기 재혼의 주된 동기가 외로움의 해결인 만큼 배우자 선택기준은 사람됨됨이로서 노인들은 마음 맞는 편안한 상대를 만나 외로움을 함께

나눌 수 있기를 원한다. 또한 자녀의 유무(조기동, 1993)나 연령차(김태현과 한혜신, 1996) 등이 배우자 선택의 기준이 되기도 한다. 자녀가 많으면 재혼으로 복잡한 친족관계가 초래될 수 있으므로 남자 노인들은 자녀가 없는 여성을 원하기도 한다.

연령차이 또한 노년기 재혼을 결정하는 중요한 요인이다. 대부분의 재혼커플에서 남성노인들의 연령이 여성노인들의 연령보다 더 많고 여성노인들의 연령이 아주 낮은 경우도 있다. 연령차이가 너무 클 때(재혼상대 여성의 연령이 너무 적을 때) 자녀들이 부를 호칭이나 주위의 시선을 우려하여 재혼이 성립되기 어렵다. 젊었을 때의 결혼과는 달리 노년기 재혼은 가족들과 잘 융화할 수 있는 조건이 특히 중요시된다.

남자노인들은 저축이나 자녀로부터 받는 생활비로써 재혼생활에 경제적 안정을 제공하는 역할을 한다. 그러므로 경제적 어려움을 해결하기 위한 방편으로 재혼을 선택하는 사람들은 대부분 여성노인들이다. 개인에 따라 다소 차이가 있기는 하지만, 남성노인들은 60, 70 혹은 80세까지 성적 기능을 갖기 때문에 재혼한 부부들간의 원만한 성적 적응도 만족스러운 재혼생활을 위한 중요한 요인이다(이정덕과 최영아, 1997; 조기동, 1993). 그러나 여성들은 폐경기 이후에 성적 욕구가 감소하기 때문에 재혼한 노부부간에 성적 불균형으로 어려움이 야기될 수도 있다.

특히 여성노인들은 남성노인들보다 가족관계나 친족관계 때문에 더 많은 어려움을 경험한다. 이정덕과 최영아(1997)의 연구에 의하면, 남자노인이 재혼이고 여자노인이 초혼일 때 친족적응이 가장 용이하였으며 여자노인이 이혼경험이 있을 경우에는 친족적응이 더 어려운 경향이 있었다. 그러나 노년기에 재혼하는 사람들은 이미 결혼생활을 해본 경험이 있기 때문에 서로의 입장을 존중하고 의사소통시에도 상대편을 배려한다. 그들은 가사일도 보다 공평하게 분담함으로써 노년기 인생동반자로서의 역할을 수행하려고 노력한다. 대부분의 홀로 된 노인들은 오랫동안 결혼생활을 한 경험이 있기 때문에 재혼생활의 갈등을 효과적으로 해결할 수 있는 책략들을 지니고 있으므로 성공할 확률이 높다.

2) 노년기 재혼의 문제점

자녀들의 적극적 지원하에 홀로 된 노인들이 재혼하고 양쪽 자녀들이 서로 왕래하며 새로운 가족관계에 적응하려고 노력하는 가정들도 많이 있다. 그러나 노인들의 재혼에 대한 사회의 부정적 시각이 아직도 존재할 뿐 아니라 재혼에 기인된 재산분배문제 그리고 제사 등의 가정사 문제로 인해 양쪽 집안 사이에 갈등이 생길 것을 우려하여 노인들은 재혼을 선뜻 결심하지 못한다. 특히 여성들의 정절을 강조하고 혼자 살아가는 것이 미덕이라는 전통적인 유교적 가치관이 노인여성들의 재혼을 방해한다. 2000년 현재 55세 이상의 남성노인들의 재혼율은 10.7%이고 여성노인들의 재혼율은 3.5%라는 통계청(2000년 인구동태통계연보)의 보고는 이러한 사실을 단적으로 말해 준다.

재혼한 노인들도 경제적 문제 때문에 고통을 겪는 사례가 빈번하다. 재혼하는 남성노인들 중에는 모아둔 재산으로 경제적 안정을 이룰 수 있는 사람도 있으나 노년기에 재혼한 대부분의 부부들은 경제활동을 할 수 없으므로 생활비 부족을 경험한다. 따라서 자녀들로부터의 경제적 지원이 절대적으로 요구된다.

여기에 덧붙여 남성노인들은 그들의 사후에 남게 될 여성노인의 경제적 여건을 마련해 주어야 하는 부담감을 안고 있다. 재혼한 노인부부들은 보통 6년 이상의 연령차이가 있는 커플이 많을 뿐 아니라 여성노인들의 평균수명이 더 길기 때문에 여성노인들은 남편의 사후에 또 다시 홀로 남게 되는 문제를 안고 있다. 그들은 남편의 사후에 남편의 자녀들로부터 부모로서의 대우를 받지 못할 것을 우려하는 동시에 경제적 자립이 어려울 것을 걱정한다. 실제로 노년기 재혼은 여성노인들에게는 일시적인 대안에 지나지 않는 경우가 많다.

노년기의 재혼도 젊은 날의 재혼과 같이 많은 어려움을 지니고 있다. 그럼에도 불구하고 노년기 재혼은 사별이나 이혼으로 혼자 된 노인들의 외로움을 들어 주고 보다 행복한 여생을 보낼 수 있는 대안이 되고 있다. 또한 노년기 재혼은 부모봉양을 부담스러워하는 자식들의 문제를 해결하는 방안이 될 수도 있다.

[12장]

여성과 관련된 문제들

[12장] 여성과 관련된 문제들

여성들은 사회적으로 낮은 지위에 위치하기 때문에 남성과는 다른 심리적 문제를 가질 수 있고 폭력의 희생자가 될 수도 있다. 여성장애로 알려져 있는 우울증과 광장공포증 및 섭식장애를 설명하고 성폭력과 아내학대의 문제를 논의한다. 이 장을 통하여 여성의 문제를 해결하기 위해, 어떤 노력이 어떻게 이루어져야 하는가에 대한 통찰을 얻을 수 있을 것이다.

여성과 관련된 문제들

Ⅰ. 심리적 장애
1. 심리적 장애에 대한 접근방법
1) 의학적 모델
2) 성역할 고정관념 모델
3) 사회구성주의자 모델
4) 페미니스트 모델
5) 관계적 모델
2. 진단범주
1) 성편견의 문제
2) 인종이나 문화적 편견
3. 여성들에게 흔한 심리적 장애들
1) 우울증
2) 광장공포증
3) 섭식장애
Ⅱ. 여성과 폭력
1. 성폭력
1) 성폭력의 피해자와 가해자
2) 성폭력의 결과
3) 성폭력 관련 대책
2. 아내학대
1) 아내학대의 가해자
2) 아내학대의 피해자
3) 아내학대 관련 대책
Ⅲ. 여권신장을 위한 우리의 노력

제12장 여성과 관련된 문제들

사회적으로 남성들보다 더 낮은 지위에 위치하는 여성들은 그들의 낮은 지위에 기인된 불이익을 많이 당한다. 그들은 의존적이고 불안정하여 남성들보다 더 많은 심리적 장애를 갖는다고 생각된다. 중세기나 그 이후의 예술작품에 나타난 가장 인기 있는 주제는 '여성과 광기'일 정도로 심리적 장애는 여성의 전유물로 인식되었다.

동시에 여성들은 힘이 없기 때문에, 사회는 여성들이 우월한 남성들에게 희생당하는 것을 암암리에 당연시하였다. 이와 같은 남성우월의 사회분위기하에서 여성들은 신체적, 성적으로 남성폭력의 희생자일 수밖에 없었고 지금도 성폭행이나 배우자 폭력으로 고통받는 여성들이 많이 있다.

이 장에서는 여성들에게 흔하다고 생각되는 심리적 장애들이 과연 여성들에게만 국한된 문제인가를 검토하고 성폭력과 배우자(아내) 학대의 문제도 함께 논의하기로 한다.

Ⅰ. 심리적 장애

어느 사회에서나 남성들보다 더 많은 여성들이 심리적 장애로 진단받기 때문에, 정신과 병원을 찾는 여성들의 수가 남성들보다 훨씬 더 많다. 그러나 심리적 장애는 신체질환보다 진단하기 어려울 뿐 아니라 현재까지 심리적 장애를 진단할 수 있는 객관적 표준도 거의 마련되어 있지 않은 상태에 있다. 따라서 임상의가 내리는 대부분의 진단은 환자가 제공하는 정보와 환자와 가까운 사람들의 관찰을 바탕으로 장애의 원인을 추론한 결과이다.

그러나 랜드라인(Landrine, 1989)은 심리적 장애의 다양한 증상들이 사회적 진공 속에서 평가되는 것이 아니라고 주장하였다. 그는 여러 연령층의 학생들에게 우울증, 의존적 성격장애 그리고 반사회적 성격장애를 기술한 문장을 주고 누가 그와 같은 증상에 해당될 수 있는가를 질문하였다. 예상한 대로, 우울증과 의존적 성격장애는 중류계층의 백인여성에게 그리고 반사회적 성격장애는 하류계층의 젊은 남성에게 해당되는 증상이라고 응답하였다.

이와 같이 심리적 증상에 대한 일반적인 지각은 사람들이 가지고 있는 생각이나 특성들과 혼합되어 있고 특히 성역할 고정관념과 연결되어 있다. 그러나 어떤 연구도 왜 그와 같은 연결이 존재하는가를 밝히지 않는다. 실제로 여성들은 남성들보다 더 많은 심리적 장애를 갖는가? 그리고 그 이유는 무엇인가?

1. 심리적 장애에 대한 접근방법

여성들이 남성들보다 심리적 장애를 더 많이 갖는 이유를 설명하는 방식은 연구자에 따라 다양하다. 여기서는 대표적 접근방법으로 의학적 모델, 성역할 고정관념 모델, 사회구성주의자 모델, 페미니스트 모델 그리고 관계적 모델을 소개하려고 한다.

1) 의학적 모델

의학적 모델은 여성들을 거의 전적으로 그들의 생식기능에 의해 정의하려고 한다. 이 모델에 의하면, 여성들은 월경기간과 출산 후 그리고 폐경기 동안의 호르몬변화에 의해 심리적 장애를 나타낼 높은 위험에 처한다. 특히 이 접근방법을 지지하는 연구자들은 여성호르몬 수준에서의 변화가 우울증에 취약하다는 입장을 취한다.

문제는 남성들의 우울증 발생률이 여성들보다 더 높은 나라들도 많이 있다는 것이다. 비교문화적 연구들(Root, 1995; Rothblum, 1983)은 생물학적 취약성으로 심리적 장애의 발생을 설명하려고 하는 것은 문제를 지나치게 단순화한 결과라고 주장한다.

2) 성역할 고정관념 모델

이 모델은 사회가 규정하는 남녀의 성역할이 심리적 장애의 발생을 촉진시킨다고 주장한다. 그 증거로서 여성들에게 많이 발생하는 우울증이나 광장공포증(agoraphobia) 혹은 섭식장애의 증상들은 수동적이고 의존적이며 타인과의 관계를 중요시하는 여성 성역할과 정확하게 일치한다. 대조적으로 남성들에게 흔한 반사회적 행동이나 알코올중독은 남성 성역할과 밀접하게 관련되어 있으므로, 성역할에 대한 과장된 집착은 남녀 모두에게 병리적 결과를 초래한다는 것이다.

우리 모두가 성으로 이분되는 사회에서 살고 있기 때문에 개인의 성이나 성역할이 생활의 모든 측면에 영향을 미치지 않는다면 오히려 이상한 일일 것이다. 성역할 고정관념 모델은 여성과 남성이 나타내는 심리적 증상의 수와 종류가 다를 수밖에 없다는 것을 강조한다. 그러나 이 접근방법은 심리적 장애의 유발인자인, 고정관념적 성역할을 강화하는 가족의 역할이나 사회의 역할에 대해서는 관심을 갖지 않는다.

3) 사회구성주의자 모델

이 모델에 의하면, 심리적 장애는 개인적 사건인 동시에 사회적 사건이기도 하다. 그 이유는 어떤 행동이 정신적으로 건강하고 불건강한가를 평가하는 규준은 사회에 의해 만들어지기 때문이다. 그러므로 사회는 부적응 행동을 만들어 내는 역할을 한다.

그러나 행동을 평가하는 사회적 규준(social norm)은 시간경과에 따라 변할 수 있으므로 심리적 장애에 대한 정의 또한 변할 수 있다. 다시 말하면 현재 여성들에게 빈번하게 발생하는 장애들도 사회적 규준이 변한다면, 여성들과는 상관없는 질병이 될 수 있다는 것이다.

사회구성주의자 모델에서는 이중구속(double bind)의 메커니즘이 중요시된다. 이중구속이란 사회적으로 불리한 입장에 처한 사람들이 사회적으로 바람직한 일이나 역할을 하지 못하도록 제한하는 메커니즘이다.

그 예로서 사회는 남성들보다 낮은 지위에 위치하는 여성들이 남성과 동등하게 직업역할을 수행할 수 있다는 것을 인정하지 않는다. 여성들은 감정적이고 의존적이며 신체적 매력을 중요시하는 여성성의 소유자들이기 때문에, 도구적으로 유능할 수 없다는 것이다. 만약 여성이 유능하게 직업역할을 수행하는 다른 남성들보다 먼저 승진한다면, 그것은 그 여성이 지니고 있는 능력 때문이 아니라 그 회사의 사장과의 모종의 관계 때문이라고 생각된다.

이중구속은 모순된 가정이 동일한 사회적 맥락 내에 존재할 때 일어난다. 즉 낮은 지위의 여성과 사회적 성공은 서로 모순되므로 이중구속의 메커니즘을 활성화시킨다. 이중구속의 결과로 여성들이 그들의 여성성에서 벗어났다고 평가될 때, 사회적 비난을 면하기 어려우며 심리적 장애로 고통받기 쉽다는 것이 사회구성주의자 모델의 주장이다.

4) 페미니스트 모델

페미니스트들에 의해 제기된 이 모델은 심리적 장애의 발생은 남녀간의 힘의 차이와 불평등에 기원한다고 강조한다. 일반적으로 여성들은 남성들보다 더 적은 힘을 갖기 때문에, 여성들이 갖는 심리적 장애는 여성의 개인적 문제이기보다는 오히려 사회적 문제에 그 원인이 있다는 것이다.

여성과 남성 사이의 일반적인 불평등성은 심리적 장애의 진단은 물론 치료에도 영향을 미친다. 임상심리학의 역사를 살펴볼 때, 여성들은 대부분 환자였고 남성들은 치료자였다. 남성이기 때문에 그리고 환자가 아닌 치료자이기 때문에 더 많은 힘을 갖는 남성치료자들은 전통적으로 남성성역할인, 자율성과 개인주의가 여성성역할인, 의존성보다 더 건강하다고 평가한다. 그들은 여성적 특성보다 남성적 특성을 사회적으로 더 바람직하다고 지각하므로 건강한 성인과 남성을 동일시한다.

남성치료자들이 갖는 남성중심적 편견은 남성들보다 여성들이 우울증이나 불안반응을 더 많이 나타낸다고 생각하게 한다. 그들은 심리적 장애의 원인을 여성 내부에서 찾고 그것을 변화시키려고 향정신성 약물(psycotropic drugs)을 투여한다. 향정신성 약물이란 기분이나 사고 혹은 행동을 변화시키는 물질로서 의사의 처방 없이는 사용될 수 없는 약물이다. 과거의 치료자들은 남성들보다 여성들에게 향정신성 약물을 훨씬 더 많이 처방하곤 하였다(Carmen, Russo & Miller, 1981).

그러나 페미니스트 모델은 여성들이 나타내는 심리적 장애는 사회적 변화가 일어나야만 치료될 수 있다고 주장한다. 이 모델에 의하면, 구조적인 힘의 불평등이 우리 사회에 존재하는 한 여성들은 불평등에 기인된 증상을 나타내지 않을 수 없다는 것이다. 사회구조가 정서적 문제를 야기시키고 삶을 심각하게 제한하는 환경에서 생활해야 하는 여성들이 개인적 통제력을 발휘한다는 것은 어려운 일이다.

그러므로 문제에 대한 개인적 통찰이나 스스로의 해결을 강요하는 기존의 치료는 여성을 극도로 침울하게 만들 뿐이다. 대부분의 심리치료가 개인을 변화시키려고 하기 때문에 여성들은 치료되는 것이 아니라 오히려 그들의 무기력과 상황을 조화시키는 방법을 학습한다. 대조적으로 페미니스트 모델은 여성 개인이 아니라 여성이 사회적 변화를 일으키는 것을 도울 수 있도록 설계된 치료를 추천한다.

5) 관계적 모델

관계이론가들은 타인과 관계를 형성하는 것이 정신건강을 유지할 수 있는 비결이라고 강조한다(Miller & Stiver, 1997). 따라서 타인과의 분리나 단절(절연)은 심리적 문제를 초래한다는 것이다.

개인의 정신건강이 타인과의 관계와 연결되어 있다는 생각은 여성의 문제를 치료한 많은 치료자들을 통하여 확인되고 있다. 하나의 사례를 예로 들어 보자. 지난해에 어머니와 사별한 한 여자대학생은 매사에 집중할 수 없었으므로 학업에도 큰 지장을 받고 있었다. 어머니와 대단히 가까운 관계를 형성하였던 이 여학생은 자신의 문제가 어머니의 죽음과 관련되어 있다고 생각하고 정신과 의사를 찾아갔다. 심리치료를 받던 첫날, 그 여학생은 치료자에게 일주일에 한 번이 아니라 두 번씩 치료받을 수는 없느냐고 질문하였다.

전통적인 정신분석학자들은 이 여학생의 슬픔과 우울 그리고 잦은 치료요구를 그녀의 히스테리적 성격과 의존성에 기인한다고 해석하고 그녀가 내담자-치료자 관계에 지나치게 몰입할 위험이 있다고 진단한다. 그러나 관계조망에서는 어머니의 죽음에 대한 이 여학생의 괴로움을 가까운 관계의 붕괴에 기인한 대단히 적절한 반응으로 해석한다. 이 여학생은 의존적이 아니라 삶에서의 유의미한 관계가 붕괴된 이후에 평형상태를 회복하려고 노력하고 있다는 것이다.

이 사례는 여성들의 가까운 관계가 자주 병리적으로 해석되고 남성적 시각에서 의존적이고 피학적인 증상으로 평가되었다는 것을 잘 나타내 준다. 정신장애에 대한 전통적인 정신역동적 접근은 독립과 정서적 표현의 통제 그리고 어머니와의 분리를 심리적 건강의 지표로 활용하였으나 관계적 견해는 전통적인 정신역동적 견해와는 완전히 다른 사고를 요구한다.

2. 진단범주

질병을 치료하기 위해서는 먼저 진단해야 한다. 정신문제의 진단은 보통 DSM(American Psychiatric Association's Diagnostic and Statistical Manual of Mental Disorders)에 기초하여 이루어지며 현재 1994년에 개정된 제4판이 사용되고 있다. 이 편람은 정신장애의 주요범주와 하위범주에 대한 목록과 각 장애에 대한 설명을 포함하고 있으며 구체적인 진단부호도 수록되어 있다. 정신장애의 참고서라고 할 수 있는 DSM은 임상의와 진단자간의 진단적 일치를 증가시키는 역할을 하였다.

아래에서 설명이 되겠지만, DSM 범주는 성편견을 포함하고 있어 정신장애의 진단을 성적으로 편향되게 하는 문제점을 지니고 있다(Lerman, 1996). 또한 DSM은 개인이 갖는 증상에만 초점을 맞출 뿐 개인의 주변상황이나 맥락을 고려하지 않는 문제점도 지니고 있다.

일반적으로 남편에게 학대당하는 여성의 증상은 단순히 우울증으로 진단되고 그에 따라 우울증 치료가 이루어진다. 그러나 이 여성의 우울증은 남편의 학대가 그 원인임에도 불구하고, 학대하는 남편이나 가정 맥락은 진단되지도 않고 치료되지도 않는다. 이 여성의 우울증은 단지 여성 자신의 문제라고 생각될 뿐이다. DSM은 물론 정신과 의사들은 다음과 같이 성이나 인종에 대한 편향된 시각을 가질 수 있다.

1) 성편견의 문제

진단이 성에 의해 영향을 받는다는 증거가 있는가? 한 연구는(Hansen & Reekie, 1990) 치료자에게 사례의 절반은 남성이고 또 다른 절반은 여성이라는 것을 알려주고 우울한 기분과 주의집중장애 및 무기력한 증상을 갖는 내담자를 평가하게 하였다. 치료자들은 여성이 남성들보다 더 잘 기능하고 있다는 평가를 하였다. 남녀 모두 동일한 증상을 나타내고 있었음에도 불구하고, 그들은 남성의 문제가 여성의 문제보다 더 심각하다고 지각하였다. 이것은 여성의 증상이 남성의 증상만큼 심각하게 생각되지 않는다는 것을 의미할 뿐 아니라 여성의 증상에 대해 철저하게 치료하려는 자세가 갖추어져 있지 않다는 것을 의미하기도 한다.

2) 인종이나 문화적 편견

성과 함께 인종이나 문화가 정신장애의 진단에 영향을 준다. 솔로몬(Solomon, 1992)같은 사람은 DSM이 서구문화에 기초되어 있으므로 다른 문화의 사람들에게 불리하게 편향되어 있다고 주장한다. 그 이유는 서구문화에서 장애로 진단되는 행동은 다른 문화에서는 정상일 수 있기 때문이다.

치료자 또한 환자의 인종이나 성에 의해 영향을 받는다. 로링과 파우웰(Loring & Powell, 1988)은 먼저 치료자에게 환자들을 진단하게 하고 병명을 기재하도록 하였다. 이때 환자들은 인종과 성에 따라 다섯 가지 집단으로 구분되었고 치료자에게 다시 환자를 진단하도록 하였다. 즉 백인 남성, 백인 여성, 흑인 남성, 흑인 여성 그리고 인종과 성에 대한 정보가 없음이 그것이다.

이 연구에서 인종과 성에 대한 정보가 없거나 치료자가 처음에 생각한 정보와 환자의 성이나 인종이 일치할 때 진단은 정확할 수 있었다. 그러나 일치하지 않을 때는 원래의 진단과는 다른 진단이 나타났다. 특히 남성 정신과 의사들은 여성 정신과 의사들보다 환자가 우울하거나 히스테리성 성격장애로 고생할 때, 그 환자를 자주 여성으로 진단하였다. 흑인환자들은 남녀 구분 없이 자주 편집형 정신분열증으로 진단되는 경향이 있었다.

이 연구는 성과 인종에 대한 사회의 고정관념이 진단에 어떻게 영향을 주는가를 보여 준다. 특히 성역할 고정관념은 남성 정신과 의사가 여성환자를 진단할 때 더 빈번하게 나타난다. 정신과 의사가 갖는 성이나 인종에 대한 고정관념은 환자가 적절한 치료를 받는 것을 방해하고 성과 인종 그리고 정신병리에 대한 고정관념을 영속화시키는 역할을 한다.

3. 여성들에게 흔한 심리적 장애들

남성들보다 여성들에게서 더 빈번하게 발견되는 심리적 장애들이 있다. 소위 여성장애(female disorders)로 알려진 심리적 장애에는 우울증(depression)과 광장공포증(agoraphobia) 그리고 섭식장애로서 신경성식욕부진증(anorexia nervosa)과 신경성폭식증(bulimia)이 포함된다. 여성들의 우울증 발생률은 남성들보다 2-4배 이상 높고(Sprock & Yoder, 1997; Kessler 등, 1994), 광장공포증 환자의 85%와 신경성식욕부진증 환자의 95%를 여성들이 차지한다(Franks, 1986).

1) 우 울 증

우울증은 〈표 12-1〉에 제시된 바와 같이 주요우울장애와 기분부전장애로 구분된다. 우울증의 일반적인 증상들은 타인으로부터 부정적 평가를 받기 쉬운 행동형태들인, 슬픈 얼굴표정, 식욕상실, 피로감, 불면증, 무기력, 부적절감, 죄책감, 우유부단함과 함께 웅크린 자세와 느린 말투를 포함한다. 우울증의 두 가지 유형이 나타내는 차이는 증상 그 자체가 아니라 증상의 심각성과 기간이다. 기분부전장애의 증상들은 매일매일의 단위로는 그렇게 심각하지 않으나 대단히 만성적인 특성을 지니고 있다. 이 장애를 갖는 개인들은 우울증상들이 이미 개인 자신의 일부가 되었으므로 자신도 장애를 가지고 있다는 것을 인식하지 못한다.

일생동안 여성이 주요우울장애를 경험할 가능성은 10-25%인 반면, 기분부전장애의 위험에 처할 가능성은 6% 정도로 차이를 보인다(APA, 1994). 또한 우울증을 갖는 사람의 약 15% 정도는 자살에 의해 사망한다. 비록 남성들보다 더 많은 수의 여성들이 우울증으로 진단받고 자살을 기도하기는 하지만, 자살에 성공하는 사람들은 여성들보다 남성들이 더 많다. 그 이유는 남성들은 총을 사용하거나 목을 메는 방법을 사용하는 반면, 여성들은 과량의 약물을 사용하므로 회복될 가능성이 더 크기 때문이다.

〈표 12-1〉 기분부전장애와 주요우울장애의 DSM-IV 진단범주

주요우울장애
1. 다음 증상들 중 다섯 가지 혹은 그 이상의 증상이 2주 동안 나타난다. 증상들 중에는 우울한 기분이나 흥미의 상실이 반드시 포함되어야 하며 거의 매일 증상들이 나타난다는 조건을 충족시켜야 한다. ① 거의 하루 종일 우울함 ② 거의 혹은 모든 활동에서 흥미나 즐거움을 상실함 ③ 유의미한 체중손실이나 증가(한달에 5%의 체중변화) 혹은 식욕의 변화 ④ 불면증이나 지나친 수면 ⑤ 심리운동 활동의 증가나 감소(지나치게 느리거나 들떠 있음) ⑥ 피로 혹은 에너지의 상실 ⑦ 무가치감이나 과도한 죄책감 ⑧ 사고력이나 집중력의 감소 혹은 의사결정의 어려움 ⑨ 죽음에 대한 반복적 생각, 구체적 계획 없이 자살에 대한 반복적 생각 혹은 자살기도나 자살을 위한 구체적 계획
기분부전장애
1. 적어도 2년 동안 우울한 기분이 지속된다. 이 기간 동안 우울한 날이 우울하지 않은 날보다 더 많으며 우울한 날은 거의 하루 종일 우울한 기분에 빠진다. 2. 다음 중 두 가지 이상의 증상을 나타낸다. ① 식욕이 없거나 과식함 ② 불면증 혹은 지나친 수면 ③ 기력이 없거나 피곤함 ④ 낮은 자기존중감 ⑤ 주의집중을 못하거나 의사결정을 못함 ⑥ 무력감

(1) 우울증에서의 성차

여성들의 우울증 발병률이 남성들보다 더 높은 이유를 설명할 수 있는 여러 가지 요인들이 있다. 각 요인들을 차례로 설명하면 다음과 같다.

① 생 물 학

생물학적 요인들이 여성을 우울증에 더 취약하게 한다는 주장이 있다. 여성호르몬인 에스트로겐 수준에서의 극적 변화가 산후우울증을 유발한다는 사실은 이러한 주장을 뒷받침한다. 또한 우울증 발병에서의 성차가 사춘기까지는 나타나지 않으며 노인들 사이에서도 성차가 감소한다는 것은

우울증과 생물학적 요인이 관련되어 있음을 보여 주는 좋은 예이다(Sprock & Yoder, 1997). 이와 같이 우울증에서의 성차는 전생애 동안 여성의 호르몬 구성이 남성과 가장 큰 차이를 나타내는 시기 동안에만 가장 현저하게 나타난다.

뇌에서 분비되는 신경전달물질인 세로토닌과 노르에피네프린이 우울증과 관련되어 있다는 연구도 있다(Halbreich & Lumley, 1993). 이러한 신경전달물질들은 성호르몬과 상호작용하여 남성들보다 여성들 사이에서 더 높은 비율의 우울증을 발병하게 한다고 믿어진다. 그러나 실제로 우울증과 유전자 혹은 뇌의 화학물질을 포함하는 생물학의 관련성은 남녀 모두에서 유사하게 나타나기 때문에 생물학이 우울증 발병에서의 성차를 완전하게 설명하지는 못한다.

② 기대와 고정관념

여성이 울거나 당황함을 표현하는 것은 부정적으로 지각되지 않으나 남성들의 동일한 행동은 비난의 대상이 된다. 사회가 여성들의 정서표현을 거의 억제하지 않기 때문에, 우리는 남성들보다는 여성들 사이에서 우울증의 증상들을 더 쉽게 관찰할 수 있다.

여기에 덧붙여 여성들이 남성들보다 더 많이 우울해 하고 우울증으로 고통받는다는 연구결과는, 그 자체가 남성들의 우울증 발병을 억제하는 역할을 한다. 일반적으로 우울한 남성들은 여성적 특성을 지닌 사람으로 인식되기 때문에 우울한 여성들보다 더 부정적으로 평가되고 동년배로부터 거부당하기 쉽다. 다시 말하면 남성들은 자신들보다 열등한 여성들과 유사해지는 것을 원치 않기 때문에 스스로 우울증에서 벗어나려고 노력한다.

이와 같은 주장은 실제로 남성과 여성의 우울증 발병률은 유사하지만, 여성들만이 우울증의 증상을 솔직하게 보고하고 도움을 구하기 때문에 여성들이 남성들보다 더 많이 우울증으로 고통을 받는 것처럼 보인다는 것을 의미한다. 동시에 남성들은 그들의 증상을 보고하지 않기 때문에 우울증으로 진단받는 일도 없다는 것을 뜻하기도 한다.

③ 스트레스

사회는 여성들이 남성들보다 더 많은 스트레스를 경험하도록 구조화되어 있으므로 여성들은 우울증에 취약하다(Wu & DeMaris, 1996). 여성들은 남성들보다 학대나 차별을 더 많이 경험하고 남성들보다 더 가난하다. 특히 아동기에 성적 학대나 다른 형태의 피해를 당한 여성들이 우울증에 더 취약하다(Cutler & Nolen-Hoeksema, 1991).

여성들은 아내, 어머니, 딸, 주부 그리고 고용인 등 중다의 역할을 수행해야 하므로 남성들보다 더 많은 스트레스를 경험한다. 중다의 역할수행이 우울증을 초래할 수 있다는 증거는 결혼한 여성들이 결혼하지 않은 여성들보다 더 높은 우울증 발병률을 나타낸다는 것이다.

스트레스 중에서도 자녀문제, 가정문제 그리고 출산문제들이 여성의 우울증을 증가시킨다(Nazroo, Edwards & Brown, 1997). 남녀 모두 가족관련적 사건으로부터 스트레스를 경험하기는 하지만, 여성들은 자신의 성역할과 관련된 문제들에 의해 남성들보다 더 많은 스트레스를 경험하고 더 높은 우울증 발병가능성을 갖는다.

그에 따라 취업하지 않은 결혼한 여성들이 취업한 여성들보다 우울증에 더 취약하다는 연구도 있다(Rider, 2000). 취업한 여성들은 가족과 구별된 정체감을 가질 수 있기 때문에 우울증에서 벗어날 수 있는 반면, 취업하지 않은 여성들은 정체감의 일부를 남편에게 의존하기 때문에 우울증에 더 취약할 수 있다. 이러한 사실은 중다의 역할 자체가 우울증과 관련되어 있는 것이 아니라 역할의 구체적 내용과 우울증이 관련되어 있다는 것을 시사한다(Adelmann, 1994).

④ 성 역 할

올리버와 토너(Oliver & Toner, 1990)는 우울증 발생의 전체적 빈도에서는 남녀간에 차이가 없다고 주장한다. 그들에 의하면, 남녀간의 차이는 우울증을 표현하는 방식에 있다. 올리버와 토너의 연구에서 남녀 대학생들은 동일한 우울증 수준을 지니고 있었으나 우울증의 증상은 그들의 성역할과 일치하였다.

우울증의 증상으로 여학생들은 그들의 성역할과 일치되게 울기와 슬퍼하기 그리고 강한 실패감과 같은 정서적 반응을 많이 보고한 반면, 남학생들은 사회적 철회, 수면장애, 성욕의 상실 및 자살충동과 같은 반응을 나타내었다. 우울증을 표현하는 방식에서의 이와 같은 남녀차이는 주로 10대 초기에 나타나기 시작한다.

올리버와 토너 연구에 나타난 또 다른 흥미로운 사실은 동일한 정도로 우울하다고 할지라도 개인이 전통적 성역할을 동일시하는 정도에 따라 우울증의 표현방식에 차이가 있다는 것이다. 전통적 여성 성역할을 강하게 동일시하는 여성들일수록, 전형적인 여성증상과 일치하는 자기혐오나 체중상실의 반응을 더 많이 나타내고 남성증상에 해당하는 불면증을 더 적게 보고하였다. 또한 남성들도 전통적 남성 성역할을 강하게 동일시하면 할수록 사회적 철회와 같은 반응을 더 많이 보고한 반면, 전형적 여성 증상에 해당하는 정서적 반응을 보고한 사람은 거의 없었다.

그렇다면 여성과 남성 모두의 우울증 발병을 억제할 수 있는 요인은 무엇인가? 우울증과 성역할 그리고 적응 사이의 관계를 연구한 논문 32편을 통합분석(meta analysis)한 휘트리(Whitley, 1985)는 적응의 남성성 모델(masculinity model of adjustment)을 제시하였다. 적응의 남성성 모델이란 남녀 모두 전형적인 남성 성역할 특성인 도구성(instrumentality)*을 지닌 사람들이 더 잘 적응할 수 있고 더 적은 우울증을 보인다는 것이다.

중년여성들을 대상으로 성역할과 우울증의 관계를 연구한 보다 최근의 연구(Bromberger & Matthews, 1996)에서도 도구성이 낮은 여성들이 가장 높은 수준의 우울증상을 나타내었다. 그러나 높은 수준의 표현성**은 더 높은 수준의 우울증상과 상관이 없었다.

⑤ 자기존중감

우울증의 억제에 기여하는 요인은 개인이 갖는 남성적 특성이 아니라 자기존중감 수준이라는 주장이 있다. 높은 자기존중감을 지니고 있는 개인들은 그들의 성역할과 상관없이 우울증후를 나타내지 않는다. 우울증과 성역할과의 관계를 연구할 때 자기존중감의 수준을 포함시키면 우울증과 남성성의 관계가 사라진다. 또한 남녀 모두 자기존중감을 높일 수 있는 기회를 박탈당하면 우울증후를 나타낸다는 사실도 우울증과 자기존중감의 관계를 보여 주는 좋은 증거이다(Crawford & Unger, 2000).

우울증과 자기존중감의 관계는 남성들보다 여성들 사이에서 우울증이 더 많이 발생하는 이유를 어느 정도 설명할 수 있도록 한다. 가정주부의 역할이 여성의 유일한 역할로 인식되고 감정적이고 수동적이며 의존적일 것으로 기대되는 여성들은 높은 자기존중감을 유지하기 어렵다. 특히 여성들의 낮은 사회적 지위는 그들의 자기존중감을 손상시키고 그에 따라

* 도구성: 합리적, 활동적, 공격적, 경쟁적 등으로 묘사되는 남성적 성격특성들.
** 표현성: 정서적, 수동적, 감정이입적, 의존적 등으로 묘사되는 여성적 성격특성들.

우울증 발생의 기회를 증가시킨다.

⑥ 사회적 지원

사회적 지원망을 가지고 있을 때 우울증 발생은 감소한다(Sherbourne, Hays & Wells, 1995). 사회적 지원망이 부재하여 혼자라고 느낄 때, 여성들은 강한 우울증을 경험한다. 일반적으로 사회적 지원망은 남성들보다 여성들에게 더 중요하므로, 동료지원프로그램(peer-support program)과 같은 사회적 지원망을 제공하면 여성들의 우울점수는 유의하게 감소한다.

(2) 우울증과 결혼생활

스트레스에서 결혼생활에 대한 설명이 있기는 하지만, 여성들의 우울증과 결혼생활을 구체적으로 관련지어 볼 필요가 있다. 그 이유는 여성들의 우울증 발병률이 남성들보다 더 높은 데도 불구하고, 결혼하지 않은 미혼 남녀들 사이의 우울증 발병률은 남성들이 여성들보다 더 높기 때문이다. 미혼여성들과는 달리 결혼한 여성들은 교육 정도가 유사한 동일 연령의 결혼한 남성들보다 일관성 있게 더 많은 우울증을 보고한다. 이와 같이 우울증이 결혼한 여성들의 문제라는 사실은 여성들의 우울증이 그들의 생물학적 특성에 기인하는 것이 아니라 주부역할, 아내역할이 우울증을 유발하는 중심요인이라는 것을 시사한다.

그렇다면 주부역할 자체가 결혼한 여성들을 우울하게 만드는 일차적 요인인가? 우리 사회에서 주부는 낮은 지위에 위치하고 가사일은 임금을 받을 수 없는 일로 정의되기 때문에, 주부는 우울할 것이라는 고정관념이 형성되어 있다. 그러나 킨거리(Kingery, 1985)는 주부역할 자체가 우울증을 유발하는 것이 아니라, 주부들이 자신의 역할에 대해 어떤 태도를 갖느냐에 따라 우울증이 유발될 수도 있고 아닐 수도 있다고 제안하였다.

킨거리에 의하면, 전통적 성역할을 지니고 있는 여성들보다 성역할에 대해 자유주의적 태도를 갖는 여성들이 주부역할에 답답함을 느끼고 더 빈번하게 우울증을 경험한다. 일반적으로 성역할에 대한 자유주의적 혹은 양성적 태도는 여성이 주부역할만 수행해야 한다는 사회적 통념을 거부하고 직업역할이나 주부역할 외의 다른 일에 관심을 갖게 한다. 킨거리의 주장은 개인이 가지고 있는 야망이나 열망이 현실과 괴리를 이룰 때 우울증이 발병하기 쉽다는 것이다.

결혼한 여성들에게서 나타나는 또 다른 현상은 취업한 주부들이 취업하지 않은 주부들보다 정신적으로 더 건강하다는 것이다. 기혼의 취업한 남성과 취업하지 않은 남성 그리고 기혼의 취업한 여성과 취업하지 않은 여성의 네 집단을 서로 비교했을 때, 기혼의 취업한 남성들이 심리적으로 가장 건강하였고 그 다음이 취업한 기혼여성 그리고 취업하지 않은 기혼여성 및 취업하지 않은 기혼남성의 순이었다(Thoits, 1987).

취업한 주부들은 취업하지 않은 주부나 기혼남성들보다 심리적으로 더 건강하였고 특히 교육수준이 높은 중류계층의 취업한 주부들은 우울증을 호소하는 일이 거의 없었다. 대부분의 취업한 여성들은 어머니 역할과 가사일을 동시에 수행해야 하므로 중다의 역할에 기인된 역할갈등이나 역할긴장을 느끼기 쉬운 데도, 취업하지 않은 주부들보다 심리적으로 더 건강한 생활을 하고 있었다. 이러한 결과는 후속연구들에서도 반복적으로 확인되고 있다(Adelmann, 1994; Barnott, Marshall, & Singer, 1992).

가장 문제가 많은 집단은 취업하지 않은 기혼남성들이었다. 남성들에게 있어서 직업역할은 중심적인 성역할이므로 기혼의 남성들이 직업 없이 놀고 있다는 것은 곧 역할일탈을 의미하기 때문에 무직은 기혼남성들의 정신건강을 해치고 우울증이나 다른 심리적 장애를 일으키게 한다.

지금까지 논의한 우울증에서의 성차와 우울증과 결혼생활의 관계를 고찰해 볼 때, 우울증을 일으키는 가장 중요한 요인은 무력함(powerlessness)이며, 그것은 낮은 사회경제적 지위와 연결된다(Golding, 1988). 적은 교육을 받고 낮은 봉급수준을 갖거나 실직상태에 있는, 소위 사회경제적 지위가 낮은 사람들은 그들의 성별과 상관없이 우울증에 걸리기 쉽다.

대부분의 여성들은 남성들보다 더 낮은 지위에 위치하고 더 무력한 상태에 있다. 기혼의 가정주부들은 직업도 없고 임금을 받지도 못하며 사회적으로 낮은 지위에 해당하는 가사일만 하고 있으므로 무력하다고 느끼기 쉽다. 그러므로 여성들의 우울증은 그들이 여성이기 때문이 아니라 사회구조적으로 낮은 그들의 지위에 기인된 심리적 장애라는 것이다.

2) 광장공포증

인구 1,000명당 6.3명의 비율로 발병하는 광장공포증(agoraphobia)은 DSM-IV의 불안장애에 해당한다. 남성들보다 여성들 사이에서 더 흔하게 발견되는 이 장애는 문자그대로 넓은 장소에 대한 공포로서 개인이 보금자리나 피난처를 떠나 더 넓은 바깥세상으로 나가는 것을 두려워하는 증상이다.

광장공포증은 공황장애를 동반하거나 공황장애로부터 시작된다. 공황장애는 가슴이 두근거리고 땀을 흘리며, 떨기, 헐떡거림, 가슴통증, 어지러움, 몸을 가누지 못하거나 죽을 것같은 공포 그리고 복통과 같은 증상들 중 적어도 네 가지 이상의 증상과 함께 강한 공포를 동반한다. 공황장애의 증상들은 10분 이상 지속되지는 않으나 엄청나게 강한 강도로 경험되는 특징을 지니고 있다. 처음 이러한 증상을 경험하는 사람들은 심장발작이나 뇌졸중의 증상이라고 잘못 판단한다. 이 증상들이 구체적인 장소(극장, 수퍼마켓 등)와 연합되면 광장공포증 환자들은 이후에 이러한 장소들을 피하려고 한다.

광장공포증을 갖는 사람들의 문제는 자신을 불안하게 만드는 요인들을 잘못 귀인하는 것이다. 광장공포증 환자들은 그들의 잘못된 귀인의 결과로 사람보다는 장소나 상황에 대한 공포를 많이 나타내고 특히 가정으로부터 멀리 떨어져 있거나 신뢰하는 사람으로부터 분리되는 것을 두려워한다. 그들은 자신이 위험하다고 지각되는 상황에서 타인에 대한 극단적 의존을 나타낸다. 광장공포증이 여성의 성역할과 밀접하게 관련되어 있다고 생각하는 임상의학자들은 광장공포증을 주부질환(housewife's disease)이라고 부르기도 한다.

(1) 광장공포증 환자의 개인적 특성

광장공포증 환자들은 수동적이고 의존적이며 자신의 감정과 욕구를 표현하는 능력이 부족하다. 그들은 타인의 비판이나 거부를 두려워하여 책임질 일을 맡지도 못하고 우유부단하기 때문에 어떤 결정도 내리기 어렵다. 여성 광장공포증 환자들이 나타내는 이와 같은 특성들은 여성 성역할 고정관념에 대한 극단적 일치이거나 성역할 고정관념의 과장으로 평가된다. 타인의 거부를 두려워하는 여성 환자들은 가족구성원들의 요구를 거절하는 일이 없으므로 정상적인 여성들보다 가족구성원들과 더 적은 갈등을 경험한다.

(2) 광장공포증을 강화하는 요인들

광장공포증 환자의 대부분은 결혼한 여성들이다. 심각한 여성 광장공포증 환자들은 시장을 보거나 운전하기 혹은 자녀의 학교를 방문하는 것과 같은 모든 바깥일을 수행할 수 없으므로 다른 가족구성원이 이 일들을 처리하지 않으면 안 된다.

베커(Bekker, 1996)에 의하면, 광장공포증을 갖는 남녀 모두 의존성이 높고 자율성이 낮은 특성을 지니고 있다. 그러나 이러한 성격특성이 광장공포증을 초래하는지 아니면 광장공포증의 결과로 동일한 성격이 발달하는지는 분명하지 않다. 더욱이 모든 광장공포증환자가 이러한 성격특성을 갖는 것은 아닐 뿐 아니라 동일한 성격특성을 갖는 모든 사람이 광장공포증 환자가 되는 것도 아니기 때문에, 현재로서 개인의 성격특성과 광장공포증간의 인과관계를 말하기는 어렵다.

흥미롭게도 결혼한 여성들이 광장공포증을 갖는다는 사실은 그들의 결혼생활 내에 광장공포증을 강화하는 요인이 존재한다는 것을 시사한다. 일반적으로 여성 광장공포증 환자의 남편들은, 아내의 극단적인 의존에도 불구하고, 그들의 결혼생활을 만족스럽다고 지각한다. 남편들은 가정바깥의 일을 처리하지도 못하고 독립적인 삶을 살지도 못하는 아내의 무능력을 전통적인 여성 성역할로 지각하기 때문에, 아내의 행동을 오히려 바람직하게 생각한다. 그러나 여성 성역할에 대한 남편의 태도는 결국 아내의 광장공포증을 강화하는 역할을 하므로, 다른 장애와는 달리 남편의 협조가 있어야만 결혼한 여성의 광장공포증은 보다 쉽게 치료될 수 있다.

3) 섭식장애

섭식장애는 음식물 섭취와 관련된 이상으로 음식물을 과도하게 회피하거나 과도하게 추구함으로써 이상을 초래하는 질환들을 의미한다. 섭식장애로 알려진 대표적 질환에는 신경성식욕부진증과 신경성폭식증이 있다. 섭식장애의 발생률은 아직까지 정확하게 알려져 있지 않으나 신경성식욕부진증과 신경성폭식증 환자의 대다수가 여성인 것만은 분명하다. 많은 여성들이 식이요법과 체중통제에 관심을 갖는 현실을 감안할 때, 섭식장애 환자의 대다수가 여성이라는 사실은 놀라운 일이 아니다.

(1) 신경성식욕부진증

신경성식욕부진증은 문자그대로 식욕의 상실을 의미한다. 항상 가늘고 날씬해지려는 욕구에서 시작되는 신경성식욕부진증은 엄격한 식사조절과 반복되는 과도한 운동을 동반하며 결국 아무것도 먹지 못하게 된다. 신경성식욕부진증의 진행과정은 여성에 따라 다양하나 비교적 정상적인 섭식행동(체중의 회복이나 완화)과 식욕부진의 저체중 기간이 교차한다.

그들은 신체와 체중 및 섭식습관에 대한 왜곡된 태도를 지니고 있을 뿐 아니라 작은 일에 집착하고 큰 문제를 간과하며 하나의 작은 사건의 영향을 확대해석하거나 과일반화하기도 한다. 또한 그들은 극단적으로 사고하고 전혀 관련 없는 사건을 미신적으로 연결짓는가 하면 자신과 상관 없는 사건을 마치 자기와 관련 있는 것처럼 자기중심적으로 해석하는 경향을 보인다.

의학적으로, 이상적(ideal) 체중의 15-25%를 상실할 때 신경성식욕부진증으로 진단되며 체중상실을 초래할 어떤 질병도 없는 것이 그 특징이다. 17세경에 시작되는 이 장애는 자주 대학입학, 취업 혹은 사랑하는 사람의 상실과 같은 스트레스를 야기시키는 사건으로부터 시작된다. 물론 10세 이전이나 30세 이후에도 발병할 수 있기는 하지만, 대부분 25세

〈그림 12-1〉 신경성식욕부진증 발병 이전과 이후의 Karen Carpenter

이전의 10대들에게서 나타난다.

미국의 유명한 팝송가수인 카렌 카펜터(Karen Carpenter)도 신경성식욕부진증에 기인된 심장마비로 32세에 사망하였다. 오빠와 함께 듀엣으로 노래하였던 그녀가 신경성식욕부진증 환자였다는 사실은 그를 좋아하는 팬들에게 한때 충격으로 받아들여졌다.

① 동반요인들

신경성식욕부진증을 갖는 개인들은 때로 우울증이나 강박관념-강박행동장애를 함께 나타내기도 한다. 또한 빈혈증과 심장혈관이상(부정맥 등), 골다공증 및 신장기능의 손상과 같은 신체이상도 동반하기 때문에 의학적 치료가 뒤따르지 않으면 사망한다. 일반적으로 신경성식욕부진증 진단을 받는 여성들 10명 중 1명은 아사하거나 자살하고 아니면 심각한 의학적 문제로 사망한다.

② 원인요인들

신경성식욕부진증은 유전되는가? 일란성 쌍생아의 일치율(56%)이 이란성 쌍생아의 일치율(7%)보다 더 높고(Fichter & Noegel, 1990) 신경성식욕부진증 환자의 약 20%가 섭식장애를 갖는 친척을 가지고 있다는 연구결과(Harvard Newsletter, 1997)는 신경성식욕부진증이 유전될 수 있음을 강하게 보여 준다. 다른 정신장애를 갖는 환자의 단지 6%가 장애를 갖는 친척을 갖는다는 사실과 비교해 볼 때, 신경성식욕부진증이 높은 유전가능성을 갖는다는 것은 분명하다.

흥미롭게도 신경성식욕부진증 환자의 가족들이 섭식장애를 갖지 않는다고 할지라도, 그들이 우울증이나 불안장애와 같은 다른 문제를 가지고 있다는 것도 신경성식욕부진증의 유전가능성을 뒷받침한다(Nagel & Jones, 1992). 그러나 가족구성원이나 친척들은 많은 환경적 요인들을 공유한다는 문제점이 있다. 그들은 관심사를 서로 이야기하고 자주 다이어트 방식에 대한 정보도 교류할 수 있으므로 유전요인만이 신경성식욕부진증의 발생에 영향을 준다고 말하기는 어렵다.

심리적 원인으로 자주 논의되는 문제로서 신경성식욕부진증 환자들은 통제에 대한 강박관념을 지니고 있어 신경성식욕부진증을 유발한다는 것이다. 그들은 전형적으로 자신의 삶을 통제할 수는 없다고 느끼나 체중은 통제할 수 있다고 생각하는 사람들이다. 비록 삶을 통제하는 데는 실패했지만 체중 정도는 통제할 수 있다고 생각하기 때문에, 신경성식욕부진증 환자들은 강박적으로 체중을 통제하려고 한다.

신경성식욕부진증이 개인의 심리적 문제에 기인한다는 것을 입증하기 위한 또 다른 설명은 사회가 여성의 가늘고 날씬한 몸매를 지나치게 강조한 결과로 신경성식욕부진증이 유발된다는 것이다. 특히 페미니스트들은 가늘음의 문화(culture of thinness)가 신경성식욕부진증을 유발한다고 주장한다(Gilbert & Thompson, 1996). 여성들은 문화가 강조하는 이상적 여성상에 도달하기 위하여 식사를 조절하고 체중을 통제하며 그 결과 신경성식욕부진증을 초래한다. 일반적으로 긍정적 자기상을 갖지 못한 개인들은 식사조절에 의해 부모와 사회의 승인을 얻으려고 하므로, 신경성식욕부진증 환자가 될 수 있다는 것이 이 입장을 지지하는 사람들의 주장이다.

(2) 신경성폭식증

신경성폭식증은 반복적으로 지나치게 많이 먹는 증상으로 다음의 다섯 가지 증상 중 적어도 세 가지 증상을 동반할 때 이 장애를 갖는 것으로 진단된다.

첫째, 과도한 섭취기간 동안 고칼로리 음식물을 섭취함.

둘째, 눈에 띄지 않게 남모르게 음식물을 섭취함.

셋째, 음식물의 과도한 섭취 후에 복통을 느끼거나 잠을 자며 고의로 먹은 음식물을 토해내기도 함.

넷째, 체중감량을 위해 엄격한 식이요법을 실시하고 하제나 이뇨제를 사용하며 먹은 음식물을 고의로 토해내는 행동을 반복함.

다섯째, 체중변화가 빈번하게 일어남.

신경성폭식증 환자들 중에는 살찐 사람도 있지만, 과도한 섭취 후에는 반드시 인위적인 방법을 동원하여 체중감량을 시도하므로 지나치게 살찌거나 마른 사람을 찾기는 어렵다. 그들은 자신의 섭식패턴이 비정상적이라는 것을 알고 있으므로 과도한 섭식 후에 자주 우울증이나 자기비난에 빠진다.

신경성폭식증은 신경성식욕부진증보다 더 높은 비율로 발생한다. 여자 대학생 544명을 대상으로 조사연구한 포우프 등(Pope 등, 1984)의 연구에서 신경성식욕부진증 환자의 비율은 1-4.2%인 반면, 신경성폭식증 환자는 6.5-18%의 비율을 나타내었다. 다른 섭식장애와 마찬가지로 신경성폭식증은 사회경제적 지위가 높은 계층보다 낮은 계층에서 더 많이 발생한다. 비록 여성들의 발병률이 남성들보다 더 높기는 하지만, 상당수의 남성들도 신경성폭식증으로 고통을 겪는다.

① 동반요인들

신경성폭식증도 심각한 건강문제를 동반한다. 복통, 위확장, 메스꺼움, 탈수, 칼륨의 상실과 구토시의 위산의 배출로 치아의 에나멜이 부식하는 등 여러 가지 문제가 뒤따른다. 또한 이 장애를 갖는 여성들은 우울증이나 알코올중독, 공황장애 혹은 공포증으로 고통받기 쉽다(Walters 등, 1992).

이 장애를 갖는 여성들은 체중문제를 갖는 어머니나 언니를 가지고 있고 친구관계도 손상되어 있다(Pike, 1995). 신경성식욕부진증을 갖는 소녀들과 마찬가지로 신경성폭식증 소녀들은 완전주의자들이고 다른 사람들이 그들을 어떻게 생각하는가에 지나치게 관심을 갖는다.

신경성폭식증 소녀의 가족구성원들은 대단히 갈등적이고 높은 수준의 공격성과 분노를 지니고 있으며 서로를 지원하는 일도 거의 없다. 아동기 가족환경을 평정한 연구자들(Schmidt, Tiller & Treasure, 1993)은 이 여성들이 아동기 동안 폭력에 자주 노출되고 과도한 통제와 결합된 부모의 무관심을 경험하였다는 것을 발견하였다. 놀랍게도 아동기에 성적 학대를 경험한 아동들 중에 섭식장애를 갖는 여성들이 많았다(Vanderlinden & Vandereycken, 1996).

② 원인요인들

신경성식욕부진증과 같이 신경성폭식증도 유전될 가능성이 있다. 일란성 쌍생아의 한편이 신경성폭식증일 때 다른 한편이 이 장애를 가질 가능성은 일반인과 비교하여 8배 정도 더 높다(Kendler 등, 1991). 또한 신경성폭식증 여성들은 대뇌의 신경전달물질 중의 하나인 세로토닌 수준에서 정상인과 차이가 있다는 것(Kaye, 1997)도 이 장애의 유전가능성을 강력하게 시사한다.

신경성폭식증 여성의 사고패턴에 관심을 갖는 연구자들(Heatherton & Baumeister, 1991)은 자기인식을 회피하려는 욕구에서 이 장애가 유발된다고 주장한다. 연구자들의 설명에 의하면, 이 여성들은 먼저 자신과 타인 혹은 비현실적으로 높은 표준과 자신을 비교하고 자신에 대한 부정적 감정을 갖게 된다. 여기서 벗어나기 위하여 신경성폭식증 여성들은 음식물 섭취와 같은 단기적이고 보다 낮은 수준의 행동에 집중하게 된다.

그러므로 신경성폭식증 여성들의 중요한 특성 중의 하나는 문제의 본질이나 그것의 장기적 결과에 대해 합리적인 사고를 하기보다는 현재의 즉각적인 감각에 집중한다는 것이다. 그들은 음식물과 자신의 신체에 대해 불합리한 생각을 갖기 때문에, 정상인들이 생리적 메커니즘에 의해 음식물 섭취를 조절하는 것과는 달리 그것을 의식적으로 조절하려고 한다. 결과적으로 신경성폭식증 환자의 과도한 음식물 섭취는 배고픔의 생리적 신호를 무시할 수 있고, 자의적이고 인위적인 방법에 의해 과도한 섭취의 효과를 통제할 수 있다는 그들의 인식에 기초한다.

여성들의 음식섭취패턴은 친구들에 의해 그리고 사회적 규준에 의해서도 영향을 받는다. 파이크(Pike, 1995)는 음식물을 많이 섭취하는 것이 친구들 사이에서 인기를 얻게 한다면 여성들은 점점 더 많은 음식물을 먹기 때문에, 여성들의 신경성폭식증은 주변환경에 의해 지지되고 형성되며 스트레스에 의해 영향을 받는다고 주장한다. 그러나 신경성식욕부진증의 정확한 원인을 알지 못하는 것처럼, 우리는 신경성폭식증의 원인도 분명하게 알지 못한다.

(3) 섭식장애에 미치는 사회적 영향

체중은 모든 여성들의 관심사이다. 우리 사회에서 여성들이 체중을 줄이고 가늘고 날씬해지기 위해 노력하는 것은 특별한 일이 아니며 극히 정상적인 소망의 표현으로 인식된다. 모든 여성들이 체중에 대해 관심을 갖기 때문에, 여성의 체중에 대한 불만족은 그들의 자기존중감수준이나 우울증과도 상관이 없다.

여성에 대한 우리 사회의 성역할 고정관념은 더 적은 양의 식사를 하는 여성들일수록 더 여성적일 것이고 많이 먹는 여성들보다 더 나은 외모를 지니고 있다고 생각하게 한다. 따라서 지나치게 살찐 여성들은 미숙하고 무능력하다는 평가를 받고, 성적 매력이 없어 데이트 제의를 받기도 어려운 사람으로 인식된다. 그들은 자주 불유쾌한 농담의 대상이 되기도 한다.

특히 대중매체들은 과체중 여성들을 무시한다. 신문이나 잡지에서 살찐 여성모델을 발견한다는 것은 어려운 일이며 살찐 여성들은 단지 체중감량을 위한 광고모델로 등장할 뿐이다.

이와 같이 사회는 암암리에 여성의 가늘고 날씬한 체격을 격려하고 강화하는 역할을 한다. 가늘음에 대한 사회적 강화는 정상적 체중이나 저체중을 갖는 여성들조차도 체중감량에 관심을 갖게 하고 식이요법이나 식사조절에 매달리게 한다. 페미니스트들을 포함하는 많은 연구자들은 여성체격에 대한 사회적 기준이 변하지 않는 한, 섭식장애는 사라지기 어렵다고 주장한다.

(4) 예 후

섭식장애의 예후는 다음과 같은 몇 가지 요인과 관련되어 있다.

첫째, 신경성폭식증 여성들의 회복률이 신경성식욕부진증 여성들의 회복률보다 더 높다(Herzog 등, 1993). 치료프로그램을 실시한 후, 신경성폭식증 여성의 56%가 회복될 수 있었는 반면, 신경성식욕부진증 여성의 회복률은 10% 정도에 지나지 않았다.

둘째, 섭식장애를 가진 기간이 길면 길수록 더 나은 회복률을 보인다. 즉 최근에 섭식장애를 갖게 된 여성들보다 섭식장애로 오래 고생한 여성들이 더 잘 회복된다(Theander, 1985).

셋째, 체중감소의 정도가 적을수록 더 좋은 예후를 나타낸다(Herzog 등, 1993).

넷째, 우울증이나 성격장애와 같은 다른 부가적 문제가 없을 때 더 잘 회복된다.

다섯째, 회복을 어떻게 정의하는가에 따라 예후는 달라진다(Garner & Garner, 1992). 회복을 개선이나 대부분의 증상들이 부재하는 것으로 정의한다면 회복률은 훨씬 더 높아질 수 있으나 증상들의 완전한 부재로 정의한다면 섭식장애의 회복률은 상당히 낮아진다.

Ⅱ. 여성과 폭력

우리 사회의 성적 불평등은 여성을 황폐화시킬 수 있는 치명적 폭력을 불러일으킨다. 여성들은 아버지나 남자형제 혹은 남편을 포함하여 친구나 낯선 사람들에 의한 폭력의 희생자가 될 수 있다. 특히 친숙한 사람들에 의한 폭력은 범죄로서의 조건을 갖추고 있는 데도 가족비밀주의의 역사적 전통에 의해 은폐되고 묵인되는 경우가 많다. 더욱이 여성에 대한 남성의 지배와 우월을 당연시하는 사회분위기는 여성 희생자들이 침묵할 수밖에 없는 상황을 만들어 낸다.

폭력은 대단히 어린 연령에서 학습되기 시작한다. 아동들은 가정에서 친밀한 사람들 사이의 폭력을 관찰하고 경험한다. 불행하게도 가정은 사랑하는 사람들이 폭력을 행사하고 서로에게 상처를 줄 수 있다는 것을 가르치는 장소의 기능을 한다. 아동이 성장함에 따라 남성우월의 가치관은 대중매체에 의해 강화되고 사회가 힘이 부족한 여성들을 지배하고 통제하는 남성들의 권리를 옹호함으로써 폭력은 친숙한 관계의 형성시에 남성들에 의해 빈번하게 활용된다. 이와 같이 친밀한 관계에서의 폭력은 여성에 대한 폭력을 허용하는 사회적 맥락 내에서 학습되고 유지된다.

화이트와 코왈스키(White & Kowalski, 1998)는 여성에 대한 다양한 형태의 폭력에 영향을 주는 광범위한 요인들을 통합하는 모델을 개발하였다. 〈그림 12-2〉에 제시된 맥락적 발달모델(contextual developmental model)이라고 불리우는 이 모형은 가족망에서 이루어지는 근친상간, 결혼망에서의 아내구타, 학교망에서의 데이트 폭력이나 성희롱, 직업망에서의 성희롱, 그리고 사회적 망에서 이루어지는 강간을 효과적으로 제시하는 동시에 이 모든 다섯 가지 연결망들이 역사적/사회문화적 맥락 내에서 이루어진다는 것을 제시한다.

폭력의 결과는 여성들에게, 신체적, 심리적 영향을 주고 단기적이거나 장기적인 후유증을 초래한다. 소위 외상 후 스트레스장애(post-traumatic stress disorder)는 성적 학대와 폭행을 경험한 여성들이 가장 많이 경험하는 심리적 장애이다.

외상 후 스트레스장애란 끔찍한 사고를 당한 후에 살아남은 생존자들

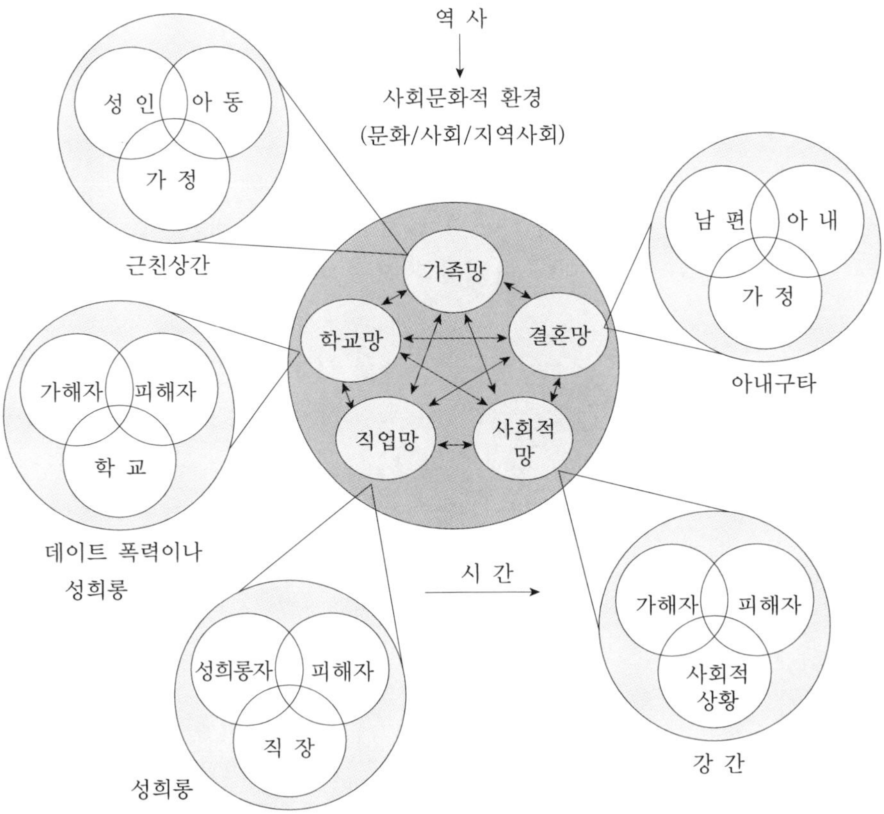

〈그림 12-2〉 여성에 대한 폭력을 설명하는 통합적인 맥락적 발달모델

출처: White & Kowalski, 1998.

에 의해 경험되는 일련의 증상들로서 잠들기 어렵고 일단 잠이 들면 악몽에 시달리며 사고순간이 선명하게 떠오른다. 동시에 사고를 초래한 대상에 대한 분노와 주위 환경에 대한 지나친 과민성이 외상 후 스트레스장애의 특징적 증상에 포함된다. 우리를 놀라게 했던 삼풍백화점 붕괴사고와 같은 대형사고시에 살아 나온 사람들이 동일한 장애로 고통을 겪고 있다는 것은 널리 알려진 일이다.

이 절에서는 여성에 대한 범죄적 폭력인 성폭력과 배우자 학대 문제를 논의한다.

1. 성 폭 력

성폭력이란 어떤 개인이 타인의 의사에 반하여 성적 행위를 하거나 성적 행위를 하도록 강요하는 행위로 정의된다. 그러므로 성폭력 속에는 강요된 키스에서부터, 가슴, 엉덩이 혹은 성기부위의 애무와 성적 가혹행위, 강간미수 및 강간까지 광범위하게 포함된다. 물론 우리 사회에서 최근에 많이 문제가 되는 성희롱이나 음란전화 혹은 윤락강요행위도 성폭력에 해당하는 행동들이다.

일반적으로 남성들은 다음과 같은 방법을 사용하여 성폭력을 시도한다.

첫째, 두 사람의 관계를 끝내겠다고 위협하고 거짓으로 사랑을 고백하거나 결혼하겠다고 약속하는 심리적 압력

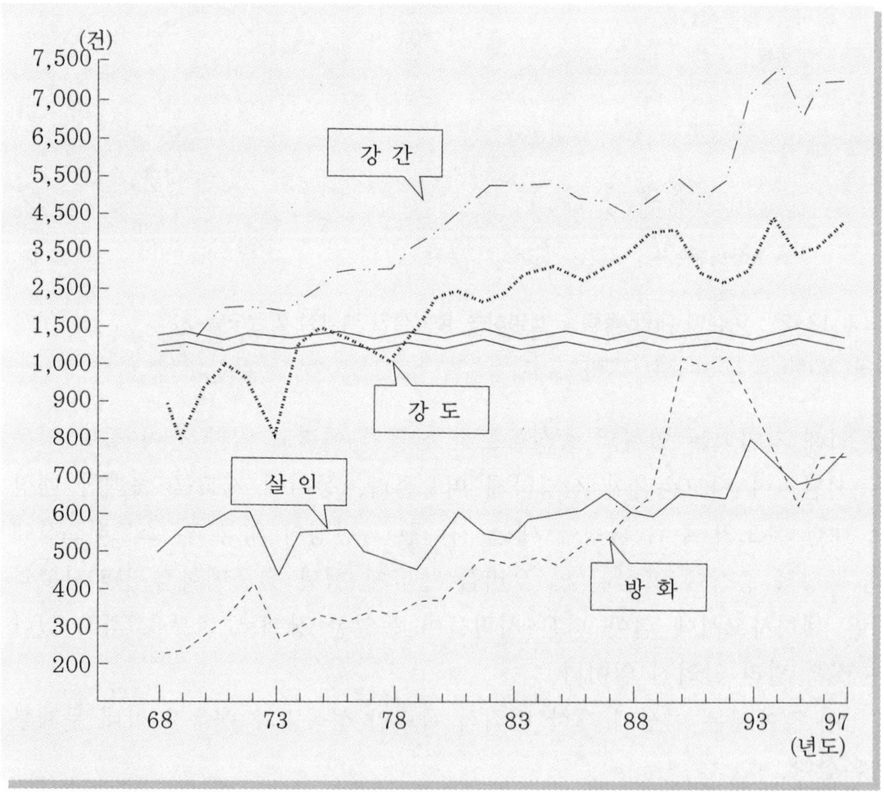

〈그림 12-3〉 강력범죄의 발생추이(1968 - 1997)

출처: 범죄백서, 1998.

둘째, 나를 사랑한다면 내 요구조건을 들어달라거나 당신은 나에게 빚졌다고 이야기하는 언어적 설득

셋째, 알코올이나 약물을 권하고 밀기, 때리기, 억누르기와 같은 신체적 힘을 사용하며 무기를 보여 주거나 무기를 사용하는 상해의 위협

우리나라의 강간발생률은 1968년부터 1997년까지 〈그림 12-3〉과 같이 30년간 매년 지속적으로 증가하여 5.3배의 높은 증가율을 보이며 특히 1994년에 가장 높은 발생률을 보이고 있다(법무연수원, 1998 범죄백서). 그러나 강간피해의 신고율이 2.2%에 지나지 않기 때문에(한국형사정책연구원, 1990) 노출되지 않은 성폭력의 발생률은 매우 높을 것으로 생각된다. 미국에서도 실제적인 강간희생비율은 FBI 추정치보다 10-15배 더 높으며 모든 여성들의 8-25%가 인생의 어떤 시기에 강간피해자가 될 수 있다고 추정된다(Koss, 1993).

1) 성폭력의 피해자와 가해자

(1) 성폭력의 피해자

상담기관에 상담을 의뢰한 여성 피해자들을 대상으로 조사한 자료이긴 하지만(이경자, 1992), 성폭력은 20세 이상-25세 미만의 연령층에서 가장 많이 발생하고 그 다음으로 15세 이상-20세 미만의 연령집단에서 많이 발생한다. 그러나 10세 미만의 아동과 30세 이상의 성인층에서도 성폭력이 적지 않게 발생하고 있으므로 모든 연령층의 여성들이 성폭력 피해의 위험을 안고 있다.

그렇다면 성폭력의 희생자가 되는 여성들은 어떤 여성들인가? 현재까지 이 분야에 대해 가장 광범위하고 체계적인 연구를 수행한 코스와 디너로(Koss & Dinero, 1989)는 성폭력 희생자들은 보통사람들보다 단지 조금 더 많은 양의 알코올섭취와 아동기 성적 학대의 역사를 가지고 있을 뿐이라고 주장하였다. 그들은 성격특성과 성에 대한 가치관이나 태도에서 보통사람들과 차이가 없었고 우리 사회에 만연되어 있는 강간신화(rape myth)와도 상관이 없었다.

강간신화란 강간에 대해 남성들이 지니고 있는 태도로서 여성들은 남모르게 강간당하기를 소망하고, 강간당하는 여성들은 모두 그럴 만한 이유가 있다는 것이다(Burt, 1991). 즉 강간은 여성들이 유발하기 때문에,

강간피해의 책임은 여성들에게 있다는 남성편의주의적 사고로서 여성에 대한 강간을 용납하고 여성을 성적 희생자로 만드는 역할을 한다. 우리 사회에 만연되어 있는 이와 같은 강간신화에 의해 많은 강간당한 여성들은 신고하지도 못하고 누구에게도 이야기하지 못하는 입장에 처한다.

일반적으로 성역할 고정관념을 지니고 있고 더 적은 교육을 받은 사람들이 강간신화를 수용하고 이성을 신뢰하지 않는다. 강간신화를 수용하는 남성들 중에는 여성에 대해 적개심을 가진 남성들이 많이 있다(Lonsway & Fitzgerald, 1995). 흥미롭게도 여성들보다 남성들이 그리고 젊은 여성들보다 늙은 여성들이 강간신화를 더 많이 수용한다(Kalra 등, 1998).

성폭력의 피해와 관련된 무시할 수 없는 또 하나의 현상은 성폭력 피해자의 상당수가 아래의 사례와 같이 반복적으로 성폭력의 피해를 당한다는 것이다.

> 〈사례: 25세 주부, 서울〉
> 성폭력이라고 이야기할 수 있는 사건은 내게 여러 번 있었다. 내가 5살이었을 때 외삼촌이 나의 생식기 부분을 애무한 일이 한 번 있었으며 12살 때는 내가 밤에 잠을 자고 아침에 막 일어나려고 하는 순간 역시 외삼촌이 나의 엉덩이를 애무하고 있는 것을 알고 매우 놀랐었다. 그 후 19살 때, 한적한 들길에서 학교 선배와 데이트하던 중 갑자기 치한이 나타나 거의 강간당할 뻔한 일이 있었다. 같은 해에 결국 학교 선배로부터 구타를 당하고 완력으로 인해 꼼짝 못한 상태에서 일년 동안 거의 매일 학교 안에서 강제추행과 강간을 당하였다(이경자, 1992).

위의 사례에서 알 수 있는 것처럼, 성폭력 피해자들의 많은 수는 아동기 성적 학대의 역사를 바탕으로 성폭력에 대한 '재피해의 취약성'을 보인다. 그 이유는 무엇일까? 성폭력의 횟수가 개인의 연령증가와 함께 늘어나기 때문에, 성폭력 피해의 반복은 성폭력의 위험성에 노출된 횟수의 증가에 그 원인이 있다고 볼 수도 있다. 그러나 모든 여성들이 성폭력의 희생자가 되는 것은 아니므로 연구자들은 성폭력 피해의 반복에 대해 서로 다른 의견을 제시한다.

우선 넬슨(Nelson, 1982)은 성폭력 피해의 경험이 있는 여성들은 낮은 자기존중감과 강한 자기혐오를 갖게 되므로 이후의 성폭력에 대한 방어능력을 잃게 되어 재피해의 취약성을 나타낸다고 주장한다. 대조적으로 배 그리와 렘재이(Bagley & Remsay, 1986)는 성폭력 가해자들은 피해자들의 속성을 잘 알고 있으므로 성폭력에 취약한 상대를 골라 선택적으로 성폭력을 행사하기 때문에, 피해의 반복이 일어난다고 주장한다.

또한 반복적으로 성폭력의 희생자가 되는 것을 '대항공포반응'의 표현으로 설명하는 사람도 있다. 드양(de Young, 1984)에 의하면, 사람들은 처음에 강한 공포를 느꼈던 행위에 다시 참여함으로써 자신이 갖는 공포를 지배하려고 한다. 다시 말하면 공포에 대항하기 위한 반응의 결과로 재피해의 취약성이 나타난다는 것이다. 원인이 무엇이든 반복된 성폭력의 피해는 개인에게 누적적 영향을 주어 심각한 후유증을 남긴다.

(2) 성폭력의 가해자

여러 연구자들의 조사에 의하면, 성폭력 가해자인 남성들은 20-30세 연령집단에 가장 많이 분포하고 그 다음으로 30-40세 집단에 많이 분포하나 다른 연령집단에도 상당한 비율로 분포되어 있다. 특히 15세 미만의 청소년과 50세 이상의 성인 남성의 비율도 무시할 수 없는 정도에 이르고 있어 모든 연령집단의 남성들이 가해자일 가능성이 있음을 시사한다. 미국 남자 대학생의 경우에도 25.1%가 어떤 형태의 성폭력이든 성폭력에 가담한 경험이 있다고 밝혀(Calhoun 등, 1997; Koss 등 1987) 성폭력 피해의 위험성이 얼마나 큰가를 알 수 있다.

이와 같이 성폭력의 위험성이 도처에 산재해 있음에도 불구하고, 성폭력 피해자들이 잠재적 가해자를 사전에 알아낸다는 것은 거의 불가능한 일이다. 그 이유는 성폭력의 절반 이상이 잘 아는 사람들에 의해 저질러질 뿐 아니라 가해자들의 대부분이 대단히 정상적인 사람으로 보이기 때문이다.

그러나 성폭력 가해자들은 정상인과 다른 몇 가지 특징을 지니고 있다. 우선 그들은 성폭력을 부추기고 성에 의해 여성을 정복하는 것을 강화하는 또래집단을 가지고 있다(White & Humphrey, 1994). 아마도 성적 정복을 격려하는 또래집단의 존재는 성폭력 가해자를 예언할 수 있는 단일적인 가장 중요한 요인일 것이다. 동시에 성폭력 가해자들은 가족폭력의 역사와 난잡한 성경험의 역사를 가지고 있으며 강간신화를 수용한다. 또한 그들의 충동적 성격과 자기중심성, 쾌락주의적인 성적 동기 및 그들의 낮은 자기존중감이 서로 상호작용하여 성폭력을 저지를 가능성을 증가시킨다.

2) 성폭력의 결과

성폭력 피해로부터 회복한다는 것은 그렇게 쉬운 일이 아니다. 특히 우리 사회에 만연되어 있는 남성중심적인 강간신화와 피해여성에게 부정적인 사회분위기는 피해자들이 전문적 도움을 구하는 것을 어렵게 만든다. 대부분의 피해여성들은 성폭력 경험을 숨겨야만 하는 일로 생각하고 남에게 알려질까봐 전전긍긍한다. 그에 따라 피해여성들이 받는 충격과 상처는 시간경과와 함께 오히려 깊어져서 그들의 삶 전체에 파괴적 영향을 미친다.

이와 같이 개인의 일생 전체를 망그러뜨리는 성폭력의 경험은 피해여성에 따라 중다차원의 다양한 반응을 불러일으킨다. 성폭력 피해여성들이 나타내는 문제들을 정리하면 다음과 같다(Crawford & Unger, 2000).

① 정서적 문제: 지속적 공포와 불안, 우울증, 자기존중감의 감소 및 외상 후 스트레스장애를 나타낸다. 또한 성적 불안감이나 성행위에 대한 혐오감 혹은 죄책감과 함께 성불감증을 포함하는 성적 역기능을 갖는다.

② 행동적 문제: 여러 남성과 관계를 갖고 과도하게 성행위를 추구하는 등, 성적으로 난잡한 행동을 하며 가출하여 윤락행위를 하는 여성도 있다. 또한 알코올이나 약물을 복용하고 의존적이며 일탈적 행동을 한다.

③ 신체적 문제: 정서적 외상에 기인된 신체적 질병은 물론 성폭력 자체에 의해 그리고 성폭력에 동반된 폭력에 의해 상처를 입을 수 있다. 또한 AIDS를 포함하여 성병에 감염되고 임신하기도 한다.

④ 대인관계 문제: 모든 남성들을 무서워하고 혐오하는 것은 물론 친구들과도 어울리지 못한다. 타인을 불신하기 때문에 대인관계를 단절한다.

⑤ 가족관계 문제: 가족과의 관계도 심각하게 손상된다. 부모나 형제자매와의 대화도 점차 감소한다. 결혼한 여성들은 대부분 남편과 이혼한다. 자녀가 있는 경우에는 자녀에 대한 부모역할 수행이 어려워진다.

그렇다고 해서 피해여성들이 위에 언급된 문제들을 모두 경험하는 것은 아니다. 선행연구들에 의하면(Koss & Burkhart, 1989; Taylor, 1983), 많은 성폭력 피해여성들은 다음의 단계를 거쳐 회복될 수 있었다.

먼저 성폭력 피해여성들은 강간의 의미를 파악하려고 노력한다. 곧 그들은 "내가 나쁜 짓을 했어" "나는 그 상황을 피할 수도 있었어?"와 같은 자기비난적 사고를 한다. 뒤이어 피해여성들은 강간경험의 심각성을 최소화하려는 경향을 나타낸다. 그들은 그 상황에서도 살아남은 것을 감사하며 강간과 그들의 삶의 의미를 재정의하는 과정을 거친다. 이 과정에서 피해여성들은 더 큰 숙달감을 발달시키고 피해자에서 생존자로 자신을 지각할 수 있게 된다.

그러나 성폭력의 피해자들이 어떤 문제들을 갖고 어느 정도로, 얼마나 빠르게 회복될 수 있는가는 개인에 따라 차이가 있다. 일반적으로 가해자와의 관계, 성폭력이 일어난 장소 및 사용된 물리적 힘의 양과 같은 요인들이 피해자의 반응에 영향을 준다. 또한 이전의 성폭력 경험, 개인의 성격특성 그리고 가족이나 친구 혹은 지역사회로부터 받는 지원의 종류와 양에 따라 성폭력에 대한 반응과 회복 속도 및 회복의 정도가 달라질 수 있다.

3) 성폭력 관련 대책

성폭력 관련 대책은 피해자를 도울 수 있는 방법은 무엇이고 성폭력을 예방하기 위해 어떤 일을 해야 하는가의 문제를 포함한다. 우선 성폭력 피해자를 위한 조직적인 서비스 체계가 확립되어야 한다. 현재 우리나라에서는 전화상담서비스가 이루어지고 있고 여러 상담기관에서 피해자들을 위한 상담이 실시되고 있으나 체계적이지 못하여 단편적인 도움밖에 주지 못한다.

따라서 성폭력의 장·단기적 영향에 대처하고 피해자들의 정상적인 사회생활을 지원할 수 있는 조직적인 체계의 마련이 시급히 요구된다. 다시 말하면 성폭력의 신고에서부터 심리치료까지 연속적인 개입이 이루어질 수 있는 책임기관이 있어야 한다는 것이다. 미국에서는 이미 강간위기센터(rape crisis center)가 설립되어 피해자에게 법적, 의학적 도움은 물론 정신건강차원의 도움을 제공하고 있다.

우리나라는 1994년 4월 처음으로 성폭력 특별법이 공표되었고 1998년도부터 개정된 성폭력 특별법이 시행되고 있으나 아직도 피해 여성들을 보호하기에는 부족하다. 과거에는 처벌할 수 없었던 친족관계에 의한 강간, 업무상의 위력에 의한 추행, 공중 밀집장소에서의 추행, 통신매체 이용 음란 등이 성폭력 특별법에 포함됨으로써 성폭력 가해자를 처벌할 수 있는 범위가 확대되기는 하였다.

그러나 친고죄의 규정이 그대로 적용되고 있어 가해자 처벌이 용이하지 않은 문제점이 있다. 또한 부부간의 강간죄를 인정하는 문제와 직장내 성희롱 처벌의 문제, 성폭력 피해자에 대한 보호강화 문제, 스토킹이나 사이버 성폭력 문제 등이 성폭력 특별법에 포함되어야 한다는 주장이 제기되고 있어 성폭력 특별법은 또다시 개정을 눈앞에 두고 있다.

무엇보다 중요한 것은 성폭력은 '정조'에 관한 범죄라는 인식이 강하게 남아 있어 피해자의 신분노출을 꺼리게 만들고 있다는 것이다. 성폭력을 성적 자기결정권 침해의 죄로 인식할 때 가해자의 처벌은 보다 용이해질 수 있다.

성폭력 가해자의 처벌이나 피해자를 위한 서비스도 중요하지만, 성폭력의 예방을 위한 대책도 그에 못지않게 중요하다. 성폭력의 발생은 우리 사회의 이중적인 성윤리에 그 원인이 있으므로 그것의 예방을 위해서는 성에 대한 사회적 태도를 변화시키지 않으면 안 된다.

문제는 사회적 태도를 어떻게 변화시키는가이다. 사회는 개인들의 집합체이므로 궁극적으로 개인을 변화시킬 수 있는 방법이 모색되어야 한다. 하나의 효과적인 방법은 다양한 성폭력 예방프로그램을 개발하는 것이다. 피해자인 여성을 위한 프로그램은 물론 가해자인 남성을 위한 프로그램 및 남녀 혼성을 위한 프로그램들이 함께 개발될 필요가 있다. 특히 여성을 위한 프로그램 속에는 성폭력의 위험을 감소시킬 수 있는 구체적인 방법과 함께 가까운 사람과의 만남에서 어떤 시점에서 'No'라고 말해야 하는가에 대한 정보도 포함되어야 한다.

2. 아내학대

아내학대는 남편에 의해 저질러지는 신체적 학대와 심리적 학대를 모두 포함한다. 신체적 학대는 밀기나 때리기에서부터 물건을 던지고 무기를 사용하는 폭력까지 포함하는 반면, 심리적 학대는 협박이나 위협, 공공연한 모욕 혹은 강한 비판 등으로 구성된다. 대부분의 신체적 학대는 심리적 학대를 동반하기는 하지만, 심리적 학대의 결과로 죽음까지는 초래되지 않으므로 여기서는 신체적 학대 즉 구타만을 논의하기로 한다. 신체적 학대는 심할 경우, 죽음을 초래할 정도로 치명적이라는 이유도 있지만 쉽게 관찰될 수 있어 연구하기 쉽다는 이점도 있다.

많은 사람들은 지금도 아내구타와 같은 가정 내의 폭력을 단순한 부부싸움으로 생각하고 있을 수 있는 일로 생각한다. 그것은 타인의 가정사로서 사생활에 해당되기 때문에 섣불리 개입할 수 없는 일로 인식된다. 그러나 아내구타는 남편에 의해 저질러지는 의도적이고 반복적인 폭력행동으로 심각한 신체적, 정신적 손상을 가져오는 범죄행위이다.

그럼에도 불구하고 대부분의 구타당하는 아내들은 남편으로부터 매맞는 것을 부끄럽게 여기고 감추려고 노력하므로 아내구타의 정확한 발생빈도를 알기는 어렵다. 미국의 경우 매년 8%의 여성들이 그들의 남편으로부터 신체적 학대를 당하는 것으로 추정되며(Plichta, 1996), 전세계의 90개 나라 중 85%의 국가에서 아내구타가 일어나는 것으로 보고된다(Levinson, 1993).

2001년 여성의 전화를 포함한 가정폭력 상담단체들의 비공식적 조사에 따르면, 2000년 한해 동안 한국의 전체 가정 중 35%의 가정에서 남편 또는 아내에 의한 배우자 구타행위가 발생하였고(한 차례 이상) 그중 대부분은 남편에 의한 배우자 구타였다(국민일보 2001년 10월 22일자). 대부분의 아내구타는 결혼초기에 시작되어 거의 규칙적으로 반복되며 여성의 연령이나 학력 혹은 사회계층과 상관 없이 불특정 다수의 여성들이 배우자로부터 학대받고 있는 것이 그 특징이다.

1) 아내학대의 가해자

지금까지의 연구결과들에 의하면, 아내를 구타하는 남성들은 다음과 같은 개인적 특성을 지니고 있다.

① 성격장애를 가지고 있다(Dutton, 1996).

② 아동기 동안 부모로부터 거부당했고 언어적, 신체적 학대를 받았을 가능성이 있다(Sugarman, Aldarondo, & Boney-McCoy, 1996).
③ 알코올남용의 역사를 가지고 있고 더 많은 스트레스를 경험하고 있으나 대처기술이 부족하다(Barnett & Fagan, 1993).
④ 낮은 자기존중감과 지배욕구 및 우울증을 지니고 있고 의존적이며 여성에 대해 적개심을 가지고 있다(Dewhurst, Moore, & Alfano, 1992).
⑤ 아내학대는 모든 사회계층에서 일어날 수 있기는 하지만, 30세 이하이면서 교육정도가 낮고 적은 수입을 갖는 남성들 사이에서 자주 발견된다(Sorenson, Upchurch, & Shen, 1996).
⑥ 사회적으로 고립되어 있다(Dutton, 1988).

아내학대자들은 〈표 12-2〉와 같이 세 가지 유형으로 구분될 수 있다. 즉 제 1 유형은 가족구타유형으로 가정내외에서 낮은 수준의 폭력을 보이고 정신병리적 경향성도 낮은 특성을 지니고 있다. 제 2 유형은 혐오적/경계선 구타유형으로 배우자에 대한 폭력도 제 1 유형보다 더 심각하고 가정 바깥에서도 폭력을 행사한다. 그들은 경계선적 성격장애와 알코

〈표 12-2〉 아내학대자들의 유형과 그 특성

	아내학대자들의 하위유형		
	가족구타유형	혐오적/ 경계선 구타유형	폭력적/ 반사회적 구타유형
1. 아내에 대한 폭력의 강도	낮은	보통 혹은 높은	보통 혹은 높은
2. 가정 바깥에서의 폭력의 일반성	낮은	낮거나 보통	높은
3. 정신병리의 존재유무:			
성격장애	없거나 수동적/의존적	경계선적 혹은 분열증적	반사회적
알코올/약물남용	낮거나 보통	보통	높은
우울	낮거나 보통	높은	낮은
분노	보통	높은	보통

출처: Holtzworth-Munroe & Stuart, 1994.

올/약물 중독, 우울증 그리고 분노를 포함하는 병리적 특성을 지니고 있다. 제3유형에 해당하는 폭력적/반사회적 구타유형은 가정의 안과 바깥 모두에서 높은 수준의 폭력을 행사하고 반사회적 성격장애의 특성을 지니고 있다.

이 모델은 아내학대자들은 배우자에 대해 폭력적이라는 점에서는 동일하나 각기 다른 이유로 각기 상이한 형태의 폭력을 행사한다는 것을 보여준다. 그러므로 아내학대자들을 치료하기 위해서는 하나의 단일적인 처치 프로그램으로는 효과가 없으며 각 유형에 적합한 프로그램이 실시될 수 있을 때 효과적인 행동변화를 일으킬 수 있다는 것을 알 수 있다. 특히 세 번째 유형인 폭력적/반사회적 구타유형은 다음과 같은 네 가지 특성을 지니고 있다(Holtzworth-Munroe & Stuart, 1994).

첫째, 공격적, 반사회적 행동의 유전적 경향성

둘째, 아동기 동안 심각한 폭력의 경험(폭력의 희생자나 목격자)

셋째, 일탈적 또래와의 더 많은 접촉

넷째, 여성에 대한 적대적 태도와 폭력을 지지하는 태도

대부분의 매맞는 아내들은 그들이 왜 매를 맞는지 알지 못한 채 구타를 당한다. 정신병자 남편을 제외하고는 남성들이 제시하는 구타의 이유들은(말대꾸한다, 바가지 긁는다, 이해를 못해 준다, 살림을 못 한다 등) 모두 구타하기 위한 트집에 지나지 않는다(김광일, 1985). 많은 남성들은 아내를 구타한 후에 그들이 마신 술을 핑계삼아 책임을 회피하려고 한다. 그러나 실제로는 아내를 구타하기 위한 구실로 술을 마시는 경우가 많아 음주는 어디까지나 책임회피의 수단일 뿐 구타의 직접적 원인은 되지 못한다.

그러나 아내구타를 일삼는 남성들의 개인적 특성도 중요하지만, 여성에 대한 학대를 부추기는 사회적 요인들의 중요성도 무시될 수 없다. 가정과 학교는 훈육이라는 미명하에 폭력을 휘두르고 대중매체들은 정의를 수호한다는 명분으로 폭력을 정당화한다. 사회는 암암리에 폭력을 수용할 뿐 아니라 여성을 남성보다 열등시하고 남성이 여성을 지배하는 것을 당연시하므로 아내학대가 일어날 수 있는 기본적 구조를 만들어 낸다. 만약 이와 같은 사회적 요인들이 제거될 수 있다면, 아내구타와 같은 폭력은 근절될 수 있을 것이다.

2) 아내학대의 피해자

남편으로부터 구타당하는 여성들은 아내를 구타하는 남성들과 동일하게 그들만의 어떤 개인적 특성을 지니고 있는가? 구타당하는 여성들은 보통 더 낮은 수준의 자기존중감과 더 큰 무력감 및 우울증을 지니고 있었다(Campbell & Socken, 1999). 그러나 이러한 성격특성들이 실제로 구타의 선행요인인지 아니면 구타의 결과로 야기된 것인지 분명하지 않다.

96개의 잠재적 위험요인들을 연구한 호탤링과 슈거만(Hotaling & Sugarman, 1986)은 구타당하는 여성들에게서 나타나는 가장 일관성 있는 하나의 요인은 아동기에 가정 내에서 폭력을 경험한 여성들이라는 것이다. 실제로 구타당하는 여성들이 나타내는 낮은 자기존중감과 우울증이나 무력감은 구타에 의해 야기된 결과이지 그들의 원래의 성격특성은 아니라는 설명이 보다 더 타당성 있게 보인다.

구타의 결과로 매맞는 아내들은 학습된 무력감(learned helplessness)을 발달시킨다. 소위 매맞는 여성 증후군(battered woman's syndrome)의 대표적 특성인 학습된 무력감은 여성들이 반복적으로 구타당함으로써 자신을 보호하거나 도망갈 방법이 없다고 느끼기 때문에 나타나는 증상이다. 구타에 의해 무력감을 학습하고 폭력의 노예가 되어 가는 여성들은 마치 남편의 구타가 자신의 잘못인 양 죄책감에 빠지기도 한다. 어떤 여성들은 구타에 대한 공포와 남편에 대한 분노, 불안, 초조, 우울 등의 증상과 함께 정신신체장애를 일으키기도 한다. 결국 남편을 살해하는 것을 그들의 유일한 해결책으로 삼는 여성들도 있다.

여성들이 구타의 초기에 구타를 당하면서도 남편 곁을 떠나지 못하는 이유는 배우자 자신이나 배우자의 외적 상황이 변할 것이라는 기대 때문이다. 즉 '그가 더 이상 술을 마시지 않는다면' '직장이 마련되기만 하면' '아이들이 더 자라면' '직장에서의 어려운 문제가 해결되면' 남편의 구타가 멈춰질 것이라는 생각이다.

그러나 구타가 반복되면서 여성들의 학습된 무력감은 점점 더 커 가고 그와 함께 여성들의 남편에 대한 경제적 의존과 자녀의 존재는 남편으로부터 떠나가는 것을 어렵게 만든다. 더욱이 매맞는 여성들이 구타로부터 벗어나려는 시도를 할 때마다 죽이겠다는 남편들의 위협은 아내의 독립을 좌절시키는 결정적 역할을 한다. 실제로 구타하는 남성들은 아내를 살해하려고 시도하고 또한 살인에 성공하기도 한다.

3) 아내학대 관련 대책

아내학대 관련 대책은 크게 세 가지로 나누어 생각해 볼 수 있다. 피해자인 아내를 위한 대책, 가해자인 남편을 위한 대책, 그리고 사회구조적 변화를 위한 대책이 그것이다.

(1) 피해자인 아내를 위한 대책

우선 피해자가 발견되면 피해자를 보호하기 위해 즉시 남편과 격리시키는 것이 중요하다. 피해자는 피해자의 친정집이나 친척집, 병원 혹은 긴급대피소(shelter house)로 대피시켜져야 한다. 동시에 상처부위에 대한 응급치료가 이루어져야 하고 입원하도록 종용하며 정신치료를 실시한다. 만약 남편이 특별한 정신병이 없이 성격장애로 구타한다면 치료될 가능성이 없으므로 이혼해서 독립적 삶을 살 수 있도록 도와줄 필요가 있다(김광일, 1987).

그러나 앞에서도 지적한 것처럼, 반복적으로 구타당하는 대부분의 여성들은 이혼하지 못한다. 또한 이혼을 결심했다가도 곧 마음을 바꾸게 되며 심지어 이혼한 후에도 남편에게 되돌아가기 때문에 피해여성에 대한 대책은 한계가 있다.

(2) 가해자인 남편을 위한 대책

가해자인 남편을 아내로부터 격리시키기 위해 즉시 구속하는 것이 바람직하다. 가해남편들은 정신문제를 갖는 사람들이므로 정신치료기관으로 넘겨져야 한다. 그러나 대부분의 가해남성들은 그들의 구타행위를 잘못된 행동이라고 생각하지 않기 때문에 스스로 정신치료를 받으려는 사람은 거의 없다.

가해자가 치료를 받지 않으려고 할 때 법원의 명령에 의해 정신감정을 실시하고 치료받게 하는 것이 바람직하다. 아내구타를 일삼는 남성들은 장기적인 치료가 요구되는 환자들이라는 것을 명심할 필요가 있다.

(3) 사회구조적 변화를 위한 대책

앞에서도 지적한 것처럼, 아내학대가 근절되기 위해서는 폭력을 수용하는 사회적 분위기와 여성을 열등시하는 사회적 태도가 변화되지 않으면 안 된다. 그와 같은 변화가 일어나기 위해서는 사소한 폭력도 용납되어서는 안 될 뿐 아니라 남녀차별이 없어져야 하고 여성을 보호할 수 있는 법적 장치가 마련되어야 할 것이다. 특히 여권신장을 위한 여성단체들의 노력은 물론 남성들도 자신의 행복과 안녕을 위해(왜냐하면 행복한 가정이 이루어질 수 있을 때 남성들도 행복해질 수 있기 때문이다) 여성의 권리를 보호해야 하므로 여성을 위한 인권운동을 벌일 필요가 있을 것이다.

Ⅲ. 여권신장을 위한 우리의 노력

우리 사회에 여성에 대한 성폭력 사건이 빈발하고 상당수의 여성들이 남편으로부터 구타를 당하고 있는 현실에도 불구하고, 여권을 신장하려는 우리의 노력은 계속되고 있다. 그러나 언뜻 보기에는 모든 여성들이 여권신장에 관심을 갖는 것처럼 보이지만, 실제로는 여성운동에 관심을 갖는 일부의 여성들의 전유물이 아닌가 의심될 정도로 절대다수의 여성들은 침묵하고 있다.

한국의 여성운동은 1970년대 산업현장에서의 여성의 저임금과 열악한 근로조건을 개선하려는 노동운동에서 시작되었다. 근로현장에서의 성차별문제가 제기되면서 남녀 불평등 문제의 법적, 제도적 시정을 위한 노력이 여성운동의 중심과제가 되었다. 1980년대의 민주화운동 과정을 거치면서 여성운동은 사회운동권과 연결되고 사회주의 페미니즘의 주장을 수용하였다. 그러나 자본주의체제와 가부장제의 타파에 기초를 둔 사회주의 페미니즘은 실천적 대안을 지니고 있지 않다는 비판을 받는다. 그에 따라 한국의 여성운동은 사회주의 페미니즘을 수용하면서도, 여성문제는 사회전반의 구조에서 파생되는 문제이기 때문에 전체 사회운동과 동시적으로 이루어져야 한다는 인식이 확산되었다.

80년대 후반에 이르러 주부중심의 시민운동의 확산으로 근로여성, 도시빈민여성, 농민여성 등 이른바 민중여성이 주체였던 여성운동의 주체가 확대되고 여성과 관련된 법률의 제정과 개정이 뒤따랐다. 남녀고용평등법, 가족법, 모자복지법, 성폭력 특별법, 여성발전기본법 및 가정폭력 처벌특례법의 제정까지 여성들을 위한 법제정이 계속되고 있다.

그러나 이와 같은 여성들의 노력에도 불구하고, 우리 사회의 남녀 불평등의 문제는 그대로 상존하고 있다. 아무리 여성을 위한 법률이 제정된다고 할지라도, 여성 한 사람 한 사람이 지니고 있는 뿌리깊은 피해의식과 남성에 대한 열등감이 제거되지 않는다면 남녀평등 사회는 누구도 도달할 수 없는 이상향에 지나지 않을 것이다. 현재 여성들이 가정이나 직장에서 낮은 지위에 위치하고 적은 보수를 받는 것은 사회의 차별구조 때문이기도 하지만, 근본적으로는 여성 스스로가 차별대우를 수용하는 데 기인한다.

이제 새로운 세기의 여성운동은 종래의 사회학적 측면의 여성운동과 함께 인간발달적 측면의 여성운동이 병행될 필요가 있다. 다시 말하면 여권을 신장시키기 위해서는 교육에서의 남녀차별을 제거해야 한다는 것이다. 초중고등학교 학생들의 교과서에 포함된 성차별적 내용은 물론 교사들이 의식적, 무의식적으로 사용하는 언어와 행동에서의 성차별적 요인을 제거하는 것은 필수적인 일이다.

이 책 전체를 통해 계속해서 지적되어 온 여성의 낮은 자기존중감은 성차별적 교육의 결과라는 증거들이 많이 있다. 그러므로 유아원에서부터 고등학교까지 여학생들의 자기존중감을 높일 수 있는 발달적 프로그램을 개발하는 것이 무엇보다 시급한 일이다. 기존의 커리큘럼에 대한 종합적 검토를 바탕으로, 각 발달단계에 적절한 자기존중감 증진프로그램들이 만들어져야 할 것이다.

참고문헌

공미혜(2002). 기혼여성의 결혼 불만족과 혼외관계에 대한 탐색적 고찰. **대한가정학회지**, 제40권 1호, 195-208.

구병삼과 민부기(1986). 한국여성의 폐경에 관한 연구(II). **대한산부인과학회지**, 29, 1209-1218.

김광일(1985). 구타당하는 아내 50예의 정신의학적 연구. **정신건강연구**, 3, 235-256.

김광일(1987). 아내 구타의 대책. **정신건강연구**, 제6집, 한양대학교 정신건강연구소.

김미화(1982). 여학생의 초경에 관한 연구. **한국보건교육학회지**, 제1권 제1호.

김순옥과 유경희(1996). 남편의 권위주의적 의사소통에 대한 부부간의 인지분석. **한국가정관리학회지**, 제14권 1호, 21-33.

김정근과 윤병준(1996). 한국인의 건강수명 산출에 관한 연구논문.

김정옥(1993). 이혼원인의 실증적 연구. 한국가족학 연구회 편, **이혼과 가족문제**, pp. 41-56.

김주성(1962). 한국 여성의 월경에 관한 조사연구. **아세아 여성연구**, 제1집, 숙대 아세아문제 연구소.

김태현과 한혜신(1996). 사별노인의 재혼에 관한 연구-서울시 재혼노인의 성공사례를 중심으로-. **한국노년학**, Vol. 16, No. 1, 18-38.

김한경 · 조항원 · 박정숙(1991). **산업체 가족계획 및 성교육 프로그램 효과 및 전략개발연구**. 대한가족계획협회.

김혜련(1995). **남자의 결혼, 여자의 결혼, 또 하나의 문화**. 도서출판: 하우.

도미향(1990). 비전문적 취업주부의 결혼적응과 부부간 의사소통양식 및 그 상호관계에 대한 연구. 영남대학교 대학원 석사학위논문.

류경희(1994). 남편의 권위주의적 의사소통에 대한 체계적 관점에서의 관련변인. 성균관대학교 대학원 석사학위논문.

문현숙과 김득성(2000). 이혼 후 적응과정에 관한 사례연구. **대한가정학회지**, 제38권 3호, 99-120.

문화관광부(2000). **청소년백서**.

문화방송(2001). **2000 MBC 청소년백서**.

박혜원과 곽금주(1996). 청소년을 위한 전자게임 프로그램의 규제 및 평가체계 개발. **아산재단 연구총서**, 제27집, 서울: 집문당.

법무연수원(1998). **범죄백서**.

법원행정처(2001). **사법연감 2001**.

변화순 · 백경희 · 김현주(2001). 한국가족의 변화와 여성의 역할 및 지위에 관한 연구. **여성연구**, 통권 60호(여름호), 127-145.

서수경(1988). 부부간의 의사소통유형과 인구사회학적 변인간의 상관성에 관한 연구. 동국대학교 대학원 석사학위논문.

성향숙(1997). 여성노인의 삶의 조건과 학대에 관한 연구. 부산여대 여성문제연구소, **여성연구 논집**, 제8집, 19-39.

송성자(1985). 한국 부부간의 의사소통유형과 가족문제에 관한 연구: 의사소통 가족치료이론을 중심으로. 숭전대학교 대학원 박사학위논문.

오경석 외(1996). 노인종합복지타운의 모형개발. 한국보건사회연구원 내부 자료.

원효종(1984). 부부간의 의사소통양식과 의사소통 불안의식에 관한 연구. 서울대학교 대학원 석사학위논문.

유희정과 이재경(1990). 고학력 전문직 여성의 지위와 직업생활-박사학위 소지자를 중심으로-. **여성학 논집**, 제7집.

이경자(1992). 성폭력의 예방과 대책에 관한 연구. **여성연구**, 통권 제37호.

이정덕과 최영아(1997). 사별 및 이혼한 노인의

재혼에 관한 연구 I. 대한가정학회지, 제35권 2호, 255-272.

이정순(1991). 부부간 커뮤니케이션 유형에 관한 연구. 대한가정학회지, 29(3), 175-189.

이정순과 박성연(1991). 부부간 커뮤니케이션 유형에 관한 연구. 대한가정학회지, 제29권 3호, 175-190.

이창숙(1988). 한국 남편과 부인들의 커뮤니케이션 유형분류에 대한 연구. 한국가정관리학회지, 6(1), 1-23.

이창숙과 유영주(1988). 한국남편과 부인의 커뮤니케이션 유형분류에 관한 연구. 한국가정관리학회지, 6(1), 1-25.

이춘아와 김이선(1997). 성차별적 언어사용에 관한 연구. 한국여성개발원, 여성연구, 여름호(통권 제52호), 203-232.

이혜경(1994). 사회주의 여권론적 관점에서 본 한국여성복지정책의 성격에 관한 연구. 서울대학교 박사학위논문.

장필화(2000). 여성 · 몸 · 성. 서울: 또 하나의 문화.

장필화와 조형(1991). 한국의 성문화-남성 성문화를 중심으로-. 여성학 논집, 제8집, 127-170.

장휘숙(1990). 부모에 대한 심리적 거리지각의 연령에 따른 변화. 충남대학교 사회과학연구소 논문집, 창간호.

장휘숙(1995). 가족심리학. 서울: 박영사.

장휘숙(1995). 한국대학생의 성에 대한 가치관 연구. 한림과학원 편. 전환기에 선 한국인의 가치관.

장휘숙(1996). 국민학교 아동의 놀이유형과 소망하는 직업. 미발표.

장휘숙(1996). 임신에 대한 대학생들의 태도조사. 미발표.

장휘숙(1999). 청년심리학. 서울: 학지사.

장희경과 한용봉(2002). 중년여성의 갱년기 증상과 식생활 양상에 관한 연구. 대한가정학회지, 제40권 1호, 125-134.

정현숙 · 유계숙 · 임춘희 · 전춘애 · 천혜정(2000). 재혼가족에 대한 실태 및 재혼생활의 질에 대한 연구. 대한가정학회지, 제38권 4호, 1-19.

조기동(1993). 혼자 사는 노인과 재혼. 한국노년학회, Vol. 13, No. 19.

조병은(1990). 한국여성노인 문제에 대한 이론적 고찰. 여성연구, 통권 제28호.

통계청(1996). 95 한국의 사회지표.

통계청(2001). 2000 인구주택총조사보고서.

통계청(2001). 2001 한국의 사회지표.

통계청(2001). 통계로 보는 여성의 삶.

통계청(2002). 2000년 사망원인통계연보.

통계청(2002). 2000년 인구동태통계연보(혼인 · 이혼편).

한경혜(1993). 한국 이혼부부의 적응과 관련변인에 관한 실증적 연구. 한국가족학연구회 편, 이혼과 가족문제. 도서출판: 하우.

한국형사정책연구원(1990). 성폭력의 실태 및 대책에 관한 연구. 성범죄 연구 1, 서울: 한국 형사정책연구원.

홍기선(1994). 커뮤니케이션론. 서울: 나남출판.

AAUW. (1998). *Gender gaps: Where schools still fail our children.* Washington, DC: Author.

Abrams, D., Sparkes, K., & Hogg, M. A. (1985). Gender salience and social identity: The impact of sex of siblings on educational and occupational aspirations. *British Journal of Educational Psychology, 55,* 224-232.

Abusharaf, R. M. (1998). Unmasking tradition. *The Sciences,* 22-27.

Adams, R. C. (1997). Friendship patterns among older women. In J. M. Coyle (Ed.), *Handbook on women and aging* (pp. 400-417). Westport, CT: Greenwood Press.

Adelmann, P. K. (1994). Multiple roles and psychological well-being in a national sample of elder adults. *Journal of Gerontology, 49,* 5277-5285.

Ader, D. N., & Johnson, S. B. (1994). Sample description, reporting and analysis of sex in psychological research: A look at APA and APA division journals in 1990. *American Psychologist, 49,* 216-218.

Allen, L. S., & Gorski, R. A. (1992). Sexual orientation and the size of the anterior commissure in the human brain. *Proceedings of the National Academy of Sciences, 89,* 7199-7202.

Alpert, D., & Culbertson, A. (1987). Daily hassles and coping strategies of dual-earner and nondual-earner women. *Psychology of Women Quarterly, 11,* 359-366.

Almquist, E. M., Angrist, S. S., & Mickelsen, R. (1980). Womens career aspirations and achievements: College and seven years after. *Sociology of Work and Occupations, 7*(3), 367-384.

Amato, P. R., & Rogers, S. J. (1997). A longitudinal study of marital problems and subsequent divorce. *Journal of Marriage and the Family, 59,* 612-624.

Anderson, C. M., & Stewart, S. (1994). *Flying Solo: Single women in midlife.* New York: Norton.

Arber, S., & Ginn, J. (1995). Choice and constraint in the retirement of older married women. In S. Arber & J. Ginn (Eds.), *Connecting gender and aging: A sociological approach* (pp. 69-86). Buckingham, UK: Open University Press.

Aries, E. (1976). Interaction patterns of male, female, and mixed groups. *Small Group Behavior, 7,* 7-18.

Aries, E. (1996). *Men and women in interaction: Reconsidering the differences.* New York: Oxford University Press.

Aries, E. (1997). Women and men talking: Are they worlds apart? In M. R. Walsh(Ed.), *Women, men, and gender: Ongoing debates* (pp. 91-100). New Haven, CT: Yale University Press.

Azar, B. (1994). Women are barraged by media on the change. *American Psychological Association Monitor, 25,* 24-25.

Baenninger, M., & Newcomb, N. (1989). The role of experience in spatial test performance: A meta-analysis. *Sex Roles, 20,* 327-344.

Bailey, M. J., Pillard, R., Neale, M., & Agyei, Y. (1993). Heritable factors influence sexual orientation in women. *Archives of General Psychiatry, 50,* 217-223.

Baillinger, S. (1990). Stress as a factor in lowered estrogen levels in the early postmenopause. In M. Flint, F. Kronenberg, & W. Utian (Eds.), *Multidisciplinary perspectives on menopause. Annals of the New York Academy of Sciences, 592,* 95-113.

Baker, R., Kiger, G., & Riley, P. J. (1996). Time, dirt, and money: The effects of gender, gender ideology, and type of earner marriage on time, household-task, and economic satisfaction among couples with children. *Journal of Social Behavior and Personality, 11*(5), 161-177.

Bandura, A. (1977). *Social learning theory.* Englewood Cliffs, N.J.: Prentice-Hall.

Banse, R., & Scherer, K. R. (1996). Acoustic profiles in vocal emotion expression. *Journal of Personality and Social Psychology, 70,* 614-636.

Barbach, L. (1982). *For each other: Sharing sexual intimacy.* Garden City, NY: Double Day.

Barnett, O. W., & Fagan, R. W. (1993). Alcohol use in male spouse abusers and their female partners. *Journal of Family Violence, 8,* 1-25.

Barnett, R. C. (1997). Gender, employment, and psychological well-being: Historical and life course perspectives. In M. E. Lachman & J. B. James (Eds.), *Multiple paths of midlife development* (pp. 323-344). Chicago: The University of Chicago Press.

Barnott, R. C., Marshall, N. L., & Singer, J. D. (1992). Job experiences over time, multiple roles, and women's mental health: A longitudinal study. *Journal of Personality and Social Psychology, 62,* 634-644.

Bart, P. B., & Grossman, M. (1978). Menopause. In M. T. Notman & C. C. Nadelson (Eds.), *The woman patient: Medical and psychological interfaces* (pp. 337-354). New York: Plenum Press.

Baruch, G. K., Barnett, R. C., & Rivers, C. (1983). *Lifeprints: New patterns of love and work for today's women.* New York: New American Library.

Becker, E., Rankin, E., & Rickel, A. U. (1998). *High-risk sexual behavior: Interventions with vulnerable populations.* New York: Plenum Press.

Bekker, M. (1996). Agoraphobia and gender: A review. *Clinical Psychology Review, 16,* 129-146.

Bellafante, G. (1998). Feminism: It's all about me! *Time, 151,* 54-60

Bem, S. L. (1975). Sex role adaptability: One consequence of psychological androgyny. *Journal of Personality and Social Psychology, 31,* 634-643.

Bem, S. L. (1996). Transforming the debate on sexual inequality: From biological differences to institutionalized androcentrism. In J. Chrisler, C.

Golden, & P. Rozee (Eds.), *Lectures on the Psychology of Women* (pp. 9-12). New York: McGraw-Hill.

Berman, W. H. (1988). The role of attachment in the post-divorce experience. *Journal of Persoanlity and Social Psychology, 54,* 496-503.

Berman, W. H., & Turk, D. C. (1981). Adaptation to divorce: Problems and coping strategies. *Journal of Marriage and the Family, 43*(1), 179-189.

Bernard, J. (1972). *The future of marriage.* New York: World.

Betz, N. E., & Fitzgerald, L. E. (1987). *The career psychology of women.* New York: Academic Press.

Black, S. M., & Hill, C. E. (1984). The psychological well-being of women in their middle years. *Psychology of Women Quarterly, 8,* 282-292.

Blackman, M. C., & Funder, D. C. (1996). Self-esteem as viewed from the outside: A peer and gender perspective. *Journal of Social Behavior and Personality, 11,* 115-126.

Blair, S. L., & Lichter, D. T. (1991). Measuring the division of household labor: Gender segregation of housework among American couples. *Journal of Family Issues, 12,* 91-113.

Block, J. (1973). Conceptions of sex roles: Some cross-cultural and longitudinal perspectives. *American Psychologist, 28,* 512-526.

Block, J., & Robbins, R. W. (1993). A longitudinal study of consistency and change in self-esteem from early adolescence to early adulthood. *Child Development, 64,* 909-923.

Blumstein, P., & Schwartz, P. (1983). *American couples.* New York: William Morrow.

Bowlby, J. (1980). *Attachment and loss. Three volumes.* New York: Basic Books.

Bradley, H. (1989). *Men's work, women's work.* Minneapolis: University of Minnesota Press.

Breay, E., & Gentry, M. (1990). *Perceptions of a sexual double standard.* Paper presented at Eastern Psychological Association, Philadelphia.

Brelis, M. (1999). The fading gay gene. *The Boston Sunday Globe,* pp. C1, C5.

Bromberg, J. J. (1997). *The body project: An intimate history of American girls.* New York: Random House.

Bromberger, J., & Matthews, K. (1996). A feminine model of vulnerability to depressive symptoms: A longitudinal investigation of middle-aged women. *Journal of Personality and Social Psychology, 70,* 591-598.

Brooks-Gunn, J. (1987). Pubertal processes and girls' psychological adaptation. In R. M. Lerner & T. T. Foch (Eds.), *Biological psychosocial interactions in early adolescence* (pp. 123-153). Hillsdale NJ: Erlbaum.

Brooks-Gunn, J., & Ruble, D. N. (1983). Dysmenorrhea in adolescence. In S. Golub (Ed.), *Menarche: The transition from girl to woman* (pp. 252-261). Lexington, MA.: Lexington Books.

Brooks-Gunn, J., & Warren, M. P. (1988). The psychological significance of secondary sexual characteristics in nine-to-eleven year old girls. *Child Development. 59,* 1061-1069.

Broverman, I. K., Vogel, S. R., Broverman, D. M., Clarkson, F. E., & Rosenkrantz, P. S. (1972). Sex-role stereotypes: A current appraisal. *Journal of Social Issues, 28,* 59-78.

Brown, B. A., Frankel, B. G., & Fennell, M. P. (1989). Hugs or shrugs: Parental and peer influence on continuity of involvement in sport by female adolescents. *Sex Roles, 20,* 397-409.

Buchman, D. D., & Funk, J. B. (1996). Video and computer games in the 90s: Children's time commitment and game preferences. *Children Today, 24,* 12-16, 31.

Burns, A., & Homel, R. (1989). Gender division of tasks by parents and their children. *Psychology of Women Quarterly, 13,* 113-125.

Bursik, K. (1991). Correlates of women' s adjustment during the separation and divorce process. *Journal of Divorce, 15,* 137-161.

Burt, M. R. (1991). Rape myths and acquaintance rape. In A. Parrot & L. Bechhofer (Eds.), *Acquaintance Rape: The hidden crime* (pp. 26-40). New York: Wiley.

Bush, T. L. (1990). The epidemiology of cardiovascular disease in postmenopausal women. In M. Flint, F. Kronenberg, & W. Utian (Eds.), *Multidisciplinary perspectives on menopause. Annals of the New York Academy of Sciences, 592,* 263-271.

Buss, D. M. (1995). Psychological sex differences: Origins through sexual selection. *American Psychologist, 50,* 164-168.

Buss, A. H., & Perry, M. (1992). The aggression questionnaire. *Journal of Personalty and Social*

Psychology, 63, 452-459.

Buss, D. M., & Schmitt, D. (1993). Sexual strategies theory: An evolutionary perspective on human mating. *Psychological Review, 100,* 204-232.

Buss, D. M., et al. (1990). International preferences in selecting mates: A study of 37 cultures. *Journal of Cross-Cultural Psychology, 21,* 5-47.

Caldera, Y. M., Huston, A. C., & O'Brien, M. (1989). Social interactions and play patterns of parents and toddlers with feminine, masculine and neutral toys. *Child Development, 60,* 70-76.

Calhoun, K. S., Bernat, J. A., Clum, G. A., & Frame, C. L. (1997). Sexual coercion and attraction to sexual aggression in a community sample of young men. *Journal of Interpersonal Violence, 12*(1), 392-406.

Calvin, W. H. (1991). *The ascent of mind.* New York: Bantam.

Campbell, J. C., & Soeken, K. L. (1999). Women's responses to battering over time: An analysis of change. *Journal of Interpersonal Violence, 14,* 21-40.

Canetto, S. S. (1992). Gender and suicide in the elderly. *Suicide and Life-Threatening Behavior, 22,* 80-97.

Caplan, P. J., & Caplan, J. B. (1999). *Thinking critically about research on sex and gender,* 2nd ed. New York: Addison-Wesley.

Carli, L. L. (1990). Gender, language, and influence. *Journal of Personality and Social Psychology, 59,* 941-951.

Carmen, E. H., Russo, N. F., & Miller, J. B. (1981). Women's inequality and women's mental health: An overview. *American Journal of Psychiatry, 138,* 1319-1330.

Carp, F. M. (1997). Retirement and women. In J. M. Coyle (Ed.), *Handbook on women and aging* (pp. 112-128). Westport, CT: Greenwood Press.

Charlesworth, W. R., & Dzur, C. (1987). Gender comparisons of preschoolers' behavior and resource utilization in group problem-solving. *Child Development, 58,* 191-200.

Chipman, S. F., Brush, L. R., & Wilson, D. M. (Eds.) (1985). *Women and mathematics: Balancing the equation.* Hillsdale, N.J.: Erlbaum.

Chodorow, N. (1979). *The reproduction of mothering.* Berkeley: University of California Press.

Chodorow, N. (1989). *Feminism and psychoanalytic theory.* New-Haven, CT: Yale University Press.

Choo, P., Levine, T., & Hatfield, E. (1997). Gender, love schemas, and reactions to romantic breakups. In R. Crandall (Ed.), *Handbook of gender research* (pp. 143-160). Corte Madera, CA: Select Press.

Cicirelli, V. (1983). Adult children and their parents. In T. Brubaker (Ed.), *Family relationships in later life.* Beverly Hills, CA: Sage.

Clarke-Stewart, A., Perlmutter, M., & Fridman, S. (1988). *Lifelong human development.* New York: John wiley & Sons.

Cohen, J. (1977). *Statistical power analysis for the behavioral sciences* (Rev. ed.). CA: Academic Press.

Cole, C. L. (1984). Marital quality in later life. In W. H. Quinn & G. A. Hughston (Eds.), *Independent aging: Family and social systems perspectives.* Rockville, MD: Aspen.

Coleman, J. C., et al. (1987). *Comtemporary psychology and effective behavior* (6th ed.). Glenview, IL: Scott, Foresman.

Collaer, M. L., & Hines, M. (1995). Human behavioral sex differences: A role for gonadal hormones during early development? *Psychological Bulletin, 118,* 55-107.

Coltrane, S. (1992). The micropolitics of gender in nonindustrial societies. *Gender & Society, 6,* 86-107.

Condry, J. C., Jr., & Condry, S. M. (1976). Sex differences: A study of the eye of the beholder. *Child Development, 47,* 812-819.

Condry, S. M., Condry, J. C., Jr., & Pogatshink, L. W. (1983). Sex differences: A study of the ear of the beholder. *Sex Roles, 9,* 697-704.

Cooksey, E. C., Rindfuss, R. R., & Guilkey, D. K. (1996). The initiation of adolescent sexual and contraceptive behavior during changing times. *Journal of Health and Social Behavior, 37*(1), 59-74.

Costa, P. T., Jr., & McCrae, R. R. (1994). Stability and change in personality from adolescence through adulthood. In C. F. Halverson, Jr., G. A. Kohnstamm, & R. P. Martin (Eds.), *The developing structure of temperament and personality from infancy to adulthood.* Hillsdale, NJ: Erlbaum.

Cowan, G., Warren, L. W., & Young, J. L. (1985). Medical perceptions of menopausal symptoms.

Psychology of Women Quarterly, 9, 3-14.

Crawford, M., & Unger, R. (2000). *Women and gender–A feminist psychology*(3rd ed.). McGraw-Hill Companies, Inc.

Crick, N. R. (1997). Engagement in gender normative versus nonnormative forms of aggression: Links to social-psychological adjustment. *Developmental Psychology, 33,* 610-617.

Crick, N., & Bigbee, M. (1998). Relational and overt forms of peer victimization: A multiinformant approach. *Journal of Consulting and Clinical Psychology, 66,* 337-347.

Crocker, J., & McGraw, K. M. (1984). What' s good for the goose is not good for the gender: Solo status as an obstacle to occupational achievement for males and females. *American Behavioral Scientist, 27,* 357-369.

Crockett, L. J., & Petersen, A. C. (1987). Pubertal status and psychosocial development: Findings from the early adolescent study. In R. M. Lerner & T. T. Foch (Eds.), *Biological-psychosocial interactions in early adolescence* (pp. 173-188). Hillsdale, N.J.: Erlbaum.

Crosby, F. J. (1991). *Juggling: The unexpected advantages of balancing career and home for women and their families.* New York: Free Press.

Crosby, F. J., Pufall, A., Snyder, R. C., O'Connell, M., & Whalen, P. (1989). The denial of personal disadvantage among you, me, and all the other ostriches. In M. Crawford and M. Gentry (Eds.), *Gender and thought: Psychological perspectives* (pp. 79-99). New York: Springer-Verlag.

Cusick, T. (1987). Sexism and early parenting: Cause and effect? *Peabody Journal of Education, 64,* 113-131.

Cutler, S. E., & Nolen-Hoeksema, S. (1991). Accounting for sex differences in depression through female victimization and childhood sexual abuse. *Sex Roles, 24,* 425-438.

Daley, S. (1991). Girls' self-esteem is lost on way to adolescence. New study finds. *The New York Times,* January 9.

De Lacoste-Utamsing, C., & Holloway, R. L. (1982). Sexual dimorphism in the human corpus callosum. *Science, 216,* 1431-1432.

Deaux, K., & Lewis, L. L. (1984). The structure of gender stereotypes: Interrelationships among components and gender lables. *Journal of Personality and Social Psychology, 46,* 991-1004.

Deaux, K., Winton, W., Crowley, M., & Lewis, L. L. (1985). Level of categorization and content of gender stereotypes. *Social Cognition, 3,* 145-167.

Denmark, F., Russo, N., Frieze, I., & Sechzer, J. (1988). Guidelines for avoiding sexism in psychological research: A report of the ad hoc committee on nonsexism research. *American Psychologist, 43,* 582-585.

Deutsch, F. M., LeBaron, D., & Fryer, M. M. (1987). What is in a smile? *Psychology of Women Quarterly, 11,* 341-352.

Deutsch, F. M., Zalenski, C. M., & Clark, M. E. (1986). Is there a double standard of aging? *Journal of Applied Social Psychology, 16,* 771-785.

Devor, H. (1996). Female gender disphoria in context: Social problem or personal problem? *Annual Review of Sex Research, 6.*

Dewhurst, A. M., Moore, R. J., & Alfano, D. P. (1992). Aggression against women by men: Sexual and spousal assault. *Journal of Offender Rehabilitation, 18,* 39-47.

Diamond, M. A. (1982). Sexual identity, monozygotic twins reared in discordant sex roles and a BBC follow-up. *Archives of Sexual Behavior, 11,* 181-186.

Diamond, M. (1995). Biological aspects of sexual orientation and identity. In L. Diamant & R. McAnulty (Eds.), *The psychology of sexual orientation, behavior, and identity: A handbook* (pp. 45-80). Westport, CT: Greenwood Press.

Dietz, T. L. (1998). An examination of violence and gender role portrayals in video games: Implications for gender socialization of aggressive behavior. *Sex Roles, 38,* 425-442.

DiMona, L., & Herndon, C. (Eds.) (1994). *The 1995 information please women's sourcebook.* Boston: Houghton Mifflin.

Dovidio, J. F., Ellyson, S. L., Keating, C. F., Heltman, K., & Brown, C. E. (1988). The relationship of social power to visual displays of dominance between men and women. *Journal of Personality and Social Psychology, 54,* 233-242.

Dubas, J., Graber, J., & Peterson, A. (1991). The effects of pubertal development on achievement during adolescence. *American Journal of Edu-*

cation, 99, 444-460.

Dutton, D. (1988). *The domestic assault of women: Psychological and criminal justice perspectives.* Alyn and Bacon.

Dutton, M. A. (1996). Battered women's strategic response to violence. The role of context. In J. L. Edleson, & Z. C. Eisikovits (Eds.), *Future interventions with battered women and their families* (pp. 105-124). Thousand Oaks, CA: Sage.

Duvall, E. (1988). Family development's first forty years. *Family Relations, 37,* 2.

Duvall, E., & Miller, B. (1985). *Marriage and family development* (6th ed.). New York: Harper and Row.

Eagly, A. H. (1987). *Sex differences in social behavior: A social role interpretation.* Hillsdale, NJ: Erlbaum.

Eagly, A. H., & Steffen, V. J. (1986). Gender and aggressive behavior: A meta-analytic review of the social *psychological literature. Psychological Bulletin, 100,* 309-330.

Eakins, B. W., & Eakins, R. G. (1978). *Sex differences in human communication.* Boston: Houghton Mifflin.

Ecklund-Flores, L., & Turkewitz, G. (1996). Asymmetric head-turning to speech and nonspeech in human newborns. *Developmental Psychobiology, 29,* 205-217.

Edman, C. D. (1983). Estrogen replacement therapy. In H. J. Buchsbaum (Ed.), *The menopause* (pp. 77-84). New York: Springer-Verlag.

Ehrhardt, A. A., & Meyer-Bahlburg, H. F. L. (1981). Effects of prenatal sex hormones on gender-related behavior. *Science, 211,* 1312-1318.

England, P., & McCreary, L. (1987). Gender inequality in paid employment. In B. B. Hess and M. M. Ferree (Eds.), *Analyzing gender: A handbook of social science research* (pp. 286-320). Newbury Park, CA: Sage.

Erikson, E. H. (1964). Inner and outer space: Reflections on womanhood. *Daedalus, 93,* 582-606.

Esterberg, K. G., Moen, P., & Dempster-McCain, D. (1994). Transition to divorce: A life-course approach to women's marital duration and dissolution. *Sociological Quarterly, 35,* 289-308.

Fagot, B. I. (1985). Beyond the reinforcement principle: Another step toward understanding sex role development. *Developmental Psychology, 21,* 1097-1104.

Farel, A. (1980). Effects of preferred maternal roles, maternal employment, and sociodemographic status on school adjustment and competence. *Child Development, 51,* 1179-1186.

Fausto-Sterling, A. (1989). Life in the XY corral. *Woman's Studies International Forum, 12,* 319-331.

Feingold, A. (1992). Gender differences in mate selection preferences: A test of the parental investment model. *Psychological Bulletin, 112,* 125-139.

Feingold, A. (1994). Gender differences in personality: A developmental perspective. *Sex Roles, 29,* 91-112.

Fichter, M. M., & Noegel, R. (1990). Concordance for bulimia nervosa in twins. *International Journal of Eating disorders, 9,* 255-263.

Fidell, L. S. (1970). Empirical verification of sex discrimination in hiring practices in psychology. *American Psychologist, 25,* 1094-1098.

Fisher, J. D., Nadler, A., & Whitcher-Alagna, S. (1982). Recipient reactions to aid. *Psychological Bulletin, 91,* 27-54.

Fishman, P. M. (1978). Interaction: The work women do. *Social Problems, 25,* 397-406.

Fiske, S. T. (1993). Controlling other people: The impact of power on stereotyping. *American Psychologist, 48,* 621-628.

Fivush, R. (1989). Exploring sex differences in the emotional content of mother-child conversations about the past. *Sex Roles, 20,* 675-691.

Fowers, B. J. (1991). His and her marriages: A multivariate study of gender and marital satisfaction. *Sex Roles, 24,* 209-221.

Fox-Young, S., Sheehan, M., O'Connor, V., Cragg, C., & Delmar, C. (1995). Women's perceptions and experience of menopause: A focus group study. *Journal of Psychosomatic obstetric Gynecology, 16,* 215-221.

Frable, D. E. S., & Bem. S. L. (1985). If you're gender-schematic, all members of the opposite sex look alike. *Journal of Personality and Social Psychology, 49,* 459-468.

Franks, V. (1986). Sex stereotyping and the diagnosis of psychopathology. In D. Howard (Ed.), *The dynamics of feminist therapy* (pp. 219-232).

New York: Haworth Press.

Fredrickson, B. L., & Roberts, T. (1997). Objectification theory: Toward understanding women's lived experiences and mental health risks. *Psychology of Women Quarterly, 21*(2), 173-206.

Frisch, R. E. (1983a). Fatness, menarche, and fertility. In S. Golub (Ed.), *Menarche: The transition from girl to woman* (pp. 5-20). Lexington, MA: Lexington Books.

Frisch, R. E. (1983b). Fatness, puberty, and fertility: The effects of nutrition and physical training on menarche and ovulation. In J. Brooks-Gunn & A. C. Petersen (Eds.), *Girls at puberty* (pp. 29-49). New York: Plenum.

Furnham, A., & Singh, A. (1986). Memory for information about sex differences. *Sex Roles, 15,* 479-486.

Galen, B. R., & Underwood, M. K. (1997). A developmental investigation of social aggression among children. *Developmental Psychology, 33,* 589-600.

Gallant, S. J., & Derry, P. S. (1995). Menarche, menstruation, and menopause: Psychosocial research and future directions. In A. L. Stanton & S. J. Gallant (Eds.), *The psychology of women's health* (pp. 199-259). Washington, DC: American Psychological Association.

Gannon, L. R. (1985). Memory for information about sex differences. *Sex Roles, 15,* 479-486.

Garner, D. M., & Garner, M. V. (1992). Treatment of eating disorders in adolescents: Research and recommendations. In C. E. Walker & M. C. Roberts (Eds.), *Handbook of Clinical Child Psychology,* 2nd ed. (pp. 623-634). New York: Wiley.

Gentry, M. (1998). The sexual double standard. *Psychology of Women Quarterly, 22*(3), 505-511.

Gerson, M. (1980). The lure of motherhood. *Psychology of Women Quarterly, 5,* 207-218.

Gervasio, A. H., & Crawford, M. (1989). Social evaluations of assertiveness: A critique and speech act reformulation. *Psychology of Women Quarterly, 13,* 1-26.

Geschwind, N., & Behan, P. (1982). Left-handedness: Association with immune disease, migraine, and developmental learning disorder. *Proceedings of National Academy of Sciences, 79,* 5097-5100.

Gilbert, S., & Thompson, K. (1996). Feminist explanations of the development of eating disorders: Common theories, research findings, and methodological issues. *Clinical Psychology: Science and Practice, 3,* 183-202.

Gilligan, C. (1979). Woman's place in man's life cycle. *Harvard Educational Review, 49,* 431-446.

Gilligan, C. (1982). *In a different voice: Psychological theory and women's development.* Cambridge, MA: Havard University Press.

Gilmore, D. D. (1990). *Mankind in the making: Cultural concepts of masculinity.* New Haven: Yale University Press.

Glick, P., & Fiske, S. T. (1999). Sexism and other "isms": Interdependence, status, and the ambivalent content of stereotypes. In W. B. Swann, Jr., J. H. Langlois, & L. A. Gilbert (Eds.), *Sexism and stereotypes: The gender science of Janet Taylor Spence* (pp. 193-221). Washington, DC: American Psychological Association.

Glick, P., Diebold, J., Bailey-Werner, B., & Zhu, L. (1997). The two faces of Adam: Ambivalent sexism and polarized attitudes toward women. *Personality and Social Psychology Bulletin, 23,* 1323-1334.

Golding, J. M. (1988). Gender differences in depressive symptoms: Statistical considerations. *Psychology of Women Quarterly, 12,* 61-74.

Gordon, T. (1994). *Single women: On the margins?* New York: New York University Press.

Gornick, V. (1990). Who says we haven't hade a revolution? *New York Times Magazine,* pp. 24-27, 52-53.

Gray, J. D. (1983). The married professional woman: An examination of her role conflicts and coping strategies. *Psychology of Women Quarterly, 7,* 235-243.

Grambs, J. D. (1989). *Women over forty: Visions and realities.* New York: Spinger.

Greene, A. L., & Adams-Price, C. (1990). Adolescents' secondary attachments to celebrity figures. *Sex Roles, 23,* 325-347.

Greenstein, T. N. (1996). Husbands' participation in domestic labor: Interactive effects of wives' and husbands' gender ideologies. *Journal of Marriage and the Family, 58*(3), 585-595.

Groeneveld, M. J., Bareman, F. P., Barentsen, R.,

Dokter, H. J., Drogendijk, A. C., & Hoes, A. W. (1993). Relationship between attitude towards menopause, wellbeing and medical attention among women aged 45-60 years. *Maturitas 17,* 77-88.

Grossman, A. L., & Tucker, J. S. (1997). Gender differences and sexism in the knowledge and use of slang. *Sex Roles, 37,* 101-110.

Guttentag, M., & Seccord, R. (1983). *Too many women? The sex ratio question.* Beverly Hills, CA: Sage.

Haaken, J. (1988). Field dependence research: A historical analysis of a psychological construct. *Signs, 13,* 311-330.

Haddock, G., & Zanna, M. P. (1994). Preferring housewives to feminists: Categorization and favorability of attitudes toward women. *Psychology of Women, 18,* 25-52.

Halbreich, U., & Lumley, L. A. (1993). The multiple interactional biological processes that might lead to depression and gender differences in its appearance. *Journal of Affective Disorders, 29,* 159-173.

Hall, J. A. (1979). Gender, gender-roles, and nonverbal communication skills. In R. Rosenthal(Ed.), *Skill in nonverbal communication: Individual differences* (pp. 32-67). MA: Oelgeschlager, Gunn & Hain.

Hall, J. A. (1984). *Nonverbal sex differences.* Baltimore, MD: Johns Hopkins University Press.

Hall, J. A., & Halberstadt, A. G. (1986). Smiling and gazing. In J. S. Hyde & M. C. Linn(Eds.), *Psychology of gender: Advances through meta-analysis* (pp. 136-158). Baltimore, MD: Johns Hopkins University Press.

Halpern, D. F. (1992). *Sex differences in cognitive abilities,* 2nd ed. Hillsdale, NJ: Erlbaum.

Hamilton, M. C., & Mayfield, B. (1999). *Son-daughter preferences of primiparous married couples, nonpregnant married couples, and college students.* Paper presented at the meeting of the Association for Women in Psychology. Providence, RI, March.

Hansen, F. J., & Reekie, L. (1990). Sex differences in clinical judgement of male and female therapists. *Sex Roles, 23,* 51-64.

Hardin, C., & Banaji, M. R. (1993). The influence of language on thought. *Social Cognition, 11,* 277-308.

Hatfield, E., & Rapson, R. L. (1993). *Love, sex, and intimacy: Their psychology, biology, and history.* New York: Harper Collins.

Hatfield, E., & Sprecher, S. (1986). *Mirror, Mirror... The importance of looks in everyday life.* Albany, NY: State University of New York Press.

Hays, S. (1996). *The cultural contradictions of motherhood.* New Haven: Yale University.

Healey, S. (1986). Growing to be an old woman: Aging and ageism. In J. Alexander, D. Berrow, L. Domitrovich, M. Donnelly, & C. Clean (Eds.), *Women and aging* (pp. 58-62). Corvallis, OR: Calyx.

Healy, B. (1995). *A new prescription for women's health: Getting the best medical care in a man's world.* New York: Viking/Penguin.

Heatherton, T., & Baumeister, R. (1991). Binge eating as escape from self-awareness. *Psychological Bulletin, 110,* 86-108.

Hebl, M. R., & Heatherton, T. F. (1998). The stigma of obesity in women: The difference in black and white. *Personality and Social Psychology Bulletin, 24,* 417-426.

Hedges, L. V., & Becker, B. J. (1986). Statistical methods in the meta-analysis of research on gender differences. In J. G. Hyde & M. C. Linn (Eds.), *The psychology of gender: Advances through meta-analysis* (pp. 14-50). Baltimore: Johns Hopkins.

Helmreich, R. L., & Spence, J. T. (1978). The work and family orientation questionnaire: An objective instrument to assess components of achievement motivation and attitudes towards family and career. *JSAS Catalog of Selected Documents in Psychology, 8,* 35.

Helson, R., Mitchell, V., & Moane, G. (1984). Personality and patterns of adherence and nonadherence to the socical clock. *Journal of Personality and Social Psychology, 46,* 1079-1096.

Helwig, A. A. (1998). Gender-role stereotyping: Testing theory with a longitudinal sample. *Sex Roles, 38,* 403-423.

Hemstrom, O. (1996). Is marriage dissolution linked to differences in mortality risks for men and women? *Journal of Marriage and the Family, 58,* 366-378.

Henley, N. M. (1995). Ethnicity and gender issues in language. In H. Landrine(Ed.), *Bringing Cul-*

tural Diversity to Feminist Psychology (pp. 361-395). Washington, DC: American Psychological Association.

Henley, N. (1977). *Body politics: Power, sex and nonverbal communication.* Upper Saddle River, NJ: Prentice-Hall.

Hepburn, C. (1985). Memory for the frequency of sex-typed versus neutral behaviors: Implications for the maintenance of sex stereotypes. *Sex Roles, 12,* 771-776.

Herzog, D. B., Sacks, N., M. B., Lavori, P. W., von Ranson, K., & Gray, H. (1993). Patterns and predictions of recovery in anorexia nervosa and bulimia nervosa. *American Academy of Child and Adolescent Psychiatry, 32,* 835-842.

Hetherington, E. M., & Parke, R. D. (1975). *Child psychology: A comtemporary viewpoint.* New York: McGraw-Hill.

Hill, C., Peplau, L., & Rubin, Z. (1976). Breakups before marriage: The end of 103 affairs. *Journal of Social Issues, 32,* 147-168.

Hill, J. P. (1988). Adapting to menarche: Famillial control and conflict. In M. R. Gunnar & W. A. Collins (Eds.), *Development during the transition to adolescence.* Minnesota symposia on child development Vol. 21 (pp. 43-77). Hillsdale, N.J.: Erlbaum.

Hill, J. P., & Holmbeck, G. N. (1987). Familial adaptation to biological change during adolescence. In R. M. Lerner & T. T. Foch (Eds.), *Biological-psychosocial interactions in early adolescence* (pp. 207-223). Hillsdale, N.J.: Erlbaum.

Hodson, S., & Pryor, B. (1984). Sex discrimination in the courtroom: Attorney's gender and credibility. *Psychological Reports, 55,* 483-486.

Hoffnung, M. (1989). Motherhood: Contemporary conflict for women. In J. Freeman(Ed.), *Women: A feminist perspective* (4th ed., pp. 157-175). Mountain View, CA: Mayfield.

Holmes, T. H., & Rahe, R. H. (1967). The social readjustment scale. *Journal of Psychosomatic Research, 11,* 213-218.

Holtzworth-Munroe, A., & Stuart, G. L. (1994). Typologies of male batterers: Three subtypes and the differences among them. *Psychological Bulletin, 116,* 476-497.

Hope, M. (1995). What can I do about hot flashes and night sweats? *Menopause matters hompage.* Online. Internet. Abailable: http://world.std.com/;slsusan207/flash.html.

Horner, M. S. (1972). Toward an understanding of achievement-related conflicts in women. *Journal of Social Issues, 28,* 157-176.

Horney, K. (1937). *The neurotic personality of our time.* New York: Norton.

Hotaling, G. T., & Sugarman, D. B. (1986). An analysis of risk markers in husband to wife violence: The current state of knowledge. *Violence and Victims, 1,* 101-124.

Howard, J. A., & Hollander, J. A. (Eds.). (1997). *Gendered situations, gendered selves: A gender lens on social psychology.* Thousand Oaks, CA: Sage.

Huston, A. C. (1983). Sex-typing. In P. H. Mussen (Ed.), *Handbook of child psychology* (Vol. 4; 4th ed., pp. 387-467). New York: Wiley.

Hyde, J. S. (1981). How large are cognitive gender differences? A meta-analysis using w^2 and d. *American Psychologist, 36,* 892-901.

Hyde, J. S. (1990). *Understanding human sexuality* (4th ed.). New York: McGraw-Hill.

Hyde, J. S., & DeLamater, J. (1997). *Understanding human sexuality* (6th ed.). New York: McGraw-Hill.

Hyde, J. S., & Linn, M. C. (1988). Gender differences in verbal ability: A meta analysis. *Psychological Bulletin, 104,* 53-69.

Hyde, J. S., Fennema, E., & Lamon, S. J. (1990). Gender differences in mathematics performance: A meta-analysis. *Psychological Bulletin, 107,* 139-155.

Ivy, D. K., & Backlund, P. (1994). *Exploring gender speak: Personal effectiveness in gender communication.* New York: McGraw Hill

James, D., & Drakich, J. (1993). Understanding gender differences in amount of talk: A critical review of research. In D. Tannen (Ed.), *Gender and Conversational Interaction* (pp. 281-312). New York: Oxford University Press.

Jorgensen, S. R., & Alexander, S. J. (1983). Research on adolescent pregnancy-risk: Implications for sex education programs. *Theory into Practice, 22,* 125-133.

Jost, J. T. (1997). An experimental replication of the depressed entitlement effect among women. *Psychology of Women Quarterly, 21,* 387-393.

Jung, C. G. (1971). *The portable Jnug* (J. Campbell,

Ed.). New York: Viking.

Kail, R. V., & Cavanaugh, J. C. (2000). *Human development-A lifespan view* (2nd ed.). Wadsworth Com.

Kaiser, K. (1990). Cross-cultural perspectives on menopause. In M. Flint, F. Kronenberg, & W. Utian (Eds.), *Multidisciplinary perspectives on menopause. Annals of the New York Academy of Science, 592,* 430-432.

Kalra, M., Wood, E., Desmarais, S., Verberg, N., & Senn, C. Y. (1998). Exploring negative dating experiences and beliefs about rape among younger and older women. *Archives of Sexual Behavior, 27,* 145-153.

Kane, E. W., & Schippers, M. (1996). Men's and women's beliefs about gender and sexuality. *Gender & Society, 10*(5), 650-665.

Kaplan, B. J. (1986). A psychobiological review of depression during pregnancy. *Psychology of Women Quarterly, 10,* 35-38.

Katz, P. A. (1996). Raising feminists. *Psychology of Women Quarterly, 20,* 323-340.

Kaye, W. H. (1997). Persistent alterations in behavior and Serotonin activity after recovery from anorexia and bulimia nervosa. *Annals of the New York Academy of Sciences, 817,* 162.

Kendler, K. S., MacLean, C., Neale, M., Kessler, R., Heath, A., & Eaves, L. (1991). The genetic epidemiology of bulimia nervosa. *American Journal of Psychiatry, 148,* 1627-1637.

Kenrick, D., & Trost, M. (1993). The evolutionary perspective. In A. Beall & R. Sternberg (Eds.), *The psychology of gender* (pp. 148-172). New York: Guilford Press.

Kessler, R. C., McGonagle, K. A., & Zhao, S. (1994). Lifetime and 12-month prevalence of DSM-III-R psychiatric disorders in the United States: Results from the National Comorbidity Survey. *Archives of General Psychiatry, 51,* 8-19.

Kimmel, D. C. (1988). Ageism, psychology, and public policy. *American Psychologist, 43,* 175-178.

Kimura, D. (1992). Sex differences in the brain. *Scientific American, 267,* 118-125.

Kingery, D. W. (1985). Are sex-role attitudes useful in explaining male/female differences in rates of depression? *Sex Roles, 12,* 627-636.

Kinsey, A. C., Pomeroy, W. B., & Martin, C. E. (1948). *Sexual behavior in the human male.* Philadelphia: Saunders.

Kinsman, S. B., Romer, D., & Schwarz, D. F. (1998). Early sexual initiation: The role of peer norms. *Pediatrics. 102*(5), 1185-1192.

Kirchmeyer, C. (1993). Nonwork-to-work spillover: A more balanced view of the experiences and coping of professional women and men. *Sex Roles, 28,* 531-552.

Kirsh, S. J. (1998). Seeing the world through Mortal Kombat-colored glasses: Violent video games and the development of a short-term hostile attribution bias. *Childhood: A global Journal of Child Research, 5,* 177-184.

Kitson, G., & Raschke, H. (1981). Divorce research: What we know, what we need to know. *Journal of Divorce, 4,* 1-38.

Knight, G. P., Fabes, R. Q., & Higgins, D. A. (1996). Concerns about drawing causal inferences from meta-analyses: An example in the study of gender differences in aggression. *Psychological Bulletin, 119,* 410-421.

Koff, E. (1983). Through the looking glass of menarche: What the adolescent girl sees. In S. Golub (Ed.), *Menarche* (pp. 77-86). Lexington, MA.: Lexington Books.

Kohlberg, L. K., & Ullian, D. Z. (1974). Stages in the development of psychosexual concepts and attitudes. R. C. Friedman, R. M. Chart, & R. C. Vande-Wiele (Eds.), *Sex difference in behavior.* New York: Wiley, 209-222.

Koss, M. P. (1993). Rape: Scope, impact, interventions, and public policy response. *American Psychologist, 48,* 1062-1069.

Koss, M. P., & Burkhart, B. R. (1989). A conceptual analysis of rape victimization. *Psychology of Women Quarterly, 13,* 27-40.

Koss, M. P., & Dinero, T. E. (1989). Discriminant analysis of risk factors for sexual victimization among a national sample of college women. *Journal of Consulting and Clinical Psychology, 52,* 1-9.

Koss, M. P., Gidycz, C. A., & Wisniewski, N. (1987). The scope of rape: Incidence and prevalence of sexual aggression and victimization in a national sample of higher education students. *Journal of Consulting and Clinical Psychology, 55,* 162-170.

Kraft, R. H., & Nickhel, L. D. (1995). Sex-related

differences in cognition: Development during early childhood. *Learning and Individual Differences, 7,* 249-271.

Kronenberg, F. (1990). Hot flashes: Epidemiology and physiology. In M. Flint, F. Kronenberg, & W. Utian (Eds.), *Multidisciplinary perspectives on menopause. Annals of the New York Academy of Sciences, 592,* 52-86.

Kurdek, L. A. (1991). Predictors of increase in marital distress in newlywed couples: A 3-year prospective longitudinal study. *Developmental Psychology, 27,* 627-636.

Kyle, D. J., & Mahler, H. I. M. (1996). The effects of hair color and cosmetic use on perceptions of a female's ability. *Psychology of Women Quarterly, 20,* 447-455.

Lackey, P. N. (1989). Adults' attitudes about assignments of household chores to male and female children. *Sex Roles, 20,* 271-281.

Lakoff, R. T. (1990). *Talking power: The politics of language in our lives.* New York: Basic Books.

Lamanna, M. A., & Reidmann. A. (1988). *Marriages and families: Making choices and facing change* (3rd ed.). Belmont, CA: Wadsworth Publishing Co.

Lamb, S., & Keon, S. (1995). Blaming the perpetrator: Language that distorts reality in newspaper articles on men battering women. *Psychology of Women Quarterly, 19,* 209-220.

Landa, A. (1990). No accident: The voices of voluntarily construction of fertility choices. In J. P. Knowles & E. Cole (Eds.), *Motherhood: A feminist perspective* (pp. 139-158). New York: Haworth.

Landrine, H. (1989). The politics of personality disorder. *Psychology of Woman Quarterly, 13,* 325-339.

Laumann, E. O., Gagnon, J. H., Michael, R. T., & Michaels, S. (1994). *The social organization of sexuality: Sexual practices in the United States.* Chicago: The Universuity of Chicago Press.

Lerman, H. (1996). *Pigeonholing women's misery: A history and critical analysis of the psychodiagnosis of women in the twentieth century.* New York: Basic Books.

LeVay, S., & Hammer, D. H. (1994). Evidence for a biological influence in male homosexuality. *Scientific American, 270,* 44-49.

Levinger, G. (1965). Marital cohesiveness and dissolution: An integrative review. *Journal of Marriage and the Family, 27,* 19-28.

Levinger, G. (1979). A social psychological perspective on marital dissolution. In G. Levinger & O. C. Moles (Eds.), *Divorce and separation: Context, causes, and consequences.* New York: Basic Books.

Levinson, D. (1993). Family violence in cross-cultural perspective. In L. Tepperman & S. Wilson (Eds.), *Next of Kin: An International Reader on Changing Families* (pp. 260-274). Upper Saddle River, NJ: Prentice Hall.

Lewis, K. G., & Moon, S. (1997). Always single and single again women: A qualitative study. *Journal of Marital and Family Therapy, 23,* 115-134.

Lindemalm, G., Korlin, D., & Uddenberg, N. (1986). Long-term follow-up of sex change in 13 male-to-female transsexuals? *Archives of Sexual Behavior, 15,* 187-210.

Linn, M. C., & Petersen, A. C. (1985). Emergence and characterization of sex differences in spatial ability: A meta-analysis. *Child Development, 56,* 1479-1498.

Liss, M. B. (1983). *Social and cognitive skills: Sex roles and children's play.* New York: Academic Press.

Livson, N., & Peskin, H. (1980). Perspectives on adolescence from longitudinal research. In J. Adelson (Ed.), *Handbook of Adolescent Psychology.* New York: Wiley.

Lockheed, M. E. (1985). Sex and social influence: A meta-analysis guided by theory. In J. Berger & M. Zeldich (Eds.), *Status, relations, and rewards.* San Francisco: Jossey-Bass.

Long, J., & Porter, K. L. (1984). Multiple roles of midlife women. In G. Baruch & J. Brooks-Gunn (Eds.), *Women in midlife* (pp. 109-159). New York: Plenum Press.

Lonsway, K. A., & Fitzgerald, L. F. (1995). Attitudinal antecedents of rape myth acceptance: A theoretical and empirical reexamination. *Journal of Personality and Social Psychology, 68,* 704-711.

Lorenz, F. O., Simons, R. L., Conger, R. D., Elder, G. H., Johnson, C., & Chao, W. (1997). Married and recently divorced mothers' stressful events and distress: Tracing change across time. *Journal of Marriage and the Family, 59,* 219.

Loring, M., & Powell, B. (1988). Gender, race, and

DSM-III: A study of the objectivity of psychiatric diagnostic behavior. *Journal of Health and Social Behavior, 29,* 1-22.

Lott, B. (1994). *Women's lives.* Brooks/Cole Publishing Co.

Love, S. M. (1997). *Dr. Susan Love's Hormone Book: Making informed choices about menopasue.* New York: Random House.

Lueptow, L. B., Garovich, L., & Lueptow, M. B. (1995). The persistence of gender stereotypes in the face of changing sex roles: Evidence contrary to the sociocultural model. *Ethology & Sociobiology, 16,* 509-530.

Lytton, H., & Romney, D. M. (1991). Parents' differential socialization of boys and girls: A meta-analysis. *Psychological Bulletin, 109,* 267-296.

Maccoby, E. E. (1980). *Social development: Psychological growth and the parent-child relationship.* New York: Harcourt Brace Jovanovich.

Maccoby, E. E. (1988). Gender as a social category. *Developmental Psychology, 24,* 755-765.

Maccoby, E. E., & Jacklin, C. N. (1974). *The psychology of sex differences.* Palo Alto, CA: Stanford University Press.

Maccoby, E. E., & Jacklin, C. N. (1987). Gender segregation in childhood. In E. H. Reese (Ed.), *Advances in child development.* New York: Academic Press.

Maccoby, E. E., & Jacklin, C. N. (1987). *The psychology of sex differences.* Stanford, CA: Stanford University Press.

Major, B., Barr, L., Zubek, J., & Babey, S. H. (1999). Gender and self-esteem: A meta-analysis. In W. B. Swann, J. H. Langlois, & L. A. Gilbert (Eds.), *Sexism and stereotypes in modern society* (pp. 223-253). Washington D. C.: American Psychological Association.

Major, B., Schmidlin, A. M., & Williams, L. (1990). Gender patterns in social touch: The impact of setting and age. *Journal of Personality and Social Psychology, 58,* 634-643.

Malandro, L. A., & Barker, L. L. (1983). *Nonverbal communication.* Reading, MA: Addison-Wesley.

Malson, H. (1997). Anorexic bodies and the discursive production of feminine excess. In J. M. Ussher (Ed.), *Body talk* (pp. 223-245). London: Routledge.

Marcia, J. E. (1980). Identity in adolescence. In J. Adelson (Ed.), *Handbook of Adolescent Psychology.* New York: Wiley.

Margolin, L. (1989). Gender and the prerogatives of dating and marriage: An experimental assessment of a sample of college students. *Sex Roles, 20,* 91-102.

Markus, H., Crane, M., Bernstein, S., & Siladi, M. (1982). Self-schemas and gender. *Journal of Personality and Social Psychology, 42,* 38-50.

Martin, C. L., & Halverson, C. F., Jr. (1981). A schematic processing model of sex typing and stereotyping in children. *Child Development, 52,* 1119-1134.

Martin, C. L., Eisenbud, L., & Rose, H. (1995). Children's gender-based reasoning about toys. *Child Development, 66,* 1453-1471.

Martin, E. (1987). *The woman in the body: A cultural analysis of reproduction.* Boston: Beacon Press.

Masters, W. H., & Johnson, V. (1966). *Human sexual response.* Boston: Little Brown.

Matsumoto, D. (1996). *Culture and Psychology.* Pacific Grove, CA: Brooks/Cole.

Mauthner, N. S. (1998). It's a woman's cry for help: A relational perspective on postnatal depression. *Feminism & Psychology, 8*(3), 325-355.

Maypole, D. E. (1986). Sexual harassment of social workers at work: Injustice within? *Social Work, 31,* 29-34.

McGloshen, T. H., & O'Bryant, S. L. (1988). The psychological well-being of older, recent widows. *Psychology of Women Quarterly, 12,* 99-116.

McKay, J., Pyke, S. W., & Goranson, R. (1984). Whatever happened to inner space? A failure to replicate. *International Journal of Women's Studies, 7,* 387-396.

McKinley, N. M., & Hyde, J. S. (1996). The objectified body consciousness scale: Development and validation. *Psychology of Women Quarterly, 20,* 181-215.

Mead. M. (1968). *Male and female.* New York: Dell.

Mednick, M. T. (1991). Currents and futures in American feminist psychology: State of the art revisited. *Psychology of Women Quarterly, 15,* 611-621.

Mehrabian, A. (1981). *Silent messages: Implicit communication of emotions and attitudes* (2nd ed.). Belmont, CA: Wadsworth.

Miller, J. B. (1986). *Toward a new psychology of*

women. Boston: Beacon Press.

Miller, B. C., Norton, M. C., Curtis, T., Hill, E. J., Schvaneveldt, P., & Young, M. H. (1997). The timing of sexual intercourse among adolescents. *Youth & Society, 29*(1), 54-83.

Miller, J. B., & Stiver, I. P. (1997). *The healing connection: How women form relationships in therapy and in life.* Boston: Beacon Press.

Mitchell, V., & Helson, R. (1990). Women's prime in life: Is it the 50's? *Psychology of Women Quarterly, 14,* 451-470.

Moffat, M. (1989). *Coming age in New Jersey.* New Brunswick, NJ: Rutgers University Press.

Money, J. (1974). Prenatal hormones and postnatal socialization in gender identity differentiation. In J. K. Cole & R. Dienstbier (Eds.), *Nebraska Symposium on Motivation 1973.* Lincoln: University of Nebraska Press.

Money, J., & Ehrhardt, A. (1972). *Man and woman, boy and girl.* Baltimore: Johns Hopkins University Press.

Montemayor, R., & Hanson, E. A. (1985). A naturalistic view of conflict between adolescents and their parents and siblings. *Journal of Early Adolescence, 3,* 83-103.

Morgan, K. P. (1998). Women and the knife: Cosmetic surgery and the colonization of women's bodies. In R. Weitz (Ed.), *The politics of women's bodies: Sexuality, appearance, and behavior* (pp. 147-166). New York: Oxford University Press.

Moskowitz, D. S., Jungsuh, E., & Desaulniers, J. (1994). Situational influences on gender differences in agency and communion. *Journal of Personality and Social Psychology, 66,* 753-761.

Muehlenhard, C. L., & Rodgers, C. S. (1998). Token resistance to sex: New perspectives on an old stereotype. *Psychology of Women Quarterly, 22*(3), 443-463.

Murry-McBride, V. (1996). An ecological analysis of coital timing among middle-class African American adolescent females. *Journal of Adolescent Research, 11*(2), 261-279.

Nadler, A., & Fisher, J. D. (1986). The role of threat to self-esteem and perceived control in recipient reaction to help: Theory development and empirical validation. In L. Berkowitz (Ed.), *Advances in Experimental Social Psychology, Vol. 19.* New York: Academic Press.

Nagel, K. L., & Jones, K. H. (1992). Predisposition factors in anorexia nervosa. *Adolescence, 27,* 381-386.

Nash, S. C. (1975). The relationship among sex-role stereotyping, sex-role preference and the sex difference in spatial visualization. *Sex Roles, 1,* 15-32.

Nazroo, J. Y., Edwards, A. C., & Brown, G. W. (1997). Gender differences in the onset of depression following a shared life event: A study of couples. *Psychological Medicine, 27,* 9-19.

Neft, N., & Levine, A. (1997). *Where women stand: An international report on the status of women in 140 countries, 1997-1998.* New York: Random House.

Neppi, T. K., & Murray, A. D. (1997). Social dominance and play patterns among preschoolers: Gender comparisons. *Sex Roles, 36,* 381-393.

Noller, P., & Fitzpatrick, M. A. (1991). Marital communication. In Alan Booth(Ed.), *Comtempory families: Looking forward, looking back.* Minneapolis: National Council on Family Relations.

Nordvik, H., & Amponsah, B. (1998). Gender differences in spatial abilities and spatial activity among university students in an egalitarian educational system. *Sex Roles, 38,* 1009-1023.

Oliver, M. B., & Hyde, J. S. (1993). Gender differences in sexuality: A meta-analysis. *Psychological Bulletin, 114,* 29-51.

Oliver, S. J., & Toner, B. B. (1990). The influence of gender role typing on the expression of depressive symptoms. *Sex Roles, 22,* 775-790.

Paludi, M. A., & Frankell-Hauser, J. (1986). An idiographic approach to the study of women's achievement striving. *Psychology of Women Quarterly, 10,* 89-100.

Parke, R. D., & Slaby, R. G. (1983). The development of aggression. P. H. Mussen (Ed.), *Handbook of Child Psychology* (4th ed., vol. 4). New York: Wiley.

Pearlman, S. F. (1993). Late mid-life astonishment: Disruptions to identity and self-esteem. In N. D. Davis, E. Cole, & E. D. Rothblum (Eds.), *Faces of women and aging* (pp. 1-12). Binghamton, NY: Harrington Park Press.

Peplau, L. A., & Gordon, S. L. (1985). Women and men in love: Gender difference in close heterosexual relationships. In V. E. O'Leary, R.

K. Unger & B. S. Wallston (Eds.), *Women, gender, and social psychology* (pp. 257-292). Hillsdale, NJ: Erlbaum.

Perkins, K. E. (1992). Psychosocial implications of women and retirement. *Social Work, 37,* 526-532.

Perlmutter. E., & Bart, P. B. (1982). Changing news of the "Change": A critical review and sugge-stions for attributional approach. In A. M. Voda, M. Dinnerstein, & S. R. O'Donnell (Eds.), *Changing perspectives on menopause* (pp. 185-199). Austin, TX: University of Texas Press.

Perry, D. G., & Bussey, K. (1979). The social learning theory of sex differences: Imitation is alive and well. *Journal of Personality and Social Psychology, 37,* 1699-1712.

Perry, D. G., Perry, L. G., & Weiss, R. J. (1989). Sex differences in the consequences that children anticipate for aggression. *Developmental Psychology, 25,* 312-319.

Pezaris, E., & Casey, M. B. (1991). Girls who use masculine problem solving strategies on a spatial task: Proposed genetic and environmental factors. *Brain and Cognition, 17,* 1-22.

Pietromonaco, P. R., Manis, J., & Frohart-Lane, K. (1986). Psychological consequences of multiple social roles. *Psychology of Women Quarterly, 10,* 373-382.

Pike, K. (1995). Bulimic symptomatology in high school girls: Toward a model of cummulative risk. *Psychology of Women Quarterly, 19,* 373-396.

Pipher, M. (1994). *Reviving Ophelia: Saving the selves of adolescent girls.* New York: Putnam.

Pleck, J. H. (1975). Masculinity-femininity: Current and alternate paradigms. *Sex Roles, 1,* 161-178.

Plichta, S. B. (1996). Violence and abuse: Implications for women's health. In M. M. Falik & K. S. Collins (Eds.), *Women's health: The commonwealth Survey* (pp. 237-272). Baltimore: Johns Hopkins University Press.

Pollitt, K. (1990). What women want from feminism. *New York Times Magazine,* p. 12.

Pomerleau, A., Bolduc, D., Malcuit, G., & Cossette, L. (1990). Pink or blue: Environmental gender stereotypes in the first two years of life. *Sex Roles, 22,* 359-367.

Pooler, W. S. (1991). Sex of a child preference among college students. *Sex Roles, 25,* 569-576.

Pope, H. G., Gudson, J. I., Jurgelun-Todd, D., & Hudson, M. S. (1984). Prevalence of anorexia nervorsa and bulimia in three student populations. *International Journal of Eating Disorders, 2,* 75-85.

Powlishta, K. K. (1995). Intergroup processes in childhood: Social categorization and sex role development. *Development Psychology, 31,* 781-788.

Pratto, F. (1996). Sexual polictics: The gender gap in the bedroom, the cupboard, and the cabinet. In D. M. Buss & N. M. Malamuth (Eds.), *Sex, power, conflict: Evolotionary and feminist perspectives* (pp. 179-230). New York: Oxford University Press.

Price, S. J., & McKenry, P. C. (1988). *Divorce.* Newbury Park: Sage.

Regan, P. C. (1996). Sexual outcasts: The perceived impact of body weight and gender on sexuality. *Journal of Applied Social Psychology, 26*(20), 1803-1815.

Rider, E. A. (2000). *Our voices: Psychology of women.* Wadsworth / Thomson Learning.

Rolfes, S. R., & DeBruyne, L. K. (1990). *Life span nutrition: Conception through life.* St. Paul, MN: West.

Rollins, B. C., & Feldman, H. (1970). Marital satisfaction over the family life cycle. *Journal of Marriage and the Family 32,* 20-28.

Romaine, S. (1994). *Language in society: An introduction to sociolinguistics.* Oxford University Press.

Root, M. P. (1995). The psychology of Asian women. In H. Landrine (Ed.), *Bringing cultural diversity to feminist psychology: Theory, research, practice* (pp. 265-301). Washington, DC: American Psychological Association.

Rosaldo, M. Z. (1980). The use and abuse of anthropology: Reflections on feminism and cross-cultural understanding. *Signs, 5,* 389-417.

Rothblum, E. D. (1983). Sex-role stereotypes and depression in women. In V. Franks & E. D. Rothblum (Eds.), *The stereotyping of women: Its effects on mental health* (pp. 83-111). New York: Springer.

Rubin, G. (1984). Thinking sex: Notes for a radical theory of the politics of sexuality. In C. S. Vance (Ed.), *Pleasure an danger: Exploring female sexuality* (pp. 267-319). Boston: Routledge &

Kegan Paul.

Rubin, R. M. (1997). The economic status of older women. In J. M. Coyle (Ed.), *Handbook on women and aging* (pp. 75-92). Westport, CT: Greenwod Press.

Sadker, M., & Sadker, D. (1994). *Failing at fairness: How America's schools cheat girls.* New York: Scribner.

Scarr, S. (1998). American child care today. *American Psychologist, 53*(2), 95-108.

Scarr, S., Phillips, D., & McCartney, K. (1990). Facts, fantasies and the future of child care in the United States. *Psychological Science, 1,* 26-35.

Schaef, A. W. (1992). *Women's reality* (3rd ed.). Harper San Francisco.

Schlesinger, B. (1982). Lasting marriages in 1980's. *Conciliation Courts Review, 20,* 43-49.

Schmidt, U., Tiller, J., & Treasure, J. (1993). Setting the scene for eating disorders: Childhood care, classification and course of illness. *Psychological Medicine, 23,* 663-672.

Seligman, M. E. P. (1975). *Helplessness.* San Francisco: Freeman.

Seligman, J. P. (1979). *Helplessness.* San Francisco: Freeman.

Serbin, L. A., Powlishta, K. K., & Gulko, J. (1993). The development of sex-typing in middle childhood. *Monographs of the Society for Research in Development, 58*(Serial No. 232.).

Shapiro, J. P. (1979). Fear of success imagery as a reaction to sex-role inappropriate behavior. *Journal of Personality Assessment, 43,* 33-38.

Shaywitz, B. A., Shaywitz, S. E., Pugh, K. R., Constable, R. T., Skudlarski, P., Fulbright, R. K., Bronen, A. A., Shankweiler, D. P., Katz, L., & Gore, J. C. (1995). Sex differences in the functional organization of the brain for language. *Nature, 373,* 607-609.

Sherbourne, C. D., Hays, R. D., & Wells, K. B. (1995). Personal and psychosocial risk factors for physical and mental health outcomes and course of depression among depressed patients. *Journal of Consulting and Clinical Psychology, 63,* 345-355.

Signorieli, N. (1989). Televison and conceptions about sex roles: Maintaining conventionality and the status quo. *Sex Roles, 21,* 341-360.

Signorella, M. L., & Jamison, W. (1986). Masculinity, femininity, androgyny, and cognitive performance: A meta-analysis. *Psychological Bulletin, 100,* 207-228.

Signorielli, N., & Lears, M. (1992). Children, television, and conceptions about chores: Attitudes and behaviors. *Sex Roles, 27,* 157-170.

Simmons, R. G., & Blyth, D. A. (1987). *Moving into adolescence: The impact of pubertal change and school context.* New York: Aldine De Gruvter.

Skinner, B. F. (1938). *The bahavior of organisms.* New York: Appleton-Century.

Skrypnek, B. J., & Snyder, M. (1982). On the self-perpetuating nature of stereotypes about women and men. *Journal of Experimental Social Psychology, 18,* 277-291.

Smith, E. A. (1989). A biosocial model of adolescent sexual behavior. In G. R. Adams, R. Montemayor, & T. P. Gullotta (Eds.), *Advances in adolescent development* (pp. 143-167). Newbury Park, CA: Sage.

Smythe, M. J., & Huddleston, B. (1992). Competition and collaboration: Male and female communication patterns during dyadic interactions. In L. A. M. Perry, L. H. Turner, & H. M. Sterk(Eds.), *Constructing and reconstructing gender: The links among communication, language, and gender* (pp. 251-260). Albany, NY: State University of New York Press.

Snodgrass, S. E., Hecht, M. A., & Ploutz-Snyder, R. (1995). Interpersonal sensitivity: Expressivity or perceptivity? *Journal of Personality and Social Psychology, 74,* 238-249.

Snyder, M., Tanke, E. D., & Berscheid, E. (1977). Social perception and interpersonal behavior: On the self-fulfilling nature of social stereotypes. *Journal of Personality and Social Psychology, 35,* 656-666.

Solomon, A. (1992). Clinical diagnosis among diverse populations: A multicultural perspective. *Families in Society, 73,* 371-377.

Sorenson, S. B., Upchurch, D. M., & Shen, H. (1996). Violence and injury in marital arguments: Risk patterns and gender differences. *American Journal of Public Health, 86,* 35-40.

Spangler, J., & Demi, E. (1988). *Bereavement support groups: Leadership manual* (3rd ed.). Denver, Co: Grief Education Institute.

Spence, J. T., & Helmreich, R. L. (1983). Achievement-related motives and behaviors. In J. T.

Spence (Ed.), *Achievement and achievement motives.* San Francisco: Freeman.

Spender, D. (1989). *The writing or the sex?, or, why you don't have to read women's writing to know it's no good.* New York: Pergamon Press.

Sprecher, S. (1998). Social exchange theories and sexuality. *The Journal of Sex Research, 35*(1), 32-43.

Sprock, J., & Yoder, C. Y. (1997). Women and depression: An update on the Report of the American Psychological Association task force. *Sex Roles, 36,* 269-303.

Stead, B. A., & Zinkhan, G. M. (1986). Service priority in department stores: The effect of customer gender and sex. *Sex Roles, 15,* 601-611.

Steil, J. M. (1983). Marriage: An unequal partnership. In B. B. Wolman & G. Stricker (Eds.), *Handbook of family and marital therapy* (pp. 49-60). New York: Plenum Press.

Steil, J. M. (1997). *Marital equality: Its relationship to the well-being of husbands and wives.* Thousand Oaks, CA: Sage.

Steil, J. M., & Turetsky, B. A. (1987). Is equal better? The relationship between marital equality and psychological symptomatology. In S. Oskamp (Ed.), *Family processes and problems: Social psychological aspects* (pp. 73-97). Beverly Hills, CA: Sage.

Steil, J. M., & Weltman, K. (1991). Marital inequality: The importance of resources, personal attributes, and social norms on career valuing and the allocation of domestic responsibilities. *Sex Roles, 24,* 161-179.

Stewart, L. P., Cooper, P. J., Stewart, A. D., & Friedley, S. A. (1996). *Communication and gender* (3rd ed.). AZ: Gorsuch Scarisbrick.

Sugarman, D. B., Aldarondo, E., & Boney-McCoy, S. (1996). Risk marker analysis of husband-to-wife violence: A continuum of aggression. *Journal of Applied Social Psychology, 26,* 313-337.

Swann, W. B., Jr., Langlois, J. H., & Gilbert, L. A. (Eds.). (1999). *Sexism and stereotypes in modern society: The gender science of Janet Taylor Spence.* American Psychological Association, pp. 45-73.

Tannen, D. (1990). *You just don't understand: women and men in conversation.* New York: Morrow.

Taylor, S. E. (1983). Adjustment to threatening events: A theory of cognitive adaptation. *American Psychologist, 38,* 1161-1173.

Taylor, M. C., & Hall, J. A. (1982). Psychological androgyny: Theories, methods and conclusions. *Psychological Bulletin, 92,* 347-366.

Taylor, S. E., & Langer, E. J. (1977). Pregnancy: A social stigma? *Sex Roles, 3,* 27-32.

Thabes, V. A.(1997). Survey analysis of women's longterm, postdivorce adjustment. *Journal of divorce and remarriage, 27*(3), 163-175.

Theander, S. (1985). Outcome and prognosis in anoerexia nervosa and blimia: Some results of previous investigations, compared with those of a Swedish long-term study. *Journal of Psychiatric Research, 19,* 493-508.

Thoits, P. A. (1987). Negotiating roles. In F. J. Crosby (Ed.), *Spouse, parent, worker: On gender and multiple roles.* New Haven: Yale University Press.

Thompson, T. L., & Zerbinos, E. (1995). Gender roles in animated cartoons: Has the picture changed in twenty years? *Sex Roles, 32,* 651-673.

Thompson, T. L., & Zerbinos, E. (1997). Television cartoons: Do children notice it's a boy's world? *Sex Roles, 37,* 415-432.

Thorne, B., & Luria, Z. (1986). Sexuality and gender in children's daily worlds. *Social Problems, 33,* 176-190.

Tiefer, L. (1995). *Sex is not a natural act & other essays.* San Francisco: Westview.

Tiffany, S. W. (1982). *Women, work and motherhood.* Englewood Cliffs, N. J.: Prentice Hall.

Tobin-Richards, M. H., Boxer, A. M., & Petersen, A. C. (1983). The psychological significance of pubertal change: Sex differences in perceptions of self during early adolescence. In J. Brooks-Gunn & A. C. Petersen (Eds.), *Girls at puberty* (pp. 127-154). New York: Plenum Press.

Tronick, E. Z., & Cohn, J. F. (1989). Infant-mother face-to-face interaction: Age and gender differences in coordination and the occurrence of miscoordination. *Child Development, 60,* 85-92.

Turner-Bowker, D. M. (1996). Gender stereotyped assumptions in children's picture books: Does "Curious Jane" exist in the literature? *Sex Roles, 35,* 461-488.

Unger, R. K. (1998). *Resisting gender: Twenty-five years of feminist psychology*. London: Sage.

Unger, R., & Crawford, M. (1992). *Women & Gender*. Mcgraw-Hill, Inc.

Ussher, J. (1989). *The psychology of the female body*. London: Routledge.

Valian, V. (1998). *Why so slow? The advancement of women*. Cambridge, MA: MIT Press.

Vance, E. B., & Wagner, N. N. (1976). Written descriptions of orgasm: A study of sex differences. *Archives of Sexual Behavior, 5,* 87-98.

Vanderlinden, J., & Vandereycken, W. (1996). Is sexual abuse a risk factor for developing an eating disorder? In M. F. Schwartz & L. Cohn (Eds.), *Sexual Abuse and Eating Disorders* (pp. 17-22). New York: Brunner/Mazel.

Vangelisti, A. L., & Daly, J. A. (1997). Gender differences in standards for romantic relationships: Different cultures of different experiences? *Persoanl Relationships, 4,* 203-219.

Vinick, B. H., & Ekerdt, D. J. (1992). Couples view retirement activities. In M. Szinovacz, D. J. Ekerdt, & B. H. Vinick (Eds.), *Families and retirement* (pp. 129-144). Newbury Park, CA: Sage.

Voda, A. M. (1982). Menopausal hot flash. In A. M. Voda, M. Dinnerstein, & S. R. O'Donnell (Eds.), *Changing perspectives on menopause* (pp. 136-159). Austin: University of Texas Press.

Voda, A. M. (1997). *Menopause me and you: The sound of women pausing*. Binghampton, NY: Harrington Park Press.

Von Baeyer, C. L., Sheerk, D. L., & Zanna, M. P. (1981). Impression management in the job interview: When the female applicant meets the male(chauvinist) interviewer. *Personality and Social Psychology Bulletin, 7,* 45-51.

Voyer, D., Voyer, S., & Bryden, M. P. (1995). Magnitude of sex differences in spatial abilities: A meta-analysis and consideration of critical variables. *Psycholgical Bulletin, 117,* 250-270.

Wajcman, J. (1998). *Managing like a man: Women and men in corporate management.* Cambridge: Polity Press.

Wallen, K. (1996). Nature needs nurture: The interaction of hormonal and social influences on the development of behavioral sex differences in rhesus monkeys. *Hormones and Behavior, 30,* 364-378.

Walters, E. E., Neale, M. C., Eaves, L. J., Heath, A. C., Kessler, R. C., & Kendler, K. S. (1992). Bulimia nervosa and major depression: A study of common genetic and environmental factors. *Psychological Medicine, 22,* 617-622.

Weiss, M. R., & Barber, H. (1995). Socialization influences of collegiate female athletes: A tale of two decades. *Sex Roles, 33,* 129-140.

Weiss, R. S. (1995). Prescription for passion. *Health, 9,* 101-104.

Werner, D. (1984). Child care and influence among the Mekranoti of central Brazil. *Sex Roles, 10,* 395-404.

Werner, P. D., & LaRussa, G. W. (1985). Persistence and change in sex-role stereotypes. *Sex Roles, 12,* 1089-1100.

Wheelan, S., & Verdi, A. (1992). Differences in male and female patterns of communication in groups: A methodological artifact? *Sex Roles, 27,* 1-15.

White, J. W., & Humphrey, J. A. (1994). *Alcohol/drug use and sexual aggression: Distal and proximal influences*. Paper presented at XI World Meeting: International Society for Research on aggression. Delray Beach, Florida, July.

White, J. W., & Kowalski, R. M. (1994). Reconstructing the myth of the non-aggressive woman: A feminist analysis. *Psychology of Women Quarterly, 18,* 487-508.

White, J. W., & Kowalski, R. M. (1998). Violence against women: An integrative perspective. In R. G. Geen & E. Donnerstein (Eds.), *Perspectives on human aggression*. New York: Academic Press.

Whitley, B. E. (1983). Sex role orientation and self-esteem: A critical meta-analytic review. *Journal of Personality and Social Psychology, 44,* 765-785.

Whitlley, B. E., Jr. (1985). Sex-role orientation and psychological well-being: Two meta-analyses. *Sex Roles, 12,* 207-225.

Wilbur, J., Miller, A., & Montgomery, A. (1995). The influence of demographic characteristics, menopausal status, and symptoms on women's attitudes towards menopause. *Women and Health, 23,* 19-39.

Wilkinson, S. (1997). Feminist psychology. In D. Fox, & I. Prilleltensky (Eds.), *Critical psychology: An introduction* (pp. 247-264). London: Sage Publications.

Williams, J. E., & Best, D. L. (1990). *Measuring sex stereotypes: A multination study.* Newbury Park, CA: Sage.

Wilson, J. D., George, F. W., & Griffin, J. E. (1981). The hormonal control of sexual development. *Science, 211,* 1278-1284.

Wittig, M. A., & Skolnick, P. (1978). Status versus warmth as determinants of sex differences in personal space. *Sex Roles, 4,* 493-503.

Women's Programs Office. (1991). *Graduate faculty interested in psychology of women.* Washington, DC: American Psychological Association.

Wood, J. T. (1994). *Gendered lives: Communication, gender, and culture.* Belmont, CA: Wadsworth.

Wu, X., & DeMaris, A. (1996). Gender and marital status differences in depression: The effects of chronic strains. *Sex Roles, 34,* 299-319.

Zander, A., & Van Egmond, E. (1985). Relationship of intelligence and social power to the interpersonal behavior of children. *Journal of Educational Psychology, 49,* 257-268.

Zelnik, M., Kantner, J. E., & Ford, K. (1981). *Sex and pregancy in adolescence.* Beverly Hills, CA: Sage.

Zilbergeld, B. (1979). *Male sexuality.* New York: Bantan Books.

인명색인

사항색인

저자 약력

장휘숙(章輝淑)

이화여자대학교 영어영문학과 졸업
이화여자대학교 대학원 심리학과 졸업(발달심리학 전공, 문학박사)
미국 미시간 주립대학교 객원교수 역임
한국발달심리학회 회장 역임
한국심리학회 이사 역임
한국심리학회 및 한국발달심리학회 편집위원장 역임
충남대학교 학생생활연구소장 역임
2000년도 충남대학교 연구실적 우수교수 총장 표창
2006년도 한국심리학회 학술상 수상
2012년도 제22회 과학기술우수논문상 수상

현재: 충남대학교 심리학과 교수
발달심리전문가
한국발달심리학회 이사
한국인간발달학회 이사

관심분야

전생애 동안의 애착과 관련변인들의 발달을 연구하는 동시에 성인기의 발달과업과 인생의 전환점, 노인의 죽음태도 및 안녕이나 행복을 포함하는 다양한 심리적 특성을 연구하고 있다.

저 서

성인발달 및 노화심리학 제2판(저서, 박영사, 2012)
아동심리학(저서, 박영사, 2010)
청년심리학 제4판(저서, 박영사, 2009)
전생애 발달심리학 제4판(저서, 박영사, 2007)
성인심리학(저서, 박영사, 2006)
발달정신병리학의 이해 제2판(저서, 창지사, 2005)
아동연구방법 제2판(저서, 창지사, 2005)
청년심리학 제3판(저서, 박영사, 2004)
애착장애의 치료: 이론에서 실제까지(역서, 시그마프레스, 2003)
아동발달(저서, 박영사, 2001)
인간발달(저서, 박영사, 2000)
청년심리학 제2판(저서, 학지사, 1999)
발달정신병리학의 이해(저서, 학지사, 1998)
아동연구방법 초판(저서, 창지사, 1998)
여성심리학 초판(저서, 박영사, 1996)
가족심리학(저서, 박영사, 1996)
아동심리학 제2판(저서, 박영사, 1995)
발달심리학 제2판(공저, 박영사, 1994)
자녀문제 이럴 때 이렇게(저서, 창지사, 1994)
청년심리학 초판(도서출판 장승, 1993)
아동심리학 초판(저서, 박영사, 1990)
아동연구법(편역서, 창지사, 1989)
발달심리학 초판(공저, 박영사, 1987)
심리학개론(공저, 정민사, 1987)
어머니의 역할(역서, 창지사, 1986)
아버지의 역할(역서, 창지사, 1986) 외 다수

제 2 판
여성심리학

1996년 12월 10일 초판발행
2002년 8월 30일 제 2 판발행
2012년 8월 30일 중판발행

저 자 장 휘 숙
발행인 안 종 만
발행처 (주) 박영사
서울특별시 종로구 평동 13-31번지
전화 (733)6771 FAX (736)4818
등록 1959. 3. 11. 제300-1959-1호(倫)

www.pybook.co.kr e-mail: pys@pybook.co.kr

정 가 23,000원 ISBN 978-89-7189-789-8